王船山《讀孟子大全說》研究

蔡家和 著

臺灣 學と書局 印行

序

　　蔡家和教授將近年來有關王夫之《讀孟子大全說》的研究論文多篇，集合為有系統的專著，問序於余。家和攻讀碩士、博士時，都由我指導。碩士論文以陽明學，特別是龍溪學為主要研究對象，他對陽明心學深有契會。博士論文是對羅整菴的哲學思想作系統研究，關於整菴所言的理氣的關係，辨析十分清楚。他近年研究興趣集中在王船山的哲學上，認為船山重氣，是認為理就在氣中顯，理不能離氣而獨立講，氣也不是無理在其中的只是氣。我覺得此意很能掌握船山思想的大旨。他此書又認為，船山的氣論可以理解為是從朱子到戴東原思想發展之居間型態，我覺得這是一個很好的判斷。戴震反朱子，問題集中在對孟子的討論上，通過朱子與戴震的孟子詮釋的比較，可以明朗的看出朱子與戴震思想的不同。此一研究進路，當年牟宗三先生曾一再強調，而友人劉錦賢、周國良二位都循著牟先生此一提點而作博士論文，卓有成果。而家和現在認為，從船山的孟子詮釋可以看到船山可以是朱子與戴震間的中介。了解船山的孟子學，可知船山對朱子的詮釋何以不滿，而往重視氣的方向發展；而戴震則是船山思想的更進一步，也可以說是更往下委。雖說戴震往下委，但亦不至落到以氣性為道德基礎的地步，如此說，也可以把戴東原的思想往上提。

　　船山的思想很不好掌握，往往在其不同的論著中表現了不太一致的講法，家和此書強調所謂「脈絡研究法」，認為船山的思想常是就不同的經典作詮釋而闡發己見，由於是詮釋經典，故須順著經典原文本身的脈絡來表達其意，雖然有不一致處，但如果知道是隨文領義，就可知雖異而不會有不一致。這的確是善讀船山書的心得與方法。家和此書對船山思想的理解近於唐君毅先生之說，或可說以唐先生的船山學為宗，但他能扣緊有關的重要文獻，仔細討論，期能深入船山文字背後的用心，對船山的評論諸家，也能耐心論述諸家原意，比較其異同，然後申述船山之意，其治學的態度與功力，十分難得。記得唐君毅先生當年曾在課堂上說，朱子與陽明的思想都很深刻，但清楚明白，不太曲折，而船山則既深刻而又曲折。此表示唐先生對船山學的傾倒。由於是如此，對船山學求一明白的詮釋，幾乎是不可能的。我不敢說家和此書已能把船山曲折而深奧的思想通盤表達出來，但一定是有功於船山學的力作。

楊祖漢

國立中央大學文學院院長

自　序

　　吾人研究船山思想已有一段時日了，主要以義理研究為主，大約有六、七年的時間，而且花費於船山研究的比重相當高，幾乎都以船山學為第一優先的研究次序，除了平時所讀，研討會所發表，甚至上課開課，都常以船山思想為主。相較於六、七年前對於船山學可謂是陌生，到現在，不敢說非常理解，但總能捉到一些竅門，較能有相應的理解。剛開始不能契入於船山學，亦覺得船山學有其艱難之處。唸了《周易外傳》、《讀四書大全說》時，不甚能契入，甚至打算放棄船山學；但總覺得他的義理純正，心思光明正大，是值得閱讀的，是一種正面且健康的學問，入寶山不想空手而回。當時便以下死工夫的方式，面對船山《張子正蒙注》，一一逐字的電腦鍵入，全書輸入完畢，在鍵入過程中，也一方面閱讀。好在吾人之前對於張載的學問，曾有一些基礎，於是面對船山的《張子正蒙注》，還不致於覺得太艱難而半路放棄，另一方面這本書是他較晚年的著作，文字純熟，不至於太艱難。後來隨著時代的進步，電子版的增加，船山學的電子原文一一出現，吾人做鍵入之工夫，也漸漸減少了，但對於船山思想的學習卻不中斷。在旅行之時，旅行箱裡還放著船山的《思問錄》一書，以便閒時閱讀，算一算當時旅行之日，距今也有五、六年以上了。吾人除了研究船山此

書之外，也申請一些研究計劃，論題與船山相關者，也共有四年計劃。開設過的課程，與船山有關者，包括《思問錄》、《俟解》、《老子衍》、《莊子解》、《周易內傳》、《周易外傳》、《四書訓義》、《讀四書大全說》、《禮記章句》、《四書箋解》等，主要研究包括經學與子學，特別是船山的義理之學，也見識到船山大哲學家的功力與氣度。吾人閱讀船山幾乎都是逐字逐句的、一句句的解釋，乃是因為面對船山的學問，總有一種感覺，覺得到處都是重點，故也要下紮根的工夫以閱讀之，讀書若閱讀太快，又容易忘記而不紮實，太慢又對於船山的整體難以把握，這也是困難之處；然船山是很反對輕浮、欲速者，故常批評心學與禪學。

　　而且在研究船山的過程中，吾人亦發表了一些文章，不敢說是很成熟，但不斷地磨練的成果，現在較能掌握船山的義理了，相較於當時的作品，較成熟了些。吾人發表的船山文章約有十幾篇左右，而對於《讀孟子大全說》用力最深，曾昭旭教授曾認為船山的《讀孟子大全說》，義理精華最為豐富，吾人亦有同感。似乎覺得到處都是重點，讀到此書時，有挖到礦石的感覺，待吾輩後人好好開採之。吾人覺得難以用一篇、兩篇文章以敘述之，若只是以一篇文章解析之容易流為概論，故吾人寫了大約十篇與《讀孟子大全說》有關的文章，其內容必須一一細讀，一句句不可放過，一一解析。當然要能切入《讀孟子大全說》一書，除了閱讀過孟子學之外，最好能熟悉於程朱學，特別是程朱如何釋《孟》，因為這本著作是因著程朱而發，雖然其間偶論及陽明學亦會批評之，然主要對手還是程朱，所幸吾人的博論所研究者是明代的程朱學，故有一些基礎，較容易切入。

　　當然在研究方法而言也是重要的一環，於第一章導論中，吾人將談論此書研究的切入方法，方法學的優劣亦將影響研究的品質與結果。吾人的研究方法，與一些學者的方式不完全相同，吾人本書較採微觀方式以詮釋之。本書共分為十三章，除了導論與總結兩章是新寫之外，其他十一章，分別曾發表於期刊與研討會，如今再稍做修改，綱要如下：

1. 蔡家和，2011 年，12 月，〈王船山《讀四書大全說·孟子序說》的心得——心性之分與合〉，發表在《鵝湖學誌》第 47期，頁 177-201。

　　本文乃船山對於朱子的〈孟子序說〉中的文字做一反省，因朱子引了楊龜山之言，而引起船山的反對，楊龜山言：「《孟子》一書，只是要正人心。」此是本著孟子的話而來，卻為船山反對，船山認為正人心者，豈只有《孟子》一書呢？若如此，則孟子學的特色不顯。又船山認為孟子言心，若都是待正之心的話，則指心本為不正，但《孟子》一書中亦多處言及本心、仁義之心、存心、求其放心，都是心中有性，性善故心亦善，船山認為龜山的話語，容易導致人錯解孟子學。

2. 蔡家和，2012 年，6 月，〈王船山對朱子《孟子·浩然章》詮釋之批評——以《讀孟子大全說》為據〉，《當代儒學研究》12期，頁 151-178。

　　本文主要談，第一，「知言養氣」工夫的先後問題。朱子的「先知後行」系統，故先「知言」後「養氣」，而船山的「乾坤並

建」之說，故知言、養氣並進；二，對於告子的評定，告子是屢變其說，如朱子所述呢？還是船山認為的告子的架構有一體系貫穿於其中？三，「勿暴其氣者」，「暴」字如何訓解？四，「反動其心」與「不動心」的「動」字之異同；五，「義襲」的「襲」字之定義為何？六，告子是否是孟子所指的助長之學呢？以上六點，船山與朱子的詮釋是不同的，也看出兩種體系之不同。

3. 蔡家和，2012 年，6 月，〈王船山對於《孟子・明堂章》的詮釋——以《讀四書大全說》為據〉，發表於《興大中文學報》31 期，頁 127-148。

　　船山對於《孟子・明堂章》的見解，與他的詮釋《論語》中「克己復禮」的見解是相同的，並與船山解《論語・富與貴章》精神是一致的，其中的精神是：「去人欲不等於存天理。」一方面，理氣不該截然為二；另一方面，因為佛學有如此主張，日中一食，樹下一宿，佛學者，可以稱為已做到去人欲，但不見得存天理，因為佛學所存者是「空理」，不是天理，佛學能去人欲也不代表存天理。船山有「理欲合一」之說；一般而言的「欲」字有中性義，也有貶義。若是貶義的「欲」則該去，若是中性的「欲」則不用去，此乃船山此章的精神。「乾坤並建」如今成了「理欲並建」之說，在此船山的「欲」亦不是貶義。

4. 蔡家和，2012 年，7 月，〈王船山對於《孟子・公都子問性章》的詮釋——心性情才之分立〉，《東海大學文學院學報》53 卷，頁 105-128。

　　船山於孟子「公都子問性章」中，對於心、性、情、才等義做一解說，在孟子此章的原意，心、性、情、才本都就性善發言；然到了朱子，性是形上，情是形下，心統性情，心是氣之靈，「才」是能力、能動義。而船山依著朱子的架構再做修改，情是指喜怒哀樂，沒有必善之勢，必善者在性，故惻隱等情之所以為善，乃是以性善做根據，必善不在情上。而惻隱是指心，也指情，心能善也是因著性善，而才是材質義，是中性的。船山依著孟子之語「乃若其情，則可以為善」，於是自己推論「可以為善，則可以為不善」，故情可善可惡，於是船山認為，孟子面對公都子之發問，告子等人只談到情的可善可惡，而孟子談的卻是性。對方錯以為在談性，其實只談到情。又孟子言「不善，非才之罪」，船山自己增加推論，認為若不善非才之罪，則為善亦非才之功，故「才」者「中性義」，不必為善，才者則無善、無不善，故告子言「性無善、無不善」，其實只談到才，而不是性。此乃船山對心性情才之解說。

5. 蔡家和，2012 年，12 月，〈王船山對於《孟子・口之於味章》的詮釋──以《讀四書大全說》為據〉，《鵝湖學誌》第 49 期，頁 116-143。

　　船山對此章的詮釋，乃是因著程朱學而發，程朱於此章的詮釋是以氣質之清濁厚薄以釋之，然船山認為孟子此章，與氣質的見解無關，故氣質的講法是程朱所帶進來的，這種講法不是孟子的本意。此章中，孟子把「性」與「命」對舉著說，然船山認為無論是就性或是命，孟子都不就氣稟而言，這是程子的創造詮釋，無與於孟子。船山進一步認為孟子言「性」，都是「日生日成」而言，都

就性善而人可以努力成德之處言；孟子言「命」都就人的「無所事之者」而言，乃是指人力施不上之處而發言。依此船山反對程朱學的氣稟詮釋。

6. 蔡家和，2013 年，4 月，〈船山對於《孟子·盡其心者章》的詮釋〉，《中央大學人文學報》第 54 期，頁 27-60。

　　朱子詮釋「盡其心者章」時，引了兩人之說以釋之。一是，程子的「心、性、天，一理也」的講法；另一是，張子的「由太虛有天之名」等說法以詮釋之。而船山則是站在張載的見解以反對程子之說，可謂是以氣學反對理學。船山認為天不以理為根據，反倒是理要以天為根據，天是根源的，理與道是後出的，在此看到船山的體系，即以張載為本的體系，而不依於程朱學。

7. 蔡家和，2013 年，6 月，〈王船山對《孟子·莫非命也章》的詮釋——理氣合一與德福一致之解決〉，《當代儒學研究》第 14 期，頁 279-307。

　　本文談船山對於孟子命義的詮釋，船山於其中談「德福一致」的問題，天何以不能給人德福一致呢？此難題船山以「理氣合一」解決，其中談到，有氣便有理，以反對朱子的「理命」與「氣命」之分說；因為若如此，則似把氣命視為無理，然船山認為，若氣命無理，則牆亦不能壓死人。既然，牆能壓死人，則代表氣亦有理，但吾人認為船山把「理」已從朱子式的「超越的天理」，轉而為「內在之理」（唐先生已如此視之）。又船山認為，孟子言「桎梏死者，非正命也。」何以我們卻認為盜跖桎梏死是得其正命，為何有

如此差異呢？船山認為，這是因著孟子之言，是為向上人說，而盜跖不是向上人。又船山認為，不可因孔子之不得志，而視天道不能讓人德福一致，不可以人私心去窺視天；以情識去究天理。

8. 蔡家和，2012 年，10 月 20-21 日，〈王船山對宋儒朱子主張「告子認氣為性」之反省──孟告之辯的詮釋〉，國立臺灣師範大學國文學系「儒道國際學術研討會──（五）宋元」，頁 1-15。（已通過審查，將刊載於韓國《儒教文化研究》第 21 輯，2014 年 2 月將出刊）

本文是船山針對朱子對告子的詮釋而來的反省，朱子認為孟子言性是對的，因為孟子「認性為理」；而告子不知性，「認性為氣」，故有誤。然船山是氣學，亦是以「氣中有理」的理氣方式來解孟子的性善，故認為，若告子真能懂氣則已是正統，正統如船山；依此，船山認為告子之失不是不知氣，而是不知氣之體，若真懂氣，則為正統，告子是懂「氣之用」，而不知「氣之體」。依此船山不僅表達自己體系上的告子之學為何；另一方面也就朱子的詮釋作一反省，反省其理氣之截然二元的缺失，其認為有氣便有理，雖然船山所言的理，較多是內在條理（事理），但船山還是認為朱子的理氣二元截然之分是有問題的。

9. 蔡家和，2012 年，11 月 27-28 日，〈王船山對於《孟子・人之所以異章》的詮釋──以《讀孟子大全說》為例〉，中央大學明清研究中心主辦「明清學術與儒學」學術研討會，頁 1-15。（已審查通過，刊載於《東海大學文學院學報》第 54 卷，2013 年 7 月出

刊。)

　　孟子言「人之所以異於禽獸者幾希。」此「幾希」指的到底是什麼？以朱子的見解，視之為是「仁義禮智」之「性善」。原文談到「庶民去之，君子存之。舜明於庶物，察於人倫，由仁義行，非行仁義也。」朱子的詮釋似乎能相應於孟子的原文，即舜以仁義本有，以別於庶民、禽獸。然船山的詮釋卻不如此，他認為舜是表現「存之」的樣子，他認為若「幾希」指的是「仁義」，又朱子認為羔羊能跪乳，則動物亦有仁義，又如何分辨人禽呢？朱子又視吃喝則淪為禽獸，但船山認為，聖人亦要吃喝，聖人豈不淪為禽獸？船山認為這種二元的區分以談「人禽之辨」是不恰當的。船山以「文化觀」來區別人禽，人能有文化，動物不能。然文化觀包涵「人文化成」、「內聖外王」，較心性論廣大，把「明物、察倫、仁義」都包括於其中。即亦不完全反對朱子心性論的詮釋方式，只是認為範圍小了。此乃船山與朱子對於此章的不同詮釋。

　　以下是發表於研討會上，計二篇，一篇投稿審查中。

1. 蔡家和，2012 年，11 月 24-25 日，〈王船山對朱子「學以復其初」教育觀的省察〉，臺大哲學系主辦 2012 教育哲學研討會，頁 1-15。（投稿中）

　　本文乃船山反省朱子的「學以復其初」的見解，船山以「性日生日成」，認為工夫要不間斷的學習以進步，而不是回到原初。朱子學除了認為「學以復其初」，回復到赤子之心的看法之外，甚至還認為，聖人無失其赤子之心，則不用工夫以復本體。然船山認為

《四書》、《五經》裡所談的聖人，都是「學不厭，誨人不倦」的做工夫。除了《詩經》贊文王之處，還有《書經》稱讚處，這些是史臣及後人的誇美，不該視以為真。船山與朱子是兩種不同的儒學教育學習觀。

2. 蔡家和，2012 年，12 月 3 日，〈王船山對於《孟子・萬物皆備章》之經典詮釋〉，中央研究院明清研究推動委員會「2012 明清研究工作坊」，頁 1-15。

　　《孟子》原文認為「萬物皆備於我，反身而誠，樂莫大焉。」然到了程朱學，其詮釋認為：「萬物備於我之外，不獨人爾，我亦備於萬物。」「物我互備」的根據便是在於「理一分殊」，人、物同於一理。但，這卻是先秦所未有之說法。船山認為程朱如此詮釋乃是陽儒陰釋，早已受了佛學的影響，如兩鏡互參，從一毛孔攝具一切事物，一即一切的講法，這不是先秦的原意。船山在此反對程朱「萬物皆備」的詮釋。

　　最後本書之完成，若有錯誤之處，必是自己學藝不精，自己負責。但若說功勞，要感謝的人太多了，除了家人的支持，讀書會每週一次，由楊祖漢老師帶領，此對於原文閱讀的訓練是相當有幫助的，吾人參加至今至少第十六年了；也感謝李瑞全老師、林月惠老師所帶領的明清計劃，透過與成員們論文的討論，以明瞭自己的缺失所在；也感謝黃兆強教授，他對於儒家與當代新儒家人物都能細數，都有專精，常能解答吾人困惑，對後輩總是提攜。此外，王船山研究的專家，如鍾彩鈞教授、劉榮賢教授、杜保瑞教授、曾春海教授、劉錦賢教授等，都在吾人學習過程中，給予不少的支持與建

議。又此書得以出版，我的助理得煜也盡心力的校對。吾人自從讀
了碩士班以來，其實就沒有了假日，包括週末、寒暑假、春節等，
大都是參加讀書會或是做研究；若此書有誤，必是吾人愚鈍，必需
再加倍努力以改進之。

王船山《讀孟子大全說》研究

目　次

第一章 導 論

一、前 言

　　吾人研究王船山（1619-1692）[1]的思想大約也有六、七年的時間了，當初對他只是陌生，主要是因為吾人博論研究明代朱子學羅整菴的學問而後接近之，整菴是朱子學，卻有著理學往氣學方向思考的傾向，而他的見解也影響了蕺山、黃宗羲等人，吾人於博士畢業後，主要精力便是放在蕺山、黃宗羲的研究上，他們屬心學，也是氣學。不只黃宗羲如此，在當時的確有重氣的思潮，而王船山也是氣學之一。然吾人研究船山時，才發現他的思想之廣大浩瀚，不是短短幾年可以研究深入而能得心應手，故吾人到目前為止，也未必

---

[1]　船山兒子王敔〈大行府君行述〉：「亡考船山府君，諱夫之，字而農，別號薑齋；中歲稱一瓠道人，更名壺；晚歲仍用舊名。居於湘西蒸左之石船山，自為之記。蒸湘人士莫傳其學；間有就而問字者，稱為船山先生。所評選有漢魏六朝詩一帙，四唐詩一帙，明詩一帙，古文一帙；緒論一帙，皆駁時尚而辨偽體，名曰夕堂永日。人士之贈答者，又稱夕堂先生焉。」清・王夫之：《船山全書》第 16 冊（長沙：嶽麓書社，1996 年），頁70。

敢說是能完全相應於船山的義理。船山的思想值得深入發節掘處太多了，總有望洋興嘆之感。吾人把船山學分解開來，先從《讀孟子大全說》為主，船山其他著作，吾人亦配合研究而做為輔助。

二、目的與動機

　　吾人曾研究戴震的義理思想，他的主要思想寫在《孟子字義疏證》一書中，而且其中的重點，其實是批評宋學，這是廣義的宋學，主要是批評程朱學與陸王學，而陸王的思想較少受到戴震的批評，反而是程朱學是戴震主要攻擊的目標。當時吾人的想法是，何以在黃宗羲口中的「彼亦一述朱，此亦一述朱。」[2]的時代精神，到了清代，甚至是乾嘉學派眼中，朱子學卻總是為人所批評。[3]當然吾人並不認為只是以清代朝廷的打壓、文字獄等，或是簡單的一兩個理由便可帶過；因為當時的上位者如康熙是尊朱，命李光地編《周易折中》，是要折中到朱子的義理。故以上若以文字獄等為理由，吾人認為不夠，故吾人想在此原因之外，再找尋其他原因，包括學術、時代上的原因，看它是如何轉變而成。從朱子的孟子詮釋，到戴震的孟子詮釋，轉變甚大。例如戴震的《孟子字義疏證》

2　「而明月之珠，尚沈于大澤，既不能當身理會，求其著落，又不能屏去傳註，獨取遺經。精思其故，成說在前，此亦一述朱，彼亦一述朱，宜其學者之愈多而愈晦也。」清·黃宗羲著，沈善洪主編，吳光執行主編：《黃宗羲全集》第1冊（杭州：浙江古籍出版社，2005年），頁48。

3　清代尊朱者亦大有人在，吾人的意思是，朱子學相較於前朝，被批評的比例變高了。

裡認為所謂的理，只是分理、條理、肌理等義，[4]沒有超越的天理的意思；[5]而朱子卻認為，理一分殊，山河大地陷了，理還是在。[6]又戴震認為孟子言性，性如同「類」概念，性是血氣心知，性善指人性善，不包括動物也性善，人性的血氣心知別於其他動物，他能以情絜情，能有同理心，己欲欲人，己達達人，這是人性，人性有仁義禮智，動物則無。然對朱子而言，動物也是性善，只是表現不出，或不能推之，乃是氣稟不良所造成。而且朱子所認為真正的性善是天地之性，此性只是理，不是氣，告子因為錯認性，而為孟子所批評。[7]吾人認為，從朱子到戴震，其間的轉變相當大，在此吾

4　「理者，察之而幾微必區以別之名也，是故謂之分理；在物之質，曰肌理，曰腠理，曰文理（亦曰文縷，理、縷，語之轉耳）；得其分則有條而不紊，謂之條理。」清・戴震撰：《戴震集》（上海：上海古籍出版社，1980 年），頁 265。

5　吾人認為戴震與朱子的理論架構不全等同，有些人認為戴震思想是程朱理學的超越義減殺，吾人不採此觀點，理由是朱子的理氣，形上形下，超越內在的區分，不可用在戴震學上，戴震的氣學，全部架構就是氣化世界，沒有氣化之外的超越者，既如此，則無所謂的超越義減殺的問題。超越義減殺是以朱子標準來談戴震，戴震學不可以朱子的理氣論衡定之，他的世界觀就是氣論。唯一能論者，乃《孟子》詮釋，是否該有超越義。

6　「要之，也先有理。只不可說是今日有是理，明日卻有是氣；也須有先後。且如萬一山河大地都陷了，畢竟理卻只在這裏。」宋・黎靖德編，王星賢點校：《朱子語類》第 1 冊（臺北：文津出版社，1986 年），卷 1，頁 4。

7　「性者，人之所得於天之理也；生者，人之所得於天之氣也。性，形而上者也；氣，形而下者也。……告子不知性之為理，而以所謂氣者當之，是以杞柳湍水之喻，食色無善無不善之說，縱橫繆戾，紛紜舛錯，而此章之誤乃其本根。所以然者，蓋徒知知覺運動之蠢然者，人與物同；而不知仁

人亦不打算問，到底誰是誰非，到底孟子的原意，誰人得之，吾不並不打算問這一類的問題。吾人想知道的是，從朱子到戴震，這五百多年，學術上的演變是如何造成的。當然學術上的演變也不是一兩個學者所能造成，吾人也不是歷史學者，或是哲學史的研究者。但吾人找出學術史上的大家，[8]他的影響力大，可引領風氣，故在朱子到戴震之間，如陽明、蕺山、黃宗羲等人，這些人都是大家，也造成了一定程度的影響力。然吾人發現了船山思想，他的思想與年代剛好是介於二者之間，可謂漢、宋之間。當然若一定要判別他的歸類於漢或是宋，是不容易的，吾人後文將做一個判別。吾人發現船山的思想，似乎剛好又有宋學的精神，又有開創的漢學的精神。且船山雖然隱居，但他的作品在康熙年間就已經有刻書流傳了，[9]故影響到乾嘉時代之人，這是有可能的。

　　以上吾人所要表達的是，吾人選題，為何以船山為主？一方面，吾人的專長在宋明理學、清初哲學，故鎖定點選宋明的人物也是專長受限所在。另一方面，吾人碩士論文研究王龍溪，博論是羅

義禮智之粹然者，人與物異也。孟子以是折之，其義精矣。」宋·朱熹：《四書章句集註》（臺北：鵝湖出版社，1984 年），頁 326。

8　周群振教授言：「詳考『幾諫』之為義，歷來解者有二說：一是諫於父母，當取氣怡色柔聲之態；一是父母有過，應見幾乃諫，以防大決。」見周群振：《論語章句分類義釋》上冊（臺北：鵝湖出版社，2003 年），頁 261。前者為朱子的詮釋，後者為船山的詮釋，船山的詮釋雖不是原創，而是有所本，然朱子與船山為二大家，是顯而易見的。

9　可參見《船山全書》云：「湘西草堂刻本王船山先生書集封面照，全書凡五種，湖南省社會科學院度藏。刻書當在清康熙四十餘年。」清·王夫之：《船山全書》第 13 冊（長沙：嶽麓書社，1996 年），最前頁照片處。

欽順，心學與理學吾人曾放心力於其中，目前的興趣是重氣之學，故船山被選擇了，這也是原因之一。另外，吾人於上文中談到要在漢宋之間，想看出學術是如何過渡的。吾人認為從朱子學到戴震學，為何學術如此過渡，似乎版圖若缺了一塊，就不夠完整，吾人也無法把所有版圖都談及之，於其中選了船山學，吾人認為是一個重要的大家，不可輕易放過，然船山思想博大精深，想深入研究，的確是要紮根的，不是一年兩年內可以完成的。吾人於 2009 年已經開始著手發表船山方面的文章，到現在至少四年多了；然而 2009 年發表的文章，不代表當年才著手寫作，更不代表是當年才開始研究，故吾人的船山研究到現在，至少花了六、七年以上的時間，佔用吾人所有研究時間比例，年年提高。然而船山對於《四書》、《五經》等等，或是子學、史學都有注疏與研究，何以吾人以此為書為主呢？一方面而言，吾人不是只有研究船山的孟子學（除了船山的孟子學外，吾人尚有研究船山的其他思想之文章），只是對於《讀孟子大全說》著力特別深。戴震認為學術的分辨，必需從孟子研究開始，乃因為孟子別異端，批楊墨，然認為若有人以楊墨佛老之言以詮釋孟子，則是陷孟子於不義，他認為要從孟子研究開始。[10]吾人

10　「孟子辯楊、墨；後人習聞楊、墨、老、莊、佛之言，且以其言汨亂孟子之言，是又後乎孟子者之不可已也。苟吾不能知之亦已矣，吾知之而不言，是不忠也，是對古聖人賢人而自負其學，對天下後世之仁人而自遠於仁也。吾用是懼，述《孟子字義疏證》三卷。韓退之氏曰：『道於楊、墨、老、莊、佛之學而欲之聖人之道，猶航斷港絕潢以望至於海也。故求觀聖人之道，必自孟子始。』嗚呼，不可易矣。」清‧戴震撰：《戴震集》，頁 264。

順著前人的足跡也從孟子開始，故談船山的孟子學。然船山的《四書》研究，除了《讀四書大全說》外，還有《四書訓義》、《四書稗疏》、《四書考異》、《四書箋解》，何以以《讀四書大全說》為主呢？吾人認為《稗疏》像是小學的工夫，是談《四書》中的聲韻、訓詁的，不是吾人所研究的主要義理之學。《箋解》[11]也值玩味，像是以逐章章旨方式解孟，但份量稍少，相對於《讀四書大全說》，一方面批評程朱一系，一方面顯自己之正，這在論辯過程中，更顯出自己的特色。亦是說在不同學派比較中，容易表現特色。《考異》則是訓詁的表現，訓詁是為了明義理，吾人不反對訓詁，然更直入義理。至於《四書訓義》，必不得以此視為是船山的思想義理核心，理由在於船山於《四書訓義》之中，先舉《四書》原文，然後抄入朱子的《四書章句集註》，最後以自己的訓義做結，主要發揚朱子學，而不反對朱子學。[12]若把《四書訓義》視為船山的真精神，則會把船山學視為是朱子學，大致而言，學者不會把船山學視為是朱子學，[13]船山自己是想要歸宗於張載。[14]故吾人

---

11 王孝魚：「但從本書（《四書箋解》）的寫作內容來看，它的思想與《讀四書大全說》大體相近，……又如《孟子》中本書對告子的批判，〈公孫丑篇〉和〈告子篇〉所言，都與《讀四書大全說》無異，只是一詳一略而已。」清·王夫之：《船山全書》第 6 冊，頁 384。此意思是《箋解》乃具體而微的《讀四書大全說》。

12 劉人熙：「至於《訓義》，專以《集注》為宗，《稗疏》、《讀大全》諸說，半不羼入，蓋其慎也。」清·劉人熙：〈啖柘山房本四書訓義叙〉，《船山全書》第 8 冊（長沙：嶽麓書社，1996 年），頁 977。

13 「然則欲知心、性、天、道之實者，舍橫渠其誰與歸！」清·王夫之：《船山全書》第 6 冊，頁 1113。船山自認歸宗張子，而反對朱子，故不

認為要從《讀四書大全說》做為主要研究船山孟子學的書，不可從《四書訓義》著手，否則對船山的評判便有不準。

然而《讀四書大全說》，有四本書的研究，而吾人為何獨鍾愛於《讀孟子大全說》呢？其實船山的體系剛開始是從朱子的架構而來，再進一步的發展與反省。而《四書大全》一書，主要是程朱的體系。朱子所詮釋的《四書》是一貫的，先讀《大學》，後填充之以《論》、《孟》，最後是《中庸》，這是一種下學上達的設計，朱子是一種漸教體系。朱子的體系，在吾人看來，是把先秦的經典一以貫之，用一套自己設計的理論，用以通貫《四書》、《五經》，此乃道統觀。[15]然於通貫之中，加進了對於北宋四子等人的理論，如程子的「性即理」思想、「理一分殊」思想，這影響也最大；又如張載的心統性情說也影響朱子，然是朱子自己詮釋下的心

可視船山為朱子學。

14　《清儒學案》對於船山的評述是：「平生為學，神契橫渠，羽翼朱子，力闢陸、王。」見徐世昌等編纂：《清儒學案》第 1 冊（北京：中華書局，2008 年），頁 369。神契義，乃相合的意思，羽翼只是做為朋友之幫助，但不全合。又賴文遠博士有言：「至於第二章的重點，則在於透過對船山之如何批斥佛老、反對陸王、不滿程朱，到歸宗橫渠的說明和分析。」賴文遠：《論船山思想在天人歷史之學上的開展與特色》（中壢：中央大學哲學研究所博士論文，2008 年），第 2 章，第 4 節。曾昭旭先生也有相同的看法，見曾昭旭：《王船山哲學》（臺北：遠景出版社，1995年），頁 299-312。以上都說明，學界大致不會判船山是朱子學，而是判為歸宗張載。

15　此可參見朱子的〈中庸章句序〉，其中的第三段，有道統觀的意思，把堯、舜、禹、湯、文、武、周公、孔、孟、子思、曾子等人一以貫之。

統性情架構，其自己建構的體系甚至有佛老的影響；然後用一個原則以通貫之，這原則可稱為理氣論。故朱子所言的確不全合於孟子，因為一方面此體系要合於其他經書，則孟子義理有時便不及於全照顧到，這也是融合理論的困難。然朱子本是在創構理論，是藉著《四書》以建構自己的學說。[16]亦是說在朱子與船山的體系中，《四書》都是通貫且前後一致的詮釋之，把四本書視為同一種理論。吾人於船山的《讀四書大全說》中，對於《讀大學大全說》、《讀中庸大全說》、《讀論語大全說》都有文章提及之。然對於《讀孟子大全說》特別鍾愛，也因為孟子的學問有其分解性，故於概念義理上有較多發揮的空間，而且孟子與多家的論辯，更能顯出自家的特色。如同象山所言，「孟子十字打開」，即以概念義理把體系撐開，把孔子的仁，如同十字架般的撐開而為仁義禮智。就份量而言，《四書》中的《論》、《孟》的內容較多，《論》與《孟》再相比，《孟子》除了份量多，義理的架構亦多有展開，值得深入研究。[17]孟子的見解，若再加上朱子詮釋下的孟子，又更有

16　「筆者贊同牟先生所言之『朱子的形上學思辨趣味濃』，故喜好談論形上層面之理，且欲建立一個理論系統。」可參見蔡龍九：《《朱子晚年定論》與朱陸異同》下冊（臺北：花木蘭文化出版社，2011 年），頁 276。

17　又《孟子》相較於《論語》，其間之不同，程子有如此看法：「程子又曰：『孟子有功於聖門，不可勝言。仲尼只說一箇仁字，孟子開口便說仁義。仲尼只說一箇志，孟子便說許多養氣出來。只此二字，其功甚多。』……又曰：『孟子性善、養氣之論，皆前聖所未發。』……又曰：『孟子有些英氣。纔有英氣，便有圭角，英氣甚害事。如顏子便渾厚不同，顏子去聖人只豪髮閒。孟子大賢，亞聖之次也。』或曰：『英氣見於甚處？』曰：『但以孔子之言比之，便可見。且如冰與水精非不光。比之

分解性。因為朱子中和新說成立後，常把自己的架構，如「格物窮理」、「理氣論」、「心統性情」、「理一分殊」、「性發為情」等架構，用以詮釋《孟子》，而使得《孟子》變得更加精細而複雜。如孟子答〈公都子問性章〉，孟子的回答是「乃若其情則可以為善，乃所謂善矣，若夫為不善，非才之罪也。」[18]心、性、情、[19]才本指同一件事物，都隱指性善，[20]就情說善，而情是「實

18　《孟子·告子上》。

19　孟子的「情」，乃「實情」的意思。從《孟子》一書中，論「情」只出現四次可以看出，都不可以「情感」釋之，情感釋之者乃朱子的詮釋。然此非原意，如孟子言「夫物之不齊，物之情也。」《孟子·滕文公上》。物不會有情感，故只能解為物的「實情」而言。

20　牟宗三言：「『乃若其情』之情非性情對言之情。情，實也，猶言實情（real cause）。『其』字指性言，或指人之本性言。……本當說非性之罪，但孟子何以忽然想到一個『才』字，而說『非才之罪』？此並無何嚴重之理由，只變換詞語而說耳。『才』是材質、質地之意，即指『性』言。……故在孟子，心、性、情、才是一事。心性是實字，情與才是虛位字。性是形式地說的實位字，心是具體地說的實位字。性之實即心。性是指道德的創生的實體言，心是指道德的具體的本心言。」見牟宗三：《心體與性體》第3冊（臺北：正中書局，1969年），頁416-417。牟宗三先生認為孟子此章談的心、性、情、才，其實指的是同一事，都就性善說，此吾人肯定之，認為很能接近孟子的原意。又，黃宗羲亦反對朱子的詮釋，因為朱子以「性發為情」，性與情是形而上與形而下的區別，而黃宗羲認為：「是故性情二字，分析不得，此理氣合一之說也。體則情性皆體，用則情性皆用，以至動靜已發未發皆然。」清·黃宗羲著，沈善洪主編，吳光執行主編：《黃宗羲全集》第1冊，頁136。黃宗羲的講法認為

情」，故還是性善。到了朱子便用形上、形下的不同以解釋性與情，而船山又發揮之。故研究《讀孟子大全說》，首先可從《孟子大全》中可以看出其間的孟子詮釋之發展，也可以有各派詮釋之比較；之後到了船山，又有自己一套，如「乾坤並建」、「性日生日成」等的架構以詮釋孟子，故此書內容複雜，值得進一步挑戰以細細解析。某方面而言，此書誠如曾昭旭教授所言，主要的哲學義理之關懷，都表現於此書中了。[21]

　　以上乃吾人想研究船山《讀孟子大全說》的目的、動機。

三、研究方法

　　吾人認為方法論甚為重要，特別是面對中國哲學的詮釋，不同的哲學家有不同的方法，以致於雖都面對同樣的經典，卻有著不同

性情不可分析，反對朱子析之為二，只就這一點而言，可與牟先生的意思相近。

21　曾昭旭教授言：「船山於《讀書說》中，藉孟子盡心、告子、公孫丑諸篇以析論其對心性氣之見解，其論蓋甚詳切深微，於船山諸著中，實屬最具理論色彩之部分。」曾昭旭：《王船山哲學》，頁 190。吾人甚為同意曾教授的見解。其中〈盡心篇〉，乃談「口之於味」等性命之說。又〈盡心篇〉中的「萬物皆備於我章」，朱子的詮釋以同理互備，故理的概念亦重要。而〈告子篇〉中，乃孟告論辯，告子的義理，若依於朱子的詮釋，乃是言生與氣，朱子以理氣論詮釋孟告之辯亦精采，而船山的反省亦不例外。至於孟子〈公孫丑篇〉的重點乃是「知言養氣」，義內、義外之判。故吾人認為，不只是船山《讀書說》此處義理精采，光就孟子而言，亦屬這幾篇特別有理論深微處。

的詮釋結論。如朱子學以義理領導訓詁的詮釋方式，以理氣論、格物窮理的義理來訓解《四書》，可謂一種創造性的詮釋。[22]吾人認為朱子是藉著《四書》，用以建構自己的理氣論學說，以致於他所創造的理論，遭到一些哲學家的質疑。如戴震質疑之，於是戴震在方法上，改用訓詁的方式，以字義在當時封建時代的用法之訓詁方式，重新詮釋孟子。而船山也覺得朱子或是朱子後學的講法有陽儒陰釋的感覺，把儒家詮釋得像佛學，如「日中一食，樹下一宿」、「滅人欲以存天理」；[23]又如船山認為朱子把《論語》中孔子的弟子都視為是為孔子對治而因病施藥的病人，於是弟子們的缺失甚多。而船山卻不至於把他們貶低太多，[24]這種差異，乃在於端視程

22　「讀書者最忌先立一意，隨處插入作案，舉一廢百，而聖人高明廣大之義蘊隱矣。」清·王夫之：《船山全書》第 6 冊，頁 876。船山反對潛室的說法，認為不該先以義理領導訓詁，而朱子的理氣二元割截之說以詮釋經書，其實亦曾為船山所批評。然船山是否自己完全不先立一意，也許值得商量，然吾人認為船山的《莊子解》的詮釋方式，尚屬公正，有以莊解莊的意味，較能達到不先立一意的方法論。

23　「乃斷棄生人之大用，芟薙無餘，日中一食而後不與貨為緣，樹下一宿而後不與色相取，絕天地之大德，蔑聖人之大寶，毀裂典禮，虧替節文，己私熾然，而人道以滅。」清·王夫之：《船山全書》第 6 冊，頁 911。在此船山是在批評朱子後學慶源的講法。

24　「至更易經傳，推翻舊說，其風固自宋人開之。《集注》至以獎遷為粗鄙近利，以子夏子游為語有流弊，敢於詈及先賢，更不足為訓。以朱子之賢，猶有此失。……《集注》喜貶抑聖門，為全書最大污點，王船山《讀四書大全說》，毛西河《聖門釋非錄》，論之詳矣。」程樹德撰，程俊英、蔣見元點校：〈凡例〉，《論語集釋》第 1 冊（北京：中華書局，1990 年），頁 8。

朱的詮釋是否有佛老的因病施藥之說染於其中所造成。[25]然船山雖有回到原意的要求，但還是有其自己的架構義理摻於其間，如乾坤並建的架構，如「性日生日成」、「兩端而一致」[26]的架構。以上看出船山、朱子、戴震等人各有其做學問的方法。

當今研究中國哲學，亦會面臨到同樣的問題，即以什麼研究方法切入中國古籍原典，如在當今以西學與中學所碰撞出的火花，甚至以西方的學問架構以詮釋中國哲學，各種不同的西學，所詮釋出的中國哲學，答案都將不同。然這是一種創造性的詮釋，既然稱之為創造性，則無對錯，只有人們願意或不願意接受的問題，但若標準以原意求之，則有對錯、好壞的問題。吾人的意思是，面對古人的典籍詮釋吾人認為至少有兩種態度方式，例如面對《孟子》一書，第一種是求得孟子本意要講些什麼，這是負責的哲學史家的態度，雖原意不容易求得，但總是有較接近與否的問題。第二種是，哲學家的創造性的詮釋方式，中國哲學很多都是詮釋，即面對《四書》、《五經》做詮釋，對於莊子詮釋，對於佛學做詮釋，常有創造性的詮釋出現，這些人是哲學家，他們藉著這些經書，展現自己一套創造的成果，即把自己的架構，展現在這些經書的詮釋中。如

---

25 雖然吾人在此談孟子卻舉例《論語》，然在船山而言孔、孟是相通的。孔子當然有因材施教，但若每則都如此詮釋之，則弟子都是病人，也太過了。

26 「船山學被研究學者公認是以《老子衍》所述及『兩端而一致』的思惟型態去詮釋並批判補充過去儒家學者理論的不足。」見賈承恩：《存在的張力——王船山哲學辯證性之詮釋》（臺北：國立臺灣師範大學國文系博士論文，2010 年），頁 8。

朱子的《四書集註》，如郭象注《莊》，如天台宗智者大師的圓教體系，都是藉著經書，展示其哲學家的功力，創造一種新的詮釋，其結果，則與原來的經書的本意有距離，而開展出新的道路，有著更多的豐富義涵。

至於船山的書，有注疏體，也有經典詮釋，例如《讀孟子大全說》主要以經典詮釋為主，雖此書有時也稍會出現對於字句的注解的討論，但大致而言此書為一種經典詮釋，於此書的寫作中，他有回到原典、原意的企圖心，例如面對朱子的《四書集註》，他認為其中受到佛老的影響很多，船山予以指出，以減少儒家成了佛學的註腳，就此回到原意而言，船山是有功的。然船山的詮釋因而就是孟子的原意，或是《四書》的原意嗎？吾人也不認為如此，吾人可以說也許船山較朱子接近原意，但若說船山學便是原意，吾人也不覺得是如此。因為船山常以自己的體系，如性日生日成、如乾坤並建、陰中有陽、陽中有陰、兩端一致等見解，以詮釋經書，在此還是有船山的創造性於其中。且船山部分的接受了些朱子架構，而這些架構也尚未經檢證，未必是孟子的本意，如性即理、理一分殊之說。

以上談了一些中國哲學家的方法，然現在主要談面對船山學，吾人所要採用的方法。吾人不是有建構能力的學者，其實是希望能忠實表達船山的義理，儘量如實地把船山心目中所要表達者能真實呈現出來，然若說就是船山原意，也許誇大，亦待來者不吝指出錯誤。

除了上述方法外，然吾人還有一個較為重要且細部的方法，此乃吾人詮釋船山，與其他人詮釋船山不同之處。吾人此書之作，是希望能小題大作，常有人會問到，如何以小見大，然吾人一篇篇的

細談，聚集小則可見大。研究船山，宏觀與微觀都有其貢獻，吾人較採後者。目前坊間的船山二手書，常是一本書談船山整個思想，義理也相當公正，吾人認為船山的思想精微，細微之處都不可放過。然作品本來就有宏觀與微觀。目前以《讀四書大全說》為書名者，[27]如周兵：《天人之際的理學新詮釋——王夫之《讀四書大全說》思想研究》等。[28]吾人在此談的是，吾人此書的方法特點，與他人不同之處。一方面想細觀船山的孟子學。而周兵這一書，是把《四書》一起談，而且他使用的方法學是概念研究方式，即把船山此書中的心、性、情、才等概念做一分析，就時代性而言，都是船山的同一時期的作品，應不致於有前後不一致的情況產生。但若脈絡上未注意，還是有問題產生，此乃吾人所謂的「脈絡研究」方式，即吾人面對船山此書，乃是順著孟子原典而做的詮釋，乃是在孟子學、朱子詮釋下的孟子脈絡下所做的反省，故這些文字都要抄出以表現之。若不如此，則有時會有缺點，吾人舉一例以明之，有時船山認為「道」與「理」兩概念是一樣，有時不一樣。道與理，船山於孟子的「盡其心者章」處曾論及之，因為朱子引張子的「由太虛有天之名」等語以釋孟子的心、性、天等義，船山於是把這「由氣化有道之名」的見解，其中的「道」義與程朱理學的「理」義作一比較，其認為由氣化有道之名，屬張子所言的道層次，是第

27　如莊凱雯：《王船山《讀四書大全說》研究——由心性論到知人之學》
　　（臺北：花木蘭文化出版社，2009年）。

28　當代學者研究船山的天道論者多，心性論相對而言，較少。《讀四書大全說》內容中，天道、心性都有，但後者居多，故研究者較少。

二層次，在天之下，根源處是天、是氣；而道與理相同，都在第二層次，屬氣化的層次，在船山而言，「氣」與「氣化」尚不相同。故在此船山於孟子「盡其心者章」脈絡下，視道與理相同。然道與理，若在其他之脈絡下則不視為相同，若細比較之，還是稍有差別，船山言：「道者，一定之理也。於理上加『一定』二字方是道。」[29]道與理不完全相同，但層次上相近。船山在此區分道與理，主要是就孟子的「天下有道」、「天下無道」而發言，[30]然船山認為天下無道，是勢所造成，此勢無道卻有理，一方面理勢合一，即有勢便有理；另一方面，無道卻有理，故必須區分開道與理，而與「盡其心者章」的詮釋就不太相同，故「一定之理」等同於「道」，理不全同於道，乃因為船山要照顧到《孟子》原文的脈絡是不同所致。「盡其心者章」的船山詮釋是如此的：

> 凡言理者，必有非理者為之對待，而後理之名以立。猶言道者必有非道者為之對待，而後道之名以定。道，路也。大地不盡皆路，其可行者則為路。是動而固有其正之謂也，既有當然而抑有所以然之謂也。是唯氣之已化，為剛為柔，為中為正，為仁為義，則謂之理而別於非理。[31]

這一段是認為道與理都在氣之已化的層次，故相同，而孟子的「天

29　清・王夫之：《船山全書》第 6 冊，頁 992。

30　「天下有道，小德役大德，小賢役大賢。天下無道，小役大，弱役強，斯二者，天也。順天者存，逆天者亡。」《孟子・離婁上》。

31　清・王夫之：《船山全書》第 6 冊，頁 1110。

下有道章」認為道與理是不同的，於是容易產生如此的疑惑，船山
到底視道與理相同還是不同呢？甚至還認為船山自身前後不一致。
然若能依於脈絡下以視之，這個問題便能解決。

　　以上所言乃是吾人的「脈絡研究」方式，尤其是面對船山的
《讀孟子大全說》，吾人於閱讀過程中，不斷的找出原文以回溯
之，第一是孟子的原文，第二是朱子的《孟子集註》，第三是《孟
子大全》，第四是船山的《讀孟子大全說》。若如此，才能把船山
的視野，當年他所讀到者一一於脈絡中展示。也不致於認為船山自
身有衝突而不一致之處了。甚至，若離開了船山的孟子詮釋脈絡，
其間的差異更大。如船山說「性」，一下子又是天道，一下子又是
人道。[32]張子認為「性者萬物之一源，非有我之得私也。」又曰：

---

[32] 船山於詮釋孟子「口之於味章」時，認為性是人道，是日生日成，船山
　　言：「化跡者，天之事也。本然之撰以成乎仁義禮智之性者，人之事也。
　　此性原於命，而命統性，不得域命於性中矣。」清·王夫之：《船山全
　　書》第 6 冊，頁 1137。此認定性與命是不同的，命乃天之所命，性者，
　　人之所受者，受者則於人中，日生日成，此乃人之事，與天命無干。在此
　　船山認定性是人之事。然船山於《張子正蒙注》中，張子言：「心能盡
　　性，人能弘道也，性不知檢其心，非道弘人也」。而船山的詮釋是「性者
　　天道，心者人道，天道隱而人道顯；顯，故充惻隱之心而仁盡，推羞惡之
　　心而義盡。弘道者，資心以效其能。性則與天同其無為，不知制其心
　　也。」清·王夫之：《船山全書》第 12 冊（長沙：嶽麓書社，1996
　　年），頁 124。在此船山視性為天道，可見在不同的脈絡，孟子的脈絡與
　　張子脈絡中所用的性義是不同的，船山所面對的脈絡是不一樣的，孟子對
　　性的定義與張子不一定全相同，故船山一個詮釋為人道、一個詮釋為天
　　道，二者不可同日而語。這也是吾人所認為的脈絡是重要的，不可因為船
　　山都以性言之，而一概的等同論之，否則將認為船山矛盾。

「性不知檢其心」。故船山詮釋《張子正蒙注》時，必須照顧張子的脈絡與孟子的脈絡不全同，因為張子的概念下，性是天道；在孟子的脈絡下，性是人道，這是不同的。若生硬比配，而視船山矛盾，乃是因為離開了脈絡所致。另一方面，船山的義理，雖然從年輕到老，變化不大，但也不能說船山在任何年紀時的見解都一成不變。如面對申生是否為孝子，其判斷有時是不同的。[33]一旦以吾人的脈絡研究方式，則面對這些問題便容易解答。又如氣是否有理，船山有時認為所有氣都有理，[34]有時認為理是第二義而衍生於氣之後。在船山研究孟子脈絡中，前者的問題意識是面對朱子的氣命沒有理命，乾坤不能並建，故船山認為氣皆有理；後者的脈絡是面對程子把理視為根源第一義，故船山認為是衍生義，氣是第一，理是第二，然這樣說時，是否代表，第一義的氣尚未化時便沒有理呢？吾人認為亦不是。乃是在脈絡上的強調不同所致。

　　然吾人「脈絡式」的研究方法，乃相對於「概念式」的研究方式，吾人不是完全反對概念式研究法，而是反對只有概念式的研

33　如船山順著張子〈西銘〉，認為申生其義也，船山言：「故身為父母之身，殺之生之無可逃之義。」清·王夫之：《船山全書》第 12 冊，頁 356。船山順張子脈絡而視申生是義。而船山於《禮記章句》中言：「僅得為恭而不得稱孝，以其不能全身格親。」清·王夫之：《船山全書》第 4 冊（長沙：嶽麓書社，1996 年），頁 146。此脈絡則判申生為低，不得稱孝。

34　「天無可推，則可云『不待推』。天雖無心於盡，及看到『鼓之以雷霆、潤之以風雨』、絪縕化醇、雷雨滿盈處，已自盡著在，但無己而已。只此是命，只此是天，只此是理。」清·王夫之：《船山全書》第 6 冊，頁 640-641。此意思乃天是氣，是有理之氣。

究，只把船山的概念，如理、氣、心、性等字義找出，單獨研究之，卻不在原來的脈絡研究之。如上文所舉，一個「性」字，在《正蒙》與《孟子》中的意思是不盡相同的。只有概念研究方式則容易偏孤，船山「兩端一致」之說是最反對偏孤的。

四、前人研究

(一)唐君毅

唐先生論船山的作品，主要放在《中國哲學原論》的《原性篇》與《原教篇》。[35]然這兩本書相比，《原教篇》又較《原性篇》來的多且重要，《原性篇》中，唐先生論船山學只一章，而此章的五節中，只有前三節論及船山學的「性」義，後二節都不是談船山思想。而且於《原性篇》，重在中國哲學中「性論」的發展，故於船山學，常不抄及船山原文以論述，常是對於船山學的印象，做一綜述。故吾人亦把重點放在《原教篇》[36]一書中。

---

[35] 除了上述外，還有二篇〈王船山之命日降、與無定命義，及立命者之死而不亡義〉；〈王船山及清儒與事理〉，此收於唐君毅：《中國哲學原論·導論篇》（臺北：臺灣學生書局，2004 年），頁 75-86 及 623-625。

[36] 教屬人道，船山重視人能弘道義。船山晚年的作品《思問錄》，有如此的話：「用知不如用好學，用仁不如用力行，用勇不如用知恥。故日心能檢性，性不知自檢其心。」清·王夫之：《思問錄》（北京：中華書局，2009 年），頁 5。這意思便是重人能弘道義，因為知、仁、勇，天道而成，人物同一，好學、力行、知恥，則為人之所獨。故看出船山的重人成、重修道之教。

　　《原教篇》共花了六章談論船山學，[37]可見唐先生對於船山學的重視，而今日人稱唐先生為「文化意識宇宙的巨人」（牟宗三先生語），吾人認為唐先生很多的靈感來自於船山學，故《原教篇》用了二章談船山的「人文化成之教」，然而主要精神是談「歷史文化意識」，主要談論有船山的《春秋》學、《詩》學、《通鑑論》、《宋論》、政治哲學、《尚書》學等，此與吾人書中研究的孟子義理之學方向不全同，故略之。唐先生談及船山的孟子學之處主要在於第 22 章〈王船山之人性論〉及第 23 章〈王船山的人道論〉。此二章對於《讀四書大全說》，多抄出文獻以討論之，特別是《讀孟子大全說》，也因為船山學之重人道、[38]重人成，[39]故唐

---

[37] 《中國哲學原論‧原教篇》只有二十七章，其中花了六章談船山，幾乎是四分之一的篇幅。可見唐君毅先生對於船山學的重視。

[38] 船山孟學詮釋重人道，而孟子本人亦如是。孟學除了談天生之性善外，也要有人成的擴充工夫。可參見陳政揚：「張子實是洞見兩漢以來儒者順才性論而言聖的局限，進而宣稱『知聖人可學而至』，指出聖不僅可以通過學而至，而且表示人人皆可通過努力而達至聖人的境界。」見陳政揚：〈張載致學成聖說析論〉，《揭諦》第 19 期（2010 年 7 月），頁 41-42。又可參見劉滄龍：「換言之，所謂善的天性是指在後天的經驗中，人性本具的善的才質方能表現出來。」劉滄龍：〈來自教養的天性——從生成的角度論戴震的人性與善〉，《揭諦》第 21 期（2011 年 7 月），頁 86。此意思是指戴震認為孟子的性善，要有天生基礎，也要後天教養。以上兩篇文章都指出，性善之先天性，要後天努力以實現並擴充之，張子與戴震都如此的詮釋孟子，而與船山相似，故依於此二篇文章的作者認為，張子、船山、戴震三人都認為要有先天之性善，也要後天擴充之。故孟學也重人成義。

[39] 「道自然而弗藉於人。乘利用以觀德，德不容已者也，致其不容已而人可

先生放在《原教篇》之中以討論之，用以談「人文化成之教」。

　　唐先生於 22 章，談船山之「人性論」，首節談「性日生日成」，此義船山早年發之於《周易外傳》，之後無論是《讀四書大全說》、《尚書引義》、《張子正蒙注》等書，都在談這個意思，可說是船山學的通義，亦是其發明。[40]其中鼓勵人日新又新，天天奮發，而不是依於天賦所稟之性善，即可以坐享其成，故其對於人道的自覺努力義很重視。又，唐先生重視性善、氣善義，人受於天之理為善，而所受于天之氣者亦善，性善則氣亦善。故耳目口鼻之性——氣質之性亦是善，而惡者歸之於才與情，船山於《孟子·公都子問性章》中，對於「性」視之為「惻隱之心」，「情」視之為「喜怒哀樂」，故惻隱必善，而喜怒等情不一定皆善，船山對情的定義不全同於朱子。

相道。道弗藉人，則物與人俱生以俟天之流行，而人廢道；人相道，則擇陰陽之粹以審天地之經，而《易》統天。故〈乾〉取象之德而不取道之象，聖人所以扶人而成其能也。蓋歷選於陰陽，審其起人之大用者，而通三才之用也。」清·王夫之：《船山全書》第 1 冊（長沙：嶽麓書社，1996 年），頁 821。此船山《周易外傳》中，對於人道的重視，船山的思想大致在《周易外傳》中已漸漸定形，故於四十七歲的《讀孟子大全說》的詮釋中，亦多有重人成的意思以詮釋孟子，特別就孟子言及命時，不可皆視之為命定論、宿命論，而廢人道的負責。

40　「愚于《周易》《尚書》傳義中，說生初有天命，向後日日皆有天命，天命之謂性，則亦日日成之為性，其說似與先儒不合。今讀朱子『無時而不發現於日用之間』一語，幸先得我心之所然。」清·王夫之：《船山全書》第 6 冊，頁 405。看似船山認為朱子先談性日生之說，然其實朱子並未太強調，而是船山強調之。

　　於第二節處，唐先生談船山的「受命在人」，船山論「命」時，重人成義，故不把一切推諉於命，也不是宿命論、命定論者。[41]雖然孟子言「莫非命也」，但也要人知命、要人立命，或是「有性焉，君子不謂命」；並且孟子談「求之有道，得之有命，是求無益於得也。」非都推諉於命，故可見船山反對宿命論的見解是合於孟子。然孟子、船山面對「莫之致而至」的命之態度，的確也視之為不是人力可得施與，[42]命不可為，立命卻可為；然要選擇「君子

---

41 「俗諺有云：『一飲一啄，莫非前定。』舉凡瑣屑固然之事而皆言命，將一盂殘羹冷炙也看得關天動地，直慚惶殺人！且以未死之生、未富貴之貧賤統付之命，則必盡廢人為，而以人之可致者為莫之致，不亦舛乎！故士之貧賤，天無所奪；人之不死，國之不亡，天無所予；乃當人致力之地，而不可以歸之於天。」清・王夫之：《船山全書》第 6 冊，頁 1114。此船山反對命定論。

42 張子認為「太虛不能無氣，氣不能不聚而為萬物，萬物不能不散而為太虛，循是出入，是皆不得已而然也。」宋・周敦頤、張載撰，明・徐必達編：《周張全書》（臺北：廣文書局，1979 年），頁 307。船山注「不可揮之而使散，不可挽之而使留。是以君子安生安死，於氣之屈伸無所施其作為，俟命而已矣。」清・王夫之：《船山全書》第 12 冊，頁 20。若依於上所言，君子面對命亦無可奈何，則能有何做為呢？又如何重人成呢？張子曰：「然則聖人盡道其間，兼體而不累者，存神其至矣。」命不能改變，然則面對命的態度，要接受以俟命，還是小人依利而避逃，這時便有人的德性、立命於其中矣。又船山於孟子言命處的詮釋是「張子云：『富貴福澤，將厚吾之生；貧賤憂戚，庸玉女于成。』到此方看得天人合轍，理氣同體，渾大精深處。故孔、孟道終不行，而上天作師之命，自以順受；夷、齊餓，比干剖，而乃以得其所求。」清・王夫之：《船山全書》第 6 冊，頁 1115。亦是說對於莫之致而至之命，要順受其正，天壽不貳以面對之。

居易俟命」，還是「小人行險僥倖」，則可以見出人可以立命，用以
全人道之善，盡道於其間，雖面對命的無法扭轉，然而接受或是逃
避，則分別出君子、小人。故唐先生認為「故天無予奪之處，皆人
所當致力之地，若不知此，一切委之命，則命名不立，而人為盡廢
矣。」[43]此唐先生對於船山學之重人成、重德行以立命之義的闡
發，是合於孟子後天擴充的人成義。

　　又，唐先生於《原性篇》，以主、客觀的區分，視船山論性與
程朱、陸王之不同在於，船山是客觀的論述，而程朱、陸王是主觀
的論述。船山可以肯定《易經》的「剛、柔、乾、坤」，故不視氣
質之偏即為惡，[44]而程朱、陸王是主觀的論述，較重中正中和。[45]
一方面可以看出唐先生的圓融合會個性，一方面也看出船山以易學
的「乾坤並建」之義理用以解《孟》。在船山的釋《孟》中，乾坤
並建則成了「理氣並建」、「理欲[46]並建」。

　　唐先生對於船山學的發揚，可謂非常詳盡，義理方向相當正確，

43　唐君毅：《中國哲學原論‧原教篇》（臺北：臺灣學生書局，2004 年），
　　頁 562。

44　「故六畫皆陽，不害為〈乾〉；六畫皆陰，不害為〈坤〉。乃至孤陽、畸
　　陰，陵踩雜亂而皆不害也。」清‧王夫之：《船山全書》第 6 冊，頁
　　962。此可證唐先生之言，氣質之皆偏陰、或是陽，亦不為害。

45　唐君毅：《中國哲學原論‧原性篇》（臺北：臺灣學生書局，2006 年），
　　頁 504-507。

46　船山的人欲不是貶義。「嗜殺人，自在人欲之外。蓋謂之曰『人欲』，則
　　猶為人之所欲也，如口嗜芻豢，自異於鳥獸之嗜薦草。『愛之欲其生，惡
　　之欲其死』，猶人欲也；若興兵構怨之君，非所惡而亦欲殺之，直是虎狼
　　之欲、蛇蠍之欲。」清‧王夫之：《船山全書》第 6 冊，頁 898。

而值得後輩學習，然則唐先生的寫作方式是以概念發展史為方向，[47]
而吾人的方向，是以專書的詮釋之方式，故二者不大相同。[48]雖然
可知唐先生對於《讀孟子大全說》的義理亦十分精熟，然吾人的寫
作方式不同於唐先生；又唐先生面對兩種孟學詮釋（朱子、船山），
[49]較有合會的意思，故於船山反對朱子的詮釋的意思談的少，但其
實船山於中年時常批評程朱，故唐先生講法與吾人本書的方向不全
同，吾人順船山的義理，指出朱子的缺失。又，船山認為朱子的詮
釋雜有佛老的意思，唐先生亦談的少，吾人此書可有發展的空間。

（二）曾昭旭

陳來教授曾盛贊曾昭旭教授的《王船山哲學》一書是中文學界
最為完備之書，吾人深有同感。其書對於船山的《四書》、《五
經》詮釋之處，都有提到。至於孟子學，雖看似只有短短五、六
頁，[50]然一些重要義理已詳備於其中，可謂既廣大又盡精微；另

47　所謂概念發展史，乃原性，原道，原教等概念。

48　吾人本書書名是談船山《讀孟子大全說》一書的研究。

49　朱子與船山可謂兩位詮釋大家，如戴震的詮釋，亦不如船山如此的多與全
　　面性，戴氏主要是對《孟子》與《中庸》做詮釋，而於孟子處亦非全面的
　　詮解；而介於朱子與船山之間的學者，如蕺山、黃宗羲的《孟子師說》亦
　　非逐字逐句的注釋，有些篇章未談，有些只是義理的發揮。故論及經典之
　　注釋而言，朱子與船山可謂二大家。船山於《讀孟子大全說》雖非逐字詮
　　釋，然船山的其他《四書》作品，如《孟子訓義》，則是字字句句詮釋。

50　船山言：「以閑閑陵小知而譏其隘，以間間伺大知而摘其所略。」清·王
　　夫之：《船山全書》第13冊，頁97。船山以莊子的大智與小智之言，談
　　廣大與精細，範圍廣者，常失其精細。若人們以為曾教授的一書因為廣，

外，孟子的義理之處，曾教授亦於此書的他處言之，如言氣、言人道、言心、性、情、才等處皆論及之。而其談孟子，主要的書籍亦是以《讀孟子大全說》為主，亦可見《讀孟子大全說》的重要性，很多哲學義理，都匯聚於此，其認為〈盡心篇〉、〈告子篇〉、〈公孫丑篇〉等特別重要，此吾人有同感，如〈盡心篇〉談的是心、性、天的定義，而反對程子言「天依於理」的見解，而以張子為歸依，以「太虛為天」，而太虛者又是氣，此氣是根源。由〈盡心篇〉可知船山對於心、性、天等的定義，又可知船山何以屬氣學，而不是程朱的理學。於〈告子篇〉，如「公都子問性章」，談的是心、性、情、才之定義問題，船山視惻隱是心、是性，而不是情，這與朱子言「惻隱」是「四端之情」是不同的。理由在於船山言「慕天地之大而以變合之無害也，視情皆善，則人極不立矣。」[51]船山的「情」只是「喜、怒、哀、樂」，也不一定必正，若視情皆善，則人的「參贊性」不立，人將淪於情識而肆，人道不成。[52]又於〈公孫丑篇〉中，談惻隱之心，仁之端也，此心性之辨，心不是性，但心能含具性。又於「知言養氣章」中，對於氣與志，義內、義外之說等，都是孟學的重點，甚至是朱子學的重點，然船山卻不完同意朱子學，故常依於朱子學處，予以扭轉而為重氣之理論。

而失其精細，則誤矣。因為他雖只用了五、六頁談船山孟子學，然於同書其他處，談船山哲理處，亦又用了《讀孟子大全說》中的義理，可謂廣大精微都照顧到了。

51　清·王夫之：《船山全書》第6冊，頁1072。
52　船山要談「性日生日成」，正是要強調人道的工夫之不容已。

　　曾教授於船山的孟學詮釋，大致而言，談的是孟子「形色天性」一章，此乃重氣之解法，曾教授認為足以隱括船山之心性者，吾人亦甚有同感，亦是說其雖只舉船山詮釋的「形色天性」一章，[53]然此是船山思想的重點所在。船山認為「形色之外，別無實存之性也」，而曾教授的詮釋是：「按宋明諸儒承佛老之刺激而論心性之學，皆不免只作形而上之討論，而忘卻實存之身心性命。無論濂溪之寂感之神，程朱之理，陽明之心，皆是離開實存之氣以超越地言之者。故船山承宋明之末，力矯其弊，而必言氣外無理，形之即性也。」[54]這句話若不加以解釋，容易讓人誤解，第一，若說陽明的心離於物，朱子的理離於氣，似與陽明、朱子的原文不相應，因為陽明的格物說，是不離於物，是在事上磨鍊的；而朱子視理氣不離。而曾教授卻說他們離開實存之氣。然而曾教授的講法是順船山而來，亦不可說船山的反省全不到位，而應說船山強調氣的優先性，而不是以心或是理作為第一義，故船山的氣學不同於心學與理學，第二，縱使朱子的理氣不離，陽明的心不離於物，與船山還是不同，曾教授言：「此一體非混而為一體，乃是性之直貫至形色而

53　「孟子直將人之生理、人之生氣、人之生形、人之生色，一切都歸之於天。只是天生人，便喚作人，便喚作人之性，其實則莫非天也，故曰『形色，天性也。』說得直恁斬截。」清·王夫之：《船山全書》第 6 冊，頁959。此是〈滕文公章〉，談的卻是「形色天性」，可見「即氣言道」的意思，是船山的重點，也是曾教授的慧眼之所見。即氣言道的講法，唐先生已提及之：「而有其『希張橫渠之正學』，重氣化流行之論，以教人即氣見道，即器見理，而大此心之量之論也。」唐君毅：《中國哲學原論·導論篇》，頁 623。

54　曾昭旭：《王船山哲學》，頁 191。

為一體者。」[55]這是曾教授的話用以詮釋船山，吾人覺得貼切，相
同的亦可用黃宗羲之言，所謂「一物而兩名，非兩物而一體。」[56]
亦可說船山的氣學，「即氣言道」，而不是把道與氣割而為二，然
後再混而為一，此則不是即氣言道，如朱子的話語，陰氣加陽氣還
是形而下，不是形而上，形上、形下只是不相離，而不是「即而為
一」，船山的詮釋便是做這「即而為一」的工作。

　　最後，吾人談船山於孟子詮釋中，對於「惡」的看法，而曾教
授也注意到了，其言：「此一節論修己之功，以明君子但須踐形，
則小體原與大體合一而不成大體之累。故知忌於小體而以過欲為
務，甚且以惡之原歸罪於情才者，皆非也。」[57]此意思是船山以大
體以引導小體，故不須絕小體，絕色、貨、欲、利等的見解，小體
只要被引導，耳目之官亦只要心官的引導而無須滅絕之；若滅絕
之，是後儒受了佛老的影響下的結果，非孟子的本意。曾教授大致
而言要談這個意思，因而推論到船山並不歸罪於情、才。然而吾人
認為曾教授的意思並無錯，然若不多加說明，易生誤解，而容易懷
疑曾教授的見解與船山的原文有其不合處。然吾人的見解是：「曾
教授的見解並無不合於船山，但要仔細說明清楚，才不致於錯
認。」吾人於下試說明之，船山有言：「人之為惡，非才為之，而
誰為之哉！唯其為才為之，故須分別，說非其罪。若本不與罪，更

55　曾昭旭：《王船山哲學》，頁192-193。

56　可參見《明儒學案·諸儒學案上二·曹月川》，黃宗羲的按語，收於清·
　　黃宗羲著，沈善洪主編，吳光執行主編：《黃宗羲全集》第8冊，頁356。

57　曾昭旭：《王船山哲學》，頁194。

不須言非罪矣。如刺人而殺之，固不可歸罪於兵，然豈可云兵但可以殺盜賊，而不可以殺無辜耶？」[58]又言「性藉才以成用，才有不善，遂累其性，而不知者遂咎性之惡，此古今言性者皆不知才性各有從來，而以才為性爾。」[59]在此視「才」有惡。又，於情處認為「然則才不任罪，性尤不任罪，物欲亦不任罪。其能使為不善者，罪不在情而何在哉！」[60]以上所引，有兩處都出於船山對於《孟子·公都子問性章》中的心、性、情、才的問題。以船山看來，罪在情、才。似與曾教授的見解不同，然而船山重氣的性格，也不會說情有罪，其認為情有罪亦有功，不可絕情，否則亦無善可言。情也不是馬上任罪，而是情、才之流變始淪於罪，故曾教授說「情無罪」也是對的，因為是情之「變合」才淪於惡。「才」的意思亦如此。

故依上而言，吾人認為曾教授對於船山學的掌握非常精確，值得吾人後輩學習。

（三）林安梧

林教授的《王船山人性史哲學之研究》一書，談的是人性，自然會談到性善，因為孟子談性善是就人性言善，而不是動物性亦善，此朱子認為人、物性皆善，而船山予以扭轉，[61]下開戴震。而

58　清·王夫之：《船山全書》第 6 冊，頁 1070-1071。

59　清·王夫之：《船山全書》第 12 冊，頁 130。

60　清·王夫之：《船山全書》第 6 冊，頁 1066。

61　「使命而同矣，則天之命草木也，胡不命之為禽獸；其命禽獸也，胡不一命之為人哉？使性而同矣，則犬之性猶牛之性，牛之性猶人之性矣！」

林教授的一書也影響了其二位學生，[62]目前都已博士畢業，林教授
以「理氣合一」、「理欲合一」，以談船山學，其中大致而言，都
可從《讀孟子大全說》一書中看出。在此林教授談理氣合一之說，
其言：「此世界乃是氣所充周的世界，不過依船山看來，此氣之世
界即是理之世界，氣與理是不分的，氣與理是合一的。」[63]其方向
正確，而且與曾昭旭教授的見解相合，在船山的《讀孟子大全說》
中，亦對於理與氣合一表示看法，船山言：

> 其實，言氣即離理不得。所以君子順受其正，亦但據理，終
> 不據氣。新安謂「以理御氣」，固已。乃令此氣直不緣理，
> 一橫一直，一順一逆，如飄風暴雨相似，則理亦御他不得。
> 如馬則可御，而駕豺虎獼猴則終不能，以其原無此理也。無
> 理之氣，恣為禍福，又何必嚴牆之下[64]而後可以殺人哉！[65]

清・王夫之：《船山全書》，第 6 冊，頁 1117。此看出船山反對人性同
於物性。與朱子有別。

62 賈承恩與陳啟文。陳啟文：《王船山兩端而一致之思維的辯證性及其開
展》（臺北：國立臺灣師範大學國文所博士論文，2006 年）。其第二章
談「理氣合一」，第七章談「理與欲」，與其師林安梧教授相似，然這也
的確是船山學的重點，難以創新。

63 林安梧：《王船山人性史哲學之研究》（臺北：東大圖書公司，1991
年），頁98。

64 然而吾人認為船山的嚴牆之足以壓人致死的理是物理、事理，而朱子的
理，不只是物理，還有所當然之理。船山在此有點詭辯，也可以說船山的
論辯並不充分。

這意思是順著陳新安（陳櫟）的講法，言以理御氣，然理若要御氣，而氣無可御之理，又如何御得呢？表示氣要能御，要有理始得，船山認為氣若無理，豈還能御之，如猴之不能耕，無耕之理，如何御猴以耕呢？故言氣必及於理，若氣無理，豈要於巖牆下才會殺人，吃飯也會殺人，因無理，任何矛盾於經驗之事都可能發生。故，可見船山強調氣之有理。

　　當船山強調「氣」是「有理之氣」，與朱子言「氣」為「形下義」是不同的，在此不可用朱子的氣以檢視船山的氣，[66]在此林教授亦看出了這意思，其言：「如此一來，我們所理解的氣，不祗是物質性的概念，它兼具有精神性或倫理性的意義，而且它是具有辯證發展能力的本體。」[67]林教授對於氣的見解，是很能合於船山學的，而唐先生對於氣的見解亦已談及此意思了。[68]

65　清・王夫之：《船山全書》第 6 冊，頁 1114-1115。

66　徐復觀認為中國哲學中的「性」字，在不同的哲學家有不同的意義，吾人同意，而且認為「氣」字亦是如此，如船山的氣不同於朱子的氣。其實在黃宗羲就已有氣具理的意思了，黃宗羲於《明儒學案》曹月川處的評論認為氣若要理來馭，則氣是死物；亦是說其主張氣不是死物，不用理來馭，氣自有理，氣自有其流行的理則。可見黃宗羲與曹月川論氣亦不同。

67　林安梧：《王船山人性史哲學之研究》，頁 100-101。

68　「當說其氣只是一『流行的存在』或『存在的流行』，而不更問其是吾人所謂物質或精神。」唐君毅：《中國哲學原論・原教篇》，頁 93。此唐先生對於張子的詮釋方法，而船山亦是尊張子之學，亦是重氣之學，故亦不可用唯心或是唯物的方式來詮釋船山學。陳祺助教授亦談及之：「氣之生動，不『但以氣』，乃因氣固有主宰『陰尸其常』而能然。由此可見，船山明言天一氣之『實』，乃非『徒氣』，非『但以氣』。曾昭旭教授首先闡明船山『即氣言體』，並非『只是氣』，可謂孤明先發，先得船山之

(四) 陳來

陳來教授於《詮釋與重建——王船山的哲學精神》一書中,其中一部分談及船山的孟子學,亦是以《讀孟子大全說》為主要依據,亦可見船山此書的哲理之重要。而陳來教授於此書中,談船山孟子學共有三篇,篇幅亦不算少。其重視孟子與告子的論辯,這當然是孟子一書的重點,而船山亦重視此論辯,在此陳來教授言:「告子與孟子的人性之辯本是孟子書中的重要內容,在宋明時代重視心性學的道學來看,此篇為重中之重,是具有其突出的重要性。船山讀論此篇的特色,是面對此篇人性論辯論,把理氣論的觀點和方法投射其中。」[69]陳來教授的意思是船山解告子時所用的理氣,與朱子的理氣不同,因為其理中有氣,氣中有理,與朱子的「理不是氣」的見解不同,可謂以其「乾坤並建」的方法,用在孟、告之辯的詮釋上。又,孟、告之辯的詮釋中,與船山的「氣善論」也是不可分開的,在此陳教授有言:

> 在船山的這一套論說中,主旨是以「氣善說」、「氣體說」來反對「性善氣不善」,「尊性賤氣」。這種對氣的重視,

心所同然者。」陳祺助:〈王船山氣論系統中「性體」觀念的涵義及其理論價值〉,《淡江中文學報》第 20 期(2009 年 6 月),頁 101。陳先生對船山的氣論有了解,然其認為即氣言道是曾昭旭說則誤矣,唐先生已先說。

69 陳來:《詮釋與重建——王船山的哲學精神》(北京:北京大學出版社,2004 年),頁 164。

一方面是出于船山對乾坤並建二元平衡方法論的貫徹，對于朱子學的尊理抑氣論的反撥。……從理論思維來說，也可以這樣認為，在經歷了元明理學在「理」的理解上的去實體化轉向之後，理不再是首出的第一實體，而變為氣的條理，因此人性的善和理本身的善，需要在氣為首出的體系下來重新定義。[70]

陳來教授清楚的認定，船山這些重氣的講法，正是為了反對程朱之學，也因為朱子學或朱子後學有重理貶氣的傾向，故有船山的發難，然而船山如此的見解不是唯一，也不是空前絕後，一方面於船

---

[70] 陳來：《詮釋與重建——王船山的哲學精神》，頁 194。陳教授又言：「朱子對告子的批評是認氣為性，這個說法中包含著批評告子是把氣質之性當做本然之性，包含著本然之性為善，氣質之性有不善的觀點。」同上註，頁 166。對於船山的研究中，必涉及於朱子義理，陳來教授對於朱子的詮釋是準確的，因為他的博論正是研究朱子。而船山正是要批評這種看法，即本然之性善，氣質之性不善（程朱），因為船山認為二者皆是性，皆為善。告子的問題是在「偏孤其性」，例如，只知耳目之性，而不知天地之性。「故告子謂食色為性，亦不可謂為非性，而特不知有天命之良能爾。若夫才之不齊，則均是人而差等萬殊，非合兩而為天下所大總之性；性則統乎人而無異之謂。」清・王夫之：《船山全書》第 12 冊，頁 128。而惡是情才之變合所產生，無關於性。告子的另一個問題是，認情、才為性。船山言：「若夫情，則特可以為善者爾。可以為善者，非即善也，若杞柳之可以為桮棬，非杞柳之即為桮棬也。性不可戕賊，而情待裁削也。前以湍水喻情，此以杞柳喻情。蓋告子杞柳、湍水二喻，意元互見。」清・王夫之：《船山全書》第 6 冊，頁 1065。在此看到船山批評告子，一以湍水喻情，一以杞柳喻情，都不是性。

山之後，有乾嘉的重氣的講法，如戴震論性，性只是血氣心知，血氣心知自有其條理，此條理為仁義禮智，此性善也只是人性善，不及於物性，此不同於程朱論性，是就人、物之性而言，這種講法，其實於船山論《中庸》時，就已認為《中庸》論性，只就人性而言。[71]然而船山亦不是空前，而是有所承繼，也許我們無法考證到船山所讀過的書，對他所造成的影響。然而前人已發其所未發，這確實是真實的，在陳來教授認為，元、明已有去實體化的講法了，在此陳教授於書中亦提到了這些學者，包括有元代吳澄，明代的羅整菴、王廷相、劉宗周等人。[72]這些人中，吳澄的見解是少為人所提出，可謂陳來教授的慧眼之發掘。至於羅整菴，[73]其可謂朱子學中的重氣學者，其思想傳到韓國，亦使得韓儒朱子學，有重氣的傾

---

71 船山言：「故程子曰：『世教衰，民不興行』，亦明夫行道者之一循夫教爾。不然，各率其性之所有而即為道，是道之流行於天下者不息，而何以云『不明』『不行』哉？不行、不明者，教也。教即是中庸，即是君子之道，聖人之道。」清‧王夫之：《船山全書》第 6 冊，頁 458。船山的質疑點是，若率性之謂道，所率者是人、物各率其性，而牛馬何不率性，則此道容易達到，但《中庸》明顯說的是道之不明、不行，豈道之容易達到呢？故率性不是率人、物之性，而只就人性而言。

72 陳來：《詮釋與重建——王船山的哲學精神》，頁 394。

73 羅整菴的學問性格，目前有爭議，一派主張，其為氣論，一派主張其為朱子學中的氣論，此還是在朱子學的理氣二元下的重氣。然吾人把他視之為，如同陳來教授所言的，去實體化的見解，也許爭議較少。可參見林月惠：《異曲同調——朱子學與朝鮮性理學》（臺北：國立臺灣大學出版中心，2010 年），頁 160-161，註 29。主要是分為二派，如林月惠、鄭宗義等人，視整菴為理氣二元論，故與朱子為異曲同調；而政大中文系劉又銘等教授，及一些大陸學者、韓國學者劉明鍾等人則視整菴學為氣論。

向，如徐花潭、李栗谷[74]等；而王廷相可謂氣論，亦可說是張子之學的轉手，雖不全同意於張載，但受其影響甚大，與船山的尊張載，有其類似處。而劉宗周與黃宗羲，劉宗周長王夫之四十一歲，而黃宗羲大船山九歲，是否有相互影響，不得而知。但蕺山的重氣，正是從羅整菴的「理」只是「氣之理」的見解轉手過來。[75]這些講法可謂陳來教授的慧眼所獨到的見解，此慧眼是功力累積所致。然而除了元、明朝代之外，其實在南宋，朱子的弟子劉歆，[76]

74　栗谷有言：「陰陽動靜，其機自爾也，非有使之者也。」見韓·李栗谷：〈答成浩原〉，《栗谷全書》第 1 冊，收於《韓國文集叢刊》第 44 冊（漢城：景仁文化社，1997 年），卷10，頁211。

75　「蓋先生之論理氣，最為精確，謂通天地，亙古今，無非一氣而已。氣本一也。」清·黃宗羲著，沈善洪主編，吳光執行主編：《黃宗羲全集》第 8 冊，頁 408。此黃宗羲之言，黃宗羲的見解還是承蕺山而來，亦是說蕺山雖非全肯定整菴，然就理氣的講法，理只是氣之理的講法，蕺山是肯定整菴的。

76　「又記得朱門人劉氏歆。不滿於章句之人物性同之說。而著書以論之曰。天命惟人受之。故謂之貴於物。人之性。豈物之所得而擬哉。中庸性道。是專言人。而或者（指朱子為或者。其無禮不恭之習。殊可憎也。）謂兼人物而言。則似也而差也。假如天命之性。兼人物而言。則犬之性猶牛之性。牛之性猶人之性。當如告子之言矣。今此朱子章句。既明言人物性同。故彼毛，劉二人。駁之如此。又記明儒有王道者。是白沙甘泉之流派。而與陽明善。嘗以理氣不離不雜之說為非。又以太極理道。為名雖不同。本一氣而已。又曰。人物之生。氣為之性。或疑氣為之性也。理何居耶。曰。理即氣也。而以為有二乎哉。……此人亦嘗為人物性異之論曰。朱子論性。千言萬語。只是一意。大抵謂人與物所稟之理一般。但人能推而物不能推耳。敢以一言難之。四靈其氣之清明。視常人何如。然常人於四端五典。雖不能全。而亦不至盡廢。四靈曷嘗見有髣髴於人者哉。此可

就已有去實體化之講法，也並不認可朱子將《中庸》言「天命之謂性」一句，解為人、物之性。因為天命之性，若就朱子而言，人、物性同一，則此天命之性，眾人、眾物所同一，是為超越的理一，是有其超越之實體的；然若如劉蕺、如船山等人的質疑，質疑人性、物性之不同一，《中庸》只言人性，而不及於物性，則於天命之性處，人性、物性便已不同，性的見解就不再是朱子的只是理，在船山而言「性」已是「理氣合」了。一旦從「只是理」，到「理氣合」，似乎性的超越義也將減殺，然此並不代表船山學、劉蕺之學沒有理想性，氣論自有其理想性。[77]甚至船山論氣，亦不可以朱子的氣衡定之。

以上所抄出陳教授的話語中，吾人認為值得後輩學習處有三，一，其視船山的《讀孟子大全說》是反對朱子的貶氣之說，船山認為不可貶氣以至於絕情。二，其認為這是船山的乾坤並建的理論效果，船山的乾坤並建，在此變形為理欲並建，或是理氣並建，故亦高舉氣，而不可絕氣。三，其認為船山的重氣思想，有其傳承性，到了船山而發展完備，不只如此，船山後的重氣思想，還持續的延續。

見人物之性。合下不同。故孟子闢告子以犬牛之性。與人不同。正於此處。看得明白耳。王道平生言論類此。」韓·田愚：〈讀湖洛前人物性說〉，《艮齋集》，收於《韓國文集叢刊》第 333 冊（漢城：景仁文化社，1997 年）此乃韓儒田艮齋的見解，其稟持著朱子學，而反對二人，其一是劉蕺，其二是王道。以理學反氣學。

77　吾人視「超越義」與「理想性」不同，理想不用在超絕處。

(五)周兵

　　周兵教授可謂船山學中《讀四書大全說》的專家,其博論寫的是《天人之際的理學新詮釋——王夫之《讀四書大全說》思想研究》,故其也研究了《讀孟子大全說》,與吾人本書主題有相關。然其書裡主要是以概念範疇的方式做研究,與吾人以專書做研究不大相同。吾人找到了一篇其最近的作品,題目是〈王船山罪情論〉。然船山之重氣、重情,而唐君毅先生有一篇〈船山之尊生尊氣與尊情才義〉,收於其《原性篇》,從題目上來看,似乎二人對於船山是「尊情」還是「罪情」,似乎有者兩極不同的見解。在此我們可以先看周兵的見解,其言:

> 有的哲學家認為,「才」是惡的起源(如程頤);有的哲學家認為,「氣」是惡的起源(如程頤、朱熹);有的哲學家認為,「物欲」是惡的起源(如朱熹)。對於這些觀點,王船山均不同意。他在《讀四書大全說》中對這個問題進行了深入細緻的辨析,並提出了自己關於這個問題的獨特見解:「以罪歸情」。[78]

其實周兵的講法是無誤的,而且唐先生的講法也是對的,理由在

---

[78]　見周兵:〈王船山罪情論〉,《衡陽師範學院學報》第 32 卷第 1 期(2011 年 2 月),頁 1。船山論惡的來源甚多,其實可以歸一的,有時視「情才之流有惡」,有時認為「習有惡」,有時認為「不當位有惡」。這些見解是一致的。

於，二人所依據者都是船山的見解，然船山學並無自相矛盾，在此
可參見船山之言：

> 毛嬙、西施，魚見之而深藏，鳥見之而高飛，如何陷溺魚鳥
> 不得？牛甘細草，豕嗜糟糠，細草、糟糠如何陷溺人不得？
> 然則才不任罪，性尤不任罪，物欲亦不任罪。其能使為不善
> 者，罪不在情而何在哉！[79]

在此船山討論，心、性、情、才，誰當該為惡負責，孟子只說誰不
為惡負責，而朱子說「乃物欲陷溺而然」。[80]此是依孟子的〈富歲
章〉而來，孟子言：「其所以陷溺而然。」而朱子加上了「物欲」
兩字，然而是人對於物之欲而執著，故以貶義的人欲視之。然船山
反對朱子的講法，其解「物欲」為「對象物」，船山認為犯罪是人
所造成，不當推之於物。[81]其實朱子與船山的講法可以合會。至於
船山於此認為物欲不負責惡，性是善，也不負責惡，心能惻隱、羞
惡、辭讓、是非，故合於性，必為善，也不為惡。故只有情、才負
責惡。依於此，吾人認為周兵的講法正合於船山的意思，罪在情。
然而，情有善情，亦有惡情，情之流變才為惡，非情即惡。既然情

79　清·王夫之：《船山全書》第 6 冊，頁 1066。

80　宋·朱熹：《四書章句集註》，頁 328。

81　「天地無不善之物，而物有不善之幾。（非相值之位則不善。）物亦非必
　　有不善之幾，吾之動幾有不善於物之幾。吾之動幾亦非有不善之幾，物之
　　來幾與吾之往幾不相應以其正，而不善之幾以成。」清·王夫之：《船山
　　全書》第 6 冊，頁 963。

能為惡，何以不去情，如同佛氏所為即可呢？船山言：「若不會此，則情既可以為不善，何不去情以塞其不善之原，而異端之說緣此生矣。乃不知人苟無情，則不能為惡，亦且不能為善。便只管堆塌去，如何盡得才，更如何盡得性！」[82]船山在此認為情若有罪，則去情便省事，何以不去之呢？原來情可以為惡，然若無情，善亦不可得，故情亦不可隨意去之。船山的結語是：「愚於此盡破先儒之說，不賤氣以孤性，而使性托於虛；不寵情以配性，而使性失其節。竊自意可不倍于聖賢，雖或加以好異之罪，不敢辭也。」[83]船山指的是，氣不低，而情不高，然氣與情都與情有關，即是認為情不高不低。因為情要依從於性善，故情不是領導；而情又不馬上是惡，故又不可去情，因為情可為善，地位不低。「情不低」的講法正是唐先生認為的船山重氣、重情之說。故吾人認為周兵教授與唐先生對於船山的罪情說與尊情說，兩者都可成立，且並未矛盾。

　　以上談了五位教授的看法，也因為二手書的無窮盡，只能略舉，無法一一述及，一方面原因，乃若都提到，也是容易流為表面淺談；另一方面，若要再深入反省，則無法一一談到，在一本書中也難以面面俱到，此深度與廣度方面的確難以兩面照顧。又以這幾位作者雖然其書不一定是最新資料，然新的資料卻不一定能超越這些作者的見解，如要超越唐君毅先生有其困難性。又，關於論及船山的論文，相當的多，而至於談《讀四書大全說》，談《讀孟子大全說》的相對較少，相對地研究船山天道論者多，心性論者少。因

82　清・王夫之：《船山全書》第 6 冊，頁 1069-1070。
83　清・王夫之：《船山全書》第 6 冊，頁 1068。

為一方面要從孟子原典著手，而《孟子》一書雖然不至於太難、太玄，但是「知言養氣章」、〈告子篇〉等，都不見得容易理解。第二，除了要理解孟子的意思外，還要有朱子的理氣論等理解，及朱子如何把理氣論、心統性情等見解，表現於孟子詮釋上。如「知言養氣」的先後問題，成了格致與誠正的《大學》工夫次序問題；「盡心知性知天」的次序，也是《大學》架構上的次序。而且有了朱子的詮釋外，還有程朱一派，包括程朱學派的前賢與後人的見解之研究，而最後參之以船山的意見。故若鎖定在船山的孟學，而且是《讀孟子大全說》一書上，則研究者較少，以上五位學者，[84]或多或少都參考了《讀孟子大全說》的論點，某方面而言，此書誠如曾昭旭教授所言，主要的哲學義理之關懷，都表現於此書中了。

---

[84] 除此五位之外，吾人後文論及錢穆先生的見解，於結論處亦談陳祺助教授的見解。另外若不止於船山的孟子學，關於船山的書，尚有，梁啟超：《清代學術概論》（上海：上海古籍出版社，2000 年），頁 16-20；戴景賢：《王船山之道器論》（臺北：國立臺灣大學中文研究所博士論文，1982 年）；吳龍川：《太極——船山《易學》〈乾〉〈坤〉並建理論新探》，《中國學術思想研究輯刊》第 5 編，第 6 冊（臺北：花木蘭文化出版社，2009 年）；陳贇：《回歸真實的存在：王船山哲學的闡釋》（上海：復旦大學出版社，2002 年）；謝明陽：《明遺民的莊子定位論題》（臺北：國立臺灣大學出版中心，2001 年）；康和聲：《王船山先生南岳詩文事略》（長沙：湖南人民出版社，2009 年）；朱迪光：《王船山研究著作述要》（長沙：湖南大學出版社，2010 年）；王立新：《天地大儒王船山》（長沙：嶽麓書社，2011 年）；施盈佑：《王船山莊子學研究——論「神」的意義》（臺中：靜宜大學中文所碩士論文，2006 年）等等。

五、各章安排之順序

　　吾人此書的安排,從第二章到十二章,共有十一章,前後分別發表於專書論文、期刊論文、研究會論文中,除了第一章是導論,第十三章總結外,大致都曾發表過,吾人章節安排,以孟子學概念的重要性為次序,第二章談「口之於味章」,其中乃船山討論性與命在孟學中的地位與孟子的見解。第三章談船山對孟子的〈告子上〉的詮釋,其中的孟、告論性之辯,可於此章中,看到船山的性論與氣論是如何用以詮釋告子與孟子。第四章談孟子的「莫非命也章」,此章就理命與氣命做一解說,並嘗試解決船山德福一致的問題。第五章談孟子的「盡其心者章」,其中乃船山對於天、道、性、心等概念的氣學詮釋,此乃歸宗於張子而反對程子。第六章談船山釋孟子的「公都子問性章」,此乃對於孟子的心、性、情、才義的發揮,及船山的闡釋。第七章談船山面對朱子的〈孟子章句序〉的討論,其中對於「心」義,在孟子學中,是勝義還是劣義做一解說。第八章談孟子的「浩然章」,此章乃對於知言養氣之先後,做一界說,以船山的兩端一致之義以詮釋孟子。第九章談孟子「明堂章」,船山以理欲合一理解孟子,以別於佛學的詮釋,佛家的去人欲,日中一食,樹下一宿之義是不能用以詮釋孟子的。第十章談船山的教育觀在「性日生日成」的主張下,反對朱子的學以復其初之說。第十一章與十二章分別談的是「萬物皆備章」與「人之所以異章」,此乃船山的人禽之辨的講法,以別於程朱的講法:「我備萬物,萬物備我」。

　　以上的章節,幾乎也是孟子學、或說是船山釋孟的重點了,這

是船山最有心得處。船山此書之作，乃是針對朱子學受到佛老影響下詮釋而起，一旦受佛學的影響，甚至貶低氣、貶低欲，否定世間，這是船山的重氣理論所不能容許者。又以上的章節安排，乃是順著「性命義」、「氣之義」、「心、性、情、才」、「天道」、「理氣」等等概念而下來的安排，之後是船山的兩端一致之學的運用，及性日生日成的教育學習觀，最後是人禽之辨，這也是人性、物性之區分。

六、船山孟子學之判攝

吾人上文所言，認為船山的方向，當從《讀四書大全說》去判定，而不是從《四書訓義》判定，因為《四書訓義》主要是發揚朱子學，[85]若如此，把船山判為朱子學，則為不準。若以《讀四書大全說》做判定，內容裡主要是「反對心學，修正程朱，歸宗橫渠」，這大致是準確的判定。至於吾人研究船山，本來便是想知道船山在宋學、漢學過渡中，扮演著什麼角色，他是接近於漢學還是宋學。然吾人認為若只是以漢學或宋學做為標準，此標準太大；吾人更精細地問，船山的《讀孟子大全說》的詮釋，是較接近於程朱學，還是戴震之學呢？然答案若說是介於此二人之間，這當該是沒有問題的，船山的思想與時代，正是一個過渡期，正是由宋轉漢，

---

85 船山之所以發揚朱子學的原因在於朱子學有些可以接受，故可羽翼，只要修正就可以了，至於張子，則以之為宗，甚至不用什麼修正。至於心學，則都不接受。

由程朱轉戴震的一個仲介。吾人的意思是，若不得已，而判定之，
船山雖然漢宋之特色兼具之，但較接近於程朱，還是戴震之學呢？
吾人的評判是，他較近於戴震之學。吾人如此判之，大致而言，有
贊成者，亦有反對者。吾人舉不同意吾人看法見解者，如周兵認
為：「以上所舉眾多材料，說明王夫之只是為了發明正學，扶樹道
教，衛護程朱正統理學，指斥陸王異端邪說，并不見什麼堅決反對
程朱理學的影子。只是到了近代，梁啟超、譚嗣同人為了變法革命
的需要，才把王夫之打扮成了反理學的啟蒙思想家。」[86]周兵的見
解，不一定合於船山，從周兵之語中，已可看到他的判斷與梁啟超
等人的見解不一。此可參考唐先生之說，唐先生言：「船山之哲
學，重矯王學之弊，故于陽明攻擊最烈。于程、朱、康節，皆有所
彈正，而獨有契于橫渠。」[87]唐先生認為船山對程朱有所彈正，而
周兵認為船山不至於反程朱。吾人同意勞思光先生之說，他認定今
人談船山較佳者，還是唐君毅先生，他是判斷是準的，周兵的判斷
不準。周兵一書，內容便是研究船山的《讀四書大全說》，此書是
針對《四書大全》研讀而來，內容中不斷的批評朱子後學，甚至程
子，甚至朱子。船山認為程朱學有佛老的影子，詮釋出的孟子是不
準的。船山自己清楚的認定自己是要歸宗張載，然張載之學當如何
判斷呢？吾人認為當屬之氣學，此氣學與明末清初的重氣思潮，甚
至嘉乾時期的重氣義理可以接上。故清楚地，船山是承張載而修正

86　周兵：《天人之際的理學新詮釋——王夫之《讀四書大全說》思想研究》
　　（成都：巴蜀書社，2006 年），頁 18。
87　唐君毅：《中國哲學原論·原教篇》，頁 515。

程朱，[88]而張載的重氣義理可往後接上重氣思潮。

吾人這種見解，也許還要接受錢穆先生的質疑，錢先生認為船山學乃屬宋明理學，而不是清代之學。[89]然錢先生視船山之學為宋明之學的話語，乃是引船山的「壁立萬仞，止爭一線」之語，此出於《俟解》等書，《俟解》原文：「明倫察物，居仁由義，四者禽獸之所不得與。壁立萬仞，止爭一線，可弗懼哉。」[90]亦是說船山

---

88 「學之興於宋也，周子得二程子而道著。程子之道廣，而一時之英才輻輳於其門；張子戮學於關中，其門人未有殆庶者。而當時鉅公者儒如富、文、司馬諸公，張子皆以素位隱居而末繇相為羽翼，是以其道之行，曾不得與邵康節之數學相與頡頏，而世之信從者寡，故道之誠然者不著。」清·王夫之：《船山全書》第 12 冊，頁 11-12。

89 錢穆言：「則一見而知其仍是宋明儒家矩矱也。……曰：『壁立萬仞，止爭一線』，此船山講學與東原之所以絕異。」見錢穆：《中國近三百年學術史》上冊（臺北：臺灣商務印書館，1995 年），頁 126-127。

90 「人之所以異於禽獸者，君子存之，則小人去之矣。不言小人而言庶民，害不在小人而在庶民也。小人之為禽獸，人得而誅之。庶民之為禽獸，不但不可勝誅，且無能知其為惡者；不但不知其為惡，且樂得而稱之，相與崇尚而不敢踰越。學者但取十姓百家言行而勘之，其異於禽獸者，百不得一也。營營終日，生與死俱者何事？一人倡之，千百人和之，若將不及者何心？芳春晝永，燕飛鶯語，見為佳麗。清秋之夕，猿啼蛩吟，見為孤清。乃其所以然者，求食、求匹偶，求安居，不則相鬥已耳；不則畏死而震慴已耳。庶民之終日營營，有不如此者乎？二氣五行，搏合靈妙，使我為人而異於彼，抑不絕吾有生之情而或同於彼，乃迷其所同而失其所以異，負天地之至仁以自負其生，此君子所以憂勤惕厲而不容已也。庶民者，流俗也。流俗者，禽獸也。明倫、察物、居仁、由義，四者禽獸之所不得與。壁立萬仞，止爭一線，可弗懼哉！」清·王夫之：《船山全書》第 12 冊，頁 478-479。

以人禽之辨談此「止爭一線」，然《讀孟子大全說》「人禽之辨章」船山的見解便是反對朱子的看法，為何錢先生又視其為宋學（宋學的定義太廣了，因為宋學的程朱與周張又不見得相同，吾人認為至少船山不歸於程朱），而與東原絕異呢？首先吾人認為他對於東原的判斷，與吾人不同，理由是東原雖以血氣心知談性，人性善，人還是能以情絜情，能有同理心，能有仁義禮智，人是有道德的動物，其他動物不能。故人性是有仁義禮智的人性，東原當然是以道德詮釋孟子，東原並未不守住這一線。第二，船山在此認為人禽之辨的不同處在於四者，所謂的「明倫」、「察物」、「居仁」、「由義」，這也是孟子的原文，原文裡認為「庶民去之，君子存之，舜之明於庶物，察於人倫，由仁義行，非行仁義」，依此船山認為這四者為人禽之異處。而朱子以心性論詮釋之，認為是，若為仁義則為人，若吃喝則為禽獸。然船山認為聖人也要吃喝，然豈聖人淪為禽獸？甚至羔羊也會有孝、有仁義，難道禽獸之成了人？故這種二元區分不恰當。船山於《俟解》中所言者，若只會求偶、求食則為禽獸，然君子也是要求偶，重點在於若只會求偶、求食，而不居仁由義的話，則淪為禽獸。試問聖人是否要求偶、求食呢？聖人也要，若如此何以還能為聖人呢？理由在於聖人除了求偶、求食外，還能明倫察物、居仁由義、由仁義行。故船山於《讀孟子大全說》認為，人禽之辨，不是只由心性論判之，而是由人文化成觀判之，船山言：

> 聖賢喫緊在美中求惡，惡中求美，人欲中擇天理，天理中辨人欲，細細密密，絲分縷悉，與禽獸立個徹始終、盡內外底

> 界址。若概愛敬以為人，斷甘食、悅色以為禽獸，潦草疏
> 闊，便自矜崖岸，則從古無此苟簡徑截之君子。而充其類，
> 抑必不婚不宦，日中一食，樹下一宿而後可矣。[91]

由這一段可以看出船山是反對朱子的二元區分，以仁義則為人，以
吃喝則為禽獸。故可見船山是反對宋學朱子學的見解，而錢穆先生
引此「止爭一線」之說，以明船山學是宋學，似乎不合於船山。若
說船山歸於張載則可，若說是歸於程朱則不可。而張載的見解，吾
人判之為氣學，船山也是氣學，此氣學可與清代思想接之。

又吾人判船山學近於東原之學處的理由有四，一，船山與東原
二人都反對學以復其初，而朱子卻主張學以復其初。二，船山與東
原都反對人性、物性同，而朱子卻可以說此二者同。三，戴東原的以
情絜情之說，船山已言之，船山言：「絜之於情而欲推焉。」[92]此類
於戴震所謂的「以情絜情」。第四，船山與東原都視告子為道家。
如船山言：「聽物論之不齊而無庸其察。若求於心者，役心於學問
思辨以有得，而與天下爭，則疑信相參，其疑愈積。不如聽其自得
自失於天地之閒，可以全吾心之虛白，而繇虛生白、白以無疑之可
不動其心也。」[93]戴震亦是視告子的仁內，是道家的愛親之說。依
此吾人視船山學是介於程朱、戴震之間，而稍偏於戴震之學。

91　清·王夫之：《船山全書》第 6 冊，頁 1025。

92　清·王夫之：《船山全書》第 6 冊，頁 637。船山此段是在談曾子的忠恕
　　之說，又恕是推己，故船山以推己之欲而能合於他人的欲是公欲，而言推
　　己。

93　清·王夫之：《船山全書》第 6 冊，頁 921。

七、此書的特色

　　吾人此書之作，並非想在坊間如此多的船山詮釋之二手書上再多加一本，而成為餘食贅物。吾人上文所解說者，就仔細程度而言，與一般的解船山之書，是不太相同的；又就方法的詮釋而言，吾人也與他人不全同，他人有些用概念式的詮釋方法，如船山論心、性等等如何如何，吾人不完全反對之，吾人提出者是，在進行概念式的詮釋方法之同時要記得貼回原文的脈絡，才不致於使得船山的詮釋，陷入自身矛盾的可能性。又就本書的結論而言，吾人有與他人相同之判，亦有與他人不同之判，故可見船山學的難讀，判攝亦不見得全同，因此吾人覺得船山學值得再三闡發。

八、主要參考書目說明

　　本書主旨在於把船山的《讀孟子大全說》的義理闡析，故主要參考書目，乃《讀孟子大全說》，然此書又是《讀四書大全說》中的一部分，故吾人也常引《讀四書大全說》中的其他文字相互證之，如《讀論語大全說》、《讀大學大全說》等。又船山此書之作，是閱讀到《孟子大全》而來的想法，故必須關連到《孟子大全》一書，[94] 而《孟子大全》乃程朱學派對於孟子的詮釋，可謂創

94　「《四書大全》三十六卷，因元朝倪士毅《四書輯釋》稍加點竄而成，只
　　是稍有增刪，其詳其簡，反而不如倪氏，甚而還有舛誤。倪氏之書本因科
　　舉考試為經義而作。」吳雁南、秦學頎、李禹階主編：《中國經學史》
　　（臺北：五南圖書公司，2005 年），頁 349。

造性的詮釋，理由是「格物窮理」等大學的架構都已運用於其中，且又把《中庸》的天道與人道，交互貫通。吾人所用的《孟子大全》是四庫全書本，乃臺灣商務印書館所編，《四庫全書》第 205 冊，其中包括《孟子》原文，又包括朱子的《孟子集註》，然後是朱子後學的闡發，如胡雲峰、陳新安、真西山等人的解說。《四書大全》可謂是闡發朱子學。此乃吾人參考古籍而言，除此之外，與這些有關者的古書，如《二程集》、《朱子語類》，如黃宗羲的《孟子師說》、《明儒學案》，陽明《傳習錄》，五峰的《知言》等等，與文中船山文字脈絡有關者的古籍，吾人都一一舉出。除此之外，包括今人的二手研究，吾人也都儘量參考，然要完全一網打盡，也不容易做到。此書導論完成於 2013 年六月，而文中的吾人的著作大致而言，乃於 2010 到 2012 年三年間發表的文章，故於其中找到的二手書，大致較新程度而言，到 2011、2012 年為止。以上乃吾人對於本書的主要參考書目之說明。

第二章　王船山對於《孟子・口之於味章》的詮釋

一、前　言

　　孟子談性善是就人性善而立言，故人性如何視之，也是孟子哲學的重點。吾人本文從孟子的經典義理出發，然而孟子的原意又不容易求得，故吾人從詮釋開始，在此以程朱的詮釋與船山的詮釋做為一組比較的對象，一方面可以判別誰人的詮釋較接近孟子，一方面也可對於孟子的哲學，於不同時代的不同生命發展做一解說，也可說是孟子學義理精神的發展。然於《孟子》一書中，其中的「口之於味」一章，常是爭議的焦點，理由在於自從程朱學派以來，以「性即理」詮釋孟子的性善思想。本來孟子談性善只就人性善而言，而不及於犬性、牛性，然到了朱子，出現了「性即理」之說，不論是人性或是犬性，都是通於天理，乃理一分殊之落於人身上與犬牛之上者，在根源之處是同而為一。除了性是理的解法外，程朱又加了「氣質之性」的講法以齊備之，故對孟子的評價有「終是不

備」之譏。[1]孟子若是不備，表示其於氣談的不夠，然程朱於詮釋
此章的性、命時，又說這是氣質之性，若孟子已談及氣質之性，孟
子為何又有不備之譏呢？[2]此乃船山的懷疑，後文詳之。故可見孟
子學的詮釋，各家不同，於上所言，已看出有程朱與船山的詮釋之
不同。

　　孟子學的詮釋，於不同的時代，有不同詮釋，於程朱時以「性
即理」詮釋性善，而於戴震的《孟子字義疏證》認為，性只是血氣
心知，[3]人性與物性，是不同類的本性，如同人這一類與其他動物
一類的不同，人性有仁義禮智，物性沒有；而魚性能活於水下，人

1　「『論性不論氣，不備；論氣不論性，不明。』孟子終是未備，所以不能
　　杜絕荀揚之口。」宋・黎靖德編，王星賢點校：《朱子語類》第 4 冊（臺
　　北：文津出版社，1986 年），卷 59，頁 1388。又「論性不論氣」之原文
　　出自宋・程顥、程頤：《河南程氏遺書卷第六》，《二程集》第 1 冊（臺
　　北：漢京文化事業有限公司，1983 年），頁 81。顏元曾舉出程朱後學之
　　說予以批評：「潛室陳氏曰：『識氣質之性，善惡方各有著落。不然，則
　　惡從何處生？孟子專言義理之性，則惡無所歸，是論性不論氣不備。孟子
　　之說為未備。』」清・顏元：《習齋四存編》（上海：上海古籍出版社，
　　2000 年），頁 49。

2　其實程朱以氣質之說詮釋孟子，又說孟子言情是情感（其實是實情），而
　　情又是形下之氣，若如此，則孟子已言氣、言情，豈又不備呢？程朱有點
　　自相矛盾。

3　「人之血氣心知本乎陰陽五行者，性也。如血氣資飲食以養，其化也，即
　　為我之血氣，非復所飲食之物矣。心知之資於問學，其自得之也亦然。以
　　血氣言，昔者弱而今者強，是血氣之得其養也；以心知言，昔者狹小而今
　　也廣大，昔者闇昧而今也明察，是心知之得其養也，故曰『雖愚必
　　明』。」清・戴震撰：《戴震集》（上海：上海古籍出版社，1980
　　年），頁 272-273。

性不能。性到底是理還是氣呢？[4]不同的孟子詮釋，其視孟子的性義見解就會不同，而有以精神為主與物質為主的問題產生，甚至是二者的綜合。吾人此文不是談漢宋之爭中孟學的「性」字之爭議，而是要談船山的詮釋，他剛好處於宋與漢[5]的過渡之間，不論是時間上，或是義理上，都恰好是此二家的中介（戴震與朱子，代表漢與宋）。船山於《讀孟子大全說》上，反對程子以氣稟之說詮釋孟子

4　「而皆可以擴而充之，則人之性也，謂（性）猶云藉口於性耳，君子不藉口於性以逞其欲，不藉口於命之限之而不盡其材，後儒未詳審文義，失孟子立言之指。不謂性非不謂之性，不謂命非不謂之命。由此言之，孟子之所謂性，即口之於味，目之於色，耳之於聲，鼻之於臭，四肢於安佚之為性，所謂人無有不善，即能知其限而不踰之為善。」清‧戴震撰：《戴震集》，頁 305-306。此乃戴震以血氣心知詮釋孟子的性善義，而對於「口之於味章」的詮釋，「不謂性」，不是不以之為性，而是不藉口於性。船山在《正蒙注》中的詮釋，接近戴震，船山詮釋張子的「性其總，合兩也」，言「天以其陰陽五行之氣生人，理即焉而凝之為性。故有聲色臭味以厚其生，有仁義禮智以正其德，莫非理之所宜。聲色臭味，順其道則與仁義禮智不相悖害，合兩者而互為體也。」清‧王夫之：《船山全書》第 12 冊（長沙：嶽麓書社，1996 年），頁 121。船山不把性排除於耳目之外。又陳弘學先生有如此見解，其言：「孟子將生理本能別除於性的範疇之外，戴震卻堂而皇之將情欲視為性的一部分討論之。」陳弘學：〈戴震氣本論內涵及其思想困境探析〉，《鵝湖學誌》第 41 期（2008 年 12 月），頁 158。陳先生認為孟子不謂耳目為性，然而孟子的「口之於味，……性也有命焉」中的「性也」，又不知該如何解釋了，將造成陳先生的詮釋困難。

5　「清代漢學，以顧炎武為其開山和先驅，直到惠氏，才公開打出漢學的旗幟，與宋學分庭抗禮，奠定了漢學的基礎。」吳雁南、秦學頎、李禹階主編：《中國經學史》（臺北：五南圖書公司，2005 年），頁 415-416。

的「口之於味章」，這也是他的時代重氣的產物。吾人談船山，必不可不提及程朱，理由是船山的《讀孟子大全說》，正是讀了《孟子大全》後而作，而《孟子大全》，是程朱的孟學詮釋，明代所編，用以發揚程朱學，而船山《讀孟子大全說》卻是反省與修正程朱學；吾人把船山與程朱做為比較的對象，而最後作一判定，見誰是誰非。若不必較之誰是誰非，也可視為此二人對孟學的性義詮釋，看作是孟子哲學的不同詮釋與發展。

於此章中，除前言結語外，吾人分為兩節，每節再各分二小節，大致上談幾個重點，一，談朱子《四書章句集註》[6]中對於此章的詮釋，他繼承程子的氣稟之說以詮釋孟子。第二，孟子把性與命兩概念對舉著說，而《中庸》的「天命之性」的講法，卻一氣呵成，從命到性，《中庸》與《孟子》的性命義是否可以合會？船山又如何合會？第三，程朱以「氣稟」說，用以詮釋孟子此章是否合理？而船山認為的不合理處在哪裡？又該如何詮釋才合理？其實，船山自己的性論之說，不同於程子，而與張子的「合兩之性」[7]又

6　朱子的《四書章句集註》，是朱子學中較為正式的見解，比起《朱子語類》，是上課的口語，或說是思考過程而不是定見，相對而言，《四書章句集註》，較為正式且慎重。吳邑、吳英言：「朱子之注《四書》也，畢生心力於斯，臨沒前數日，猶有改筆。但其本行世早，而世之得其定本者鮮，此注本所以有異也。」見清・吳邑、吳英：〈四書章句附考序〉，《四書章句集註・附錄》（臺北：鵝湖出版社，1984 年），頁 379。意思是朱子對《四書》的集註很慎重，於去世前幾天還在修改，但是因為他《集註》一書出版得早，尚有改本之版，世人所得者未必是朱子的晚年定本。

7　張子言：「性其總，合兩也。」《正蒙・誠明篇》。船山詮釋此合兩之性乃天地之性與氣質之性，前者是仁義禮智，後者是耳目口鼻。

有相關，也因為船山於此書中，認為自己以張子為依歸。故船山對於孟子性義的詮釋，可謂以張子為依歸，進而反對程朱，吾人把重點放他在如何反對程朱的氣稟之說。故進到第二節。

二、性與命之間的關係
——《中庸》與《孟子》性命說的合會

「口之於味章」[8]的重要概念是性與命，性與命概念都各出現了三次。而且孟子的寫作筆法是以性與命做一對比，「口之於味」等與「仁之於父子」等對舉而言之。故性與命之分與不分，是一個重要問題，船山因著孟子此章中言性與命，於是聯想到《中庸》的「天命之謂性」一句，其中亦言性與命，故兩相比較。[9]船山言：

> 《中庸》說「天命之謂性」，作一直說，於性、命無分。孟子說性、命處，往往有分別，非於《中庸》之旨有異也。《中庸》自是說性，推原到命上，指人之所與天通者在此，謂此性固天所命也。乃性為天之所命，而豈形色、嗜欲、得

8　原文：「口之於味也，目之於色也，耳之於聲也，鼻之於臭也，四肢之於安佚也；性也，有命焉，君子不謂性也。仁之於父子也，義之於君臣也，禮之於賓主也，知之於賢者也，聖人之於天道也；命也，有性焉，君子不謂命也。」《孟子·盡心下》。

9　船山在《四書》詮釋程度上而言，方法的使用類於朱子，朱子以理氣論通貫詮釋《四書》，甚至《易經》等學都通貫之。而船山也是如此，故《中庸》的性義與《孟子》的性義，可以通貫而訓之。

喪、窮通非天之所命乎？故天命大而性專。天但以陰陽、五
行化生萬物，但以元、亨、利、貞為之命。到人身上，則
元、亨、利、貞所成之化跡，與元、亨、利、貞本然之撰自
有不同。化跡者，天之事也。本然之撰以成乎仁義禮智之性
者，人之事也。此性原於命，而命統性，不得域命於性中
矣。10

因為孟子此段之言「性也，有命焉」，性與命對舉著說，而船山聯
想到《中庸》的「天命之謂性」的講法，而《中庸》的性，直承於
天命。兩造不同的講法，一個分說，一個直貫而說，然船山認為是
一致的。船山在此的方法乃基於朱子視《四書》為一貫之方法，故
孟子的性善與《中庸》的天命之性，相通而為一；《孟子》的性、
命對舉，與《中庸》的直貫之說亦可相通。若從《中庸》開始，則
性也者，天之所與，天人相通之處在於性，故性日成，命日降。
《中庸》談天命之謂性，性是天之所命，然性與命若要分別，還
是有區分的。因為性是天之所命，人的形色也是，故曰「形色天
性」，窮通、得喪等都是天之命。故天之命於人者，不只是性，
還有其他，故天命範圍廣大，照顧到性、形色、得喪等；而性較
專一，因為一方面《中庸》的天命之性談的是人性，另一方面，
船山所謂的人性指的是耳目口鼻與仁義禮智，而得喪、窮通則不在
其中，故天命大而性專。天道生化萬物，而其化成之迹於人身上
時，與本來的天道已有不同，雖都是元亨利貞，於天處，是本然之

10　清・王夫之：《船山全書》第 6 冊，頁 1137。

體；[11]於人性上，則為化成之迹；天道大，而人性專，兩者亦有不同。然天之氣，化而為迹，這是上天的生化之事，與人無關；而從本然之氣之體撰而成就人的仁義禮智，成就後則是人自我負責的事，是性日生日成之事，是人的德行要繼善成性之事，人要自立自強，天無與之。在此看出，船山把《中庸》與《孟子》的性命之說合會，有時可依《中庸》之說，性命直貫而說，有時可依《孟子》，性命對舉，在船山看來，都是對的。縱如《中庸》之直說，性與命有其相關；但要說分別，亦可分別，因為性從天命而來，命也比性來的廣大，故不可以把命範圍於性中。此「不可域命於性」的講法一方面是認為性與命要區分；另一方面是批評朱子的把命解為人之所稟的氣稟，於是命為域於人的氣性之中。[12]

船山為了要解釋性與命之不同，並發揚孟子此章的精神，於是對性與命做出了詮釋，吾人亦以船山的區分，而分兩個小節，談性與命。

(一)命（天）

上文提到，船山認為性源於天，然天之所命，不只於性，故天

---

11 吾人用本然之「體」以詮釋船山的本然之「撰」，「撰」可就實體解，也可就創生解，依於前，船山則有本體論的意味；依於後，則船山學日生日成，是一種發展哲學。

12 「所稟者厚而清，則其仁之於父子也至，……薄而濁，則反是，是皆所謂命也。」宋·朱熹：《四書章句集註》，頁 369-370。在此程朱視命有所稟之義。

大而性專，天除了命人有其性外，[13]還有形色、嗜欲、得喪、窮通等，都是天之所命，船山對於其中的形色與得喪、窮通等做了一解釋，先談形色，船山言：

> 形色雖是天性，然以其成能於人，則性在焉，而仍屬之天。屬之天，則自然成能，而實亦天事。故孟子冠天於性上以別之。天以陰陽、五行為生人之撰，而以元、亨、利、貞為生人之資。元、亨、利、貞之理，人得之以為仁義禮智；元、亨、利、貞之用，則以使人口知味，目辨色，耳察聲，鼻喻臭，四肢順其所安，而後天之於人乃以成其元、亨、利、貞之德。非然，則不足以資始流形，保合而各正也。故曰：此天事也。[14]

形色是屬乎命還是性呢？屬乎天還是人呢？依著船山上文的解釋，性是日生日成，屬人的德性努力；而命是天。而形色類於吾人的身體還有口腹之欲等，船山認為性包括有仁義禮智，又有耳目口鼻，然兩種性是不同的，仁義禮智是屬人的德性之努力，而形色、耳目等是屬之於天性，雖為性，但是天性，故還是屬之於天，他的意思是，天生本有會有食色之欲等，但此還是天之事，而不在人為上努力，因為不管人的努力與否還是有食色之欲，君子努力之處屬人、

13　天所命於人的仁義禮智之性，雖從天而來，卻屬之人，故人要努力以成就之。

14　清 · 王夫之：《船山全書》第 6 冊，頁 1137-1138。

屬性，以大體節小體，而不是在天處、命處努力。除了形色做為天性，屬之於天之事外，船山認為得喪、窮通亦天之事，故屬命，船山言：

> 若夫得喪窮通之化不齊，則以天行乎元而有其大正，或亨此而彼屯，利此而彼害，固不與聖人同其憂患，而亦天事之本然也。惟其為天事，則雖吾仁義禮智之性，未嘗舍此以生其情，而不得不歸之天。[15]

船山認為得喪窮通，乃氣化之不齊所致，有人運氣好，有人運氣不好，此乃歸之於天，歸之於命，人力無所施為，亦施不上力。故天道鼓萬物而不與聖人同憂，此則歸之於天，亦可曰命，即人的努力於此施不上力，只能聽天由命，雖為天事，然運氣落於人，人必須面對之，而人的性發為情，亦不離此天事而表現喜怒哀樂，如面對富貴與貧賤，君子是要居易俟命，還是要行險傲倖，面對天事，用以磨練我們的德行，可改進者是我們的德行及面對命時的態度，富貴與貧賤之命還是依舊，亦不能改變，所以說是天事也。

(二)性（人）

天與人相對，如同命與性相對，船山於此解孟子的性命對揚之說，視命乃人的限制，不可事，不可為；而於性上，於人事上，是可以進德修業的，故性義與命義是不同的，性義較專，而責求於

15　清·王夫之：《船山全書》第 6 冊，頁 1138。

人，責人以日生日成，船山言：

> 若夫健順、五常之理，則天所以生人者，率此道以生；而健
> 順、五常非有質也，即此二氣之正、五行之均者是也。人得
> 此無不正而不均者，既以自成其體，而不復聽予奪於天矣。
> 則雖天之氣化不齊，人所遇者不能必承其正且均者於天，而
> 業已自成其體，則於己取之而足。若更以天之氣化為有權而
> 己聽焉，乃天自行其正命而非以命我，則天雖正而於己不必
> 正，天雖均而於己不必均，我不能自著其功，而因仍其不
> 正、不均，斯亦成其自暴自棄而已矣。[16]

健順五常之理，命而為人之性，雖亦是從天命而來，因為「天命之
謂性」。雖從天而來，而一旦成之於人，則不復聽命於天，之後則
靠人的自覺努力；德性的自發，可由人掌握，不用再藉口於天。然
而所謂天之賦予於人的健順五常者為何呢？船山認為只是天地的均
氣、正氣，正者、均者，則健順之德不偏孤，陰陽不偏勝，五行剛
柔均齊，而人不會只有惻隱之心，羞惡、辭讓等必伴隨之。一旦天
命落而為人性，雖從天而生，但已屬人，不復聽命於天，不復再聽
命天的奪與予，而奪與予在船山的定義，視之為命。[17]故一旦能繼
善成性，而落於人身上，成就了此性，此乃「求則得之，捨則失
之」，掌控在自己，否則是自暴自棄。縱使這時天命有氣化之不

16　清·王夫之：《船山全書》第6冊，頁1138。
17　清·王夫之：《船山全書》第6冊，頁1113-1114。

齊，有其得失窮通等不齊，但都有足夠的德性自主以面對之，取之於己已足，可稱之天爵。[18]然這時若不以德性面對外在的運命，例如面對天之氣化認為己之有權，而以小人的行險徼倖之方式面對，處貧困，不能安於貧困，而視之為己能改變貧困，而行險以避難；視之為天之無權干涉我，面對天命亦不敬、不畏，亦不日新其德，而只成其自暴自棄而已矣。故以上三段船山的引文，清楚的分別性與命，哪些是人力所能掌握，而要自負其責；哪些是天之運氣所造成者，要聽天由命，若不知命，無以為君子也。

三、船山對程朱的氣稟之說的反對

以下分為二小節，先談程朱對於孟子此章的詮釋，再談船山對於程朱用氣稟之說詮釋此章的反對。

(一)朱子對於孟子「口之於味章」的詮釋

《孟子》原文：「口之於味也，目之於色也，耳之於聲也，鼻之於臭也，四肢之於安佚也；性也，有命焉，君子不謂性也。仁之於父子也，義之於君臣也，禮之於賓主也，知之於賢者也，聖人之於天道也；命也，有性焉，君子不謂命也。」[19]原文談到口之於味也，既是性，又不謂性，到底是性還不是性呢？還是說君子不以為

18　孟子的天爵指的是人能做主的性善，而人爵就官位等而言。

19　《孟子・盡心下》。

性，指小人以之為性嗎？若孟子道德理想總是為向上人說，[20]要人為君子，則耳目口鼻，小人可為之性，君子不當以之為性，那麼孟子對齊宣王說「王如好色，與百姓同之，於王何有？」[21]一段如何解呢？也許可以說孟子不廢色、貨，但不以之為性。指孟子若認為君子不以口之於味為性，則於《孟子・明堂章》也許可以解釋的通，然孟子的「形色天性」，又該如何詮釋呢？這都是面對此章的難解之處。面對以上的孟子詮釋，有其難解之處，以致造成諸家詮釋的不同，在此先對朱子的詮釋作一解說，朱子學依於伊川之學，故有「性即理」之說。於此章的詮釋，較有特色而值得注意者如下，朱子引程子說：「五者之欲，性也。然有分，不能皆如其願，則是命也。」[22]程子以口之於味等為性，而以不能皆如願為命，解釋孟子的「口之於味」等五欲，等於是孟子此章前半段的詮釋。而朱子面對程子的詮釋，進一步加以說明：「愚按：不能皆如其願，不止為貧賤。蓋雖富貴之極，亦有品節限制，則是亦有命也。」[23]又程子對於「仁之於父子」等一段詮釋為：「仁義禮智天道，在人則賦於命者，所稟有厚薄清濁，然而性善可學而盡，故不謂之命

20　「總以孟子之言正命，原為向上人說，不與小人較量。」清・王夫之：《船山全書》第 6 冊，頁 1113。在此可視船山認為孟子言性言命，皆為君子人發言。

21　「當是時也，內無怨女，外無曠夫。王如好色，與百姓同之，於王何有？」《孟子・梁惠王下》。

22　宋・朱熹：《四書章句集註》，頁 369。

23　宋・朱熹：《四書章句集註》，頁 369。

也。」[24]以命之所稟，詮釋人性所稟的仁義禮智為命。朱子進一步，順程子的氣稟之說而言：「愚按：所稟者厚而清，則其仁之於父子也至，義之於君臣也盡，禮之於賓主也恭，智之於賢否也哲，聖人之於天道也，無不吻合而純亦不已焉。薄而濁，則反是，是皆所謂命也。」[25]在此看到，程子、朱子於「仁之於父子」段的命處皆以氣稟釋之，此為船山所檢討。在此吾人已先抄出《孟子》原文，及程朱的詮釋，尚不深入解釋其義涵，只看出程朱的詮釋，傾向於就人之天生氣稟處談命，因為朱子定義「命」有理命、有氣命[26]之分，而氣命又有所稟與所值之說，前者就人的天生的聰明等與否講，後者就面對的遭遇講。接下來，吾人談船山對於程朱氣稟之詮釋的反對。

（二）船山破程朱之說與立己說

於上文，吾人舉朱子的詮釋，朱子此章的詮釋，承繼了程子的見解，程子以氣稟之說詮釋此章，然而船山認為孟子此「口之於味章」處，孟子並未談及氣稟說，故程朱的說法是有誤的，在此船山有以下的論辯，用以證成他的見解，並於最後處，船山除了破對方立場外，亦有其正面的宣說此章原本義理為何，在此可以看船山的

24　宋・朱熹：《四書章句集註》，頁 369。

25　宋・朱熹：《四書章句集註》，頁 370。

26　朱子言：「命，猶令也。」宋・朱熹：《四書章句集註》，頁 17。陳淳同於朱子，故陳北溪言：「命，猶令也。……命一字有二義：有以理言者，有以氣言者。」宋・陳淳：《北溪字義》（北京：中華書局，1983年），頁 1。

論述，其言：

> 故唯小注[27]中或說以「五者之命皆為所值之不同，君子勉其
> 在己而不歸之命」一段，平易切實，為合孟子之旨。而《集
> 註》所述延平之說，「世之人以前五者為性，雖有不得，而
> 必欲求之；以後五者為命，有不至，則不復致力」，正與或
> 說一段吻合。其他言理言氣，言品節限制、清濁厚薄，語雖
> 深妙，要以曲合夫程子氣稟不同之說，而於孟子之旨不相干
> 涉。[28]

此段可謂船山面對程子之說的反對及總結，先把結論說出，而後再
論證之，證成對方的錯，再以自己對孟子的詮釋以總結之。故亦可
說此段是船山認為孟子的「口之於味章」的正解，而程子以理氣、
品節限制、清濁厚薄等來詮釋此章則有誤。正解者，乃李延平之
說，延平認為世人以「口之於味」等為性，既是性，又是天性，生
而有之，則不可得，必欲求之；而以「仁之於父子」等為命，既
是命，則非我所能掌控，於是提前放棄，而孟子正是翻轉世人的俗
見，認為口腹雖是我性，但運命之不備，則聽天由命算了，不用必
求之；而仁義等雖亦有命，然是性分本有，亦不可因命做為藉口而

---

27 一般而言，小注指的是《孟子大全》中的文字。《孟子大全》中，《孟
　子》原文，上面會有一個圈，而朱子的《孟子集註》，則較於《孟子》原
　文低一格。至於小注，則是詮釋朱子《集註》的話，則字體大小只有原文
　字的一半，其中有朱子的自己的話，也有程朱學派、程朱後學的話。
28 清·王夫之：《船山全書》第6冊，頁1138-1139。

自暴自棄。以上是《集註》中，朱子所引其師李侗的看法，船山認
為是恰當的正解；至於《四書大全》中，亦有一段為船山所欣賞，
其乃「或曰」者之說，這應當是朱子所採用某人的見解，而船山認
為是正解，其言：

> 五者之命皆為所值之不同，如舜之於瞽瞍，則仁或不得於父
> 子；文王之於紂，則義或不得於君臣；孔子之於陽貨，則禮
> 或不得於賓主；子貢不能聞一知十，則智或不得於賢者；孔
> 子不得堯舜之位，則聖人或不得天道；此皆命也，然君子當
> 勉其在己者，而不歸之命。[29]

此段只談了「口之於味章」的後半段的詮釋，即「命也，有性焉」
一段，或曰者特別舉例，以明何以「仁之於父子」等有其命呢？如
舜欲孝而不得愛於瞽瞍；文王欲忠，而紂王卻無道；孔子面對陽
貨，孔子之不欲仕之已明，雖不得廢禮，然賓主之間卻不能皆悅之
以禮；[30]子貢之智以孔子為多聞，而不知一以貫之；孔子於其時
代，道之不行，乃命之使然，故孔子不得位以行志，這些都可謂仁
義禮智之實踐中，有其限制處，此命也。雖有命，然仁義禮智是人
所當盡者，故君子盡性，而不因著命的限制而有所鬆懈。[31]船山認

29　明‧胡廣編：《四書大全》（臺北：臺灣商務印書館，1983-1986 年影印
　　文淵閣《四庫全書》第 205 冊），頁 850。

30　見《論語‧陽貨》。

31　此意思類於孔子之說，《論語》中藉子路之口以明孔子之志，其言：「君
　　子之仕也，行其義也。道之不行，已知之矣。」《論語‧微子》。此乃孔

為延平之說，與此或曰者之說，可謂得孟子之精義；至於程子的氣
稟之說，而朱子繼承之，則為船山所不敢領教，船山特別舉出了程
朱以「品節限制」、「清濁厚薄」、「理氣」等解孟，認為這不是
孟子的意思，以下船山一一盛辯之：

> 程子固以孟子言性未及氣稟為不備矣，是孟子之終不言氣稟
> 可知已。且孟子亦但曰「口之於味」云云爾，未嘗自其耽於
> 嗜欲者言之也。「口之於味」，其貪食而求肥甘者，信非理
> 矣。今但言「口之於味」，則已饑渴之飲食，與夫食精膾細
> 之有其宜者，亦何莫非理！則前五者總無關於氣質之偏正清
> 濁。若後五者之純乎天理，固也。乃不僅云仁，而云「仁之
> 于父子」，則不以未發之中性德靜存者為言，而以言乎已發
> 之用，介於中節與不中節之事，則固非離氣言理，而初不得
> 有離氣之理、舍喜怒哀樂以著其仁義禮智之用，明矣。[32]

船山認為程子有「論性不論氣不備，論氣不論性不明，二之則不
是。」[33]之語，而朱子發揮程子之說，認為孟子終是不備，[34]如此
言之，則是代表著，在程朱看來，孟子只論性善，而不及於氣，故

子對於隱居丈人之回答。君子不藉口道之不行，而不行義。

32　清・王夫之：《船山全書》第 6 冊，頁 1139。

33　宋・程顥、程頤：《二程集》第 1 冊，頁 81。

34　「『論性不論氣，不備；論氣不論性，不明。』孟子終是未備，所以不能
　　杜絕荀揚之口。」宋・黎靖德編，王星賢點校：《朱子語類》第 4 冊，卷
　　59，頁 1388。

不備。既然程朱認為孟子終不論氣,何以程朱又以氣稟之說來解孟子呢?豈不自相矛盾?[35]於是船山自己對於孟子此章做一詮釋,分為「口之於味」一段與「仁之於父子」一段。其認為孟子言口之於味也,是就合理的飲食之欲,而非就不合理的貪食之欲者,故口之於味也,亦是理也。[36]故飢渴而當該飲食,此合理也;孔子的割不正不食,依禮而食,亦合理也。故前五者亦為理,而不徒為氣,更無關於氣稟之說。其正是要反對程朱的氣稟詮釋,然而朱子在此的詮釋是「愚按:不能皆如其願,不止為貧賤。蓋雖富貴之極,亦有品節限制,則是亦有命也。」[37]然「不能皆如其願」,是在指程子之說,程子言:「然有分,不能皆如其願,則是命也。」[38]亦是說程子與朱子,談氣稟之清濁厚薄等,都就命上談,不是在談性。故吾人認為,船山在此大可不必批評程朱,因為程朱談氣稟是就命而言,而船山誤認程朱就性與命都以氣稟釋之。

---

[35] 吾人可以如此詮釋程朱的意思以避免程朱自相矛盾,即其認為孟子之不備,是氣處講得不夠多,而不是孟子不談氣。事實上朱子的確曾有如此的話語:「若如此,卻似『論性不論氣』,有些不備。卻得程氏說出氣來接一接,便接得有首尾,一齊圓備了。」宋・黎靖德編:《朱子語類》第1冊,卷4,頁65。所謂有些不備,即不夠多的意思,非完全不談。

[36] 「蓋鐘鼓、苑囿、遊觀之樂,與夫好勇、好貨、好色之心,皆天理之所有,而人情之所不能無者。」宋・朱熹:《四書章句集註》,頁219。朱子認為於色貨處中節則為合理,同樣的飲食而當該飲食,亦是天理。船山的「乾坤並建」,在此等同於理與欲並建,兩端而一致,故欲之恰到好處,亦是理。

[37] 宋・朱熹:《四書章句集註》,頁369。

[38] 宋・朱熹:《四書章句集註》,頁369。

　　之後船山談後五者，所謂「仁之於父子」等，其認為此更是理也，因為仁義禮智為性，又性即理，[39]故後五者更是談理，只是孟子此處之理是就發用言，因不是只談「仁」，而是談「仁之於父子」，乃指仁愛表現在父子的親情上，故是已發用了，而不是未發之中。而且此發用之理，是不能離氣而存在的，有氣就有理，有理就有氣，兩端一致，不可偏廢。

　　也因為船山的乾坤並建思想，有氣就有理，故若以氣為無理，則船山不接受，而朱子在詮釋後五者時，其中的命，朱子視之為專指氣，而無理，此船山所不喜，船山言：

> 若夫命，則本之天也。天之所用為化者，氣也；其化成乎道者，理也。天以其理授氣於人，謂之命。人以其氣受理於天謂之性。即其所品節限制者，亦無心而成化。則是一言命，而皆氣以為實，理以為紀，固不容析之，以為此兼理、此不兼理矣。乃謂後「命」字專指氣而言，則天固有無理之命。有無理之命，是有無理之天矣，而不亦誣天也哉！[40]

朱子於《四書大全》中言：「『命也有性焉』，此命字專指氣而言，此性字專指理而言。」[41]亦是說「仁之於父子」一段中的「命也，有性焉」，此命指氣命而無理，而後「性」字指理而不及氣。

39　此程朱的見解，而船山並不反對，只是認為性是理氣合，更恰當。

40　清・王夫之：《船山全書》第 6 冊，頁 1139。

41　明・胡廣編：《四書大全》，頁 850。

特就前面的氣命而無理，船山提出抗議，船山認為凡有氣則有理，不會有無理之氣。[42]故若如朱子的析此氣有理、彼氣無理，則非船山能接受。命之從於天，而天也者，氣也，一旦成化，則氣化而為道，有道則有理。在天言命，而在人言性，無論在天在人，都是有理之氣，不會無理，故船山反對朱子的理氣析而二之的詮釋方式。

除了反對朱子的析理氣為二外，對於程朱以氣稟之說詮釋此章亦有不滿，船山言：

> 且其以所稟之厚薄清濁為命，而成乎五德之有至有不至，則天既予之以必薄、必濁之命，而人亦何從得命外之性以自據為厚且清焉！夫人必無命外之性，則濁者固不可清，薄者固不可厚，君子雖欲不謂之命，容何補乎？[43]

主要是因為朱子對此章有如此的詮釋：「愚按：所稟者厚而清，則其仁之於父子也至，義之於君臣也盡，禮之於賓主也恭，智之於賢否也哲，聖人之於天道也，無不吻合而純亦不已焉。薄而濁，則反

42　船山言：「其實，言氣即離理不得。所以君子順受其正，亦但據理，終不據氣。新安謂『以理御氣』，固已。乃令此氣直不綠理，一橫一直，一順一逆，如飄風暴雨相似，則理亦御他不得。如馬則可御，而駕豺虎獼猴則終不能，以其原無此理也。無理之氣，恣為禍福，又何必嚴牆之下而後可以殺人哉！」清‧王夫之：《船山全書》第 6 冊，頁 1114-1115。船山認為有氣便有理，又理之可以御氣，乃因此氣是有條理之氣，若無條理，則御不得，故有氣便有理。

43　清‧王夫之：《船山全書》第 6 冊，頁 1139。

是,是皆所謂命也。」[44]朱子的詮釋基礎,來自於程子。而船山反
對以氣稟之說詮釋孟子此章,船山的論證理由是,若人受於天的氣
稟乃薄而濁,則此人之命已定,而又如何能做出人一己百之工夫,
以使自己之雖愚必明呢?船山認為朱子之說是一種決定論,既已被
決定了,又從何出現自由意志以改變此命定呢?然吾人可說,程朱
在此所言的命,不是嚴格的決定論,因為朱子所奉以為宗的伊川便
是如此說:「仁義禮智天道,在人則賦於命者,所稟有厚薄清濁,
然而性善可學而盡,故不謂之命也。」[45]亦是說程子的意思不是嚴
格的決定論的意思,所以才可學而盡,有自由意志改變其所稟之
命。但船山之所以視程朱學的見解是嚴格決定論,乃因上文,朱子
認為此命字,是只有氣而無理,既然命於人者只有氣,又從何而來
的理以衝破此氣之限制呢?只因為程朱的析之為二的方式太強,以
致於船山誤認,此天命落於人只有氣,而無理;然而程朱不是如
此,落於人者,有理有氣,只是把二者析之太開了。故船山此處的
論證在於「人必無命外之性」,而程朱卻會說,有命外之性,而可
改變命,命中雖愚,但性善之努力,雖愚必明。命與性可說不離,
也可說不雜,不雜時則命外有性。

　　船山繼續對於程朱的氣稟之說提出質疑,其言:

　　　且君子不以清濁厚薄為性,則其謂清濁厚薄為性者,必非君
　　　子矣。而程子抑言有氣質之性,則程子之說,不亦異于君子

44　宋·朱熹:《四書章句集註》,頁370。
45　宋·朱熹:《四書章句集註》,頁369。

哉！況天下之不得於君親賓友者，苟為怨天尤人之徒，則必
歸咎於所遇之不齊，而無有引咎於吾氣稟之偏者也。故曰語
雖深妙，而不合於孟子之旨也。[46]

船山言「君子不以清濁厚薄為性」，不知此語出於何處，因為並無
這樣的原文，則可能此句話是因著一些原文推理而來。孟子的原文
是「君子不謂性」，[47]又因為程子言：「在人則賦於命者，所稟有
厚薄清濁，然而性善可學而盡，故不謂之命也。」在人則以性善為
性，而不以厚薄之命之所有而為性。故可見船山此語乃依著孟子的
原文，與程子之言的結合推論而來。又一方面張載有言，「氣質之
性君子有弗性焉」；[48]及程子以「性即理」，而不是氣，故船山的

46　清・王夫之：《船山全書》第 6 冊，頁 1140。

47　吾人認為船山對於「君子不謂性」的解釋是「不以口之於味等為己性而安
之」。在此吾人以船山的見解詮釋之，船山於張子《正蒙》中的「故氣質
之性，君子有弗性者焉」一段注言：「弗性，不據為己性而安之也。」又
最後言：「此章與孟子之言相為發明，而深切顯著，乃張子探本窮歸之要
旨，與程子之言自別，讀者審之。」清・王夫之：《船山全書》第 12
冊，頁 128-129。亦是說船山認為張子言：「氣質之性，君子有弗性焉」
的意思，正是在解釋孟子的「君子不謂性」的意思，而認為張子的意思是
對的，而程子的解釋是有誤的。至於「弗性焉」及「君子不謂性」又該如
何詮釋呢？船山言：「此一『性』字，但周子引用分明，曰『性焉、安
焉之謂聖』。性下著個『焉』字，與孟子言『性之』、『性者』合轍。但
奉性以正情，則謂之『性焉』。」清・王夫之：《船山全書》第 6 冊，頁
1143。君子不謂性的意思，船山詮釋為不因為是己性而安之。

48　宋・張載：《正蒙・誠明篇》，《張載集》（北京：中華書局，1978
年），頁 23。

推論是，君子不以清濁等氣稟為性，則以清濁者為性，非君子矣。
而程子卻有氣質之性的講法，[49]則程子不是君子了。依此，船山否
定程子以氣稟之說來詮釋《孟子》。程子解孟子此章的意思是，此
清濁厚薄之氣稟為命，然若命於人，則人以此命為性；但船山認為
孟子此處論性、論命，都無關於氣稟。接著，船山以一般人的見解
作為論據，不算是強的論證，其認為若有人不為人所欣賞，其又是
怨天尤人之徒，其所怨者是怨其所稟、還是就所值而怨呢？[50]船山
認為是後者。其認為怨天尤人之徒，少有人怨其自己生而不聰明
（氣稟），大多是孤芳自賞，而怨其遭遇之運氣不佳。故船山認為
以氣稟詮釋孟子之不當，無論把氣稟用在性上或命上都不恰當。於
是船山指出孟子的性與命，當如何詮釋，其言：

> 孟子曰「性善」，曰「形色天性」，曰「君子所性，仁義禮
> 智根於心，生於色」，固無有離理之氣，而必不以氣稟之清
> 濁厚薄為性之異。其言命，則曰「莫之致而致」，曰「得之
> 不得有命」，曰「夭壽不貳，所以立命」，曰「莫非命也，

49　考《二程集》，有「氣質」之說，無「氣質之性」的講法，氣質之性語出
　　於張載。然程子有氣稟之說，此程子之言為：「『生之謂性』，性即氣，
　　氣即性，生之謂也。人生氣稟，理有善惡，然不是性中元有此兩物相對而
　　生也。有自幼而善，有自幼而惡，后稷之克岐克嶷，子越椒始生，人知其
　　必滅若敖氏之類。是氣稟有然也。善固性也，然惡亦不可不謂之性也。」
　　宋·程顥、程頤：《二程集》第 1 冊，頁 10。惡也是性的話，在朱子詮
　　釋程子此語中的性，視為氣質之性或是氣稟。

50　朱子對於命有理命、氣命之分，而於氣命又分為所稟與所值，前者為生而
　　聰明與否，後者指後來的遭遇。

順受其正」，則皆以所遇之得失不齊者言命，而未嘗以品物
之節制、（此只是理。）氣稟之清濁厚薄為命。（此程子之所謂
性。）胡為乎至此而有異耶？[51]

船山認為孟子「口之於味章」中的性與命若詮釋上有爭議，不如回
到孟子其他原文，看性與命如何詮釋，就可判斷是否可用氣稟說詮
釋孟子的性與命。船山舉出孟子言性處，其認為孟子言性，是理氣
合，有理、有氣，但此氣並不是氣稟的清濁厚薄，因為性善是有理
之氣，非就氣稟言也；形色天性也，形色指的是身體口腹等，也不
是清濁厚薄之氣稟。又君子所性者，仁義禮智，表現在生色上，都
不是談氣稟。船山所認定的性，之所以為理氣合，是就仁義禮智與
耳目口鼻之欲，都是生而有之，卻不同於清濁厚薄。[52]性只是善，

51　清·王夫之：《船山全書》第 6 冊，頁 1140。

52　船山晚年以程子的清濁之說，視之為言才，而不是性。故孟子此章的性
義，船山認為，不得以清濁言之。船山於《張子正蒙注》解張載之言「人
之剛柔、緩急，有才與不才，氣之偏也。」一段處言：「昏明，強柔，敏
鈍，靜躁，因氣之剛柔、緩急而分，是而智愚、賢不肖若自性成，故荀
悅、韓愈有三品之說，其實才也，非性也；性者，氣順理而生人，自未有
形而有形，成乎其人，則固無惡而一於善，陰陽健順之德本善也。才者，
形成於一時升降之氣，則耳目口體不能如一，而聰明幹力因之而有通塞、
精粗之別，乃動靜、闔闢偶然之幾所成也。性藉才以成用，才有不善，遂
累其性，而不知者遂咎性之惡，此古今言性者皆不知才性各有從來，而以
才為性爾。商臣之蠭目豺聲，才也，象之傲而見舜則忸怩，性也。」清·
王夫之：《船山全書》第 12 冊，頁 129。船山清楚的解釋，程子的清濁
之說是才，不是性，程子以生而為惡談商臣，然船山視此為才，不是性，性
只能是善，不是惡。而所謂性者，如象之見舜忸怩，有羞惡之心，正是性。

且必善，不像才，無善無惡而可善可善，有為善為惡之可能。[53]

　　至於命，船山認為孟子言命，皆以所遇、所值而言，不就所稟而言，孟子言「莫之致而至」，難道指的是沒有招惹它，就造成了生而聰明或不聰明？不是，指的是就遭遇而言，沒有招惹它，事情就發生而來到了。而君子要立命，是就面對夭壽禍福而言，此亦是遭遇，不是所稟。君子而順受其正者，是順受富貴、窮通，而不是順受生來的剛柔、智愚等，[54]這是船山對於性與命的詮釋，其認為孟子無論談性、言命，都不從氣稟來談，而程朱卻如此釋之。如朱子以品節制限言命，船山覺得不對，因為品節限制是就理而言，如人的推理能力強，狗的嗅覺強，此才是品節限制；或就此人聰明、不聰明，亦是品節限制，船山認為此是理，不是氣稟；氣化之不齊，有其不齊的道理。即犬有犬性，人有人性，此只是理，不是命。其認為孟子言命不是談氣稟與品節限制等，而且程子於孟子此章中的詮釋，視清濁等為命，於「生之謂性，……惡亦不可不為性」[55]一段，視此為性，其認為程朱把性與命，都以氣稟詮釋之，不合於孟子。故最後船山對於孟子學中的性與命作一斷定式的解釋，其言：

53　「『若夫為不善，非才之罪也。』為不善非才之罪，則為善非才之功矣，『猶杞柳』者此也。」清·王夫之：《船山全書》第 6 冊，頁 1053。才者，非善非不善，如同杞柳，自然之物，不一定做成桮棬，亦無所謂善惡。

54　當然就天生所稟處的聰明與否，亦要順受，然船山認為孟子言命，所要順受者，不是所稟，是就所值而言。

55　宋·程顥、程頤：《二程集》第 1 冊，頁 10。

聖賢之學，其必盡者性爾；於命，則知之而無所事也。非不
事也，欲有事焉而不得也。其曰「天命之謂性」者，推性道
之所自出，亦專以有事於性也。使氣稟之偏亦得為命，則命
有非道者矣，而何以云「率性之謂道」哉！[56]

船山對孟子此章的性與命作一總結，雖是從「口之於味章」出發，
然孟學中的性與命都適用。[57]性是日生日成，於人處所可努力、可
掌控者，故要日新又新，天天奮進不已，以持續此善之不已。至於
命，船山視之為遭遇、運氣，無干於所稟，故知道面對它，無法改
變，亦是說人力所施不上者，為命，如得喪、窮通者，君子要知
命，知人的限制處，懂得人之限制，故能聽天由命，不知命，妄作
凶，以為人力可回天，結果落得小人行險僥倖的下場，或趨吉避凶
而為人詬病。故船山認為，於命處，是想有事於它而不得，縱使盡
了人事，還是無力以改變，故不如居易以俟命。而《中庸》的天命
之性說，亦是要人專於性處努力，而不在命處。船山回到《中庸》
處，認為《中庸》言性、言命，通於孟子，故以《中庸》質疑程朱
的氣稟之說，其認為氣稟之偏若可言命，則命有非道了，即天之命

56　清・王夫之：《船山全書》第 6 冊，頁 1140。

57　船山雖從「口之於味章」出發，何以能由小見大，判定所有孟子言性言命
　　都如此呢？理由在於船山於此章舉出孟子言性之處以比較之：「孟子曰
　　『性善』，曰『形色天性』，曰『君子所性，仁義禮智根於心，生於
　　色』，固無有離理之氣，而必不以氣稟之清濁厚薄為性之異。」清・王夫
　　之：《船山全書》第 6 冊，頁 1140。船山認為從「口之於味章」的性，
　　與孟子他處言性是可以相通而互釋。

於人有不正之處。[58]船山認為人們以小人之心以窺天，視之孔子無福，故天失其職、其命，船山否定這種看法，不認為天有失命之處，在天都是正命。[59]又假使命有非道，氣稟之偏為非道，為何《中庸》又要我們「率性之謂道」，氣稟之偏已是非道了，又如何率此偏之氣稟而為道呢？依於上，船山反對氣稟之說用以詮釋性與命，最多只能說此氣稟是「才」，而不是性，亦不是命。

四、結語與反思

吾人於此反思一個問題，即船山之反對程朱的氣稟之詮釋於理有據嗎？氣稟之說只能就遭遇談，而不能就天生的賢愚不肖等談嗎？程朱與船山的孟子詮釋，是否船山一定是對的呢？吾人認為未必，理由在於孟子亦曾對於人的賢愚不肖等，以天、以命釋之，其言：「舜、禹、益相去久遠，其子之賢不肖皆天也，非人之所能為也。莫之為而為者，天也；莫之致而至者，命也。」[60]孟子認為賢

---

58 「若令孔子處繼世以有天下之位而失其天下，桀、紂自匹夫起而得天下，則可謂此氣之倘然無定，而不可以理言也。今既不然，則孔子之為司寇，孟子之為客卿，亦常也，豈可以其道盛於躬，而責天命之非理哉！」清‧王夫之：《船山全書》第 6 冊，頁 1115。亦是說天命亦是理，不可言天命之非道。

59 「然一治一亂，其為上天消息盈虛之道，則不可以夫人之情識論之。若其不然，則死巖牆之下非正命矣，乃巖牆之足以壓人致死者，又豈非理之必然者哉！故朱子云『在天言之，皆是正命』，言『正』，則無非理矣。」清‧王夫之：《船山全書》第 6 冊，頁 1114。此船山認為天命無不正。

60 《孟子‧萬章上》。

不肖等皆天也，非人之能為也。這與船山所定義的命義是一樣的，都出於孟子的見解，即莫之為而為、莫之致而至，此乃命也。既然是命，人力所不能為。則所指者，賢愚不肖等氣稟之偏，亦是命，則程朱以氣稟詮釋性與命，不一定不能成立。

　　又上文中，船山對孟子「口之於味章」的詮釋，一方面是對於《中庸》的天命之性，與《孟子》的性命對舉說的合會。另一方面，談及性與命時，可謂一破一立，破者，反對程朱的氣稟詮釋；立者，其對於孟子此章的性與命之心目中的正解做一解說。而船山晚年於《張子正蒙注》中，視性是理氣合。理者，仁義禮智；而氣者，耳目口鼻，都是性，也都是善。然於後者，耳目之性，乃形色之天性，在人身上，但還是屬之於天，故不是人努力之處（人需有飲食，但不是指不用節制）；至於仁義禮智之性，則要責求於人。而船山詮釋命，則都就遭遇講，不就氣稟講，主要是船山的重德理論的擔心，懼人諉過於命，諉過於氣稟，而自暴自棄。然上文吾人曾說，縱程朱談氣稟也不是嚴格的決定論，其實船山可以寬心些。

　　又孟子論性時，談了以仁義禮智為性之善，除此之外，耳目口鼻之資養等、形色等是否為性，乃是釋孟的一個爭議，也因為程朱認定性即理，故不以氣為性；[61]而於漢宋之爭中，反對程朱不遺餘

61　「朱子謂告子只是認氣為性，其實告子但知氣之用，未知氣之體，並不曾識得氣也。告子說『勿求於氣』，使其能識氣之體，則豈可云『勿求』哉！」清・王夫之：《船山全書》第 6 冊，頁 1052。朱子認為告子不知性即理，而以氣當之。然船山認為告子亦不知氣，最多只懂得氣之用，而不知氣之體。船山的性是氣之體用，乃合理之氣。至於朱子批告子之說，可參見宋・朱熹：《四書章句集註》，頁 230。所謂告子的勿求於氣，孟

力的乾嘉學派，認定性是血氣心知；故歷來對性的解釋，有精神、德性、道德說、物質說，綜合說等。也因為孟子於「口之於味章」的原文中，一下子說口之於味是性，又說君子不謂性，而加深了此文的不同詮釋者之鴻溝。而處於漢宋之間的學者，其中的大家之一，船山，於時代上正處於漢宋之間，而於學術上的方向，亦處於漢學與宋學之間，而其較偏於漢或是宋，於當代學者的判斷常有不同，如陳榮捷、[62]蒙培元，[63]視船山學是近於乾嘉學派；而陳祺助、周兵、[64]錢穆先生的判斷是屬宋明理學；當然船山學是屬於兩

子曰可，乃尚可，而未盡之辭。

62 船山作為一個開啟清學的講法，陳榮捷教授亦有言之，其言：「他之反理而主器，反對天理而主人欲，開啟了顏元與戴震的先河。」 "His revolt against principle in favor of concrete things and against the Principle of Nature in favor of human desires anticipated Yen Yuean and Tai Chen." Wing-tsit Chan, *A Source Book in Chinese Philosophy* (Princeton, New Jersey: Princeton University Press, 1969), p.694. 船山作為一個中間的過渡是沒錯，且船山的書，於康熙年間已出版之，更是影響了乾嘉鉅子，戴震。

63 如蒙培元教授以理欲統一的人性論形容船山，此與朱子的存天理去人欲不完全一樣。「王夫之的人性論學說，是在批判和改造朱熹思想的基礎上形成的。」見蒙培元：《理學的演變——從朱熹到王夫之、戴震》（福州：福建人民出版社，1998 年），頁 414。

64 周兵言：「以上所舉眾多材料，說明王夫之只是為了發明正學，扶樹道教，衛護程朱正統理學，指斥陸王異端邪說，并不見什麼堅決反對程朱理學的影子。只是到了近代，梁啟超、譚嗣同人為了變法革命的需要，才把王夫之打扮成了反理學的啟蒙思想家。」周兵：《天人之際的理學新詮釋——王夫之《讀四書大全說》思想研究》（成都：巴蜀書社，2006年），頁 18。周兵的見解，不一定合於船山。可參見唐先生之言：「船山之哲學，重矯王學之弊，故于陽明攻擊最烈。于程、朱、康節，皆有所

者之間的中介是沒有問題，只是此中介之學之判其偏於宋學還是漢學，更確切的問法是，船山是近於程朱，還是戴震？這些學者因則對「性」的見解不同，而將有不同的孟子哲學詮釋，詮釋性為物質或是精神的層面。船山剛好是中介。

　　因著孟子論性，及各家詮釋，在此可談孟子的性義、朱子的性義、船山的性義；[65]而孟子論性之原義也許難求，朱子認為孟子的性只是理，性只能是天理的層次、理性的層次、精神的層次，而感性都不在其中。於船山的性是理氣合，一方面要耳目口體之資養，一方面性是仁義禮智的自覺自發，性日生日成不已，包括了理性，卻不廢感性，有精神層次，亦有物質層次。而且其精神、物質天生固具於人性中，卻後天還要日進不已，可用天生人成來形容船山的性學，一方面德性與感性等是固有的善，然不是一次給足，若於後

　　彈正，而獨有契于橫渠。」唐君毅：《中國哲學原論・原教篇》，頁515。唐先生認為船山對程朱有所彈正，而周兵認為船山不至於反程朱。周兵的看法不準。

65　《孟子師說》論及「口之於性章」言：「耳目口鼻，是氣之流行者。離氣無所為理，故曰性也。然即謂是性，則理氣渾矣，乃就氣中指出其主宰之命，這方是性。故於耳目口鼻之流行者，不竟謂之為性也。……顧以上段是氣質之性，下段是義理之性，性有二乎？」清・黃宗羲著，沈善洪主編，吳光執行主編：《黃宗羲全集》第 1 冊（杭州：浙江古籍出版社，2005 年），頁 161。黃宗羲於此章的解法較近於船山，而遠於朱子；因為他亦反對氣質之性與義理之性的二分其性。又他認為耳目口鼻何以是性呢？因為要談理必要及於氣，故其為理氣合。然何以君子又不謂性呢？只流行而不言主宰，則沒有論到重點，故只流行而無主宰者，君子不謂性。此意思亦近於船山的若偏孤只談氣而無理，則亦不是性。

天沒有擴充、日生日成，則將枯萎，而類於禽獸的狀態。至於命，在船山而言，指的是所遭遇的運命，[66]其依於孟子的立命之說，面對貧賤富貴、禍福等，亦要德性以面對之，生命中，不是只有物欲的享受，還要有德性的抉擇，這時可能是犧牲了享受，故孟子性善義，在船山詮釋中，雖不廢物質之資養，但亦不以之為主，這也是孟子的「性也有命焉」的意思，「口之於味章」的重要昭告，以曉於世人。

---

[66] 至於程朱，對於命而言，有氣稟之說，即此人之生而聰明與否，賢愚不肖等，而程子認為可學而盡，乃是就人的限制處，卻不是必然的決定，故可學而突破此限制。此則為程朱的工夫論用以提升生命品質。

第三章　王船山對朱子主張「告子認氣爲性」之反省 ──孟告之辯的詮釋

一、前　言

　　朱子以自己的《大學》的架構詮釋《四書》，於是《四書》的思想都要以格物窮理爲本，此乃朱子的背後架構使然，其背後架構的真正起作用者是理氣論。朱子正是以理氣論來詮釋《四書》，包括《孟子》。《孟子》的〈告子上篇〉前幾章記載著孟子與告子的論辯。朱子於其中第三章「生之謂性章」的注釋結尾處，做了一個總結的說明，以說明告子之失，所失何在，朱子言：

　　告子不知性之爲理，而以所謂氣者當之，是以杞柳湍水之喻，食色無善無不善之說，縱橫繆戾，紛紜舛錯，而此章之誤乃其本根。所以然者，蓋徒知知覺運動之蠢然者，人與物同；而不知仁義禮智之粹然者，人與物異也。孟子以是折

之，其義精矣。[1]

孟告之辯，於《孟子·告子上》記載，前四章是孟子本人親自與告子論辯，朱子信奉孟子的性善論，故站在孟子這一邊，而視告子有誤，然其錯誤之源，於〈告子上〉的第三章，朱子認為最為明顯，也是根源所在，即是告子誤在「認氣為性」，「性」在朱子學中，就本然之性而言，只是理，性是天理，是形而上者，若認錯，視之為形下則有誤。然孟子之辯的本旨原意為何，不是吾人此文所要討論的重點，原意也不易求得，另一方面孟、告之辯亦可謂是孟子學中最難解的一段。[2]而當朱子說告子「認氣為性」，則是以他自己的架構來詮釋孟、告之辯、詮釋告子，因為在朱子理氣二分之架構下，性或是理，或是氣。而孟子認對了，以性即理；告子錯了，認性為氣。在此公平一點的說法是，告子之認性為氣，是在朱子的系統裡，才視告子「論性為氣」。[3]然船山學，一般視之為重氣之

---

1 宋·朱熹：《四書章句集註》（臺北：鵝湖出版社，1984年），頁326。

2 當代新儒家牟宗三先生到了七十多歲時的功力，始詮釋孟告之辯，寫於《圓善論》一書，亦可知要進入孟告之辯的義理，要累積很久的功力始可。此可參見牟宗三：《圓善論》（臺北：臺灣學生書局，1985年），頁1-27。又象山有言：「《告子》一篇自『牛山之木嘗美矣』以下可常讀之，其浸灌、培植之益，當日深日固也。其卷首與告子論性處，卻不必深考，恐其力量未到，則反感亂精神，後日不患不通解也。」見宋·陸九淵：《陸九淵集》（北京：中華書局，2010年），頁92。此看出，象山亦認為孟告論性處之難解。

3 「朱子釋孟子有曰：『告子不知性之為理，而以所謂氣者當之，蓋徒知知覺運動之蠢然者，人與物同，而不知仁義禮智之粹然者，人與物異也。』

學，[4]若船山承認朱子的講法，即告子認性為氣的講法，又船山所視的性也是氣學，則船山等於是承認自己是告子之學。在宋明理學中，大致都以孟子為正統，故視與孟子論辯者常是敗方，如告子，是邪說也，故船山與一般的宋明儒者一樣，亦不願意認為自己是告子之學。[5]

面對朱子認定的告子之失，失於認氣為性，船山自己是氣學，

如其說，孟子但舉人物詰之可矣，又何分牛之性、犬之性乎？犬與牛之異，非有仁義禮智之粹然者，不得謂孟子以仁義禮智詰告子明矣。」清・戴震：《戴震集》（上海：上海古籍出版社，1980 年），頁 294。此表示以戴震的義理，就不取朱子的認定，即認定告子認氣為性等見解。戴震的意思是若以仁義禮智分人禽，則孟子何必多問了牛性是犬性嗎？

4　唐君毅言：「當明清之際，能上承宋明儒學之問題，反對王學之流，亦不以朱子之論為已足，而上承張橫渠之即氣言心性之思路，又對心性之廣大精微有所見，而能自樹新義，以補宋明儒之所不足者，則王船山是也。」唐君毅：《中國哲學原論・原性篇》（臺北：臺灣學生書局，2006 年），頁 503。又言：「宋明理學中，我們通常分為程朱陸王二派，而實則張橫渠乃自成一派，程朱一派之中心概念是理。陸王一派之中心概念是心。張橫渠之中心概念是氣。……『理』之觀念在其系統中，乃第二義以下之概念。」唐君毅：《哲學論集》（臺北：臺灣學生書局，1990 年），頁 219。以唐先生的觀點，張子為氣學，而船山又繼張子，故可視船山為氣論。

5　象山與朱子互批對方是告子之學，如象山批朱子格物於外是義外之學，是告子之學；而朱子批象山的不讀書是禪學，禪學作用見性，與告子的以知覺運動為性一樣，故朱子亦視象山是告子之學。可見宋明儒者都不想自居告子之學。「象山死，先生率門人往寺中哭之。既罷，良久，曰：『可惜死了告子！』」（此說得之文卿。泳）宋・黎靖德編，王星賢點校：《朱子語類》第 8 冊（臺北：文津出版社，1986 年），頁 2979。

不會做此承認，船山於此做了個巧妙的區別，其區分所謂的「氣之體」與「氣之用」，把氣區分為體、用。船山認為自己的氣學，是即體即用，故若真能識氣者，是識氣之體用，他自認這是正統的儒學思想，這是孟子之學，而不是告子之學；而告子之失，不是失之於認氣為性，而是認「氣之用」為性，而不知「性」除了「氣之用」外還有「氣之體」。這是船山的巧妙區分，然也的確是其氣論的主張，其氣是即於體用的氣，是兩端一致的氣，是不離理的氣，氣本身既有形下義涵、亦有形上義涵，與朱子的氣只是形下者的見解不大相同。依此船山展開申辯，亦可謂對於孟、告之辯所做成的自己之重新詮釋，重新以氣學方式詮釋孟子，而不取朱子的詮釋。而吾人本文可謂對於孟、告之辯，朱子與船山的詮釋做一比較；船山不取朱子之學，而歸宗於橫渠的氣論來對孟、告之辯做一重新詮釋。依此，進到第二節。

二、船山認為告子之失於何？

　　船山對於孟、告之辯的問題意識是，朱子的詮釋在於告子之「認性為氣」，朱子以其理氣二元的解法，視孟子言性是理，而不是氣，而告子之失，就在於「認氣為性」；船山認為若真能懂氣者，則是正統，則可提升到孟子的地位了，豈還需批評之呢？因為船山心目中的氣，不同於朱子的形下義。船山不認同告子之失在認氣為性，而船山又要站在孟子一邊以反告子，那麼船山認為告子有何失可言呢？船山既然亦以孟子為宗，故要判定告子的缺失之處，不在認氣為性，又將缺失於何呢？以下分為三點以言之，首先船山

認為告子之失在於只懂「氣之用」，而不知「氣之體」。

(一)告子失於只懂氣之用而不知氣之體

船山言：

> 朱子謂告子只是認氣為性，其實告子但知氣之用，未知氣之
> 體，並不曾識得氣也。告子說「勿求於氣」，使其能識氣之
> 體，則豈可云「勿求」哉！若以告子所認為性之氣乃氣質之
> 氣，則荀悅、王充「三品」之言是已。告子且以凡生皆同，
> 猶凡白皆白者為性，中間並不分一人、禽等級，而又何有於
> 氣質之差也！[6]

船山認為若真能懂氣，則是正統，如船山氣論就是正統；而真能懂
氣者，是要體用兼備，告子只是知氣之用，而不知氣之體，故亦不
懂氣。故以船山的判準而言，朱子批評告子認氣為性亦有失誤，真
能認氣之體用為性，則是正統。孟子於「不動心章」中提到告子的
「不得於心，勿求於氣」，孟子評曰「可」。[7]而朱子對於此
「可」的詮釋是：「然凡曰可者，亦僅可而有所未盡之辭耳。」[8]

---

6 清·王夫之：《船山全書》第 6 冊（長沙：嶽麓書社，1996 年），頁
  1052。

7 宋·朱熹：《四書章句集註》，頁 230。

8 宋·朱熹：《四書章句集註》，頁 230。例如朱子詮釋《論語》「仲弓問
  子桑伯子，子曰：『可也簡』。」朱子言：「可者，僅可而有所未盡之
  辭。」同上，頁 83。

船山在此的詮釋亦是認同朱子的意思，即告子的「不得於心，勿求於氣」，是有所未盡。何者未盡呢？依於船山，告子的未盡之處在於：「不得於心，還是要求於氣」。故船山依著《孟子》記載告子之言，於是認定告子不知氣，若知氣者，必求氣，豈能勿求呢？既然告子不求於氣，則朱子的告子評定亦不中肯。此乃船山以自己氣論的推理及詮釋，以證成己說。

又船山認定告子之失，即是只懂氣之用，而不懂真正的氣，也不在於告子以氣質三品之說以明性、以明氣。此應該是針對程朱見解所做的批評，因為程朱對於氣之說，有以氣質言之，例如「公都子問性章」中的或曰：「有性善有性不善」，朱子詮釋為「韓子性有三品之說蓋如此。」[9]而朱子又曰：「韓子三品之說只說得氣，不曾說得性。」[10]亦是說朱子把韓子之說等同於「或曰」之說，或曰者認為有性善、有性不善。而韓子又等同於告子的認氣為性，故韓子、告子、兩位或曰者，其實都一樣，都是認氣為性，而告子的氣既同於韓子，則告的氣論亦有三品之分別。於此可見船山所批評者，正是程朱，批評他們二點，第一，程朱視告子認氣為性，船山認為告子不懂氣、不求氣，豈有認氣為性！第二，程朱視告子的氣論，屬氣質之氣，船山反對，其認為告子之失只是認得氣之用，並不真懂氣，告子也無所謂的氣質三品之說的氣論，這些都是程朱

9　宋·朱熹：《四書章句集註》，頁328。

10　明·胡廣編：《四書大全》（臺北：臺灣商務印書館，1983-1986年影印文淵閣《四庫全書》第205冊），頁765。

學說妄加於告子之上，告子並無此。[11]船山為何主張告子無氣質之差呢？船山的理由在於告子的生之謂性，所謂性者，生也，此生也，共同者也，不是差別，故無等級。只要跟白有關者，白雪、白羽，都是白，都是性，都是生，人性同於物性，因為都是生，故無等級之差，而朱子視告子有如此之氣質等級之差別，船山認為誤矣。除此之外，船山認為告子尚有缺失，如下一小節所述。

(二)性不可喻而告子喻之

《孟子‧告子上》的前幾章論辯中，告子喜歡舉具象之例以喻性，其所喻者計有，於第一章以杞柳喻性，以桮棬喻義；第二章又以湍水喻性；第三章又以白、生等喻性。然依於船山的見解，此正是告子對於性的無知，理由在於，性不可為喻。性是什麼，於人稱之為人性，於物為物性，孟子有山之性、水之性之說，性是物之為物的特色本質，而不是一個具體東西可以拿出來捉摸，人性乃就可

11　朱子於〈告子上〉第一章，認為告子近於荀子。第二章，認為告子似於楊雄。第三章認為告子似於佛氏。見宋‧朱熹：《四書章句集註》，頁325-326。由此可見，第一，視告子的氣如氣質三品之說的見解者是程朱，船山正是批評程朱。第二，朱子把告子等同於荀子、佛氏、胡宏、楊雄等人，都是認性為氣者。又可參見丁為祥之言，「從他對陸象山之『從蔥嶺帶來』與『可惜死了告子』這種雙重標準混雜的定位來看，也說明他確實劃不清二者的界線。」丁為祥：《學術性格與思想譜系──朱子的哲學視野及其歷史影響的發生學考察》（北京：人民出版社，2012 年），頁 357。此處說明了朱子總是以理氣二元來做歸類，孟子的性歸於理，而其他人論性則歸於氣，故告子等同於象山、荀子等人，因都認氣（心）為性。

以人可實踐仁義的本性善，牛性自古以來能耕田，馬性自古以來能奔跑，故孟子言「以故為性」，而不鑿。[12]即回到以往的本性，牛依於上古百代之牛性，未嘗有變，馬亦如此。當然到了朱子的體系，又有性即理之說，然是否是孟子的意思尚可商量，在此吾人跳過朱子的體系，只就船山認為告子的偏差處於何，船山認為：

> 告子說「性猶杞柳」，「猶湍水」，只說個「猶」字便差。人之有性，卻將一物比似不得，他生要捉摸推測，說教似此似彼，總緣他不曾見得性是個甚麼；若能知性，則更無可比擬者。[13]

船山認定性不可比喻，告子言語中，「性猶杞柳」等，其中的「猶」字，以此例彼，用具體之物作喻，讓人對抽象者容易理解，然船山認為本意是要讓人理解，但是一旦例之，反而造成困惑，反而容易產生錯誤而不知性，如人性，乃人之為人的特色，只表現在具體人的行為動作中，如能實踐孝、慈等，卻不可共相[14]化，把它視為一物。[15]既然船山視告子為不知性，因為以譬喻言性是不知

12　「天下之言性也，則故而已矣。故者，以利為本。所惡於智者，為其鑿也。」《孟子·離婁下》。

13　清·王夫之：《船山全書》第6冊，頁1051。

14　所謂共相者，如白筆、白馬，抽象出白的概念，而此白，為白筆、白馬所共。故西方中世紀有共相之爭，爭此共相為名還是實。

15　若以柏拉圖的理型譬之，則白人、黑人等可理型出一個人的共相，此理型在彼岸，為世間人的所模倣；而船山言性，第一，不是在彼岸，乃落於人

性，那麼怎樣才算是知性呢？船山言：

> 孟子斬截說個「善」，是推究根原語。善且是繼之者，若論
> 性，只喚做性便足也。性裏面自有仁、義、禮、智、信之五
> 常，與天之元、亨、利、貞同體，不與惡作對。故說善，且
> 不如說誠。唯其誠，是以善；誠於天，是以善於人。惟其
> 善，斯以有其誠。天善之，故人能誠之。所有者誠也，有所
> 有者善也。則孟子言善，且以可見者言之。可見者，可以盡
> 性之定體，而未能即以顯性之本體。夫然，其得以萬物之形
> 器動作為變化所偶有者取喻之乎？先儒窮治告子之失，不曾
> 至此，非所謂片言折獄也。[16]

船山認為孟子說性是善，便已足矣，若足，則不用再以具體物喻
之，故告子以物喻性則不恰。善是繼天道而為善，而性只是成之者
為性，性只是性，說其為必善則可，不用再譬。船山還認為性善的
善是天道、是誠，不與惡對，是絕對的善，善與誠可謂互換之語，
所擁有的根源稱之為誠，而人能擁有以具成者，此為善，不只善，
且是至善。依於此，船山甚至覺得孟子要治告子之失，其尚有不足
處，要依於船山的對治告子之失才足；孟子何以不足，而船山何以

物者才是性。第二，也不是從一個現實此岸的理型而共享之，而可以物譬
之（性不可為喻）；所謂的性，就在具體中，船山重氣，其對性的見解，
是即於實體物之中，而不像柏拉圖的於世間之外。

16　清·王夫之：《船山全書》第 6 冊，頁 1051。

足呢？船山認為批評告子，則要批評他以具體物形容性，然性不可喻，故船山認為這是自己的發明，古人未至此，甚至孟子治告子之失亦未至此，故性之隱晦，而導致後人不懂，若依於船山的性不可喻之說，將能片言折獄，一言警醒所有未解之人。船山認為孟子的不足處，一者，孟子未到船山的反喻之說。二者，乃在於孟子亦似於告子般，以可見者言性善，孟子言性之必善的舉例是：「水信無分於東西。無分於上下乎？人性之善也，猶水之就下也。」[17]孟子還是以水之就下的具體實例以譬之，故船山覺得還不夠好。孟子以可見物喻性之不夠好，不足於何呢？船山認為，此只可以盡性之定體，而未能即以顯性之本體。即以可見喻之，最多充其量，只到了可以把性之表現而為定體處指出，至於性所未顯之處，此為體，此體是善、是誠、是天道，此不可以言語喻之，也不可用相對之善形容之，因為是至善。用可見者喻性就有不盡處了，讓人以為性窮於此喻。因為這些具體可見之物之喻，都就其偶有而言，且一旦喻之則容易執定；而性是善、是誠，是天道，是必善，絕對善，是必然的，不是偶有的，偶有的只是一端，性善是源頭活水，有多端[18]而為絕對根源。

　　然船山如此說，似把孟子與告子等同，理由在於告子之不知性，理由之一，在於以物喻性，而孟子亦同，孟子以牛山、以水等喻性，如此則孟、告等同，而船山最高，然船山亦不敢如此狂言，故還是把孟、告之喻的不同處說明，以尊孟貶告子，船山言：

17　《孟子·告子上》。

18　船山依著朱子的架構，視心能具眾理，故不該執定於一端。

　　孟子此喻，與告子全別：告子專在俄頃變合上尋勢之所趨，孟子在亙古亙今、充滿有常上顯其一德。如言「潤下」，「潤」一德，「下」又一德。此唯《中庸》鄭注說得好：「木神仁，火神禮，金神義，水神信，土神知。」康成必有所授。火之炎上，水之潤下，木之曲直，金之從革，土之稼穡，十德。不待變合而固然，氣之誠然者也。天全以之生人，人全以之成性。故「水之就下」，亦人五性中十德之一也，其實則亦氣之誠然者而已。故以水之下言性，猶以目之明言性，即一端以徵其大全，即所自善以顯所有之善，非別借水以作譬，如告子之推測比擬也。[19]

　　船山的性不可為喻之說成了兩面刃，一面傷了告子，另一面也傷了孟子，於是似有船山優於孟子的感覺，但船山還是要為孟子說明，故還是採尊孟的原則。船山開頭便認定孟子之喻不同於告子，雖然告子以「湍水」喻性，孟子以「水無不就下」喻性。湍水與就下之水有何不同呢？船山認為告子只談到湍水，而孟子談到水時，有潤與下二德，潤是一德，下又是一德，故五行中共有十德，火之炎上，炎與上共有二德，配於五行，共有十德。此十德是固有之，因為「仁、義、禮、智、信」比配「金、木、水、火、土」，都是固有的；而與告子的湍水而有變合之喻是不同的，此十德中的二德，水之潤德與下德是固有之，不是變合而成。既然為五性十德之一，則為性理，性中只有仁義禮智信，故孟子是以五行之一，其中的

19　清・王夫之：《船山全書》第 6 冊，頁 1056。

水，水有二德，一方面謙下、一方面潤澤以喻性，不同於告子的水之在山的激變而成。然船山此說，似有強辯，亦是為自己的系統強辯、自己的「性不可為喻」的講法強辯。吾人視之為強辯，理由在於孟子除了以水喻性，也以牛山為喻，山豈是十德呢？最多只能說土占十德之二。土與山又不能全等同之，一個是坤卦，一個是艮卦。船山最後說孟子之喻，乃是以一端徵其大全，即於惻隱之發而知其有性，就像眼之明而知其有目，即其五行之一端，而知其性之全體。可謂告子與孟子是不同的。告子不知性，孟子知性。告子之喻不恰，孟子恰當，孟子不是以具象物喻性，而是在談性之德，故恰當。

(三)告子認情、才為性

上文論及船山視告子只知氣之用，除此之外，又認為告子認情、才為性，此是相通的，故可見船山認定情、才只是氣之用，而不及於氣之體，故其不識性。而情、才在船山而言，常與性做為一比較對象，船山認定性必善，而情、才無必善之勢。[20]我們可以看船山如何把氣之用與情、才關連在一起，船山言：

20　「孟子不曾將情、才與性一例，竟直說箇『善』字，本文自明。曰『[情]可以為善』，即或人『性可以為善』之說也；曰『若夫為不善，非才之罪』，即告子『性無不善』之說也。彼二說者只說得情、才，便將情、才作性，故孟子特地與他分明破出，言性以行於情、才之中，而非情、才之即性也。」清・王夫之：《船山全書》第 6 冊，頁 1064。此看出船的系統中，性必善，情才無必善之勢。性是至善，情才若善也只是相對之善。

告子既全不知性，亦不知氣之實體，而但據氣之動者以為
性。動之有同異者，則情是已；動之於攻取者，則才是已。
若夫無有同異、未嘗攻取之時，而有氣之體焉，有氣之理
焉，即性。則告子未嘗知也。[21]

船山認為告子只懂氣之用，故不知性，若能懂氣之體用則可謂知
性。既然只知氣之用，則不知氣之體，故其所認定之性，只是性之
發用於外者認之以為性，然性之發為情，故告子認定為性者，其實
只是錯認情、才為性，而不是真識性者。性之發用而於動上顯，發
用而有同異者，如或喜或怒之不同，此為情；船山所認定的情就是
喜怒哀樂，無必善之勢，故船山亦曾疑《中庸》之說，他認為該把
「喜怒哀樂未發謂之中」改為「仁義禮智未發謂之中」，[22]此看出
船山的系統性，認為若要必善，則不可以情，而當以性當之。氣之
動而有同、有異，則為情；氣之動而有攻取者為才；[23]而未同異、

21　清・王夫之：《船山全書》第 6 冊，頁 1053。

22　「乃喜、怒、哀、樂，情也。延平曰：『情可以為善。』可以為善，則抑
　　可以為不善，是所謂惟危之人心也。而本文不言仁、義、禮、知之未發，
　　而云喜、怒、哀、樂，此固不能無疑。」清・王夫之：《船山全書》第 6
　　冊，頁 472。在此可見船山以自己的系統而懷疑《中庸》說法有誤，不當
　　為「喜怒哀樂未發」，而當為「仁義禮智之未發」，因為在他系統中，喜
　　怒哀樂無必善之勢，則何以能未發即中呢？

23　船山詮釋張子《正蒙》「形而後有氣質之性」區分了氣質與性之不同，氣
　　質則有攻取，有形後始有，非太和本有之性，其言：「氣質者，氣成質而
　　質還生氣也。氣成質，則氣凝滯而局於形，取資於物以滋其質；質生氣，
　　則同異攻取各從其類。故耳目口鼻之氣與聲色臭味相取，亦自然而不可拂

未攻取，則可視為太和絪縕本有之氣，此氣為有體、有用，則為性矣。告子之所缺失者，正在此，懂氣之用，而不知其體，懂得情、才，而不知其背後之性。

然船山又如何證成告子論性其實只言及情、才罷了呢？船山引《孟子》書中的告子之語，船山言：

> 故曰「性猶杞柳也」，則但言才而已。又曰「性猶湍水也」，則但言情而已。又曰「生之謂性」，知覺者同異之情、運動者攻取之才而已矣。又曰「食色性也」，甘食悅色亦情而已矣。其曰「仁，內也」，則固以愛之情為內也；愛者七情之一，與喜怒哀樂而同發者也。[24]

船山認為告子以杞柳喻性，則為才而已，乃因杞柳為天生之物，天生之資具，故為才。又認為告子的湍水之喻是言情，乃因湍水是情變之激發而成，如同情感之激變為七情般。而〈告子上〉的第三章，告子認為「生之謂性」，性者，生也，生而有知覺運動之情，同者喜之，不同者怒之，此為情變；[25]又生之謂性亦可視之為才，即一旦生而有形，則有知覺運動，且有攻取的性之欲望，如食色等

違，此有形而始然，非太和絪縕之氣、健順之常所固有也。舊說以氣質之性為昏明強柔不齊之品，與程子之說合。今按張子以昏明強柔得氣之偏者，繫之才而不繫之性。」清·王夫之：《船山全書》第 12 冊，頁 127。此看出船山以有形後的攻取為才。

24　清·王夫之：《船山全書》第 6 冊，頁 1053。

25　情變如同「愛之欲其生，惡之欲其死」之情感，無常性。

之攻取。而食色亦可視為情，為一種愛欲之情，如甘食悅色，則是一種貪愛的情感，若非自己喜好者，則為惡的情感，皆為七情之一；於〈告子上〉第四章告子又言：「仁內也」，船山的詮釋認為，其言仁不是就性理而視之為仁，乃上文已說告子只知氣之用，不知氣之體，故其言仁，也是氣之用，是以愛之情為內，如父愛子女，天性之情。[26]而既然愛是七情，則同為情，同為喜怒哀樂。[27]喜怒哀樂在船山而言亦是情，不是必正之情，情之能正與否端視性之加入與否，若無性，則情可善可惡，無必善之勢。

　　而上文談到船山認為告子的杞柳為才，湍水為情，船山是如何把二者相接連在一起的呢？其實這是船山的系統如此視之，他人不如此，故尚待船山的說明，其言：

　　　　孟子曰：「乃若其情，則可以為善矣。」可以為善，則可以為不善矣，「猶湍水」者此也；「若夫為不善，非才之罪也。」為不善非才之罪，則為善非才之功矣，「猶杞柳」者此也。杞柳之為桮棬，人為之，非才之功。即以為不善之器，

26　戴震認為：「禽獸知母而不知父，限於知覺也；然愛其生之者及愛其所生，與雌雄牝牡之相愛，同類之不相噬，習處之不相齧，進乎懷生畏死矣。一私於身，一及於身之所親，皆仁之屬也。私於身者，仁其身也；及於身之所親者，仁其所親也；心知之發乎自然有如是。人之異於禽獸亦不在是。告子以自然為性使之然，以義為非自然，轉制其自然，使之強而相從，故言『仁，內也，非外也；……』。」清·戴震：《戴震集》，頁293。戴震認為告子的仁內，是就人與物都會仁於其所親，此是私人之情。就此而言，船山對告子主張仁內的見解，與戴震相似。

27　船山較無四端、七情之分別。

　　亦人為之，非才之罪。[28]

船山以孟子回答公都子問性之言以證成己說，孟子言「乃若其情則可以為善」，船山補了一句，可以為善，不是必善，故可以為善，則可以為不善，但船山的增補不是孟子的本意，而是船山的體系，故視此為情。然孟子的情，指的是實情，[29]船山指的是喜怒哀樂之情感，故二人解法不相同。而情又何以比配於湍水呢？此湍水可以在山，可以過顙等等，都是情變所激，非水之就下之本性，如同情感可以善可以惡，可高興、可哀傷，可在山、可過顙一般。

　　至於「才」，船山舉「公都子問性章」為例，孟子回答公都子言：「若夫為不善，非才之罪也。」孟子的意思是為惡者，不由「才」負責，然其才字隱含著天降本有之善性。[30]船山又以自己的體系詮釋之，其認為「不善非才之罪」，則可推出，「為善亦非才

28　清・王夫之：《船山全書》第 6 冊，頁 1053。

29　牟宗三言：「『乃若其情』之情非性情對言之情。情，實也，猶言實情（real cause）。『其』字指性言，或指人之本性言。……本當說非性之罪，但孟子何以忽然想到一個『才』字，而說『非才之罪』？此並無何嚴重之理由，只變換詞語而說耳。『才』是材質、質地之意，即指『性』言。……故在孟子，心、性、情、才是一事。心性是實字，情與才是虛位字。性是形式地說的實位字，心是具體地說的實位字。性之實即心。性是指道德的創生的實體言，心是指道德的具體的本心言。」見牟宗三：《心體與性體》第 3 冊（臺北：正中書局，1969 年），頁 416-417。

30　孟子於此章後文言：「或相倍蓰而無算者，不能盡其才者。」又於下一章言：「非天之降才爾殊也，其所以陷溺其心者然也。」見宋・朱熹：《四書章句集註》，頁 328-329。這裡的才指的是本有之性善。

之功」，則才無所謂善惡，是公都子所引的告子之語，告子曰：
「性無善無不善也。」「才」因著無與於善惡，則才是告子所言的
無善、無不善，而告子以之為性，是錯認才而為性；「才」是如
此，又與杞柳何干呢？杞柳則為天生自然物，不能為桮棬，其能為
桮棬之善，是人為之，不是杞柳之本性；同樣的，以杞柳為不善之
器亦是人為之，無與於杞柳，故杞柳無善無惡，故船山認為杞柳乃
是才，杞柳無關善惡，才亦無關善惡。

　　故依著以上船山的認定，告子認「氣之動、氣之用」為性，而
此氣之動、氣之用，指的是情與才，性之必善，而情、才不必為
善，告子錯認，無法體認何者為性，因為若要論及性，則必能善；
情者可以為善，可以為不善，不皆善，甚至其善亦只是相對之善；
而才者，善、不善皆非才之功，故才亦非必善。此船山以自己的體
系用以詮釋告子之學，而與朱子認定的「告子認性為氣」意思不
同。

三、船山認為朱子之失為何？

　　依著上文的分析，船山對於告子的理解，認為告子不是認氣為
性，若能認氣為性，則為正學，如同張載的氣學，是為正統，甚至
說即是孟子的正傳，此乃船山的見解。告子既然不是「認氣為
性」，而只是認「氣之用」為性，則朱子的評斷則有問題，因為朱
子認為告子之失，失於認氣為性。朱子以其理氣論，用以詮釋孟、
告之辯，其認為孟子講對了性，因為孟子認為性即理；而告子錯
認，因為告子認氣為性，而不如孟子之認理為性。

　　而朱子之所以有此缺失，在於其理氣論的架構，而理氣論的二元性又分裂太甚所造成。雖然船山學的架構也是從朱子學的架構做為基礎以發展之，而不是從心學角度切入，然船山的基本架構雖與朱子相似，但還是有不同，其不同點在於，船山的義理是乾坤並建、兩端一致之說；乾坤並建到了孟學詮釋中成為理氣並建，故有氣必有理，有理必有氣，朱子與船山都有二元性，然船山一致之，朱子未必能一致之，朱子最多只說到理氣不離；船山卻能一致之，則其二元性就不致於太割裂；我們說朱子學之割裂也不致於視理氣為無相干，只是相對而言，朱子學分析性還是太強，故有尊理賤氣之傾向，尊理，故尊孟子，以其知性即理；賤氣，故批告子錯認氣而為性。此理氣二元，用以評價孟、告論辯之勝負，這也是程朱的理氣論的系統使然。除此之外，船山亦批評朱子對於人性、物性之區分不清楚以致出錯。以下吾人以兩小節論之。

(一)人性、物性區別之不明

　　船山認為朱子詮釋孟、告之辯之所以有錯，其中的一個原因在於，對於人禽之辨的理解並不正確，他先從人受天地之氣與犬牛所受天地之氣之分別說下，其實是要說明朱子與告子都不識氣，也不識性，既不識性，則人性、物性之區別亦將有誤，船山言：

> 人有其氣，斯有其性；犬牛既有其氣，亦有其性。人之凝氣也善，故其成性也善；犬牛之凝氣也不善，故其成性也不善。氣充滿於天地之閒，即仁義充滿於天地之閒；充滿待用，而為變為合，因于造物之無心，故犬牛之性不善，無傷

于天道之誠。在犬牛則不善，在造化之有犬牛則非不善。氣
充滿於有生之後，則健順充滿於形色之中；而變合無恒，以
流乎情而效乎才者亦無恒也，故情之可以為不善，才之有善
有不善，無傷於人道之善。[31]

人的氣稟之不同於物，造就了人性必不同於犬、牛之性，而人性之
不同於犬牛之性，也可以說人之氣與犬牛之氣不同所致。人的氣
善，故性也善，而犬牛不可謂善，理由在於孟子言性善是就人性善
[32]而發言；然到了朱子，視性善不只是人具有，而且是天地萬物都
具有，只是人的氣質好，可以表現；而物的氣質不好，不易表現。
[33]然在船山，人性可謂善，犬牛之性不善，此不善亦非大惡，而是
指無法如人的仁義禮智一般的表現出善。

又船山認為氣充滿天地間即是仁義充滿，因為船山的氣論，以
立天之陰陽與立人之仁義比配，天人相配，氣與性相配，天地之本
然則為氣，氣則為至善、為誠，「氣」與「氣化」不同，因著氣化
之變合、氣之演化而有不善，如同人性善，因著情感之流而為不
善。然犬牛之氣之不善，不代表天地不仁，因為天地無心成化，天

31　清·王夫之：《船山全書》第6冊，頁1054。

32　孟子言：「人無有不善，水無有不就下。」《孟子·告子上》。孟子分明
　　就人言善，不是就性言善，故孟子言的性善是就人性而善，犬性無有善。
　　朱子卻視人性、物性皆善，因氣質而顯現的出或是不出來談性善。

33　故朱子順著程子之說，認為人能推，物不能。而且物之氣稟不好，但有時
　　亦能表現一點，如羔羊跪乳、蜂蟻義之說等，認為動物亦可表現一些性
　　善。但這不是孟子的本意。

地以誠、以氣為根源，本身是至善，不可疑天之無善，以至讓犬牛無法如人般皆善。以人們視犬牛之不能實踐仁義，則視其不足為善；但就物之源——天地而言，乾道變化，各正性命，上天都是至善。故若以天道與人道相比配，人之性必善，而流為情、才則不必為善；至於天道之生人，則所生的人性必善，生犬牛之性則不必為善，也不稱性善。雖然有時如朱子舉羔羊跪乳等[34]之例，表現出一點性善的樣子，如此似可駁船山，但船山認為縱動物有其善也不是自覺其性善而做成，說實了也是因為牛、犬之氣不同於人之氣所造成。故朱子說告子認氣為性，以船山認定而言，除了告子不知性、不知氣，其實朱子的人禽之辨的判斷亦不準。

(二)貴性賤氣

船山認為朱子之誤的另一理由在於尊性賤氣。[35]也因為朱子的理氣二分，雖言理氣不離，卻也不雜，甚至把二者割裂太甚，在船

---

34 朱子便是以羔羊跪乳等說，認為動物亦可表現一點善。然吾人認為要認定動物是否有善，在此爭論的是，船山或朱子誰人合於孟子的動物觀，而不是在爭誰人合於現實經驗的觀察。孟子並未有羔羊跪乳等之說。

35 黃宗羲言：「蓋離氣無所為理，離心無所為性。佛者之言曰：『有物先天地，無形本寂寥，能為萬象主，不逐四時凋。』此是其真贓實犯。奈何儒者亦曰『理生氣』，所謂毫釐之辨，竟亦安在？」清·黃宗羲著，沈善洪主編，吳光執行主編：《黃宗羲全集》第 8 冊（杭州：浙江古籍出版社，2005 年），頁 891。黃宗羲的義理從其師劉蕺山而來，再追溯的話，乃羅整菴已先言之，在此黃宗羲與船山有一個共同的義理，都視朱子的二元性割裂太甚，將有流弊。

山則為理氣合一、理欲合一、理勢合一，不同於朱子的見解。[36]故船山認定朱子有尊性賤氣之失，其言：

> 苟其識夫在天之氣，唯陰唯陽，而無潛無亢，則合二殊、五實而無非太極。（氣皆有理。）苟其識夫在人之氣，唯陰陽為仁義，而無同異無攻取，則以配義與道而塞乎兩閒。（因氣為理。）故心、氣交養，斯孟子以體天地之誠而存太極之實。若貴性賤氣，以歸不善於氣，則亦樂用其虛而棄其實，其弊亦將與告子等。夫告子之不知性也，則亦不知氣而已矣。[37]

船山認為，若只就天之氣，尚未及於化時，則為陰陽，而還不是一陰一陽之化時，則天只是氣，這時未及於氣化，[38]這時為至善、為

36　船山的原文：「其實，言氣即離理不得。所以君子順受其正，亦但據理，終不據氣。新安謂『以理御氣』，固已。乃令此氣直不紉理，一橫一直，一順一逆，如飄風暴雨相似，則理亦御他不得。如馬則可御，而駕豺虎獼猴則終不能，以其原無此理也。無理之氣，恣為禍福，又何必嚴牆之下而後可以殺人哉！」清·王夫之：《船山全書》第 6 冊，頁 1114-1115。

37　清·王夫之：《船山全書》第 6 冊，頁 1054-1055。

38　「張子云：『繇氣化，有道之名。』而朱子釋之曰：『一陰一陽之謂道，氣之化也。』《周易》『陰』『陽』二字是說氣，著兩『一』字，方是說化。故朱子曰：『一陰而又一陽，一陽而又一陰者，氣之化也。』繇氣之化，則有道之名，然則其云『繇太虛，有天之名』者，即以氣之不倚於化者言也。」清·王夫之：《船山全書》第 6 冊，頁 1109。船山在此以天為氣，為太虛，為誠；而氣化為道，為氣之已演化成其變化，稱為一陰一陽。

誠，這時亦不以潛、亢言之，因為一旦以潛龍或是亢龍言之時，則為已化。若未成其變化時，天只是氣，只是善，二殊五實都是善，陰陽之相加則為太極，太極不在陰陽之外。[39]故船山的氣學如有此的主張，即人之氣稟自天之氣，氣尚未屬之化時，則為陰陽，天道之陰陽比配人道的仁義，這時用浩然之氣以形容之亦未嘗不可，故可塞乎兩閒。其詮釋孟子也是氣學，也是以氣說性，故《孟子》的「不動心章」中所言，以志帥氣，氣帥志，心與氣交相養；既然孟子談及氣，則孟子的性善之說，不是只有理，而是氣中有理，性是理氣合，[40]氣中有理，故船山反對朱子之說，朱子視告子之認性為氣，船山反對之。依於此，孟子學當該如何詮釋呢？船山認為孟子體天地之誠，此誠者，氣也，氣中有理，陰氣、陽氣之並建則為太極，而太極不在陰陽之外。然朱子亦能說太極與陰陽不離，但朱子又視二者為不雜，即不同的意思。朱子與船山之不同在於，船山視陰陽之相加為太極，而朱子視陰陽相加還是形而下，不是形上的太極，這也是氣學與理學之不同，也因為對於氣的定義之不同所致。於是船山對於朱子之失，明白指出，亦是說朱子認為孟子認對性，以理視之，而告子認錯性，以氣視之，船山認為這種講法是錯的。

39　船山於《周易內傳》中，對於「一陰一陽之謂道」之詮釋為「合之則為太極，分之則謂之陰陽。」清・王夫之：《船山全書》第 1 冊，頁 525。又唐君毅先生亦見及此，其言：「其言易道之別於先儒者，要在以太極只為一陰陽之渾合，力主乾坤之並建。」唐君毅：《中國哲學原論・原性篇》，頁 503。

40　「性只是理。『合理與氣，有性之名』，則不離於氣而為氣之理也。」清・王夫之：《船山全書》第 6 冊，頁 1108。

朱子之所以會有缺失，其背後的理由在於，貴性賤氣。因著貴性賤氣之執著，則朱子判定孟子是尊貴的，因為性即理；告子是有失的、是低下的，因為視性為氣。然船山不贊成朱子的講法，因為氣若低賤之，則類於佛學的棄世間的意味，則氣化人倫被貶，此不是船山所樂意見的。故船山評朱子之失，認為其樂用其虛而棄其實；實者氣也，若無氣，理亦不得附焉；虛者，理也，理在船山反成了第二義，[41]氣學才是第一義。船山認為朱子此失，將同於告子，告子棄氣之體，而朱子棄實氣，故二人有相似的毛病。其毛病為不知性，亦不知氣，若知氣，則知氣之體用，而孟子的性善之說若依於船山詮釋，正是以氣之體用詮釋之便能得其正解。

　　依著以上的說法，船山進一步再論，朱子貴性賤氣之說，其問題出於何呢？這也可以說是船山以其氣論檢討朱子的理學之說，兩人對於氣的定義亦不完全相同，朱子的理氣之截裂，而船山的二端一致，可謂理氣一致，故雖割裂，但可一以貫之，船山續云朱子之失：

　　　貴性賤氣之說，似將陰陽作理，變合作氣看，即此便不知

41　「故以氣之理即於化而為化之理者，正之以性之名，而不即以氣為性，此君子之所反求而自得者也。所以張子云『合虛與氣，有性之名』。」清·王夫之：《船山全書》第 6 冊，頁 1111。在此看出氣化，氣之道、氣之理，則為第二義，第一義在於太虛之天的意思，而太虛之天，則為氣。故氣為第一義，理第二義。故船山於《讀孟子大全說》，解「盡其心者章」處，反對程子的「心、性、天，一理也」的理學講法，而歸於張子的氣學。然此第二義的意思，並不是就時間上的落後之意思。

氣。變合固是氣必然之用，其能謂陰陽之非氣乎！《易》曰：「立天之道曰陰與陽，立人之道曰仁與義。」仁義，一陰陽也。陰陽顯是氣，變合卻亦是理。純然一氣，無有不善，則理亦一也，且不得謂之善，而但可謂之誠。有變合則有善，善者即理。有變合則有不善，不善者謂之非理。謂之非理者，亦是理上反照出底，則亦何莫非理哉！[42]

船山認為朱子之所以貴性賤氣，乃因為把陰陽視為理所造成，然朱子的陰陽必只是氣，不會是理，船山何以有此奇怪推論呢？乃因為朱子有「理生氣」之說，此生的意思，雖不是時間上的母生子的意思，但以理為根源，而船山以陰陽未化之氣為根源，朱子以理為根源，故把二者（理與陰陽）相連在一起。船山認為朱子把陰陽似作理，朱子的認定有誤，因為陰陽是氣，也是誠，也是根源；朱子與船山之不同在於朱子以理為根源，而船山以氣為根源。船山於是舉《易傳》之言以證成自己的講法，《易傳》言：「立天之道曰陰與陽，立人之道曰仁與義。」[43]顯然是把陰陽與仁義並舉，故仁義是為性理，仁義又是陰陽，則性是陰陽，性是氣，性既然是氣，則告子認性為氣則為正統，何以孟子又要批告子呢？乃因船山認為告子只懂氣之用。船山以陰陽比配仁義，而朱子的義理則不如此比附，因為陰陽是形下，仁義是形上。[44]船山與朱子的體系是不同的，於

42　清·王夫之：《船山全書》第6冊，頁1055。

43　見《易傳·說卦》，第2章。

44　「『立天之道，曰陰與陽』，是以氣言；『立地之道，曰柔與剛』，是以

是船山認定，陰陽是氣，變合是理，乃陰陽未化，則為氣、為誠，
一旦變化則為氣化，氣化有其道、其理，故變而有理；在氣之未化
之前，這時甚至以善言之不恰當，因為善容易視為與惡相對，此善
是至善，不與惡對，不得已則以誠言之。故善者有理，不善者亦有
理，犬牛之性不是善，然天地有犬牛之存在，則亦有犬牛之理，故
所謂犬牛之不善，乃指其理不是性善之理，不有仁義之理；沒有人
性之理，但還是有犬牛之理，雖不能踐仁、踐義，但還是有犬牛之
理。天地之間有氣便有理，而且氣的根源位置更高，故吾人稱船山
學為氣學，而不以理學稱之，而程朱卻是理學。

　　朱子以理氣二分，分屬孟子與告子，而視告子認氣為性，而氣
者，在朱子學而言有貶低之嫌，然船山是氣學，認為不該貶低氣，
一旦賤之，則人倫氣化不被重視，似於原始佛學，以世間為五濁惡
世，而有厭世之嫌。故船山反對朱子的主張，朱子主張告子認性為
氣，或說是認氣為性；船山則認為告子並非真能認氣為性，若如
此，則已是正學，孟子則不用批評他。船山認為告子是只知氣之
動、氣之用，而不是真懂氣者。依於船山，則朱子的判定便有缺
失，船山亦指出其缺失，在於人禽之辨處不明，人性、物性之差異
不明，也在於尊性賤之說使然。然二人的立場，其實大相逕庭，朱
子是理學，船山是氣學，在此可謂船山以氣學的詮釋，重新詮釋
《孟子》，進而反對朱子的理學主張，可謂站在橫渠氣學之說，而
不採程朱之說。

質言：『立人之道，曰仁與義』，是以理言。」宋・黎靖德編，王星賢點
校：《朱子語類》第 5 冊，頁 1970。

四、結語與反省

　　以上吾人主要以船山的義理用以評論朱子、告子之失。然在此可再反省的是，首先，告子之學真的是認情、才為性嗎？孟子言「乃若其情」、「非才之罪」，情與才都隱含著談性，若如此告子則知性了，何以告子又被評為不知性呢？於此看出船山以自己的系統以評定告子。又船山認為「可以為善」，則可以為不善，這是船山自己的推論，孟子處並未如此言之，船山可能做了過多推論，依此亦可說船山還是自己的系統，而不見得完全是孟子原意。

　　第二點，性真的不可喻嗎？其實吾人覺得船山的講法是有道理的，理由在於性不是具體物，[45]只附於人物上而為其本質，而此本質卻不是一物可比擬，如人之仁義禮智，只能就表現出來而談，而不可以物喻仁等等。但船山此說是否因而攻擊到孟子呢？因為孟子亦以就下之水、牛山喻性。依於此，吾人認為，船山以十德談孟子之喻恰當，其轉回之說，似有生硬。吾人的見解是，性不易喻，但若為了使人知解時，不得已還是要以物喻之。孟子畢竟是真的做成了比喻。在舉性善的孟子為正學時，亦必須尊孟，尊孟則亦要尊孟子之喻。

　　第三點，朱子學真的尊性賤氣嗎？這也是歷來有不同的意見，

---

[45] 戴震對朱熹「以性理為別若一物」的批評相似於船山批評以一物喻性之說。「張子見於必然之為理，故不徒曰神而曰『神而有常』。誠如是言，不以理為別如一物，於《六經》、孔、孟近矣。」見清·戴震：《戴震集》，頁 284。戴震談的是朱子以理如有一物，而朱子又認為性即理，故性亦如一物。

例如韓國儒學朝鮮朝以尊朱為主，故其論及朱子時，都視他不貶低氣。而到了中國明末清初的重氣思潮，甚至清代，反對朱子的見解，卻認定朱子有貶低氣的意思。為何評價朱子的見解能如此的懸殊呢？吾人認為，因為朱子的學問，面面俱到，常常兩邊的話都提及到了，故韓國儒學可能顧及某一面，而明末學者卻顧及另一面，但都是朱子的義理。如朱子總是認為理氣不離不雜，某些人側重其不雜面，某些人側重其不離面。而朱子亦常說理必附於氣，故理氣不離；但朱子也說，山河大地陷了，理還是在。[46]這意思就有尊理貶氣的意思。故若只說朱子尊性貶氣，其實背後還要有更多的說明。

　　又吾人於上文的判斷中，提出一問題，即船山學的歸屬問題，當該較接近漢還是宋呢？[47]然若只是以漢或宋來定義，似乎過大，吾人縮小問題，朱子與戴震的不同孟子詮釋，而船山的詮釋是近於誰呢？當然船山學是介於二人之間，但若不得已評介之，吾人會認為其義理較接近戴震之學，理由在於其論人性、物性處，以宋學朱子而言，人性、物性本有其相同處，依著氣稟之異而不同，人能推，而物不能，故不同。但在船山，氣稟之不同，則其性亦不同了，絕不會相同，不是以理一分殊之理為首而落於萬物。在此錢穆先生有言：「船山體用、道器之辨，猶之此後習齋、東原諸人理氣之辨也。顏、戴不認理在氣先，猶之船山不認道在器外，體在用外

46　「要之，也先有理。只不可說是今日有是理，明日卻有是氣；也須有先後。且如萬一山河大地都陷了，畢竟理卻只在這裏。」宋·黎靖德編，王星賢點校：《朱子語類》第1冊，頁4。

47　在此吾人指漢學宋學之爭，漢學指清儒的訓詁、考據等實樸之學，以戴震為首；宋學以朱子為首，以性命義理詮釋為主，義理領導訓詁。

也。要之則俱為虛實之辨而已。」[48]錢先生的判定其實船山正是處於漢宋之間，此為當然，吾人的問題是若一定要比較之，是接近何者？錢先生認為是宋學（特指朱子學），吾人卻認為船山較近於漢學的戴震之學。[49]判斷船山學為宋學（如朱子學）[50]的學者，包括周兵、錢穆先生，吾人不完全同意，吾人亦不能說船山完全無宋學的意味，而是說其主要的精神，卻是往橫渠發展，而橫渠是氣學，與清代的重氣相接，故可謂往漢學如戴震學處發展。[51]故吾人更精確的說，船山學接近於橫渠、氣學、漢學，而遠於程朱之學。[52]

---

48 錢穆：《中國近三百年學術史》上冊（臺北：臺灣商務印書館，1980年），頁 107-108。當然錢先生認為船山與東原還是有不同，其認為船山較東原多了些心性論，而規模亦不同，又說船山「其仍是宋明儒家矩矱。」見同書，頁 124。

49 錢先生認為船山有宋學之矩矱者，吾人認為乃因其認為船山講明心性、道德，而戴震等人反成了自然主義者（生之謂性），但吾人不認為戴震等人的義理如此。故吾人的判斷與錢先生亦不相同。錢先生低看了戴震。

50 周兵言：「以上所舉眾多材料，說明王夫之只是為了發明正學，扶樹道教，衛護程朱正統理學，指斥陸王異端邪說，并不見什麼堅決反對程朱理學的影子。只是到了近代，梁啟超、譚嗣同人為了變法革命的需要，才把王夫之打扮成了反理學的啟蒙思想家。」周兵：《天人之際的理學新詮釋——王夫之《讀四書大全說》思想研究》（成都：巴蜀書社，2006 年），頁 18。周兵的見解，不一定合於船山。唐先生認為船山對程朱有所彈正，而周兵認為船山不至於反程朱。周兵的看法不準。

51 橫渠的重氣的義理，可與後來明末清初重氣之思潮相接。

52 吾人的理由有四，第一，船山認為學不是復其初，此接近戴震，而不同於朱子。第二，船山認為犬牛之性絕不相同，亦接近戴震，而遠於朱子。第三，船山又有以情契情之說，近於戴震。第四，船山視告子的仁內之說為道家，與戴震同。

　　以上，吾人以船山的觀點，舉出了，在氣學下，如何指出告子之失，告子若非認氣為性，當該如何評斷之呢？船山認為告子只懂氣之用，不知氣之體。又船山認為告子所懂的氣之用，只是情、才，故不知性，性不同於情、才，前者必善，後者可善可惡。而告子不斷的喻性，正是不知性之不可喻，以致有失。至於朱子之失，失之於二元性的割裂，而不像船山的兩端卻能一致；另一方面朱子之失，失於以理一分殊之詮釋方式，視人性與物性相同，氣裏之異以致不同，人能推、物不能推的解法以詮釋孟告之辯，與船山認為的人、物性絕不相同的見解相去甚遠，故船山批評之，也看出兩種義理架構，正在詮釋孟子，也可視孟子經典詮釋的生命發展。兩端皆收之亦可。

· 王船山《讀孟子大全說》研究 ·

第四章　王船山對《孟子·莫非命也章》的詮釋——「理氣合一」與「德福一致」之解決

一、前　言

　　「命」[1]這概念一直是中國哲學史的重要概念，[2]在墨子便有「非命」之說，[3]主要用以強調人有自由意志，希冀為自己負責，

1　「命」除了有生命義，也有命定義，命令義，又可分為理命、氣命之義，於氣命中又有所稟、所值之意，所稟是就天生聰明與否，所值是就其遭遇而言。

2　莊子視命之不可改的見解，佛教視命運可掌握，修如是因，則能有如是果，此業力業報是可以掌控在自己手上，如《了凡四訓》的講法。又易學若依於朱子的見解，本義談的是占卜，也是算命，算其吉凶禍福等運氣，故可見易學亦重視命。

3　「今雖毋在乎王公大人，蕢若信有命而致行之，則必怠乎聽獄治政矣，卿大夫必怠乎治官府矣，農夫必怠乎耕稼樹藝矣，婦人必怠乎紡績織紝矣。王公大人怠乎聽獄治政，卿大夫怠乎治官府，則我以為天下必亂矣。」吳

而不推諉責任，事在人為，重視人成。只就這一點而言，與船山的精神是相似的。在《中庸》的首句，「天命之謂性」，[4]其中的命，有所謂的「命令」[5]與「命定」之不同詮釋，這也是漢宋之爭的一個重要爭論。然除了儒家「知其不可為而為之」談命[6]外，莊子也有命運之不可改變的意思，[7]也是論命之重要文獻。也有王充

毓江撰，孫啟治點校：《墨子·非命下》，《墨子校注》，（北京：中華書局，1993 年），卷 9，頁 425-426。此墨子反對命定論，人若相信命定論，必不再努力，而國家必亂。

4　朱熹：「命，猶令也。」宋·朱熹：《中庸章句》，《四書章句集註》（臺北：鵝湖出版社，1984 年），頁 17。陳淳同於朱子，故陳北溪：「命，猶令也。……命一字有二義：有以理言者，有以氣言者。」宋·陳淳：《北溪字義》（北京：中華書局，1983 年），頁 1。戴震認為：「生而限於天，是曰天命。凡分形氣於父母，即為分於陰陽、五行。人與百物，各以類滋生，皆氣化之自然。《大戴禮記》曰：『分於道謂之命，形於一謂之性。』分於道者，分於陰陽、五行也。」清·戴震撰，《中庸補注》，收於張岱年主編：《戴震全書》第 2 冊（合肥：黃山書社，1995 年），頁 51。故朱子解《中庸》第一句言「命」，是「命令」的意思；而戴震解為「命限」義。

5　「『命』有二義。從天之所命、性之所命而言，謂之『天命』『性命』。這一面的命，是『命令義』的命。如詩經『維天之命，於穆不已』，中庸『天命之謂性』，皆是命令義之命。……另一方面，是『命運、命遇、命限』之命，這是『命定義』的命。所謂『命定』，是表示一種客觀的限定或限制。」蔡仁厚：《孔孟荀哲學》（臺北：臺灣學生書局，1984 年），頁 123。

6　《論語》中，孔子藉子路之口言：「君子之仕也，行其義也。道之不行，已知之矣。」《論語·微子》。此乃「義命分立」，命不能掌握，而可掌握者，君子之行其義也。即是盡人事，聽天命。

7　《莊子·德充符》：「知不可奈何而安之若命，唯有德者能之。遊於羿之

的「性成命定」的講法。而《孟子》一書中，談到命，不一而足，有時依前人用「命」的語意，故命有「命令」與「命定」義都有。而到了朱子，有理命、氣命[8]的講法，用以詮釋《孟子》等書，然而船山檢討其中論「氣命」詮釋之不當。[9]也就是說「命」這一概念一直於中國哲學裡不缺席，總是哲學上的大問題。[10]而《孟子》一書中，對於「命」亦有多種意思，有時從前賢之書而來，有時用自己的見解，而於「莫非命也」一章，可謂對命的一種詮釋，且論及自己的主張。然而孟子此章論命是否成了極端的宿命論，而不可改呢？若如此，人的自由意志於其中占有多大的份量呢？在此吾人先討論孟子的「莫非命也章」的意思，[11]然後參之以朱子的詮釋，

　　毅中。中央者，中地也；然而不中者，命也。」晉·郭象注，唐·成玄英疏：《南華真經注疏》（北京：中華書局，1998 年），頁 116-117。莊子認為面對命是不能改變的，看似消極，然其實他的精神卻不如此，也不是宿命論，因為面對命時，要逍遙與否，是可以控制的，而不是命定的。命不可改，安命卻是自己可以決定。

8　朱子視氣命為「所稟」與「所值」。所稟者，生而清濁厚薄之謂也；所值者，面對的遭遇。至於理命者，則是命令的意思，如上天以德命之，則為理命。「天命之謂性」在朱子而言，也是理命。

9　唐先生有〈王船山之命日降、與無定命義，及立命者之死而不亡義〉一文論命，此收於《中國哲學原論·導論篇》（臺北：臺灣學生書局，2004年），頁 623-625。此談三重點，一命日降，二無定命，三立命。

10　西方也有康德的德福一致之說，福者，運氣也，而亞里斯多德亦談道德運氣。故面對命運的問題，一直是中西方的哲學大問題，不斷的有人提出其解決之道，卻也不斷的有人有新的見解，都難以一次到位的解決，故在哲學史上總是能開啟承先啟後之局。

11　孟子此章之章名，吾人乃參考黃宗羲的《孟子師說》。清·黃宗羲著：

朱子言「命」時有「理命」與「氣命」之分，特別於此章之詮釋時，以「氣命」的講法，詮釋孟子此章的命義，然為船山所檢討，因為船山認為朱子言「氣命」時，似與「理命」相對，[12]似有二元割裂的傾向，亦是說一旦言「氣命」時，則無理，例如面對孔子周遊列國之不得志，豈是「大德之必得其位」[13]呢？上天豈有公平的分配德福，使得兩者能一致呢？此是運命之不齊，氣化之無理所致。然船山的理氣並重，[14]兩端一致的理論效果，談理談氣時，便

《孟子師說》，收入沈善洪主編，吳光執行主編：《黃宗羲全集》第 1 冊（杭州：浙江古籍出版社，2005 年），頁 149。此章引自《孟子‧盡心上》。

12　朱子言命有理命、氣命之分，雖以理命為主，且與性相通一致。但朱子的理氣之二分的結果，有其割裂性，令船山質疑是否氣命則無理呢？以致有如此的反省。

13　「大德之必得其位者」，乃《中庸》的德福一致之要求，這是人心的願望，還是現實的描述呢？若遇到孔子之不得志時，還能如此說嗎？此乃《中庸》一書所留下的難題。《中庸》的原文是「舜其大孝也與！德為聖人，尊為天子，富有四海之內。宗廟饗之，子孫保之。故大德必得其位，必得其祿，必得其名，必得其壽。故天之生物，必因其材而篤焉。故栽者培之，傾者覆之。《詩》曰：『嘉樂君子，憲憲令德！宜民宜人，受祿于天。保佑命之，自天申之！』故大德者必受命。」宋‧朱熹：《中庸章句》，《四書章句集註》，頁 25-26。

14　船山的理氣並重，也是其「乾坤並建」的另一種說法。船山於《周易外傳》言：「治亂相尋，雖曰氣數之自然，亦孰非有以致之哉！故陰非有罪而陽則以懲，聖人所以專其責於陽也。」又曰：「夫〈坤〉之為美，利導之而已矣。利導之而已矣。利導之而不糅雜乎陽以自飾，至於履位已正，而遂成乎章也，則蚑者、蟯者、芽者、荂者，五味具，五色鮮，五音發，殊文辨采，陸離焜爛，以成萬物之美。」清‧王夫之：《船山全書》第 1

是理氣一致。故船山言氣，必有其理，不見得能接受朱子的氣命而無理的講法，於是船山展開了一系列的論辯。一方面也是船山學的孟子詮釋之不同於朱子的孟學詮釋，船山是一種重氣的講法，不同於朱子的理氣二元詮釋。船山從「乾坤並建」與「性日生日成」處下手；而影響朱子理論的開展卻是理氣論，是自己詮釋《大學》的格物窮理系統，故是兩套不同的詮釋系統，在此吾人一方面談「命」義的不同系統下的開展，又順此檢視兩人對於理與氣的見解，朱子以「理命」與「氣命」之分立，詮釋命；而船山認為理氣不可分開，而以「德命」與「福命」詮釋之。

　　在此先進入《孟子》「莫非命也章」的原文。原文是：「莫非命也，順受其正。是故知命者，不立乎巖牆之下。盡其道而死者，正命也。桎梏死者，非正命也。」[15]第一句談到「莫非命也」，[16]

冊（長沙：嶽麓書社，1996 年），頁 834-835。從這地方可以看出，船山以坤比配為五色、五音等，又認為坤不是惡，人欲不是惡，聖人乃是責人不依天理，而不是責於其欲。看出船山以乾為理，坤為欲。然吾人的意思是乾坤並建只是一個二元並建的形式，亦不一定要完全說是乾必是理，坤必是氣，船山認為乾坤為陰陽，陰陽即理即氣。故乾坤並建只取其形式義，說的是二元並建的意思。

15　《孟子・盡心上》。

16　唐君毅對此章的詮釋是：「自外面說，無命非正；正與不正，唯在我之所以順受之。我盡道而死，則命為正命；未盡道而立巖牆之下，桎梏其心性以死，則命非正命。」唐君毅：《中國哲學原論・導論篇》（臺北：臺灣學生書局，2004 年），頁 544。值得注意的是，其解「桎梏而死」，是桎梏其心性以死，類於孟子的「梏亡」的意思。然朱子的意思是「言犯罪而死」。宋・朱熹：《孟子・盡心上》，《四書章句集註》，卷 13，頁 350。吾人認為朱子較近於原意，而唐先生是引申意，然其方向無誤。

讓人以為孟子是宿命論者，然孟子要人正命、立命，不是宿命論者，孟子講德性，若實踐德性也是命中注定，則人之成聖成賢，亦無功勞，故孟子不是宿命論者。[17]然孟子面對不可知的未來運氣，也是無法控制之，能掌控者，只是面對命的態度，如面對富貴或是面對貧賤，這時的態度如何，是要居易俟命，還是要行險僥倖；是要貞正而接受，還是趨吉避凶。這時便區分出了君子、小人之不同，而人可以用其自由意志，來面對無法掌控之命，而成就出有德、無德。[18]

又，孟子認為「知命者不立於巖牆之下」，因著危險而死於非命，則平白犧牲了，生命要珍惜，而不是無辜受害；「盡其道而死」才是正命，「朝聞道，夕死」才是正命；而巖牆下死不是正命，桎梏而死亦不是正命。故可見孟子談正命，要人於德行上努力，珍惜生命以盡道。然其中的「桎梏而死非正命」一段，興發起船山的反省，認為若盜跖桎梏死，是否是正命呢？此是船山對於德福一致[19]問題的反省，及認為孟子此段文，是講給何種層次的人而

---

17 孟子言「求則得之」，則知其不是一切都歸於命之說。

18 朱子於「口之於味章」中，對於孟子面對義、命的態度，以張子之言詮釋之，大致得孟子之精義，其言：「張子所謂『養則付命於天，道則責成於己』。其言約而盡矣。」宋・朱熹：《孟子・盡心下》，《四書章句集註》，卷14，頁370。其中的天與己相對，「己」是義之所在，是人能掌控者，「天」是人所不能控制的命。

19 「德福一致」乃康德的要求，也是中西哲人的共同問題，康德以圓善詮釋德福一致，康德言：「在關聯於最高善（圓善 summum bonum）中，即是說，在關聯於道德法則下的諸理性存有之真實存在中，我們將思議此根源的存有為無所不知者（omniscient, all knowing），這樣，即使是我們之最

發的反省？於下文中探討之。

　　而朱子面對此章中所云之命，以「氣命」視之，並視之為「無理之氣」，也因為氣命的無理，故有德者常不能有福，德福總不能一致，如孔子之不行道，顏子之早夭。此與船山的「乾坤並建」、「理氣並建」的見解不同，故船山反對之，此吾人於第四節談之，乃理命與氣命是否要「合一」的討論。

　　吾人的文獻依據，除了《孟子》原文、朱子對孟子此章的注疏、《四書大全》[20]對此章的討論外，於船山的文獻，主要以《讀孟子大全說》為主，此書亦深具哲學意涵，而值得討論；「命」一概念本亦是中西哲學的重要概念，費盡了中西哲人的思考，想圓融解決之，但總不能令人滿意，總有另一種哲學思考以推陳出新。

　　又，船山面對此章時，對於「命」下了一個定義，其視之為有

內在的隱微的傾向或心情（這裡即藏有世界上理性存有之活動中的那顯著的道德價值），也不能逃避於祂而不為祂所覺察。我們復亦將思議祂為無所不能的（omnipotent, all mighty），這樣，祂可以能夠使全部自然適應於最高的目的（與最高目的相一致）；並思議之為既全善又盡公道，因為這兩個屬性，它們兩者聯合起來形成智慧，足以構成這條件，即在此條件下，世界之一最高的原因能夠是道德法則下的『最高的善』之根源。」康德著，牟宗三譯：《判斷力之批判》下冊（臺北：臺灣學生書局，1993年），頁 162-163。

20　「四書自朱子章句集註以後，……明成祖永樂中詔儒臣胡廣、楊榮等，編集諸家傳註之說，彙成一編，賜名《四書大全》。御製序文，頒行天下學校，於是明代士子為制義以應科目者，無不誦習《大全》，而諸家之說盡廢。」見明‧胡廣編：〈題要〉，《四書大全》（臺北：臺灣商務印書館，1983-1986 年影印文淵閣《四庫全書》第 205 冊），頁 1。

「予」、「奪」才可視之為命，即從貧到富，從富到貧，有所改變，才能以命視之，若前後無變化不可稱為命，此意思是否合於孟子呢？或合於一般人對命的見解呢？不見得合，因為若人一生貧困、運氣不佳，總是貧，而未從貧到富，我們也視之為命；而船山卻認為，生來便不帶著錢財而來，本貧困，而終亦貧困，前後無變化，與命無關。在此吾人可以看船山之言，其曰：

> 謂之曰「命」，則須有予奪。若無所予而亦未嘗奪，則不得曰命。言吉言福，必有所予於天也；言凶言禍，必有所奪於天也。故富貴，命也；貧賤，非命也。緣富貴而貧賤，命也；其未嘗富貴而貧賤，非命也。死，命也；不死，非命也。殀者之命因其死而言，壽者之命亦要其終而言也。[21]

船山對於「命」有其自己的定義，其視命的定義是「有奪」、「有予」才是命，若未嘗奪未嘗予，不能視之為命，理由在於船山有其自己的關心點，其為了解決「命論」所造成的難題，例如，船山反對「宿命論」，因為孟子言「莫非命也」，若視之為宿命論者，則德性不成，一切聽天由命，努力也好，不努力也好，皆將無用，因為是否要人為上的努力，也是上天已安排好了，人總施不上力，這與船山的重德精神、[22]性日生日成的義理是違背的。所以船山言

21　清·王夫之：《船山全書》第 6 冊（長沙：嶽麓書社，1996 年），頁 1113。

22　船山重德精神，於《周易外傳》時已成形，當時三十七歲，而如今作《讀

「富貴，命也」，因為從生來一無所有，到富有，從無到有，天有
所施予，則為命；至於貧賤，則不可言命，理由在於：「生來無所
有，而如今亦是無所有，故無前後之改變，不可視之為命。」夭者
之命，是因其有命，而奪去性命，[23]而且早年就奪去了，故為命；
壽也亦有命，是晚年才奪命。從有至無。

　　由上而言，船山論命之所以有如此關懷，第一，乃在反對宿命
論，反對宿命論者乃是用以提倡人的德性之自主義，第二，為了解
決德福不一致的問題，如孔子不得位，顏子早夭，有德者無福；又
如盜跖長命，無德者有福，此上天之氣命之不公。而船山想辦法在
命的不同定義上予以解決，理由在於若盜跖之不死，從活著到不
死，運命未曾改變，不可謂之命，故沒有所謂「無德者有福命」的
問題出現；也沒有孔子不得位的問題出現，因為孔子本亦不是帝王
後代，最後不得位，無前後改變，亦與命無關，而命指的是有奪、
有予的命。故船山對命的定義，用以解決兩個問題，第一，反對宿

　　孟子大全說》時，四十七歲，也是重德。《周易外傳》中言：「唯恃其自
　　然，忘其不容已，則乾不絕小人而小人絕乾。故《易》於小人，未嘗不正
　　告焉。穆姜筮占四德而懼，其驗也。六陽之卦為〈乾〉，乾為天，《易》
　　不云天而云乾，用此義也。」清·王夫之：《船山全書》第 1 冊，頁
　　822。唐君毅：「故天無予奪之處，皆人所當致力之地。若不知此，一切
　　委之命，則命名不立，而人為盡廢矣。」唐先生看出船山命論的用心，用
　　以反對宿命論，而重人文化成。天無予奪之處，則不謂命，不謂命處，則
　　正是君子所該進德修業之時。唐君毅：《中國哲學原論·原教篇》（臺
　　北：臺灣學生書局，2004 年），頁 562。
23　在此可檢討者，乃是天者為命，其起算點乃是從有命而被奪，然人未生時
　　是無命，何以從有命起算呢？故船山的說法有其自己的關懷點。

命論，吾人於第二節談之；第二，解決德福之不一致的問題，吾人
於第三節談之。而第四節，吾人談船山的理命、氣命之合一。

二、反對宿命論

　　船山的重德思惟與宿命論[24]的講法衝突，[25]儒家有「事在人
為、義命分立」的講法，也不會淪為宿命論，然並非指儒家不知有
命限之處，[26]因為孔子也說「不知命，無以為君子」，[27]亦是說儒
家強調人成之重要，也知人的限制之處，運氣之不能掌控。故可
言，儒家談「義」與「命」，前者求之在己，後者求無益於得。若
知此，則儒家不是宿命論者，且船山認為若把孟子學詮釋為宿命
論，則太極端，故船山言：

24　吾人對於「宿命論」、「命定論」的定義是，一切事情都命中注定好，沒
　　有自由意志於其間，甚至要接受此命與否，亦已注定好，無法有自由的選
　　取。

25　故船山於易學處，總要反對朱子的《易本義》是卜筮之說，卜筮者，算命
　　也，為了趨吉避凶，也許朱子沒有這意思，然船山要人重德而不是以利益
　　為主，因為如此則養成人的心思放在求福，而不於人的德命上的努力。
　　「朱子學宗程氏，獨於《易》焉盡廢王弼以來引伸之理，而專言象占，謂
　　孔子之言天，言人，言性，言德，言研幾，言精義，言崇德廣業者，皆非
　　義、文之本旨，僅以為卜筮之用，而謂非學者之所宜講習。」清·王夫
　　之：《船山全書》第1冊，頁653。此批評朱子。

26　孟子認為「求之有道，得之有命，是求無益於得也。」《孟子·盡心
　　上》。亦是說人力不能回天，面對命運，無法施其作為。孔子亦疑問「富
　　貴可求乎？」其見解，認為富貴是運氣，是求不到的。

27　《論語·堯曰》。

> 俗諺有云：「一飲一啄，莫非前定。」舉凡瑣屑固然之事而
> 皆言命，將一盂殘羹冷炙也看得關天動地，直慚惶殺人！且
> 以未死之生、未富貴之貧賤統付之命，則必盡廢人為，而以
> 人之可致者為莫之致，不亦舛乎！故士之貧賤，天無所奪；
> 人之不死，國之不亡，天無所予；乃當人致力之地，而不可
> 以歸之於天。[28]

俗諺有命定論、宿命論的講法，認為目前所發生之事，早是安排好
了，在此人力施不上，若用此以解釋孟子的「莫非命也」的意思，
船山認為違背了孟子的講法，孟子要正人心、息邪說，正是要於人
為努力上用心以改變現狀，現狀若已定且不可改，則孟子亦不用勞
費心力以著述。故若把吃喝飲食之事，也視為早為命運安排定了，
則如此人將不再努力，因為努力或不努力，結果將一樣，甚至連人
想努力或不想努力，都已安排定了。亦是說好人亦不值得獎勵，因
為是被安排而扮演好人；壞人也不用負責，只是注定為壞，而不是
此人有心於學壞。若如此，將廢人倫之大道。[29]因為命定論正與自
由意志有違背，儒家面對命運與自由意志說之兩造，則採中道觀，

28　清·王夫之：《船山全書》第 6 冊，頁 1114。

29　船山：「聖賢之學，其必盡者性爾；於命，則知之而無所事也。非不事
　　也，欲有事焉而不得也。」清·王夫之：《船山全書》第 6 冊，頁
　　1140。故可見船山對於命的看法是不可事、不可為、不可改。然若把孟子
　　的「莫非命也」一句，詮釋成一切都是命，人生的遭遇窮通等都是命運造
　　成，且不可改，則人道廢，故船山要把命視為有奪有予才是命，在人未死
　　之生的未奪予時，不要推諉於命。

強調人有自由意志，也不廢人所不能掌控之處的命。「求則得之」，是就道德實踐，吾人可以掌控，此為義也；「求無益於得」，求之在外者，是有命焉，此不能控制，只能居易以俟命。命不可改，然選擇居易的德行抉擇則是自己可決定。

　　故船山認為一飲一啄，若也看成是命定，則與殺人效力視為等同，就命處等同，因為邪說者把兩者就命上這一點的相同上並而言之，兩者都是人力所不能控制，都是命運安排，就其宿命而言，是等同的，這是邪說；船山的想法是，殺人是道德上的大惡，是人力可改，而殘羹則是小事、瑣屑之事。若如宿命說則是一種邪說，因為無法鼓勵人們向上奮發，而心灰意冷，而盡廢人為。可改變之處（可殺人處改為不殺人），而歸之命，則將自暴自棄。故「上智下愚不移」，[30]在儒者王陽明必解為是不肯移，而不是不可移，[31]否則下愚者有藉口自暴自棄，而淪為禽獸，淪為命定論、氣命決定論者。孟子講「莫之為而為」，指的命是就人力施不上力處言，[32]但

30　「唯上知與下愚不移。」《論語·陽貨》。

31　「問：『上智下愚，如何不可移？』先生曰：『不是不可移，只是不肯移。』」參閱陳榮捷編著：《王陽明傳習錄詳註集評》（臺北：臺灣學生書局，1998年），頁131。

32　孟子言：「其子之賢不肖，皆天也，非人之所能為也。莫之為而為者，天也；莫之致而至者，命也。」《孟子·萬章上》，指的是人的聰明與否，是運命造成，人不能施為。乃如同朱子所講氣命中的「所稟」之命。朱子對於「莫之為而為」的詮釋是「然此皆非人力所為而自為。」宋·朱熹：《四書章句集註》，卷9，頁309。乃是說此乃人所不能為，而是運氣所造成。但聰明與否雖為命所致，但愚者不見得會不道德，道德與否人可掌握，天生的聰明與否，人不能掌握。愚者與不道德沒有必然之關連。

德性處卻是可為、可致，要為「長者折枝」、[33]「徐行後長者」[34]
等，都是可以掌控的。故人力可控制之處，不可歸之於天，而不負
責任。此船山的重德之精神。

　　船山之重德，故反對宿命論，而與其晚年的講法一致，如於
〈西銘〉詮釋處，認為不只是孝天地父母，亦要孝真實父母，此乃
不只言天，亦重人成。[35]於早年《周易外傳》談「性日成，命日
降」處的見解，也是懼人依恃天德本有之性善以自重，而忘了日新
其德，忘了該天天憤發。於《思問錄》處，船山也是視好智仁勇不
如用好學等，[36]理由在於智仁勇是天道，而好學等是人道，人能弘
道，非道弘人。於易學處反對占卜的趨吉避凶之說，也是重德。一
而再，再而三的顯示船山重德。

　　因此可知，船山把「命」定義成有奪、有予才是命，有前後的

33　《孟子‧梁惠王上》。

34　《孟子‧告子下》。

35　「然所疑者，自太極分為兩儀，運為五行，而〈乾〉道成男，〈坤〉道成
　　女，皆〈乾〉、〈坤〉之大德，資生萬始，則人皆天地之生，而父母特其
　　所禪之幾，則人可以不父其父而父天，不母其母而母地，與《六經》、
　　《語》、《孟》之言相為蹠盭，而與釋氏真如緣起之說雖異而且同。」
　　清‧王夫之：《船山全書》第 12 冊（長沙：嶽麓書社，1996 年），頁
　　351。船山的意思是，周子的〈太極圖說〉，人疑其只談天道，若如此則
　　人道廢，故張子的〈西銘〉為周子補上人倫這一塊，父其天之父外，要父
　　其真實之父，除了重天道外，德性的人成義，更為重要。

36　「知、仁、勇，人得之厚而用之也至。然禽獸亦與有之矣，禽獸之與有之
　　者，天之道也。好學近乎知，力行近乎仁，知恥近乎勇，人之獨而禽獸不
　　得與，人之道也。」清‧王夫之：《船山全書》第 12 冊，頁 402。

改變時才是命。故不可視為一切都是命，因為有些無前後的得與
失、奪與予，則不是命，既然不都是命，則有些是人力可干涉，則
何來的宿命論呢？宿命論者的意思是，連最基本的飲食都是先前預
定好了，那麼有什麼不是預定說呢？全部都是。而船山卻認為有些
是前後無得失之變化，則不是命，用此以破宿命之說。而且能合於
孟子，因為孟子也不會主張一切皆宿命論。特別是在非命之處，無
得失、奪予之處，則是尊人道，重道德自覺之時，君子之不謂命。

三、面對德福不一致問題之解決

於前文，吾人說，船山的命之定義為有奪、有予才是命，除了
可用來反對宿命之說；另一方面，也可以解決德福不一致的問題，
所謂德福不一致，吾人可舉例孔子，孔子的大德，若以《中庸》衡
定之，《中庸》言：

> 舜其大孝也與！德為聖人，尊為天子，富有四海之內。宗廟
> 饗之，子孫保之。故大德必得其位，必得其祿，必得其名，
> 必得其壽。故天之生物，必因其材而篤焉。故栽者培之，傾
> 者覆之。詩云：「嘉樂君子，憲憲令德！宜民宜人；受祿于
> 天；保佑命之，自天申之！」故大德者必受命。[37]

這是《中庸》的德福一致之說，西方哲人康德也是在尋求這種保

37　宋·朱熹：《中庸章句》，《四書章句集註》，頁 25-26。

證，[38]然而在現實上不見得都能德福一致，例如《中庸》此文中認為舜其大孝，有其德，而於福處亦等同分配之，得名、壽、位、祿等，上天依著人的自覺努力，亦以福回報之，而分配相同比例的福氣給他。然這例子用在舜的身上也許恰當，然而若用在孔子身上則似有不公平產生，用在顏回身上亦不公平，而盜跖無德，卻享高壽，此則上天的運氣之分配不公。則大德必受命的必然性，誰人保證，上天保證嗎？還是只是人的微渺之願望，而上天卻不見得合於此願望？上天如同康德所言的上帝嗎？其能知道人的動機存心，而分配以福。而人有德卻無福，則中國哲學談天、談命處豈不是盲目的機械碰撞而已嗎？[39]若只是盲目碰撞則已，若是上天有能力，又以仁義為天心，其為何不分配福給孔子呢？上天真有此能力嗎？《中庸》的大德的必受命的保證，從何而來呢？這些問題都不是容易回答的，我們先只談船山的回應，其面對盜跖的德福之不一致的情況，船山於此有言：

> 知此，則盜跖之終其天年，直不得謂之曰命。既不得謂之命，則不須復辨其正不正。自天而言，宜奪盜跖之生，然而不奪者，是天之失所命也。失，謂忘失之。若在人而言，則盜跖之不死，亦自其常耳。到盜跖處，總無正命、非正命之

38　康德以靈魂不滅、上帝存在、人有自由意志三大設準，談德福一致。靈魂不滅者，因今生也許不一致，還有來生；而上帝存在，乃上帝能洞察人的動機，又有能力分配福；最後，人若無自由意志，則無所謂德，更不必談一致與否。

39　例如朱子的「氣命之說」，則可用盲目機械碰撞形容之。

別。盜跖若早伏其辜，便是「桎梏死」，孟子既謂之非正命
矣。盜跖「桎梏死」既非正命，則其不死又何以謂之非正命
乎？[40]

船山此處的「知此」，指的是知「命」的定義，其定義為有前後變
化，有奪有予才可視之為命。既然如此，則盜跖終其天命，從有生
命到繼續活著，[41]故不得謂之命。[42]既然不能算是命，則正命與否
則不用管了。所謂正命者，盡道而死，且有德有福之謂也；無德無
福也是正命，亦是說老天有眼，依德而分配福。若如此，則有些人
認為上天之不公的問題，則不用問了，因為整個問題，依著船山的
定義式的解決，已與命無關，要談命，則要有奪、有予，盜跖從生
到生，沒有變化，不可曰命。

　　因為若依於一般人的見解與願望，即有德者當該有福，無德者
則無福，則上天才是公平的，故若依於大盜之無德，則不該給盜跖

40　清·王夫之：《船山全書》第6冊，頁1113。

41　前文船山言，不死，不可謂之命，從活著到活著，不可謂之命；另一個意
　　思是，不死時不謂之命，則活著時不可藉口於命而不努力。

42　吾人認為船山有詭辯的意思，理由在於當吾人認為一個人一輩子都是窮
　　困，則吾人亦視之為運命；而船山則不視之如此。又船山認為盜跖之長壽
　　也不是命，理由在於，死可屬之於命，因生命從有到無，有前後變化；生
　　卻不可謂命，乃因生命從有而續有，無前後變化，故不可稱之為命。然
　　何以盜跖的開始是從活著開始算呢？天地之間，本亦沒有盜跖，故是從無
　　存在，而到盜跖之存在不死，如此則有前後變化，故視為盜跖之不死，
　　屬船山定義的「命」。船山強辯，主要還是為了用以解決德福不一致的問
　　題，及要人重德。其用心是善的，過程是強辯的。

長壽，若給他長壽，則上天失職，且無德者有福，對於有德者是一大打擊，雖有德者其行德不見得是為了福。以上船山認為是從天的角度談德福一致，天該公平分配；若在人而言，盜跖之不死，亦是常態，理由在於人總有長壽、短壽之運氣，而盜跖者之得其長壽，亦是常有之事，約可有半數之人都可得長壽，因為長壽與否不見得是有個意志之天在安排，而是機械性的盲目碰撞，而盜跖則是剛好運氣得其壽而已。然這些都是就一般人以德福一致之眼光以檢視盜跖，然船山的解決，以命的定義，視盜跖的長壽無關於命，故不可用無德有福來質疑天道的不公平。

又，一般人的標準是德福一致（《中庸》亦如此），而孟子的標準是如何呢？孟子此文談正命與非命，孟子認桎梏死非正命，而盜跖若死於桎梏，則我們稱之為正命，我們的標準與孟子的標準似不同，到底盜跖之死於桎梏是正命還是非正命呢？似乎兩個都對，理由在於看標準之取捨，若依於一般人的德福一致之說，則盜跖之死於桎梏，是無德者的下場無福，故是正命。但若以孟子此段的標準，死於桎梏者，非正命。之所以有矛盾的情況產生，理由在於標準之改變，一下子以一般人要求德福一致的心態為標準，一下子以孟子的定義為標準。然而何以孟子的標準與一般人不合呢？船山在此解釋，理由在於孟子之說是為向上人講、[43]為君子人講，而不就無德之人講，故一旦以孟子為標準時，盜跖之例，不可放入孟子的「桎梏死非正命」處，因為他無德，就不是孟子談論的對象。若知

43　船山認為孟子此章是為向上人講，既如此，可以說孟子不是宿命論者，若主張宿命，何有向上與否之說！

孟子為君子言，則不致於有矛盾。在此船山言：

> 總以孟子之言正命，原為向上人說，不與小人較量，而況於
> 盜跖！孟子之言命，原為有所得失而言，而不就此固然未死
> 之生言也。若不於此分明，則看正命處有許多窒礙。桎梏死
> 非正命，盜跖不死又非正命，不揣其本而齊其末，長短亦安
> 有定哉？[44]

船山認為若以孟子為標準，則盜跖之死於桎梏非正命，但孟子談命
是為君子人言、為向上人說，故盜跖之例是不該放進來談的。小人
都不該談了，更何況是惡人呢？且若把命定義為有得有失，則盜跖
長壽亦未改變生命的狀況，亦不用談命。船山認為於源頭處不去統
一標準，而於末節處比較長短就沒有意義了，船山所指的源頭處是
指，為向上人之明覺、踐德、盡道而言，而盜跖無德，固不必論正
命、非正命，此處若不講清楚，後面的比較便沒意義。

　　若知道了船山之解決方式，以生命之未改變前的長壽，不可謂
之命，則盜跖不可以命論之，就沒有「無德者卻有福」之可能，因
為與命無關；同樣的，於孔子處亦是如此，孔子之大德而不行其
道，不受其命（大德本該受命），則有德無福。但船山的見解並不如
此，因為他認為孔子之例亦不可言命，船山言：

> 若令孔子處繼世以有天下之位而失其天下，桀、紂自匹夫起

而得天下，則可謂此氣之倘然無定，而不可以理言也。今既
不然，則孔子之為司寇，孟子之為客卿，亦常也，豈可以其
道盛於躬，而責天命之非理哉！桀、紂自有當得天下之理，
天亦何得不以元后父母之任授之！彼自不盡其理，則為亡而
已矣。[45]

船山認為孔子之位，本不是帝王將相，故孔子之周遊列國而不得
志，亦非從帝王而被貶為平民百姓，故亦無所謂的前後得失之可
言，既如此，則不可言命，亦不可言天之氣命無理。同樣的船山之
詮釋理由可以用在桀紂身上，若以我們的看法認為桀紂之無德，而
可得國君之位，此運氣太好，而氣命之無常，德福也不一致；然船
山認為桀紂非本為平民，而是帝王之後，故其為宗子而接位，亦無
前後之變動，亦不可言命，故亦不可以無德有福、天失其命的講法
質疑之。故孔孟之不得位，而為客卿等，亦自是常理，前後變動不
大，不可歸咎於天命之失位。而且若有人認為此桀紂之無德有福，
質疑德福不一致，然桀紂的最後下場是有福嗎？是被放逐，豈還能
有福，若桀紂有福，則該為元后父母，指的是桀紂的兒子還能繼位
為天子，然事實不如此。故是自己敗之，不用歸咎於天的合理或不
合理，此天總是善的，[46]然繼於人者，則要天生人成，還要人盡其

---

45 清‧王夫之：《船山全書》第 6 冊，頁 1115。

46 船山：「純然一氣，無有不善，則理亦一也，且不得謂之善，而但可謂之
誠。有變合則有善，善者即理。有變合則有不善，不善者謂之非理。謂之
非理者，亦是理上反照出底，則亦何莫非理哉！」天之本然陰陽之氣為善，
且為至善，因不與惡對。清‧王夫之：《船山全書》第 6 冊，頁 1055。

理以繼之始可，性日生日成，不是一次給足，不是給了一個帝位，就能永保不失，還要日新其德才能永保之。

　　故船山認為自己以命的定義方式解決了德福不一致的問題，然而我們還可以再問，為何一般人會有德福一致的要求呢？在此吾人只以船山的見解來回答。船山的回答是：

> 人只將者[47]富貴福澤看作受用事，[48]故以聖賢之不備福為疑，遂謂一出於氣而非理。此只是人欲之私，測度天理之廣大。《中庸》四素位，只作一例看，君子統以「居易」之心當之，則氣之為悴、為屯，其理即在貧賤患難之中也。[49]

船山認為，為何有人為孔子抱不平，乃是因為以其人欲之私，測度

---

[47]　「者富貴」的意思是「這富貴」，這是船山的字辭習慣用語。

[48]　「於物見義，則瑣屑向物上料理，或把者（這）飲食貨賄，看得十分鄭重。……不知所予之病，亦緣於貨見重，於貨見重則吾心之義無權。」清·王夫之：《船山全書》第 6 冊，頁 951。船山認為義比貨色還來的重要，雖然船山不貶貨色，然而應然的內心判斷，重於物之大小。船山認為一般人的毛病在於把富貴看成是何等重要之事，以致於為聖人抱不平，有德當該配福，然聖人求仁得仁，他豈自要求於福呢？船山：「夷、齊餓，比干剖，而乃以得其所求。」。若把飲食視為氣，義視為理，船山對於理與氣，理與情的態度是：「不賤氣以孤性，而使性託於虛；不寵情以配性，而使性失其節。」清·王夫之：《船山全書》第 6 冊，頁 1115 與 1068。

[49]　清·王夫之：《船山全書》第 6 冊，1115。

天理之廣大。一方面道大善小，善大性小，[50]人性相對於天道，自是渺小，而更何況不是以性善應之，而是以私欲應之。人總以為富貴是多了不起的事，[51]而面對有德者，總認為天道該分配點福氣給他，才能心安。然君子求仁得仁，是否其自心亦要求福氣與德配稱呢？此則不一定。故船山認為君子都是居易以俟命，君子素其位而行，故君子於貧賤接受貧賤，不勞他人為他擔心福份之不足。君子面對富貴貧賤等，[52]都居易以面對之，以平常心面對之。於患難中（屯）[53]的道理，便是修身以俟之，故君子亦能接受之，素位以對。亦是說患難自有患難之理，亦自有君子處之之理，[54]非德福不一致、上天之失職而無理。

50　此乃船山對於「一陰一陽之謂道，繼之者善也，成之者性也」三句話中的道、善、性，所做的詮釋。又船山：「天命大而性專。」清·王夫之：《船山全書》第 6 冊，頁 1137。此都足以說明船山視天道廣大，而大於性。

51　「朱、張二子之說，皆於心上見義，深得孟子義內之旨。南軒云：『當受不受，亦是為物所動。何則？以其蔽於物而見物之大。』抉出小丈夫病根，而顯君子之大，真探本之言也。」清·王夫之：《船山全書》第 6 冊，頁 951。船山認為道義才是大，雖不廢富貴，但不以之為重。

52　船山此義理，同於張載，船山的義理本亦以張子為依歸，張子的〈西銘〉言：「富貴福澤將厚吾之生也，貧賤憂戚庸玉女於成也，存吾順事，歿吾寧也。」清·王夫之：《船山全書》第 12 冊，頁 357。此乃素富貴行乎富貴之理。故君子面對貧賤，亦有處貧賤之理以面對之。故氣命亦有理。

53　〈屯〉卦乃《周易》的第三卦，指草木初生時的艱難狀，最後一爻，「泣血漣如」，可見其艱難狀。

54　船山在此的意思是，物有其理，氣命亦有理，患難時，亦有其理，而君子面對外在世界之理，亦以心之仁義之理以回應之，此乃處世之理。

以上吾人看到船山解決德福不一致的辦法，第一，視命乃有前後得失之變化始為命，故孔子、盜跖之遭遇，不是上天之失命，亦無關於命。第二，其認為有德福一致之盼者，乃以人心之私欲以窺天機，以小人之心度君子之腹，故懷疑天，而天道之廣大，卻不是私欲之所能盡。第三，乃因為人把外在之物、富貴之事，看得何等重大，而船山認為真正重要是「義內」之事，而不是外物之富貴之事。故船山用了這些講法以解決德福不一的問題。然這是船山的解決方式，是否真的解決了問題，亦端視是否人們滿意了這種答案。縱是滿意了，也不代表現實上已德福一致了，故這問題總是再三的為人討論，歷古今而不休。

四、解決理命與氣命之割裂問題

朱子有理命、氣命二元之說，其二元區分常容易造成二元割裂，雖然朱子一再的強調理氣不離，然朱子還是有理氣決為二物之說，[55]故還是有割裂而不圓融的問題產生。而船山雖贊成二元性，然於二元處，兩端一致，雖有乾坤之不同，但二元並建，故船山的乾坤並建之說，在此變形為理氣並建之說，而面對朱子的理氣之割裂，有氣而無理、理則不是氣的講法，將如何修正呢？在此船山言：

---

[55] 羅整菴的思想，便是面對朱子的理氣決為二物的一種改造，其云：「所謂朱子小有未合者，蓋其言有云，『理與氣決是二物。』又云：『氣強理弱。』」明·羅整菴：《困知記》（北京：中華書局，1990年），頁5。

　　小註於「莫非命也」及「得之有命」，皆云「『命』字是指氣言」。意謂此生死得失之命，或有不當理者，故析而專屬之氣。愚於《周易外傳》有「德命」「福命」之分，推其所自來，乃陰陽虛實、高明沉潛之撰。則德命固理也，而非氣外之理也；福命固或不中乎理也，而於人見非理者，初無妨於天之理。則倘至之吉凶，又豈終舍乎理，而天地之間有此非理之氣乎哉！除是當世一大關係，如孔子之不得位，方可疑氣之不順而命之非理。然一治一亂，其為上天消息盈虛之道，則不可以夫人之情識論之。若其不然，則死巖牆之下非正命矣，乃巖牆之足以壓人致死者，又豈非理之必然者哉！故朱子云「在天言之，皆是正命」，言「正」，則無非理矣。[56]

　　小註的講法來自於《四書大全》，[57]亦是朱子的話，然船山反對之，其反對「莫非命也」的命字，只是「氣命」而無理。當朱子視之為只有氣命，而船山推論朱子的意思是指此氣命沒有理。而船山於《周易外傳》處有「德命」、「福命」之區分，與朱子不同，因為若同於朱子，便回到朱子的理命與氣命區分便可，不必再自創德命與福命。德命與福命，[58]既有理也有氣，都從陰陽氣化而來，而

56　清‧王夫之：《船山全書》第 6 冊，1114。

57　朱子言：「在人言之，便有正有不正，此命字是指氣言。」明‧胡廣編：《四書大全》，卷 13，頁 809。

58　「故君子致德之命，致而上極於无已，而窮皎白以高明，肖其知也；致福之命，致而下極於不堪，而窮拂亂以死亡，稱其能也。」清‧王夫之：

陰陽之中自有其理，自有其仁義。德命固然是天理、仁義禮智之
理，性是天之所命，則自有其仁義禮智。福命乍看之下是「幸運
義」，似乎是盲目的機械碰撞而得的運氣，然並非無理，因為若無
理，則直指為氣命，與朱子同則可。故只是人見其為非理，但還是
有理。亦是說德命、福命的指出，正是要解決朱子的氣命之無理，
二元割裂的問題，因為朱子的氣是形而下，沒有理，只是不離於
理，卻本身不是理；而船山的氣中有理，氣自有理，朱子與船山對
「氣」的定義不太相同，然船山認為自己的定義較恰當。因為船山
認為縱是吉凶之運命，豈真無理乎？只有當孔子之大德而無位時，
可以懷疑其無理，然孔子之大德而無位，上文中，船山已解決這個
問題了，與解決盜跖的無德有福的見解是一樣的。故在此船山只是
「虛說」，或是「假設著講」，而非真認為孔子所受之命運是無理
的。所以馬上說這是不能以人之情識以窺測天命。

　　天地間的治亂興衰，天道往返，一陰一陽，相互迭邅。此乃虛
盈之道，也是《易經》的變易之道。天道之氣命，也是如此的陰陽
往復，故有時幸運，有時不幸，孔子之時運為「否」，這也是天道
的依循理則而行，若如此，則天道還是有其理，而人以其短視之心
見之，為聖人抱不平，而不知天道之幽微。見之德福不一致，氣命
之無理，並非真的天道無理，因為在船山而言，有氣則有理，無
「無理之氣」，亦是說有氣則有理，不是氣命之無理，而是人心之
短視而難以知天，以為無理。最後船山認為「死於巖牆下非正

_____

《船山全書》第 1 冊，頁 936。在此船山以乾坤知能比配德命與福命，乾坤
與知能都並建，而德命、福命亦不是如同朱子的理命、氣命之截然為二。

命」，此乃孟子的話，若依於朱子的詮釋，視之為此運氣之非理，因為是為向上人說，向上人該珍惜生命不該死於非命，若君子為巖牆壓死，乃天地之盲目的運氣所造成，故依朱子，此氣無理。然船山卻有新的見解而認為，因為若氣而無理，則巖牆亦壓不死人，牆有壓死人之理，亦是常理，故船山認為此氣還是有理。[59]

最後船山引朱子《四書大全》中的話，所謂「然在天言之，皆是正命。」[60]其認為這句話講得很好，也就是說上天所賜予者，都是正命，縱是氣命亦有理，無論孔子行道不行道，都是正理。只因為這句話較合於船山思想。也就是說船山只反對朱子「在人而言的命指氣命」的講法，亦是說若朱子的見解是，站在天道的觀點，則天之氣命所在，則是理命；而在人，則有不正之命，氣之無理，然船山認為於人處，乃是因為人的分別心、計較心，為聖人抱不平，認為天道有不公平，此乃私心作祟所致。

---

59 其實吾人可為朱子與船山做一調合，因為朱子認為君子而死於非命，則此運氣為無理；而船山認為氣若無理，則牆亦壓不死人。然船山談的理，是物理、條理、事理；而朱子的理，一方面是物理，然不只是物理，因為有所以然之理，也有所當然之理。所當然者，有其理想性，不是物理所能盡者。船山言理也不是只有物理，只是船山在此故意以「事物之內在條理」來詰辯。在此唐先生有言：「但船山此類之言，亦只是在從歷史之觀點或事之觀點看理，而後能立。……故趨就性理對盡性之修養之事而言，畢竟理先事後，由此亦可說理先氣後。此即朱子之論所由生。自明代曹月川羅整菴至王船山及清儒，凡欲在性理範圍內駁朱子此義者，實皆終不能駁。」唐君毅：《中國哲學原論‧導論篇》，頁81。在此唐先生看到船山重言事理，而朱子言的卻是性理。

60 明‧胡廣編：《四書大全》，卷13，頁809。

船山認為氣之自有理，故若視氣命無理，則理氣終為二之，與船山的二元並建之說不合，故船山以此批評朱子學，船山言：

> 其或可以氣言者，亦謂天人之感通，以氣相授受耳。其實，言氣即離理不得。所以君子順受其正，亦但據理，終不據氣。新安[61]謂「以理御氣」，[62]固已。[63]乃令此氣直不緣理，一橫一直，一順一逆，如飄風暴雨相似，則理亦御他不得。如馬則可御，而駕豺虎獼猴則終不能，[64]以其原無此理也。無理之氣，恣為禍福，又何必嚴牆之下而後可以殺人哉！[65]

---

[61] 有時人們用新安理學以泛稱朱子學，此新安是以地名而稱朱子。在此船山所指的新安，指的是陳新安，陳櫟、陳定宇、陳壽翁，同一人。可參見明·胡廣編：《四書大全》，卷1，頁8。

[62] 「新安陳氏曰：『此命字，氣也，順受其正，理也，立嚴牆下非理也；盡道而死，理也，桎梏死，非理也，君子必以理御氣。』」明·胡廣編：《四書大全》，卷13，頁809。新安指的「命」字，是指孟子的「莫非命也」的命字。新安用朱子的理氣論詮釋孟子此章。

[63] 此「固已」，是指固然是如此沒錯。「固已」不可解為固陋的意思。因為船山認為理的確可以御氣，故新安之說是正確的，而不是固陋的。

[64] 新安的「理之御氣」，此理指的是超越的天理，此天理有主宰性。而船山言虎、猴無可御之理，而馬有可御之理，此理是內在的條理，與新安的定義不全同。新安是朱子後學，船山是氣學，理學與氣學都言理、氣，然對「理」的見解不完全相同，新安有超越義，船山在此談馬有可御之理時只有內在義。雖然我們不能說船山的理只有內在義，但其言馬有可御之理的理，是內在條理義。

[65] 清·王夫之：《船山全書》第6冊，頁1114-1115。

故船山認為，孟子的「莫非命也」中的「命」，朱子說是氣命，船山也說此命是氣，但二人的氣內容不同，船山的氣是有理。天人之感通也是以氣，天道也是一氣之流行，下貫於人處也是氣命之流行，天人之間，只是一氣之流行，此乃船山的重氣之說。然其反對朱子的氣論，因為沒有理，於是船山提出了自己的氣論，氣中有理。故君子之所「順受其正」者，雖為氣，其為氣不是沒有理，故君子所順受者理也，而不是如朱子所言，氣命而無理。故一旦言氣，船山看來，是離不得理的，例如上文朱子視之為非正命、而無理命處（如君子為嚴牆壓倒而致死），但船山視之為若無理，則嚴牆亦壓不得人。依此，船山批評朱子，他先從新安的「以理御氣」之說切入，以批朱子。理能御氣，固然講得很好，但理何以能御氣呢？如人何以能御馬？人能御馬，因馬有可御之理，而猴則無此理。故依船山，若解「莫非命也」，其中的命字，視之為氣命，亦可，但氣命要成為正命，則要盡道而死才是正命，此乃以理御氣。然氣若無理，豈可御？猴無可御之理，則御不得，要御得，要有可御之理，如馬則有。那麼君子要正命，要盡道而死，則要以理御氣，氣可御，則表示氣是有理的，故朱子的講法，氣命沒有理，是講不通的。氣若沒有理，為嚴牆所壓亦不見得致死，或是不用嚴牆壓亦可致人於死，因為這是一個無理的世界。

依以上之論，可看出船山的重氣見解，而且氣必有其理，理氣合一，與朱子的理氣不離的見解還是不同，[66]因為他雖有兩物不離

66　船山言氣，即形上形下，而朱子的氣只是形下，故有不同。關於船山言氣，可參考陳祺助之言：「同樣地，主宰之理，為『不貳』之體，也不會

的講法，但兩物畢竟不同，且有時氣命卻可離於理。故船山願意歸宗於張載，於此時已以張子為宗，晚年時作《張子正蒙注》，亦以張子為歸趨。此時四十七歲作《讀孟子大全說》時，大致可看出船山之合於張載，而不合於程朱，而且張載的見解是氣論的見解，[67]故船山云：

> 張子云：「富貴福澤，將厚吾之生；貧賤憂戚，庸玉女于成。」到此方看得天人合轍，理氣同體，渾大精深處。故孔、孟道終不行，而上天作師之命，自以順受；夷、齊餓，比干剖，而乃以得其所求。貧賤患難，不以其道得者，又何莫而不有其理也？人不察耳。[68]

船山之歸宗於張子，而不以程朱為正，也因為船山的氣論合於張子的氣論，其二人之論氣，氣中有理，氣有物質性也有精神性，而朱子的氣卻是形而下。於是船山以張子的〈西銘〉作為例子以解釋理氣合一。天之氣命若賜予我們富貴，亦可用來豐厚我們的物質生命；但若運氣不好，而處於貧賤，也是為了把我們磨練成玉，而成

有在彼在此、前古後今的殊異，故氣化萬理皆為一理之自變自化所成者。」陳祺助：〈論王船山「實理心」的涵義及其心性論與工夫論的關係〉，《鵝湖學誌》第 47 期（2011 年 12 月），頁 213。他的意思是就氣體系統中有理體的意思。

67　張子的思想有各種詮釋，吾人在此認為張子是一種氣論，雖然不見得為所有船山詮釋者肯定。

68　清・王夫之：《船山全書》第 6 冊，頁 1115。

就我們；又天人合轍，天之命運所在，亦有其理，縱君子之處貧
賤，貧賤有貧賤之理，亦有其上天的道理，用以磨練我們，其中之
氣亦有理，而君子面對之以正命者，乃素其位而行，居易俟命，而
非逃避，亦非行險。天之氣命之本有理，而君子更該依德命以面對
之。天道之氣命，於人處，無不是理的展現，如同六十四爻中，都
是雲行雨施，品物流形，天道無非至教，這種看法與張子相同。在
此船山：「一禪一繼，一治一亂，自是天之條理錯綜處。所以
《易》有不當位之爻，而無失理之卦。〈未濟〉六位皆失，亦自有
其未濟之理。陰陽變遷，原少此一卦不得。」[69]亦是說人所面對的
吉凶禍福，乃自上天所給，然天道只是一氣流行，顯示一些規律的
和諧性，如陰陽之相繼，於歷史上則表現為治亂興衰，此天道之所
賜與，可以說是氣命，然氣命中非無理，其條理縱橫，都有條理，
縱〈未濟〉卦亦有未濟之理，如同春夏秋冬之有規律，少此四季之
一不可，同樣的六十四卦沒有失理之卦，都是天道的條理之展現。
[70]故不可疑於天道之氣命之非理，人見為非理，是人之私心作祟，
無與於天。

　　回到上一段，船山認為縱是孔子之不得位，不能行其道，但後
世尊之為素王，亦自有其理；伯夷、叔齊有德而餓死首陽山，求仁
得仁，亦有其理，求仁豈得之福呢？司馬遷之疑德福不一，[71]而船

69　清‧王夫之：《船山全書》第6冊，頁1115。。

70　此意思乃指天所從出之命，都是正命；出錯處在人的不當位，故卦無非
　　理，而爻卻有不當位，此不當位者在人，不干於天，故不可疑天之氣命無
　　理。

71　「或曰：『天道無親，常與善人。』若伯夷、叔齊，可謂善人者非邪？積

山無疑。縱富貴貧賤不以其道得之，如紂之無道而為君位，下場亦結束了商朝；而孔子之不得行道，有德無福，是人見之為如此，求仁得仁，孔子也不一定如眾人之要求福。故縱如孔子之遭遇豈無理乎？此乃船山對於理氣合一的肯定，氣命之不缺理命。氣命也有理，則豈有福命之無理呢？故可見這也是船山間接地解決德福不一的難題之方式。

五、結語與反省

船山對於孟子此章命的定義，大致是以運命視之，為了避免宿命論的講法，故以有奪有予為命，此命也，乃人力所施予不上，若如此則能義命分立，然縱如此，運命之不佳，此命亦是有理。

又，人為何要有德福一致的要求呢？福之依於天，依於命，此命若是盲目的，則人可以不要求德福一致；但若把天視為有意志者，又是有能力者，可分配福，天是依於仁義禮智而成者，如朱子之論者，[72]則有德無福，總讓人覺得上天之不公。

仁絜行如此而餓死！且七十子之徒，仲尼獨薦顏淵為好學。然回也屢空，糟糠不厭，而卒蚤天。天之報施善人，其何如哉？……余甚惑焉，儻所謂天道，是邪非邪？」漢・司馬遷著，韓兆琦譯注：《史記・伯夷列傳第一》（北京：中華書局，2010 年），頁 4398。此司馬遷對有德無福的懷疑。

72　朱子也不是認為天命之處都是仁義禮智，而是理命是仁義禮智，而氣命處，理管不住氣，則不依於仁義禮智。故有德無福，朱子歸之於氣命的不依理。

　　德福一致的問題，在中西歷史上都有哲人提出，也都有人試圖解決問題，然而是否已滿意的解決了呢？似乎未必，若已真解決了，後人也就不必再談。康德這一問題，早在康德之前，如柏拉圖、亞里斯多德，如朱子、船山已在談此問題，在牟宗三先生的《圓善論》又拿出來討論之。這似乎將成哲學上的永恆問題，而總是難以令人滿意，未來甚至還會前仆後繼。也許直說上天是盲目的機械碰撞，可以避開這問題；或說德是德，福是福，是不同層領域，求福者不於德上求，於福上求即可，求仁得仁，求財得財，而不是於德上求福。然這不是儒家要的答案，一方面，因為將鼓勵人只求財，而不求德；另一方面儒家的義理是要求道德的，如朱子所言的天是道德的根源，故天之所命亦不可只是盲目的機械碰撞。

　　哲人談了很多德福一致的解決，然吾人於此文卻只談船山的解決。一方面扣緊本文，船山是面對孟子「莫非命也章」的詮釋，反對把孟子學詮釋為宿命論者，孟子要人「盡人事，聽天命」，人力所施予不上者，只能俟命；而可求之在我者，不可推諉，此君子修德之處。又，船山為了解決德福不一致之困境，於是對於命有其自己的詮釋，認為有前後改變狀況，才可言命；依此，孔子本不是國君之子，最後未能得志行道，亦無與於命，命亦無前後變化，以此解決德福不一之疑。或認為以人的貪福之心，以窺天道，此德福一致之要求，本自私心而起，聖人求仁得仁，亦不求此。最後，船山面對朱子學的氣命之無理的見解，反對之。朱子的氣命，視之為無理，故盲目，朱子以此可以解決德福不一致的問題，因理管不住氣；然船山的乾坤並建，理氣並建，卻不如此，其認為豈有無理之氣呢？氣若無理時，則氣不可御；而孟子要人正命，雖此命為氣

命，還是要有理則，才能正命，貧賤之時，有貧賤之時的理，此才是理氣合一的見解，依此船山以其自己體系，重新對於理命、氣命，德福的關係，重新詮釋，也是對於德福不一致問題的嘗試解決之道。

吾人在此亦對船山的詮釋作一個總反省，如船山的理氣合一與德福一致問題解決的嘗試，是在船山的自己系統下的解決，若以他人看待，不一定滿意，所以這問題，總是推陳出新，有後續的發展。例如船山以「命」的定義方式，可以避免孟子學成了宿命論者。然孟子的正命之說固然不是宿命論，孟子學本與宿命論者無關，不需如船山以定義的方式說明以逃於宿命論，此船山與他人不同，而有多此一舉之嫌。又，船山透過對於命的定義以解決德福不一的情況，其視「有前後遭遇之改變」才稱之為命，故孔子本非帝王之後，而最後亦不得道，無前後的起伏，故與命無關，用此以解決德福不一致的問題。然船山命的定義卻與常人不同，當我們說某人一生貧賤潦倒，我們也認為是運命所致，而船山卻認為不是，強以自己的定義為準，他人卻不見得能接受。最後船山於氣命中有理的證成方式，以「人御馬」比喻「理御氣」，而馬要可御，則要有可御之理，故前者的理御氣的「理」比喻的是人，後者的馬有可御之理的「理」比配的是馬的「可御之理」，「人」與「可御之理」是不同的，可見船山在此滑轉了「理」的定義，從超越的主宰義，轉而為內在的條理義。依此船山認為氣亦有理。[73]若站在朱子學角

---

[73] 朱子的氣命無理之說，是認為氣命沒有超越的主宰之理，理比喻的是騎馬的人，指沒有人駕御之馬，而為盲爽發狂；而船山的氣自有「理」之說，

度，亦不見得能滿意。然無論是贊成船山，或反對他，他的一種嘗試及哲學上的努力，亦值得參考，亦不失為一種哲學主張，而與其他哲學思想相較，亦不至於太遜色，也在明末清初的思想中，扮演著重要角色。

其中的理，指的是馬的可御之理，是內在條理，兩者指涉，不完全相同。朱子指的是馬沒有「人」控制，而船山指的是馬有可騎之「條理」。

第五章　王船山對於《孟子・盡其心者章》的詮釋──「天」與「道」的氣化理解

一、前　言

　　本文吾人談船山（1619-1692）對於《孟子》中「盡其心者章」
的詮釋。〈盡心篇〉是船山《讀孟子大全說》中富有哲學色彩的篇
章，其對於心、性、天、道等重要概念，析論之並發揮之。吾人本
文資料之選取亦是以船山此書為主。船山於本書中，一方面吸收朱
子（1130-1200）的哲學義理，又不止於朱子的系統，進而以重氣的
方式詮釋孟子，最後歸宗於張載（1020-1077）。而其中的〈盡心
篇〉中的「盡其心者章」，很具有代表性，理由是其原文中，[1]有
幾個重要概念，如心、性、天、命等概念。這些概念，是孟子學中

1　原文：「盡其心者，知其性也。知其性，則知天矣。存其心，養其性，所
　　以事天也。殀壽不貳，修身以俟之，所以立命也。」《孟子・盡心上》。

的重要概念，在宋明理學中，朱子有「心統性情」架構，其心、性、情等亦是重要概念，在船山也不例外，這正是儒家的心性之學，特別是宋明理學的內聖之學中，心、性、天、命等概念，是重要的研究範疇。[2]可謂從朱子到船山的概念詮釋之發展。

　　朱子於詮釋《孟子》「盡其心者章」時，有二個重點。第一，其視「盡其心者，知其性也」，以朱子自家的《大學》架構詮釋之，《大學》之八條目，必先物格而後知至；同樣地，朱子面對孟子的「盡心知性」時，有其自己的獨到之處（用《大學》架構詮釋《孟子》，而且是朱子詮釋下的《大學》架構），而不同於他家，乃因其理氣論體系，及《大學》做框架的體系之加入，而有不一樣的詮釋。朱子言：「以《大學》之序言之，知性則物格之謂，盡心則知至之謂也。」[3]在《大學》而言，必先物格而後知至，而朱子比配物格是知性，盡心是知至。亦是說先知性，而後盡心。[4]朱子認為這不只是《大學》的架構如此，孟子其他處也有證據顯示如此，朱

2　「中國心性之學，乃至宋明而後大盛。宋明思想，亦實係先秦以後，中國思想第二最高階段之發展。」唐君毅等人：〈為中國文化敬告世界人士宣言〉，《中國文化與世界》（中壢：中央大學儒學研究中心，2009年），頁 595。亦可參見唐君毅全集編委會編著：《中國文化之精神價值》，《唐君毅全集》（臺北：臺灣學生書局，1991 年），卷 4。

3　宋·朱熹：《四書章句集註》（臺北：鵝湖出版社，1984 年），頁 349。

4　「『盡其心者，知其性也。』『者』字不可不子細看。人能盡其心者，只為知其性，知性卻在先。（文蔚）」宋·黎靖德編，王星賢點校：〈盡其心者章〉，《朱子語類》第 4 冊（臺北：文津出版社，1986 年），卷60，頁 1422。

子言:「此句文勢與『得其民者,得其心也』相似。」[5]能得其民
者,乃因為得其心,故「得其民」是結果,「得其心」是原因;同
樣的,知至是結果,物格是原因;盡心是結果,知性是原因。朱子
學的獨到詮釋,乃因《大學》的體系加入而成,於是心之得以盡,
乃是因為能格物窮理,窮究了性理後,才能稱為心之全體大用無不
盡,才稱為知至。這是朱子的特殊詮釋,而船山亦看出了這一點,
於後文中,將討論船山對此的見解。

　　朱子學於此章詮釋的第二個重點是,朱子於全文結束處,引了
二位大家的見解,一位是程子的見解,一位是張載的見解。所引此
二人的話語,都在談心、性、天的詮釋,這些概念可謂「盡其心者
章」的樞紐。程子言:「心也、性也、天也,一理也。自理而言謂
之天,自稟受而言謂之性,自存諸人而言謂之心。」[6]除此之外,
朱子又引了張載的見解,張子言:「由太虛,有天之名;由氣化,
有道之名;合虛與氣,有性之名;合性與知覺,有心之名。」[7]因
為「盡其心者章」,主要概念便是心、性、天等,而朱子引此二位
大家用以加強自己的詮釋,也因為朱子與呂祖謙所編的《近思錄》
中,錄及北宋諸家言論,而朱子似乎成了北宋諸家的接班人,然張
子與程子(又可分為大程與小程)之學是否可以合會,是否是一致
的,贊成與反對者都有。[8]吾人自己的看法是,張子與伊川是不同

5　宋‧黎靖德編,王星賢點校:《朱子語類》第 4 冊,頁 1422。

6　宋‧程顥、程頤:《河南程氏遺書卷第二十二上》,《二程集》第 1 冊
　　(臺北:漢京文化事業公司,1983 年),頁 296-297。此是伊川語。

7　以上張子與程子之語,亦可參見宋‧朱熹:《四書章句集註》,頁 349。

8　例如以廣義而言,牟宗三認為,明道與張載同為不分系,於義理型態相

的學派，伊川的系統是理氣論的體系，二元論，以理引領氣，氣雖不可不重視，然論及惡，必不在理，只能在氣。故雖名為理氣論，然畢竟重理，是為理學；而張子是氣學。[9]船山亦不認為程子學與張子學是可以合會的。船山的《張子正蒙注》一書，是他的晚年定見，船山於此書中，認為張、程是兩個不同的學派，船山言：

> 學之興於宋也，周子得二程子而道著。程子之道廣，而一時之英才輻輳於其門；張子斅學於關中，其門人未有殆庶者。而當時鉅公耆儒如富、文、司馬諸公，張子皆以素位隱居而未緣相為羽翼，是以其道之行，曾不得與邵康節之數學相與頡頏，而世之信從者寡，故道之誠然者不著。貞邪相競而互為畸勝，是以不百年而陸子靜之異說興，又二百年而王伯安之邪說熺，其以朱子格物、道問學之教爭貞勝者，猶水之勝火，一盈一虛而莫有定。[10]

似，牟宗三言：「若分別言之（與陸、王區分），則五峰與蕺山是由濂溪、橫渠、而至明道所成之圓教模型之嫡系。」牟宗三著：《心體與性體（一）》，收於《牟宗三先生全集》第 5 冊（臺北：聯經出版公司，2003年），頁 52。但若細分，常看到明道批評張子，故是否二人義理相近，目前都有爭議。

9　若說張子是氣學，也許有人不同意。吾人在此以唐君毅的詮釋為主。唐先生有言：「宋明理學中，我們通常分為程朱陸王二派，而實則張橫渠乃自成一派，程朱一派之中心概念是理。陸王一派之中心概念是心。張橫渠之中心概念是氣。……『理』之觀念在其系統中，乃第二義以下之概念。」唐君毅：《哲學論集》（臺北：臺灣學生書局，1990 年），頁 219。

10　清・王夫之：《船山全書》，第 12 冊，頁 11-12。

宋學興起，而程子之道廣，而且走紅，當時的精英份子大都聚於其
門下，而張子的門人，卻沒有什麼顯揚的地位，船山認為，甚至張
子的學說，在當時都比不上邵康節（1011-1077），所以信奉張子的
人也少。也是因為張子的學問不興盛，因此造成了後來學術上的大
亂，程子之學為朱子學繼承，而陸子與王陽明提倡心學，於是心學
與理學不斷的批評，明代的哲學史，可謂心學與理學互相爭勝負的
哲學史。[11]相對而言，船山更不喜歡心學，直以禪學視之，雖然對
於程朱學並不如此的排斥，然相較於張子之學，還是覺得其有不
足。船山認為就是因為當時的張子之學並未被發揚光大，於是造成
了後來的心學與理學的爭勝負；而張子之學是為氣學，若張子的重
氣之學早被發揚，亦將不至有心學的興起，甚至理學家的一些錯
誤，都將能糾正。故在此可以看出，以船山的觀點而言，程朱學還
是不同於張子之學。這也是為何當時程子常批評《正蒙》裡的「清
虛一大」的觀點，認為其要談形上者，反成了形而下者；又批張子
之學是「大輪迴」的學問，這都顯示了，程子之學與張子之學不契
合，程子以自己的理氣論去檢視張子的氣論，而格格不入，所作出
的批評。

　　朱子詮釋此章時，引了張子的見解，又引了程子的見解，而朱
子視之為並不矛盾，因為朱子編了《近思錄》，錄了北宋諸家言
論，自己加評語，他以北宋諸家之繼承人自居。然船山認為，朱子
只能視為程子之傳，而不能繼承張子，故於此二家（程子、張子）的

11　某方面而言，《明儒學案》的編成，即是黃宗羲以心學、氣學的見解，反
　　對「此亦一述朱，彼亦一述朱」。

孟學詮釋，船山要贊揚張子，而反對程子，亦可說是對於孟學的詮釋，採取重氣的立場詮釋，而不取理學的詮釋。就此而言，以下分為二節，前一節談船山對於朱子的「先知性後盡心」的評論，後一節談船山如何贊揚張子的心、性、天的見解，又如何反對程子的心、性、天的見解。

二、船山對於「先知性，後盡心」的評論

上文已談過朱子對於「盡其心者，知其性」的詮釋，是配合《大學》的詮釋，故先知性，後盡心。這似乎是程朱學的特色，也是因為《大學》架構的加入用以詮釋《孟子》所造成的後果，而船山對於朱子的詮釋，充分了解，亦有其評論，船山言：

> 朱子以「物格」言知性，語甚奇特。非實有得於中而洞然見性，不能作此語也。孟子曰「萬物皆備於我矣」，此孟子知性之驗也。若不從此做去，則性更無從知。其或舍此而別求知焉，則只是胡亂推測卜度得去、到水窮山盡時，更沒下落，則只得以此神明為性。故釋氏用盡九年面壁之功，也只守定此神明作主，反將天所與我之理看作虛妄。是所謂「放其心而不知求」，不亦哀乎！[12]

船山熟讀了朱子的詮釋，亦了解朱子以物格[13]言知性。以船山「兩
端一致」[14]的架構，面對朱子的「物格而後知至」，就其不同於船
山的「格致相因」而言，船山本是應該會批評之。因為，船山認為
格致相因，[15]故非先物格而後知至，亦非先知性而後盡心，應該是
知性與盡心互為因果。然而於此，船山竟未對於朱子的詮釋予以批
評，[16]反而予以贊揚。[17]船山覺得朱子的話語非常奇特，亦是說認
定這是朱子的獨到見解、一家之言，卻不批評之。而且認為這是有
所得於心，真實體悟者之言，若非真見性之人，作不出此語來。朱
子能知性，而孟子是否知性呢？船山認為孟子道性善，又孟子言

13　「物格」與「格物」不同，物格是完成式，是格物窮理後的結果；而格物
　　是正在做此窮究的工夫。

14　此最早出現於船山三十七歲的作品《老子衍》，對於《道德經・第二章》
　　的詮釋，「天下萬物生於兩端，兩端生於一致」。而後同樣三十七歲的另
　　一作品《周易外傳》中，兩端一致便是指「乾坤並建」。

15　「是故孝者不學而知，不慮而能，慈者不學養子而後嫁，意不因知而知不
　　因物，固矣。唯夫事親之道，有在經為宜，在變為權者，其或私意自用，
　　則且如申生、匡章之陷於不孝，乃藉格物以推致其理，使無纖毫之疑似，
　　而後可用其誠。此則格致相因，而致知在格物者，但謂此也。」清・王夫
　　之：《船山全書》第 6 冊，頁 403。船山這意思是，有些知是因格而知，
　　有些知不因格而知。然為何格物因於致知呢？船山的看法是，〈格致補
　　傳〉裡的「已知之理而益窮之」，已知者，因致知而後能物格。

16　朱子談孟子的「知言養氣」，也是以《大學》體系套之，所以先知言，後
　　養氣，此亦為船山批評，船山的意思是要兩者並進。此船山以兩端一致系
　　統反對朱子的系統。

17　吾人認為船山之所以不批評朱子，乃為了反對佛學，而拉攏朱子，故佛學
　　是其主要的敵人，而朱子只是次要。

「萬物皆備於我」，此乃知性之驗，何以從「萬物皆備於我」一句，看出孟子知性？朱子以「物格」比配「知性」，與孟子言「萬物皆備於我」，船山認為此二人，從其語句中見出其知性，其中的理由，船山講得很隱微，吾人認為理由在於物格者，不離萬物而窮其理，今天格一物，明日格一物，累積到豁然貫通，而不離日常倫物；而孟子的「萬物皆備於我」，[18]亦是不離人事物的感應，而以心中的義內之性以裁定之，若如此所知之性，才是真實之性，若離於倫常事物，所體會之性，可能是空性，[19]而不是仁義禮智感通之性。面對倫常事物，以吾義內之性以面對之，如此才能知性。故可知，船山之所以不批評朱子以「物格」釋「知性」，理由在於不離萬物而做窮理工夫，而處事時，以吾心之義處置之，故與氣化倫常之感應不離，此儒家的重氣義理，而別於異端之學。若憑空期待悟性，而不與物相交，則非船山所能接受。

　　船山認為儒家所知之性不是空性，不是禪宗的明心見性之性，

18　船山於《讀孟子大全說》中對於「萬物皆備於我章」的詮釋是：「夫孟子所云於我皆備之物，而號之曰萬，亦自其相接之不可預擬者大言之，而實非盡物之詞也。物為君子之所當知者，而後知之必明；待君子之所處者，而後處之必當。」清·王夫之：《船山全書》第 6 冊，頁 1118-1119。其認為「萬物皆備於我者」，乃君子所處者，面對倫物之感應，而回應到義內之性，要知性，不能離物而知性，離物談性，不是儒家之性。此萬物指事而言，面對事如此處置，仍要回到義內之性。

19　王船山：「使不於人欲之與天理同行者，即是以察夫天理，則雖若有理之可為依據，（老之重玄，釋之見性。）而總於吾視聽言動之感通而有其貞者，不相交涉。」清·王夫之：《船山全書》第 6 冊，頁 911-912。佛教的明心見性，不是儒家的性，儒家的性是仁義禮智，是實事實理，不是空性。

而是仁義禮智之實性。故不得離人倫而思性，離人倫而思性，所得
之性只是如同佛氏之三喚主人之性，是空性，或只是「以神明為
性」。然而，船山批評「以神明為性」的意思是：「神明者，虛靈
明覺也。」而，虛靈明覺是心，不是性，如今以心為性，故可謂不
知實性，而以昭昭靈靈之心作性，是把心錯認為性，這也是船山依
程子所謂的「釋氏本心，聖人本天」之說以判儒佛之不同。儒聖所
本者，天理也，而性即理，此為實理；而佛氏的性，是緣起性空之
性，無實性，故以心為性，以此神明虛靈之心以為性，而錯認此心
為性。佛教便是犯了「放其心而不知求」之說，因為本有之心，固
具有其仁義之性，而佛氏卻以之為夢幻泡影，以此為虛妄，故可謂
「不知性」，也因為其求性，不從人倫實理上求，而於面壁上求，
[20]故求不到此萬物皆備之性。真實儒家言性，即於萬物，而感通倫
物之仁義之性。

　　而船山所言的萬物皆備之性理，本不該離於倫物上求，然而雖
於物上格，卻不是外義之說，因為是格內外之理，除了外物有理
外，本心亦有此性理，船山言：

> 物理雖未嘗不在物，而於吾心自實。吾心之神明雖己所固
> 有，而本變動不居。若不窮理以知性，則變動不居者不能極
> 其神明之用也固矣。心原是不恒底，有恆性而後有恒心。有
> 恆性以恒其心，而後吾之神明皆致之於所知之性，乃以極夫

20　此乃吾人順船山而發言，至於船山批評佛學是否公允，尚可討論。佛教的
　　派系甚多，亦難一言以蔽之。

> 全體大用，具眾理而應萬事之才無不致矣。故曰「盡心則知
> 至之謂也」，言於吾心之知無所吝留而盡其才也。此聖賢之
> 學所以盡人道之極，而非異端之所得與也。嗚呼，嚴矣！[21]

格物窮理是合內外之道，[22]此船山與朱子共法者，故物理雖即於物
中，要即物以窮其理，不得離倫物。然所格之理，乃天之理，而與
天之予我之性理，同一理，故心亦自有理，是為性，是為「反身而
誠」之性理。然，人所獲於天者，除了性理外，還有心，但心卻是
變動不居，心猿意馬，而不同於恒性。若光是心而不及於本心、道
心時，心是變動的，心能有恒重點在心所具之性。因為，性總是善
的，心卻不如此，心可虛靈，心之官本依於大體而思，然若不依於
大體，而從其小體，則變動不居者不能極其神明之用也固矣，故性
才是重點，而心只是依從於性體。若不知性，則其心成了禪學的
「釋氏本心」之說。故心的變動不居，要依於恒性以貞定之，這時
便要格物窮理以知性，故船山認為朱子的「先知性，後盡心」的順
序是對的，[23]有恒性才有恒心，若先盡心，而不知性，則所盡之
心，是虛靈神明之心，是昭昭靈之心，不必為善。心之能具眾理應

21　清・王夫之：《船山全書》第 6 冊，頁 1105-1106。

22　「合內外之道」語出《中庸》，朱子把它引申到格物窮理義理之中，不只
　　格外物之理，也與吾心之理互為比配，故為合內外之道。

23　「先知性後盡心」，與「格致相因」的說法並未矛盾，都是《讀四書大全
　　說》中的義理，前者是性為心之本，是根源的意思，後者是，時間上的相
　　為因果。

萬事，[24]乃是心要依從於實性，而不是空性。故「物格」比配「知性」，而「盡心」是「知至」，這才是把本心本有之理窮盡以知之，盡其心且盡其才，[25]而把天之所予我的仁義之心發揮到極致。故不同於異端。異端可面壁以知性，離萬物以知性，與儒家不同，故可見船山對於儒家性理的闡揚，而且此性理必須即於氣化萬物上格，而不離物。且心以仁義實性為本。

三、氣學家與理學家對於
「心、性、天」的不同詮釋

「盡其心者章」的主要概念是心、性、天，而朱子於章末的註釋中，引了張子與程子的注解，一是程子的「心、性、天，一理也」；一是張子對於「天、道、性、心」的定義。[26]朱子並未有取捨，大致上認為以自己的體系，可以合會此二種立場，可使二說並行而不悖。而到了船山卻不同，船山認為此二種體系不同，不能並立，於是船山站在張子的立場，對於張子贊揚，而對於程子的講法予以批判。可謂一破一立。破者，批評程子之說，認定其有誤；立者，贊揚張子之學的大中至正。也可以說是船山對於心、性、天、

24　朱子於此「盡其心者章」中，對於心的定義是「心者，人之神明，所以具眾理而應萬事者也。」宋‧朱熹：《四書章句集註》，頁 349。此時的心，是因為物格後而盡心，是儒家的仁義之心。

25　才者，形而下的能力之謂。才依於性，而擴充其本有能力，表現出來，是為盡其才。

26　宋‧朱熹：《四書章句集註》，頁349

道等義的氣化詮釋。

　　船山《讀孟子大全說》詮釋「盡其心者章」共分為五節，[27]其中的第五節，依嶽麓書社版的章節，可分為二十小節，份量屬多，可見船山對此章的重視。其第五節的重點便是贊揚張子的「太虛天之名」等語的氣化詮釋，而反對程子的「心、性、天，一理也」的理學詮釋。在此吾人分為兩個部分，前部分談其所破者與後部分談其所立者。在此進到船山對於程子理學詮釋的批評。

(一)破程子之說

　　朱子引程子之說，以釋此章中的心、性、天之概念，程子言：「心也、性也、天也，一理也。自理而言謂之天，自稟受而言謂之性，自存諸人而言謂之心。」[28]「心、性、天，一理」的意思，乃就心與性與天，雖有其不同的名字，但就道理而言，都是相同的，即心、性、天有相同之理。此乃「一理」的詮釋；又一理的「一」字，乃有根源於一的意思，[29]即是心、性、天就表面字義上不同，

27　船山《讀孟子大全說》中，〈盡心篇〉，共有二十一節，而一到五節，談的是「盡其心者章」（此章約占全篇的四分之一，可見此章的重要），又第五節，共有二十小節，份量很多，主要贊揚張子氣學，批評程子理學。

28　宋・朱熹：《四書章句集註》，頁 349。朱子所引程子之言，其根據之原文為：「伯溫又問：『孟子言心、性、天，只是一理否？』曰：『然。自理言之謂之天，自受言之謂之性，自存諸人言之謂之心。』」宋・程顥、程顥：《河南程氏遺書卷第二十二上》，《二程集》第 1 冊，頁 296-297。此為伊川語。

29　朱子於注解〈太極圖說〉時，「五行一陰陽，陰陽一太極」時有言：「五行具則造化發育之具無不備矣。故又即此而推本之以明其渾然一體，莫非

但就其根源處而言，都是天理的不同面向之展現。故「心，一理
也。」其中「一」的意思，有「推本之」、「不外乎」、「不離
乎」、「皆是」的意思。指心不能離理而談，或是心推本而言，便
是理。而心、性、天，一理也，可以區分為「心，一理也」、
「性，一理也」、「天，一理也」，這大致是船山對於程子之語的
理解，舉例「天，一理也」一句，即是指「天不外乎理」、「天推
本而言者，理也。」船山大致是如此理解的。至於「性，一理
也」，船山並未說明之，乃是覺此句沒有問題，因為船山接受程朱
的「性即理」[30]思想，只稍修正為「性」是「理氣合」。[31]在性是
理氣合的觀點下，若只部分地談「性是理」，性是即於氣之理，船
山亦不反對。依此，吾人對於船山破「心，一理也」，與「天，一
理」的講法，予以說明。

1、破「天一理也」之說

　　船山認為張子的講法優於程子，而程子言「天，一理也。」然
船山認定「天，一理也」的講法是有問題，其理解程子的「天，一

　　無極之妙。……蓋五行異質，四時異氣，而皆不能外乎陰陽。」宋‧周敦
　　頤、張載撰，明‧徐必達編：《周張全書》上冊（臺北：廣文書局，1979
　　年），頁 46。在此五行一陰陽，其中的「一」的意思，有「推本之」的
　　意思，還有「不外乎」、「不離乎」的意思。

30　「氣之化而人生焉，人生而性成焉。緣氣化而後理之實著，則道之名亦因
　　以立。是理唯可以言性，而不可加諸天也，審矣。」清‧王夫之：《船山
　　全書》第 6 冊，頁 1110。此船山肯定性即理之說。

31　船山言：「性只是理。『合理與氣，有性之名』，則不離於氣而為氣之理
　　也。」清‧王夫之：《船山全書》第 6 冊，頁 1108。

理也」的意思是：「天皆是以理為本的意思。」[32]船山認為程子的天以理為本是錯的，而且剛好相反，反而「理需以天為本」，根源義在天，而且此天是太虛之氣，就此而言，張子「由太虛有天之名」的講法優於程子的「天，一理也」的講法，船山言：

> 凡言理者，必有非理者為之對待，而後理之名以立。猶言道者必有非道者為之對待，而後道之名以定。道，路也。大地不盡皆路，其可行者則為路。是動而固有其正之謂也，既有當然而抑有所以然之謂也。是唯氣之已化，為剛為柔，為中為正，為仁為義，則謂之理而別於非理。[33]

船山在此爭論者，到底是「天以理為本」，還是「理以天為本」。若是前者，則為理學，如程子之所言者，根源義為理，萬化之根源都在理，山河大地陷了，理還是在；若是後者，則理不是最為根源義，而是以天為本。[34]而天又是氣之天。[35]船山所取的是後者，也

32　船山言：「存諸人者一存諸己者也。」清·王夫之：《船山全書》第 13 冊，頁 127。此船山詮釋《莊子·人間世》，詮釋莊子「先存諸己而後存諸人」這一段話，故船山的意思是，存諸人者皆以存諸己為本。此「一」有「皆以之為本」的意思。吾人此方法學是以船山解船山，若讀過船山的《莊子解》，則會發現，船山於此書中的詮釋方法，以莊解莊。故吾人法效之。

33　清·王夫之：《船山全書》第 6 冊，頁 1110。

34　「乃以理言天，亦推理之本而言之，故曰『天者理之所自出』。凡理皆天，固信然矣。而曰『天一理也』，則語猶有病。」清·王夫之：《船山全書》第 6 冊，頁 1110。船山認為天一理也、天以理為本，這講法是有

是對於天的重氣之詮釋。船山為了證明自己是對的，而反對程子的
「以理為本」的意思，於是對理作一解釋。其認為：「凡言理者，
必有非理與之相對待，天則不然。」如我們說依道理而行，或依邪
理而行，故有理與非理作為對待；此如同言道，有非道對待，一旦
對待，則理不是全部，道也不是全部，理加上非理才是全部，道也
是如此。但我們卻不說天與非天對待，[36]故天者，無論善、惡，
理、非理，都是天，故天是根源，而不是以理作為根源。而且只能
說「理，一天也」，不能說「天，一理也」。「理，一天也」的意

誤的；相反地，凡理皆天，凡理者皆本於天，故天者，理之所自出，亦是
說天才是根源義，有了天之後，才可能有理；非先有理而後生天。

35　「以天為理，而天固非離乎氣而得名者也，則理即氣之理，而後天為理之
義始成。漫其不然，而舍氣言理，則不得以天為理矣。何也？天者，固積
氣者也。」清‧王夫之：《船山全書》第 6 冊，頁 1109-1110。船山認為
以天為理（程子的天理之說）亦無不可，然此天理，不可離於氣。（朱子
也說理氣不離，但朱子還有山河大地陷了理還在的講法，此理似可無
氣。）然若言天時，不是以氣來理解天，則這時便不可說天同等於理，因
為天本於氣，這是船山的見解，也是船山如此理解張子的「由太虛有天之
名」。

36　「『誠者天之道也』，天固然其無偽矣。然以實思之，天其可以無偽言
乎？本無所謂偽，則不得言不偽；（如天有日，其可言此日非偽日乎？）
乃不得言不偽，而可言其道曰『誠』；本無所謂偽，則亦無有不偽；（本
無偽日，故此日更非不偽。）乃無有不偽，而必有其誠。則誠者非但無偽
之謂，則固不可云『無偽者天之道』也，其可云『思無偽者人之道』
乎？」清‧王夫之：《船山全書》第 6 冊，頁 995。船山在此以天釋誠，
而天與誠，無對、絕待之辭，此誠不與偽對，此誠是全體大用的誠，而不
是一節的誠意之誠。若是一節之誠，則誠意與自欺對；此誠是天，不與物
對。不與物對，則為根源，故天為根源義。

思是：「理以天為根源，天比理更為根源，且範圍廣大。」因為，天無所不包，理與非理都包函於其中，故「理以天為本」。

依此，船山把「天之已化」者約之為「理」，而「天之已化者」，在船山而言是「道」，「太虛者，天之名」，天與太虛就氣而言，此乃「未化之氣」；「由氣化有道之名」，稱之為道時，「道」大致與「理」相同，因為道與非道對，理與非理對，道之名是就氣之「已化」而言。此乃船山用張子的太虛等概念，用以比配程子的見解，把程子之理的意思比配於道，[37]道的意思沒有天來得根源，是根源之天之已化後而為道，道是後起，故理亦後起，故氣化為中正，則為有道，則為有理，氣化而不中不正，則為非道、非理，[38]故理也者，於天之後而始有，不是最根源者。

理是後起，而不是根源，而至於天呢？船山心目中的天的意思是：

> 若夫天之為天，雖未嘗有俄頃之間、微塵之地、蜎子之物或息其化，而化之者天也，非天即化也。化者，天之化也；而所化之實，則天也。天為化之所自出，唯化現理，而抑必有

---

37 道與理，在船山而言，屬張子的「由氣化有道之名」的層次，在天之下。然道與理，若細比較之，還是稍有差別，船山言：「道者，一定之理也。於理上加『一定』二字方是道。」清・王夫之：《船山全書》第6冊，頁992。道與理不完全相同，但層次上相近。船山在此區分道與理，主要是就孟子的「天下有道章」發言，縱天下無道，是勢之所成，此勢亦有理，無道卻有理，故區分開道與理。

38 如船山認為禽獸不得性善，不得正理。

所以為化者，非虛挾一理以居也。[39]

天既然是積氣以成，[40]若有氣，進退往來，則有變化，然而「天」
與「化」還是有所不同，以船山的見解而言，「天」是太虛，是
氣；而「化」是道，是氣化，是氣的「推移變化」。故船山曰：
「化之者天也」，即變化的根源義在天，卻不是「天即化」，因為
「天」在張子定義為「太虛」層次，而「化」定義在「道」的層
次，層次有先後之不同。化之實，則是六陰六陽的氣，故化之所從
出，其所以然者，則是天。化了後則為道，道則有其道理，與非
理、非道者相對，故天為根源，理為衍生者。故所以為化者，天
也，而不是理；若虛挾一理以為根源，理是孤立的，而不及於氣，
這是程朱的「山河大地陷了，理還在」之說，非張子之義，亦不是
船山之義，船山的氣論，根源者為氣，理作為第二義，作為氣的條
理、屬性，而不是以理為本；以理為本者，程朱理學也，這是船山
所要批評之處。同時船山要把孟子言「盡心知性知天」的義理，往
氣化的方向詮釋，而別於程朱理學的詮釋。

　　依於此，船山用張子的「氣化論」來詮釋孟子言「心、性、

39　清‧王夫之：《船山全書》第 6 冊，頁 1110。

40　「大易六十四卦，百九十二陰，百九十二陽，實則六陰六陽之推移，乘乎
　　三十有二之化而已矣。六陰六陽者，氣之實也。唯氣乃有象，有象則有
　　數，於是乎生吉凶而定大業。使其非氣，則易所謂上進、下行、剛來、柔
　　往者，果何物耶？」清‧王夫之：《船山全書》第 6 冊，頁 1109。天，
　　乃陰陽之氣也，故船山認為六陰六陽則為天之實，而六陰六陽之往來變
　　化，則為化，則為道。天即是氣之實。

天」之概念，不只如此，船山還用之以比配《中庸》、《易傳》，船山言：

> 若夫天，則《中庸》固曰「誠者，天之道也」。誠者，合內外，包五德，渾然陰陽之實撰，固不自其一陰一陽、一之一之之化言矣。誠則能化，化理而誠天。天固為理之自出，不可正名之為理矣，故《中庸》之言誠也曰一，合同以啟變化，而無條理之可循矣。是程子之竟言「天一理也」，且令學者不審而成陵節之病，自不如張子之義精矣。[41]

船山以「誠」比配天，此乃「陰陽之實」，即是「氣」，此氣尚未表現為氣化。一旦成了氣化則是就《易傳》的「一陰一陽」而言，一之一之者，即陰陽的交替出現，這時已是化了，即於陰陽的交替變化。而《中庸》言：「誠則形，形則著，著則明，明則動，動則變，變則化。」[42]從誠則能推到化，雖然此時所言之化，不一定是張子的「由氣化有道之名」的「化」之義，然船山亦是順著朱子的《四書》通貫相詮的精神，相互比配，故船山認為必先有「誠者，天之道」，而後有化，故先有太虛之氣，而後能成其變化，而「氣化者，道也」。故船山依著《中庸》系統，而認為「誠是天」，而「化是道」，道者理也，故「誠天化理」，而天更為根源，船山認為，他已證成了「理要依於天」，而不是「天一理也」，其認為於

41　清·王夫之：《船山全書》第 6 冊，頁 1111。

42　宋·朱熹：《四書章句集註》，頁 33。

天之處，合同以啟變化，是變化之根源，其根源是一，無所謂天與
非天之對待，這時未為變化，亦無條理之可循矣，氣不是無理，而
是還未生成萬物，故無個別條理。一旦有條理時，是就其為道、為
化時而言。故船山反對程子的天一理的講法，而認為要以張子為依
歸。

2、破「心一理也」之說

　　船山除了破「天，一理也」的講法外，又反對「心，一理
也」。其認為若談「心，一理也」，有流於異端之弊，[43]而且甚至
較「天，一理也」的問題還更大。因為他認為，這便是心學的講
法，而船山對於心學的批評，相當嚴厲，[44]認為等同於佛老之學。
船山言：

> 以本言之，則天以化生，而理以生心。以末言之，則人以承
> 天，而心以具理。理以生心，故不可謂即心即理，諉人而獨
> 任之天。心以具理，尤不可謂即心而即理，心苟非理，理亡
> 而心尚寄於耳目口體之官以倖免於死也。[45]

43　「若夫謂『心一理也』，則其弊將有流入於異端而不覺者，則尤不可以不
　　辨。」清・王夫之：《船山全書》，冊六，頁1111。

44　「姚江王氏陽儒陰釋誣聖之邪說；其究也，為刑戮之民、為闖賊之黨皆爭
　　附焉，而以充其無善無惡、圓融理事之狂妄，流害以相激而相成，則中道
　　不立、矯枉過正有以啟之也。」見清・王夫之：〈序論〉，《船山全書》
　　第12冊，頁10-11。

45　清・王夫之：《船山全書》第6冊，頁1112。

根源上而言，天為根源，從天以發用而生化萬物；就根源義而言，理亦較心為根源，因為心是知覺，而性則為萬善之源，故曰「理以生心」，性能貞定心，故性理較心為根源，先有理再有心，此是就誰更為根源而言，未必是天道的創生之時間先後；至於以末而言，則人以承天，天為本，人為末，人以法天，人用以順承天；而且心本具理，心以理為尊而守之；心雖有理，但後天的梏亡則失理，心若能把本有之理實現，則如同人能把天之所賦者仁義禮智發揮。既然是先有天理而後具於心，理比心更為根源而能生發心，但心、理有距離，故不可說即心即理，心即理在船山的理解是：「心無論如何表現都是具體的理之展現。」此船山所不許。本心可以具理，但失其本心者，或是以禪學之明心者，其本有之性理被蒙蔽，或不知實理而稱空理，此皆失其仁義禮智。例如，戰國之辯士「生於其心，害於其政」者，這些都不能說他們的心就是天理的具體展現，故船山反對心一理也，首先船山把「心，一理也」理解為「即心即理」，心都是理的意思，認定如同心學的講法，而船山是氣論，其心具理的意思，近於程朱的「心具理」，而不是「心即理」。因為心若即是理，怎麼做都對，將同於陽明後學，流於狂禪。因為人不馬上同於天德，[46]人要艱難苦修德才能近於天理、合於天理，不是一悟可成，這也是船山的重人成、重修德的義理、性日生日成的道

---

46 船山：「天道自天也，人道自人也。人有其道，聖者盡之，則踐形盡性而至於命矣。聖賢之教，下以別人於物，而上不欲人之躐等於天。」清·王夫之：《船山全書》第 6 冊，頁 1144。船山的意思人要如同聖人的不斷修道，才類於天；一般人自稱同於天，是躐等也。

理，天天要做工夫。船山認為心本具有理，然流放而不知求，或為
蒙蔽而失其本心之理，或不當位而為惡，或是因著後天流蕩而為
惡，[47]人不可止於天生本有之性理，還要有不斷的後天擴充，以使
性日生日成。故可言本心具理，但是心還是會昧於理，心失其本則
不可言其皆依理而行。故船山言：「心苟非理，理亡而心尚寄以耳
目以免死。」亦是說心有非理的可能，這時心失其理，心不依於大
體之思，而依於小體、食色而無恥的苟活。故在船山而言，如果把
心都合理視之，則人道廢，因為心的一舉一動都能合理，則不用於
人道上努力亦能合理，將流為狂禪，而不做工夫。

　　於上文，船山以心具理、心用以配合理的講法，反對即心即
理，這是他對於「心，一理」的判定，而反對陽明心學的如此見
解，[48]陽明心學依此，故有心外無物、心外無理[49]的講法。船山便
是把「心，一理」理解為「心都是理」，即心即理，故理外無心，

47　「察此船山之唯在情才之流之交上，說惡之地位之說，固與程朱由氣質之
　　性，言不善之源者異。」唐君毅：《中國哲學原論·原性篇》（臺北：臺
　　灣學生書局，2006 年 9 月），頁 509。

48　陽明學雖說心即理，但不見得是船山的理解那樣，認定人就是聖賢；陽明
　　學還是可以說人會為惡的可能。

49　「虛靈不昧，眾理具而萬事出，心外無理，心外無事。……心即性，性即
　　理，下一與字（反對心與理為二），恐未免為二，此在學者善觀之。……
　　惡人之心，失其本體。」陳榮捷編著：《王陽明傳習錄詳註集評》（臺
　　北：臺灣學生書局，1998 年），第 32-34 條，頁 70-72。此陽明的心即理
　　之說，也是其心外無理之說，然陽明的心即理的意思，不像船山所認定
　　的，即任何的心都是理，而是本心才是理。

心外無理，[50]而船山對此二者皆破之；在此我們先看船山對於心外無理的反駁，船山言：

> 以云「心外無理」，猶之可也，然而固與釋氏唯心之說同矣。父慈子孝，理也。假令有人焉，未嘗有子，則雖無以牿亡其慈之理，而慈之理終不生於心，其可據此心之未嘗有慈，而遂謂天下無慈理乎？夫謂「未嘗有子而慈之理固存於性」，則得矣；如其言「未嘗有子而慈之理具有於心」，則豈可哉！故唯釋氏之認理皆幻，而後可以其認心為空者言心外無理也。[51]

船山認為「理外無心」的問題較大，「心外無理」的問題較小，問題雖小，但還是有其問題。「猶之可」乃雖可卻未盡之辭。其問題在於儒家能說「心外無理」，[52]佛教也可以如此說，若如此，又何以區別之呢？佛氏所云的萬法唯心，萬法都不能離我們的心意識的造作變現，主體、客體與意識結合而有各種現象的表現。故一旦云心外無理，也許其所云者是空理，而不是儒家的理，儒家亦可云心

---

50 「如其云『心一理』矣，則是心外無理而理外無心也。」清・王夫之：《船山全書》第 6 冊，頁 1112。

51 清・王夫之：《船山全書》第 6 冊，頁 1112。

52 船山對心外無理，先肯定，但覺其有不足處；肯定的原因是，因為心具理，而且雖然理於物上，但是處物為理，故還是要回到心的性理以面對萬物，故原則上先肯定心外無理之說。而覺其不足，乃儒家可以如此說，佛學亦可，若如此，則不足以分別儒佛。

外無理。[53]然船山心目中的心外無理，不全同於陽明的心即理之意，而是「心具眾理，應萬事」，此合宜之理，於心內見，此是孟子的義內之說。但若光說心外無理時，還要分別是儒家之說，還是佛教之說，船山認為若如同陽明的講法，將淪於佛學。

　　船山舉了一個反例，以反對「心外無理」之說，看出船山認為以心具理的意涵，談心外無理，雖可，然不夠周全，而且有淪於佛學之可能，故言理具於心中、性中則可。但是，言心外無理，還是容易有弊。船山認為，父慈子孝則要有慈孝之理，然其理存於父上及子身上，及自己的性中。若有人未有子，則對象沒了，[54]則慈之理不顯於對象上，然在於性中，卻不生於心中，因為無子，則無對象以感其心。船山舉這例子為了反對心外無理之說，因為一旦沒有孩子，則對象沒了，無法於對象上窮理，然此慈之理還是具於性中，但因無對象以感應，故不生於心中，這時豈可言心外無理呢？最多可以言「性外無理」。

53　船山於《孟子‧王餽兼金章》處言：「朱、張二子之說，皆於心上見義，深得孟子義內之旨。」清‧王夫之：《船山全書》第 6 冊，頁 951。此是孟子的義內之說，義者，宜也，此宜與否，不在物上見，而在心上見，故此義是仁義內在的義。義是性理，則心外無理。

54　「夫求理於事事物物者，如求孝之理於其親之謂也。求孝之理於其親，則孝之理其果在於吾之心邪？抑果在於親之身邪？假而果在於親之身，則親沒之後，吾心遂無孝之理歟？」《傳習錄中‧答顧東橋書》。王陽明即是用此以批評朱子的求理於外的意思，陽明認為求理若不於心上求，則為義外，若求理於其親人身上，一旦親人歿了，將無孝理。陽明以此而批朱子的格理於外，而說朱子的析心與理為二，故陽明主張心即理，又主張心外無理。然如今，船山卻以相似之例批評陽明的心外無理之說。

故船山認為，談「心外無理者」，將淪為佛學的「唯心」、「唯識」之說，而儒家者，心中有性，性即是理，物上有理，格外物以感應吾性中本有之理，可言性外無理，性即理，卻不該只說心外無理，因為容易為人錯認；船山此處的講法較接近程朱，可謂以程朱的義理反對心學。

除此之外，船山亦反對「理外無心」的說法，其言：

> 若其云「理外無心」，則舜之言曰「道心惟微，人心惟危」，人心者其能一於理哉？隨所知覺、隨所思慮而莫非理，將不肖者之放辟邪侈與夫異端之蔽、陷、離、窮者而莫非理乎？[55]

船山對於「理外無心」的理解是，所有的理都在心裡面，故心的表現都是一於理，不會不合理，船山認為心的作為若都合理，則人道廢，人倫的努力、艱難的工夫持守將變得不必要了。故船山以人心、道心之詮釋，[56]用以反對理外無心、理全具於心的講法。因為既然有人心之說，而人心的意思，依於朱子的詮釋是「心之虛靈知覺，一而已矣，而以為有人心、道心之異者，乃因或生於形氣之

---

55 清·王夫之：《船山全書》第 6 冊，頁 1112。

56 唐君毅先生對於船山的人心道心說有所闡釋，其言：「以人之心可奉理奉性以生情，而顯仁義禮智之性于其喜怒哀樂，以使心與性一、與理一，是為道心。人之心亦可只是感物而以有其喜怒哀樂，是為人心。」唐君毅：《中國哲學原論·原教篇》（臺北：臺灣學生書局，2004 年），頁 566-567。

私，或原於性命之正，而所以為知覺者不同，是以或危殆而不安，
或微妙而難見耳。」[57]亦是說心若依於小體，而不依於性理，則心
不都是理，則將流於狂禪，王學末流的「情識而肆」，任何的作為
都自認是良知，則邪說異端起，放辟邪淫，將無所不為。

　　以上看出船山對於程子的反對，反對「天，一理也」，反對
「心，一理也」；因著反對「心，一理也」之說，進而反對佛學與
心學，然而伊川是屬理學，為何伊川的講法會淪為心學呢？船山
言：「伊川重言盡心而輕言知性，則其說有如此。」[58]性才是大
本，心是依從於性，本末不可錯認，故其認為，以張子為標準最
好；而其次，若以朱子的先知性，後盡心的順序，亦無大過；至於
伊川雖不是心學，但方向容易淪為往心學靠攏；若是心學、佛學的
「心，一理也」的講法，問題甚大。將淪為不做工夫、不修心性的
狂禪。其認為，伊川的「心，一理」之說，容易有此流蕩。[59]船山
既已破了程子之說，而其所要歸宗者張子，在此吾人進到下一節，
對張子的贊揚。

57　宋‧朱熹：《四書章句集註》，頁 14。

58　清‧王夫之：《船山全書》第 6 冊，頁 1112。

59　程子曰：「何必如此數，只是盡心便了，纔數著，便不盡。如數一百，少
　　卻一便為不盡也。大抵稟於天曰性，而所主在心。纔盡心即是知性，知性
　　即是知天矣。」宋‧程頤、程顥，《二程集》第 1 冊，頁 208。由此段可
　　見，伊川此章的詮釋重在盡心，而不是知性，故朱子亦反對程子的講法，
　　因為工夫順序相反，朱子言：「伊川云：『盡心然後知性』，此不然，盡
　　字大，知字零星。性者吾心之實理，若不知得，卻盡個甚！」明‧胡廣
　　編：《四書大全》（臺北：臺灣商務印書館，1983-1986 年影印文淵閣
　　《四庫全書》第 205 冊），頁 806。

(二)對於張子心、性、天見解之贊揚與詮釋

「盡其心者章」中，朱子詮釋孟子的心、性、天等概念，其中引了張子的「由太虛有天之名，由氣化有道之名，合虛與氣有性之名，合性與知覺有心之名。」[60]船山既歸宗張子，而且認為張子的思想是氣化思想，與自己相合。船山依此而贊許張子，一方面也對於張子此四語作氣化的詮釋。船山云：

> 張子云：「繇氣化，有道之名。」而朱子釋之曰：「一陰一陽之謂道，氣之化也。」《周易》「陰」「陽」二字是說氣，著兩「一」字，方是說化。故朱子曰：「一陰而又一陽，一陽而又一陰者，氣之化也。」繇氣之化，則有道之名，然則其云「繇太虛，有天之名」者，即以氣之不倚於化者言也。氣不倚於化，元只氣，故天即以氣言，道即以天之化言，固不得謂離乎氣而有天也。[61]

船山認為朱子以「一陰一陽之謂道」來詮釋「由氣化有道之名」，這方向是對的，然其實朱子只是因著這兩句皆有「道」字，而比配在一起，最多只能說朱子此句詮釋，不矛盾於船山與張子，然朱子的架構與船山的架構畢竟不同。船山認為陰陽是氣，是太虛之天的本原貌，這時的氣尚不是一之一之（陰了又陽，陽了又陰），也不是

60　原文見宋·張載：《張載集》（臺北：里仁書局，1981年），頁9。

61　清·王夫之：《船山全書》第6冊，頁1109。

已成化。故船山以氣之不倚於化言天、言太虛。至於一旦分化而成
其變化，則為一之一了，這時是氣之化，是道、是理，然理依於
氣，是氣之條理。故在此看出了船山的氣化詮釋，對於天與道，皆
以氣與化詮釋之，太虛之天，乃氣之不倚於化；氣化之道，則已陰
陽之推移而成其化。

　　至於「合虛與氣有性之名」的詮釋，船山認為：

> 就氣化之流行於天壤，各有其當然者，曰道。[62]就氣化之成
> 於人身，實有其當然者，則曰性。性與道，本於天者合，合
> 之以理也；其既有內外之別者分，分則各成其理也。故以氣
> 之理即於化而為化之理者，正之以性之名，而不即以氣為
> 性，此君子之所反求而自得者也。所以張子云「合虛與氣，
> 有性之名」，虛者理之所涵，氣者理之所凝也。[63]

性也者，天人授受之總名，天命之謂性，落於人曰人性，落於物曰
物性。人性者，人的當然之理，當然之則，做人的道理，這為性，

62　船山在此的道，其實就是理的別名，在《易經》，喜用道器論，而在朱
　　子，喜用理氣詮釋之，其實此船山與朱子的見解相似，朱子的太極就是理
　　就是道，而器者，近於船山的氣。只是朱子與船山的氣的見解不甚相同。
　　戴景賢認為《易經》的道器與朱子的理氣在此被船山比配在一起：「《外
　　傳》所建構之道器說，與繼善成性論，經引義此一增添與改造，不唯已大
　　致觸及理學最核心之哲學建構難題，……於此說中，理氣之觀念，係加入
　　於道之說中。」戴景賢：〈論王船山性理思想之建構與其內部轉化〉，
　　《文與哲》第 17 期（2010 年 10 月），頁 319-320。
63　清・王夫之：《船山全書》第 6 冊，頁 1111。

性是仁義禮智而不離氣化，性總是善。而性與道，其背後的所以然者，天也，以理而合性與道，人性即仁義禮智之理，而道者，天理也，也是氣化的道理，故性與道，由天所從出，而都有其理，人性有做人之道理，天之氣化亦有其規律不變之理、之則。而可謂性與道，乃有內與外分別之，性也者，天命之於人，而落於人之內；道也者，氣化之條理，而於人之外。此上都是對於性的理解，可謂船山對於孟子的「性善」，《中庸》的「天命之性」的詮釋。然而，要與張子的「合虛與氣有性之名」如何相合呢？船山認為氣化之理是為性，所謂乾道變化，各正性命，氣化有其條理，有其規律，於人身上有人性，於物身上有物性，此即性之名，而為化之理，乃氣化的萬物的各自條理，此條理不會混亂。「性」是「理氣合」，而不只是氣，故船山言：「合理與氣有性之名」[64]在此可見，船山以虛釋理，故「合虛與氣」，等同於「合理與氣」，虛是理，此是即於氣之理。故「合虛與氣有性之名」，其中的「虛」與「氣」的概念為何呢？「虛者，理之所涵。」虛者即是理，因其虛，故能涵理；又，「氣者，理之所凝。」理是氣的條理，其凝聚發用處，即為氣，有氣的凝聚，才有條理可循。故合虛與氣為性之名者，性即理即氣，乃有條理之氣。性不能只是氣，而且是「虛之氣」、「有理之氣」。故除了氣外，還要有虛之理。這也是張子對於性的定義，張子言：「性其總，合兩也。」[65]合虛與氣，而為兩，[66]張子

64　清·王夫之：《船山全書》第 6 冊，頁 1108。

65　宋·張載：《正蒙·誠明篇》，《張載集》，頁 22。

的意思，是指合可見與不可見之氣，而此可見、不可見都有其理
則。而「合兩」，即合對待者，即是合於生死夭壽禍福等，都有德
性存於其中，都要以性善面對之。

　　最後船山詮釋「合性與知覺有心之名」，其認為：「張子曰：
『合性與知覺，有心之名。』性者，道心也；知覺者，人心也。人
心、道心合而為心，其不得謂之『心一理也』又審矣。」[67]船山以
人心與道心「合」來解釋心。「人心者，虛靈知覺者也」，儒佛都
可以談心，然「釋氏本心，聖人本天」，儒家談心，不能只是虛靈
知覺，而要包括虛靈之中的大體，是為性，是為道心，也是所謂的
心具理之說，心本具理，心本是道心、性善；因著從於小體，陷溺
其本心，則為惡，心有其虛靈，然其虛靈只是中性義，無干於善
惡，若不依於性善，則如同佛氏的三喚主人而已，[68]故「合」人心
與道心而為一心，人心若能依於道，則此心者，本然之心也。故船

66　船山對於張子的「合兩之性」，詮釋為「仁義禮智之性」與「氣質之性」
　　（耳目口鼻），而同於虛與氣。前者，仁義禮智之理比配為虛；後者耳目
　　口鼻比配於氣。「性其總，合兩也（天以其陰陽五行之氣生人，理即焉而
　　凝之為性，故有聲色臭味以厚其生，有仁義禮智以正其德，莫非理之所
　　宜，聲色臭味，順其道則與仁義禮智不相悖害，合兩者而互為體也）。」
　　清‧王夫之：《船山全書》第 12 冊，頁 121。
67　清‧王夫之：《船山全書》第 6 冊，頁 1112。
68　「存其心即以養其性，而非以養性為存，則心亦莫有適存焉。存心為養性
　　之資，養性則存心之實。……抑空守之，必入於異端之『三喚主人』，認
　　空空洞洞地作『無位真人』也。」清‧王夫之：《船山全書》第 6 冊，頁
　　1108。養心要養其實、養其性，若光養其心，而不知性，則為無位真人，
　　如禪學一般。

山最後認為既然心是人心與道心之總合，故心不都是性善，也不都是合理。例如，偏孤於一邊者其心不見得合理，若如此，則可知「心，一理也」之說之謬，亦是說不可謂「心都依於理」的意思。

船山認為此氣化的心、性、天之詮釋，則較程子之說為優，而認為張子的意思，當該往這方面來詮釋，也是以此來詮釋孟子，才不會淪為觀念之災害，其害者，認為心總能頓悟而皆合理。一方面不會淪為心學、禪學之害；一方面也不會有程子「以理為本」的謬誤。最後歸宗張子的氣化之正學，此乃重氣化而不離世間倫常的德行之學。

四、結語與反思

以上吾人談船山面對朱子的先知性後盡心的讚許，因其能不離倫物，而別於佛老；又面對朱子採取的張子與程子之說，不是以合會的方式來論斷，而是站在張子以反程子。其認為程子視天要以理為本，本末倒置了。進而面對「心，一理也」、「理，一心也」的問題，其認為這是不好的思想，將導致人不做工夫，而求於頓悟，期於一念成聖，而怕畏煩難的工夫。此反對心學的方式，是同於朱子的，朱子面對象山之學，曾有「兩頭明，中間暗」[69]之譏，其所

---

[69] 「『子靜舊年也不如此，後來弄得直恁地差異！如今都教壞了後生，箇箇不肯去讀書，一味顛蹶沒理會處，可惜！可惜！正如荀子不睹是，逞快胡罵亂罵，教得箇李斯出來，遂至焚書坑儒！若使荀卿不死，見斯所為如此，必須自悔。使子靜今猶在，見後生輩如此顛蹶，亦須自悔其前日之非。』又曰：『子靜說話，常是兩頭明，中間暗。』或問：『暗是如

謂的「兩頭明」，指的是：「心與天為明，盡心就知天了，心即是
理」；而「中間暗」，指的是：「一旦心就是天了，中間的工夫處
幽微，而要自悟，甚至不做工夫。」而朱子認為中間要有格物窮理
的工夫（非如象山不讀書），船山類於朱子，認為要有思誠工夫，[70]
思誠是全體大用工夫。[71]若於兩頭之間，期一個頓悟而不做工夫，
船山認為是躐等而不可取。

又於上文處，吾人談了多家對於孟子此章的詮釋，包括心學、
理學、氣學，然而誰人較能得孟子之意呢？吾人先談各家的見解之
好壞，於陽明心學，對此章亦有詮釋，[72]其批評朱子倒看此意，故
有「先知性而盡心」之錯，又以心學的方式，把盡心知性比配聖

何？』曰：『是他那不說破處。他所以不說破，便是禪。所謂鴛鴦繡出從
君看，莫把金針度與人，他禪家自愛如此。』」宋‧黎靖德編，王星賢點
校：〈自論為學工夫〉，《朱子語類》第 7 冊（臺北：文津出版社，1986
年），第 104 卷，頁 2619-2620。

70　船山言：「格、致、誠、正、修、齊、治、平八大段事，只當得此『思
誠』一『思』字，曰『命』、曰『性』、曰『道』、曰『教』，無不受統
於此一『誠』字。于此不察，其引人入迷津者不小。」清‧王夫之：《船
山全書》第 6 冊，頁 996。

71　可參見陳祺助：〈論王船山「實理心」的涵義及其心性論與工夫論的關
係〉，《鵝湖學誌》47 期（2011 年 12 月），頁 239-249。此文對於船山
的思誠工夫有所發揮。

72　陽明曰：「『盡心知性知天』是『生知安行』事，『存心養性事天』是
『學知利行』事，『殀壽不貳，修身以俟』是『困知勉行』事。朱子錯訓
『格物』，只為倒看了此意，以『盡心知性』為『物格知至』，要初學便
去做『生知安行』事，如何做得？」陳榮捷編著：《王陽明傳習錄詳註集
評》，第 6 條，頁 36。

人，比配《中庸》的生知安行。以《中庸》系統解《孟子》，亦不見得能得孟子之意，因為孟子未言盡心知性是否談的是聖人。而理學詮釋中，朱子的比配是，《大學》的知性而後盡心，物格而後知至，此乃以《大學》系統「格義」方式以格孟子，若單獨談孟子，便不用有如此多餘的比配，船山都認為朱子語甚奇特。至於小程子，以盡心為重，雖為船山批評，然卻不見得有太大的閃失。而氣學家的張載，張子的《正蒙》，談了甚多的宇宙論，太虛即氣之處，孟子的重點亦不在宇宙論的興趣，張子亦未正解此章，把張子的太虛之語以解《孟子》此章是朱子做的，不是張子。而船山學亦可視為氣論之一支，其氣化詮釋處甚多，宇宙論處亦不少，而且常把朱子的方法論，即《四書》互訓的方法沿用，又有《易》學的「兩端一致」之說以解《孟》，未必是孟子的本意。

　　亦是說此章的詮釋可有三派角力互爭，而依於船山的描述，就有心學、理學、氣學對此章的爭論。而理學又有程子與朱子的不同，氣學又有張子與船山的分別，張子之氣論接近船山，但並不全相同。然吾人於上文問了一個問題，即「何者為原意？」吾人亦難下定論說誰是原意，因為原意不容易求得，而可以說程子並未有太多原意之外的創造，亦於此章的詮釋少有自己的背後義理以左右此章，可謂小程子的重在盡心之意接近之。[73]然吾人本文亦不是在求原意，吾人此文只是談船山對此章的見解，是一種氣化詮釋，也是重德、重工夫、重人成、不離倫常的詮釋，一方面結合了朱子架

---

[73] 吾人認為程子重盡心的意思接近孟子原意，至於他以「心、性、天，一理也」的講法則未必是孟子的意思。

構、張子氣化論及自己的兩端一致之理論的詮釋結果。然船山的詮
釋有何好處與貢獻？雖然吾人說其詮釋亦不見得能盡孟子之意。船
山認為用張子的義理詮釋孟子此章最恰當。然正確說法還是船山詮
釋下的張子（船山的義理與張子接近，都重氣化，然不能說船山完全等同於
張子），因為船山把太虛之天視之為氣，氣化之道視之為氣之變
化，若如此則天、道、心、性都不離於氣，是一種重氣的講法，張
子的天、道、心、性的意思不一定完全是船山之意。也因著佛學把
形下看得不高，五濁惡世是被貶低的，故氣化形下等欲求亦不被重
視，而程朱學的《四書》詮釋似乎受到了佛老的影響，故此章中可
謂是船山的一種重氣的詮釋，視物格為不離於物，則此時程朱之說
不貶物，則可以接受程朱；然若依程朱，而有尊理貶氣，[74]天之為
理乃不雜於氣時，氣被貶低時，則船山反對程朱。船山的尊氣的看
法，自可用以別於佛老，原始佛學視世間為染污，故不該用佛老義
理以詮釋儒家。船山此章的詮釋之功便在此，雖不見得是孟子本
意，但就點出心學、朱子學之雜有佛老之說，這是有功的。

---

[74] 「若貴性賤氣，以歸不善於氣，則亦樂用其虛而棄其實，其弊亦將與告子
　　等。夫告子之不知性也，則亦不知氣而已矣。」清‧王夫之：《船山全
　　書》第 6 冊，頁 1055。此段乃船山隱批朱子之貴性賤氣之說，故可見朱
　　子之學可能有此弊。

第六章 王船山對於《孟子‧公都子問性章》的詮釋——心、性、情、才之分立

一、前 言

　　孟子於〈公都子問性〉章，可謂對於性善的說明，一方面區別出與告子等人的不同；[1]一方面就自己的「性善」見解，是在什麼條件，是就何種論點下成立，做一解說。然於孟子的辯說中，用了很多概念，這些概念非常重要，也是解通孟子的關鍵。[2]故吾人對

1　《孟子》原文中有四種主張，除了孟子的性善之主張外，有告子的性無善無不善，又有或曰的主張，性可以為善，可以為不善，第四種，或曰有性善，有性不善。《孟子》原文中，乃是面對此四種主張，誰是誰非，做一回答。宋‧朱熹：《四書章句集註》（臺北：鵝湖出版社，1984 年），頁 328-329。

2　心、性、情、才等概念，幾乎是宋明理學不可或缺的大課題。

於此章中的一些重要概念，例如心、性、情、才，[3]做一解說；而
孟學詮釋，若依於船山《讀孟子大全說》的解釋，至少有三層意
思，一是孟子的原意，二是朱子的意思，而最後是船山的觀點，吾
人依此以檢視船山學對於此章的詮釋扮演了什麼重要角色。[4]

又心、性、情、才等概念是解通孟子的關鍵，而孟子此章中，
剛好對於這幾個概念都談到了，[5]故可見此章的重要，也是歷來研
究孟子所不可不精讀的一章。然於其中，心、性、情、才，本來在

3　戴震於《孟子字義疏證》中，對於性與才字，做一解釋，亦可見心、性、
　情、才等意思，於孟子中乃是重要的概念，也是解通孟子的關鍵。清・戴
　震：《孟子字義疏證》（北京：中華書局，1982 年）。又孟子的性善學
　特色，由心善證性善，故心性都很重要，又，情與才其實是性的意思，故
　情才也是重點。

4　船山的《讀孟子大全說》的孟學詮釋，一方面，承繼於宋明理學的心性架
　構，一方面又開新局，而有明末清初的重氣義理，甚至可能影響了戴震。
　蒙培元言：「戴震是宋明理學演變中的最後一位影響巨大的哲學家。他的
　思想，是王夫之思想的繼承和發展。他並沒有全面結束理學，但是他完成
　了王夫之所未能完成的任務。」蒙培元：《理學的演變——從朱熹到王夫
　之戴震》（臺北：文津出版社，1990 年），頁 554。這意思是，王夫之影
　響了戴震，而且王夫之還保有宋明理學的義理，可謂介於漢宋之間的學
　者。吾人謂王夫之影響戴震，也許有人認為，其間的傳承性不夠，但吾人
　的看法是，其二人之間雖不能說有絕對必然的影響，但很多戴震的見解，
　船山已先言之。

5　「『今日性善，然則彼皆非歟？』孟子曰：『乃若其情則可以為善矣，乃
　所謂善也。若夫為不善，非才之罪也。惻隱之心，人皆有之。』」《孟
　子・告子上》。這裡談到性善，又談到其情可以為善，也說不善非才造成
　的，又說人有惻隱之心。可謂心、性、情、才都談到了，於此章最為完
　整，故可見此章的重要性。

孟子的意思，並無重大區分，雖用了四個概念，然只是寫作技巧所造成，雖有四種概念，但其實於此章中隱含著同一思想，即心、性、情、才四個概念，其實所談者，都是在講性善。[6]然而到了程

6　牟宗三言：「『乃若其情』之情非性情對言之情。情，實也，猶言實情（real cause）。『其』字指性言，或指人之本性言。……本當說非性之罪，但孟子何以忽然想到一個『才』字，而說『非才之罪』？此並無何嚴重之理由，只變換詞語而說耳。『才』是材質、質地之意，即指『性』言。……故在孟子，心、性、情、才是一事。心性是實字，情與才是虛位字。性是形式地說的實位字，心是具體地說的實位字。性之實即心。性是指道德的創生的實體言，心是指道德的具體的本心言。」見牟宗三：《心體與性體》第 3 冊（臺北：正中書局，1969 年），頁 416-417。牟宗三先生認為孟子此章談的心、性、情、才，其實指的是一事，都就性善說，此吾人肯定之，認為很能接近孟子的原意。然而牟先生的解法之接近孟子原意，此乃吾人的判斷，亦有人不同意，如黃彰健認為：「程朱謂，性即理也，理則堯舜至於塗人一也，『非天之才爾殊』合。至其謂『才則有善有不善』，此才字相當於『得天下英才而教育之』、『才也養不才』，也與孟子並不抵觸。」見黃彰健：〈釋孟子公都子問性章的「才」字「情」字〉，《經學理學文存》（臺北：臺灣商務印書館，1976 年），頁 239。亦是說，若依於黃彰健的看法，不完全同意牟先生的看法，倒反而接近朱子的意思。吾人可以綜合牟先生與黃教授的看法認為，若以孟子公都子問性一章中的才字，是指性，但若就孟子一書全部而言，才字因文脈而改變，不一定都要指性。又黃宗羲亦反對朱子的詮釋，因為朱子以性發為情，性與情是形而上與形而下的區別，而黃宗羲認為「是故性情二字，分析不得，此理氣合一之說也。體則情性皆體，用則情性皆用，以至動靜已發未發皆然。」清‧黃宗羲著，沈善洪主編，吳光執行主編：《黃宗羲全集》第 1 冊，頁 136。黃宗羲的講法認為性情不可分析，反對朱子析之為二。

朱學，則有了變化，朱子依於「心統性情」[7]的架構、「性發為情」的架構而開展。[8]朱子於中和新說後，以心統性情架構，性是理，是形而上；而惻隱等是情，是形而下，而心可以具性，但心不是性。故心、性、情、才到了朱子詮釋時已有相當的程度的概念分解。而船山順著朱子學的分析，有些接受，有些則有自己的見解而不同於朱子。吾人此章亦順著孟子答公都子問性之言，而就其中的心、性、情、才做一解析，然而吾人主要談船山的詮釋，至於朱子或是孟子原意，亦會提及，然而都是次要的，只做為一個對照參考用。而吾人的資料主要鎖定在《讀孟子大全說》上，也因為把船山詮釋與《四書大全》（程朱學）做一比較，故更能突顯出船山學的

---

7 「心統性情」乃張子之語，然朱子用來發展自己的理氣心性概念，不見得合於張子，乃是一種創造詮釋。

8 性、情在朱子而言，一個是形上，一個是形下，而朱子何以有性發為情的看法呢？吾人認為乃因其思考《中庸·首章》的中和問題，然後融合自己理氣論，所形成的見解。因為《中庸》談喜怒哀樂之發與未發，而喜怒者，情也；未發者，天命之性，中也。故有性發為情之說，朱子把這性發為情之說用到《孟子·公都子問性》一章，故「乃若其情」一語，則是就形下所發出之情，而回溯未發之情，此乃朱子的創造性詮釋，非孟子原意。又朱子的「性發為情」之義理，可見其〈仁說〉，朱子言：「吾之所論，以愛之理而名仁者也。蓋所謂情性者，雖其分域之不同，然其脈絡之通，各有攸屬者，則曷嘗判然離絕而不相管哉？吾方病夫學者誦程子之言而不求其意，遂至於判然離愛而言仁」宋·朱熹：《朱熹集》（成都：四川教育出版社，1996 年），頁 3543。此朱子本著伊川思想的「愛情仁性」之說及「不可以愛為仁」，來談「性發為情」的思想。性與情雖不同，但不是沒有相關。性發為情乃中和新說後成立，中和新說認為舊說未及於談情義，故新說補之。

特色。這裡指的是兩派（船山、程朱）對於孟學詮釋，若再縮約，則是兩派對於〈公都子問性章〉中，心、性、情、才概念之比較，或可以說是，船山如何修正朱子學。

　　而就章節之分配而言，吾人於第二節談船山論孟子此章中的「性」義，而第三節談「情」，第四節談「才」，第五節談「惡」。關於惡的部分，乃因為這是孟子此章中討論「為不善」的重點，船山亦多有發揮，不可不顧及；至於此章中，船山論孟子的心義，吾人省略，因為船山視惻隱之心為性，[9]故心與性於第二節中一起發揮。

二、船山此章對「性」的詮釋

　　孟子此章中，有四種性義的主張，故吾人先對於船山於此章的性義，作一解釋；船山的孟子學，是依於孟子本義、朱子的架構，及船山自己的體會而成。就程朱學而言，認為性只是理，亦是說天地之性不包括氣；然而到了船山，性不只是理，而是理氣合，亦是說性不是獨立於氣質之外。除此之外，程朱有「本然之性」與「氣

9　「孟子云『存其心』，又云『求其放心』，則亦『道性善』之旨。其既言性而又言心，或言心而不言性，則以性繼善而無為，天之德也；心含性而效動，人之德也。乃其云『存』，云『養』，『苟得其養』。云『求』，則以心之所有即性之善，而為仁義之心也」清·王夫之：《船山全書》第6冊（長沙：嶽麓書社，1996年），頁893。船山認為孟子言心，有時是不好之心（如待正之人心），但大多數是好的心，即性善，故所存仁義之心，就是性善。

質之性」區分的講法，本然之性只是理，而氣質之性，則是理落於
氣質之中。例如於《論語》的「性相近章」，朱子依於程子的意
思，認定此為氣質之性。[10]那麼天地之性是理，是純善的，氣質之
性就可能有善有惡了。但在船山的認定，氣質之性還是善，因為船
山認定的氣質之性是耳目口鼻天生本有之資具。[11]故性還是善，有

---

10 朱子認為：「此所謂性，兼氣質而言者也。氣質之性，固有美惡之不同
矣。然以其初而言，則皆不甚相遠也。但習於善則善，習於惡則惡，於是
始相遠耳。」朱子又引程子之說：「此言氣質之性，非言性之本也。若言
其本，則性即是理，理無不善，孟子之言性善是也。何相近之有哉？」
宋·朱熹：《四書章句集註》，頁 175-176。於此看出程朱有本然之性與
氣質之性的區分。然程朱的詮釋不見得合於孔子的意思，例如徐復觀先生
就不同意朱子的看法，徐先生言：「狂、侗、悾悾、愚、魯、辟、喭、中
行、狂、狷、生而知之、學而知之、困而知之、狂、矜、愚等等，都相當
於宋儒所說的氣質之性；能得出氣質之性是相近的結論嗎？」徐復觀：
《中國人性論史》（上海：華東師範大學出版社，2005 年），頁 50。吾
人亦認為朱子的詮釋未必合於《論語》；然吾人可對朱子與徐復觀的見解
作一合會，徐先生所言的是「氣質」不相近，而朱子所言的是「氣質中表
現出本然的性善」，這一點上是相近。又朱子對於氣質之性之說可參見其
言：「先生言氣質之性，曰：『性譬之水，本皆清也。以淨器盛之，則
清；以不淨之器盛之，則臭；以汙泥之器盛之，則濁。本然之清，未嘗不
在。但既臭濁，猝難得便清。』」宋·黎靖德編，王星賢點校：《朱子語
類》第 1 冊（臺北：文津出版社，1986 年），頁 72。氣質之性指本然之
性落於氣中，受到障蔽，而有參差。

11 「程子謂天命之與性氣質之性為二，其所謂氣質之性，才也，非性也。張
子以耳目口體之必資物而安者為氣質之性，合於孟子，而別剛柔緩急之殊
質者為才，性之為性乃獨立而不為人為所亂。蓋命於天之謂性，成於人之
謂才，靜而無為之謂性，動而有為之謂才，性不易見而才則著，是以言性
者但言其才而性隱。張子辨性之功大矣哉！」清·王夫之：《船山全書》

惡者情、才也，[12]惡與性無關。

　　以上對於性與氣質之性的見解，是船山晚年注解《正蒙》時，六十七歲左右的見解，而如今談的是船山四十七歲作品《讀孟子大全說》中的見解，其實相近，沒有太大變化。在此我們可以研究船山於此章對性義的詮釋，首先，船山認為性與情是不同的，此乃接近朱子，而不同於牟先生所言孟子的心、性、情、才一例的意思，船山言：

> 孟子不曾將情、才與性一例，[13]竟直說箇「善」字，本文自明。曰「〔情〕可以為善」，即或人「性可以為善」之說也；曰「若夫為不善，非才之罪」，即告子「性無不善」之說也。彼二說者只說得情、才，便將情、才作性，故孟子特地與他分明破出，言性以行於情、才之中，而非情、才之即性也。[14]

船山認為性與情、才是不同的，因為性只是善，情才不見得都善，

　　第 12 冊（長沙：嶽麓書社，1996 年），頁 129-130。此看出船山視耳目口鼻為氣質之性。

12　視才有惡，乃船山《張子正蒙注》的再三強調。船山詮釋孟子此章，「才有惡」的意思較不明顯。

13　船山論證情、才與性不可一例的理由在於，性一定是善；而情者，可以為善，則亦可以為不善；而為惡非才之罪，亦非才之功，故才無善、無不善。故告子談的是才，或曰者談的是情。而孟子談的是性，不可與告子、或曰者一例。

14　清・王夫之：《船山全書》第 6 冊，頁 1064。

而情卻是可以為善，亦可以為不善。然而「情亦可以為不善」是船山自己推論而出，孟子並未明之。原本情是實情，隱指性，而船山依著朱子的「性發為情」[15]之說，朱子視情為形而下，情[16]可以為善，可以為惡，視其是否依於性。而船山對於其中之一的「或曰」者的看法，即「性」「可以為善，可以為不善」[17]與「情」「可以為善可以為不善」[18]相互比配，故「或曰」者的講法，其實談的是情，不是性，而整個論辯談的是「性」，故孟子是勝方，此乃船山的詮釋策略。故論性而言，孟子是正統，而「告子」與「或曰」之所以會認為「性可以為善，可以為不善」等，乃錯在「認情為性」，因為性只是善，無有不善；不善者，情也，非性也。而告子所言「性無善無不善」，船山認為所言者「才」也，不是性；因為不善非才之罪，則「才無不善」，然才無不善只是強調某一側面的講法，而才亦無善，[19]故才無善、無不善，等同於告子的「性無善無不善」；故告子之誤，誤在於「認才為性」，亦是說告子認為

15　朱子視情為情感，其實若依於孟子的原意是解不通的，因為孟子言情，共出現四次，例如孟子認為「物之不齊，物之情也。」此中的情，不能是情感。

16　船山定義的「情」指的是「喜怒哀樂」，而不是惻隱、羞惡等；前者（喜怒哀樂）同於朱子，後者（惻隱等）不同於朱子。

17　原文：「或曰：性可以為善，可以為不善。」《孟子·告子上》。

18　《孟子》原文：「乃若其情可以為善。」船山加了，可以為善，則可以為不善。故船山視情「可以為善，可以為不善。」而與「或曰者」可相比配。

19　船山的推論是，惡者，非才之罪，則善亦非才之功，故才無功亦無罪，故才無善無不善。

性無善、無不善，其實只談到才無善、無不善。故船山認為性行於情才之中，然性不是情才。在此可以看出船山詮釋孟子回答公都子之文的重點，[20]吾人分之為三段：「1、乃若其情，則可以為善矣，乃所謂善也。2、若夫為不善，非才之罪也。3、惻隱之心，人皆有之。」船山認為前段是在談情，孟子批「或曰」者的意思；中段談才，孟子批告子的意思，而最後談惻隱之心，正是孟子自己的看法。然而其實孟子這三段都在談自己的性善說，船山的詮釋是創造性的詮釋。把心、性、情、才分殊地詮釋之，如此之分解，則近於朱子，因為船山此時四十七歲，表面上用著朱子的架構，然內容上稍有轉化。[21]且《讀四書大全說》，也是順著朱子學而回應，有相似於朱子學之處，亦有不同之處。船山不同於朱子學之處，其認為：

20　《孟子》原文：「乃若其情則可以為善矣，乃所謂善也。若夫為不善，非才之罪也。惻隱之心，人皆有之；羞惡之心，人皆有之；恭敬之心，人皆有之；是非之心，人皆有之。惻隱之心，仁也；羞惡之心，義也；恭敬之心，禮也；是非之心，智也。仁義禮智，非由外鑠我也，我固有之也，弗思耳矣。」宋‧朱熹：《四書章句集註》，頁328。

21　一般認為船山晚年歸宗張子，然於此時中年四十七歲，已有歸宗張子之傾向，船山言：「天固為理之自出，不可正名之為理矣，故《中庸》之言誠也曰一，合同以啟變化，而無條理之可循矣。是程子之竟言『天一理也』，且令學者不審而成陵節之病，自不如張子之義精矣。」清‧王夫之：《船山全書》第6冊，頁1111。船山重氣化的意思，合於張子，而不同於程朱的理氣論，故船山反對程子的「天一理也」，即天以理為本的意思，而認為理以天為本，而且此天是氣所成。又從這一段看出船山以張子為宗。

> 孟子言「惻隱之心,仁也」云云,明是說性,不是說情。仁
> 義禮智,性之四德也。雖其發也近於情以見端,然性是徹始
> 徹終與生俱有者,不成到情上便沒有性!性感於物而動,則
> 緣於情而為四端;雖緣于情,其實止是性。如人自布衣而卿
> 相,以位殊而作用殊,而不可謂一為卿相,則已非布衣之故
> 吾也。[22]

船山認為孟子談「惻隱之心,仁也」。既然說仁,則為四德之一,
則為性,故惻隱之心不是情,這種說法與朱子不合,在朱子而言惻
隱是情,性是理、是仁,仁之發端於外,則為惻隱之情,[23]朱子認
為孟子是從情之已發為善而逆推吾人有性善作為源頭。當然朱子也
是創造性的詮釋,而不是孟子本意。就本意而言,孟子言「乃若其
情」,「情」是實情,不是朱子說的情感的意思。而朱子的性發為
情之說,亦不是說性發後就只有情,因為理氣不離不雜,故有性便
有情。然而船山認為,已發之情,若能依於性,則為善,若有變合
[24]而為物欲所引,則為惡。既然可有善的保證,則其重點在於性,

22　清·王夫之:《船山全書》第 6 冊,頁 1064-1065。

23　《孟子》的原文講惻隱之心,惻隱是就心上講,而為何朱子視惻隱是情
　　呢?因孟子的「乃若其情則可以為善」,故朱子視此惻隱便是此情。又孟
　　子有「惻隱之心,仁之端也」之語,而朱子視為性發於外的端緒,乃情
　　也。而朱子又要如何面對惻隱與心的連用呢?朱子認為心統性情,故惻隱
　　之情不離心。

24　變合指的是,性發而為情,這時的性表現在情用上,而性之善無法全顯,
　　有時為情變所蓋,故有善有惡。船山言變合,在天道、人道都言變合,情
　　之變合,比配於天道的氣化,天道本然之氣為善,而一旦開始生化萬物、

而不在情，故船山視惻隱之心重點在性而不在情；然船山亦非視心
等同於性理，若如此詮釋船山，則是把船山詮釋為陸王心學，因為
船山厭惡陸王心學，[25]故不該如此視之。船山認為心乃有善也有不
善，[26]以大體為本，則心亦善，若不思而蔽於物，只剩知覺聰明，
則心為待正之人心。故船山認為惻隱之心，此心即性，而為善之
端，且此情之發為必善，乃因性善所造成，整個重點在於性，不在
情。[27]故可見，船山認為性是仁義禮智，惻隱等雖不離情，然惻隱
之情具於心之所以能必善，乃因於性使然，故船山認為惻隱之心是
重在「性」，不在「情」。

演化萬物時，則有善有惡。變合在天道上而言，即是指陰陽交錯而生化的
意思。

25 「王氏之學，一傳而為王畿、再傳而為李贄，無忌憚之教立，而廉恥喪，
盜賊興，中國淪沒，皆惟息於明倫察物而求逸獲，故君父可以不恤，膚髮
可以不顧。陸子靜出而蒙古興，其流禍一也。」清・王夫之：《船山全
書》第 12 冊（長沙：嶽麓書社，1996 年），頁 371。

26 船山言：「邪說之生於其心，與君心之非而待格謂之心者，乃『名從主
人』之義。以彼本心既失，而但以變動無恒，見役於小體而效靈者為心
也。若夫言『存』，言『養』，言『求』，言『盡』，則皆赫然有仁義在
其中，故抑直顯之曰『仁，人心也』。」清・王夫之：《船山全書》第 6
冊，頁 893。

27 船山於《中庸》首章處認為要改「喜怒哀樂」為「仁義禮智」，因為發能
中節在於性，而不在情，故主詞是性理，是仁義禮智，而不當為喜怒哀
樂。船山言：「乃喜、怒、哀、樂，情也。延平曰：『情可以為善。』可
以為善，則抑可以為不善，是所謂惟危之人心也。而本文不言仁、義、
禮、知之未發，而云喜、怒、哀、樂，此固不能無疑。」清・王夫之：
《船山全書》第 6 冊，頁 472。

依於此，船山對於朱子的講法作了批評，船山言：

> 《集註》謂「情不可以為惡」，[28]只緣誤以惻隱等心為情，故一直說煞了。若知惻隱等心乃性之見端於情者而非情，則夫喜怒哀樂者，其可以「不可為惡」之名許之哉！[29]

朱子於《四書章句集註》裡詮釋「乃若其情」一段認為：「人之情，本但可以為善而不可以為惡，則性之本善可知矣」。[30]朱子的意思是，從形下之情的發見，可以推知背後的形上之性理。而船山特舉此段歸納，而認定朱子視「情不可以為惡」，在船山而言，情是喜怒哀樂，可為善亦可為惡，故船山反對朱子「情不可以為惡」的講法，其認為朱子之所以視情為善，乃因視惻隱等為情，惻隱是愛之情，[31]是好的情感，既然能惻隱，則此情為善情，船山依此批評朱子，認為朱子把惻隱視為善情是錯的，因為情是可以為惡的，而其之所以能皆善，在於惻隱之心是性所致，非情能致。

故從以上的講法看出，船山視「性」是仁義禮智，也是惻隱之心，乃因心具性，故惻隱之心談的是性，不是情。看出船山解析了

28　朱子認為惻隱等情是為善情，所謂的四端，是為善情，除非惻隱其所不當惻隱；而七情者，則可善可惡。朱子分四端與七情之不同，引起了韓儒的四七之論辯。

29　清·王夫之：《船山全書》第 6 冊，頁 1070。

30　宋·朱熹：《四書章句集註》，頁 328。

31　朱子言：「惻隱、羞惡、辭讓、是非，情也。」宋·朱熹：《四書章句集註》，頁 238。船山認為朱子還有漢儒、韓退之等視惻隱等為情。

心、性、情、才的不同概念，類於朱子，但又不全同於朱子。朱子的性，只是理，只是仁義禮智；而惻隱之心等，船山視之為性，朱子視惻隱為情而統之於心。此乃二人對於惻隱之心的不同定義，至於二人對於情的定義如何，下文談之。

三、船山於此章對「情」[32]的詮釋

首先對於船山論「情」做一個界說，船山的思想乃從朱子的架構反省而來，朱子的情是形而下者，喜怒哀樂是情，惻隱、羞惡、辭讓、是非等亦是情。然而《孟子》原文，「惻隱之心，仁也」，孟子把惻隱比配於心，是所謂為「仁」，故惻隱豈能視之為情呢？朱子之所以如此，理由在於，孟子此章雖說「惻隱之心，仁也」，但於另一章卻言「惻隱之心，仁之端也。」[33]朱子於《孟子・不忍人章》的詮釋是「惻隱、羞惡、辭讓、是非，情也。仁、義、禮、智，性也。心，統性情也。端，緒也。因其情之發，而性之本然可得而見，猶有物在中而緒見於外也」。[34]這意思是，惻隱等等是

32　孟子此章的情，吾人認為是實情，然朱子論情時，是形而下，是氣，指的是情感，而朱子又有四端與七情之說，四端為善，乃因依性理而發，以形上之理以指導情，故善；而七情，乃發而不正，故只有形下的氣義，可能為不善。至於船山的情，則指可以為善、可以為惡之情感，與必善之性不同。有時朱子認為四端也不必善，乃有惻隱其所不當惻隱之說。

33　《孟子・公孫丑上》。此乃〈不忍人章〉。

34　宋・朱熹：《四書章句集註》，頁 238。又朱子於注〈告子・公都子問性章〉，詮釋「惻隱之心」時認為：「前篇言是四者為仁義禮智之端，而此不言端者，彼欲其擴而充之，此直因用著其本體，故言有不同耳。」宋・

情，而仁義禮智是性，因為發端於外之情，可以推其所以然，則可以知其性善，故朱子的詮釋，一方面用了「心統性情」的講法，也用了「性發為情」的講法。然而於〈公都子問性章〉中，孟子只講「惻隱之心，仁也。」並未講是「仁之端」也。但由於此章中，孟子有言，「乃若其情則可以為善」。其中的情字，若視為情感，則剛好符合於朱子的理氣架構，於是朱子把情解為情感，然而情者的原意，實也，朱子的講法不合原意，朱子在此是一種創造性的詮釋。

然而船山面對朱子的詮釋，又有什麼判斷與認定呢？在此可以看船山之言：

> 若夫情，則特可以為善者爾。可以為善者，非即善也，若杞柳之可以為栝棬，非杞柳之即為栝棬也。性不可戕賊，而情待裁削也。（前以湍水喻情，此以杞柳喻情。蓋告子杞柳、湍水二喻，意元互見。）故以知惻隱、羞惡、恭敬、是非之心，性也，而非情也。夫情，則喜、怒、哀、樂、愛、惡、欲是已。[35]

「情」在船山的體系裡，定義為喜怒哀樂，這一點是同於朱子的，

朱熹：《四書章句集註》，頁 328-329。此意思是，朱子談為何孟子有時言惻隱之心是仁，有時認為是仁之端呢？理由在於談「仁之端」，乃是為了由一點以擴充，而談「仁」則是因為本體之發用於情上而言，故兩章意思是一樣的，只是偏重處不同。

35　清·王夫之：《船山全書》第 6 冊，頁 1065。

朱子於注解《中庸》「喜怒哀樂之未發」一段言：「喜怒哀樂，情也。其未發，則性也，無所偏倚，故謂之中。發皆中節，情之正也，無所乖戾，故謂之和。」[36]朱子視喜怒等是形下、是情，所以然之理則為性，這與朱子視惻隱、羞惡是情，是一致的。而船山視情為喜怒哀樂，這一點是同於朱子，然不同處，乃在於朱子視惻隱等也是情，而船山認為惻隱是心，心中有性的意思，而不是情。故可見船山所認定的情者，乃喜怒哀樂，而無關於惻隱、羞惡等。依於此則可知船山對於「公都子問性章」中「乃若其情」是如何詮釋了，乃若其情，講的是喜怒哀樂之情，而不是惻隱等等。而「乃若其情，則可以為善」，這句話又如何詮釋呢？船山認為可以為善，是舉一邊來說，另一邊也隱含於其中，可以為善，則亦可以為不善。故孟子此句話，是在重覆「或曰：性可以為善，可以為不善」者的話，又因為這幾位或曰者，其實都是在講情，而不是性，所以就性而言，只有孟子對，因為孟子認為性善，而「或曰」者的話，其實是「情可以為善，可以為不善，是故文武興，則民好善。……」或曰者根本認情為性，根本未觸及於性。

　　船山認為情可以為善，可以為善則亦可以為惡，故情非只是善情，亦可能為惡情。[37]能一於善者，是性，情則不然。「情可以為

36　宋·朱熹：《四書章句集註》，頁18。

37　陳祺助言：「情之成為不善之所從來，最初是因性體和物往來之交，鑠成不善之情。繼之，不善之情未獲舒導，駐留性體，形成狂亂盲動的留情。最後，留情未加疏理化解，即使未與外物緣感，私意私情也無感而發，便薰染成情習，習與性成，遂若固有。」陳祺助：〈王船山論惡的問題——以情、才為中心的分析〉，《鵝湖月刊》第 327 期（2002 年 9

善」的語句，就如同杞柳之可以為桮棬，然杞柳不是桮棬，[38]故情不等同於善，明矣。而性總是善，故不可戕賊之，而情則待裁削也，亦是說情之發，不皆一於善，則於其過不及之間，要有節制、制裁之，否則流為泛濫，而不可收拾。而告子之喻，最多只能談到情才，總是談不上性，其「性無善無不善之說」，談的是才，而〈告子上篇〉的第一章，以杞柳喻性，其實只是談到情，而不到性，因為杞柳可以為桮棬，亦可以不為桮棬，如同情可以為善，亦可以不為善，杞柳喻情，故告子只是談情，而不是性。而湍水之喻也是談及情，不是性。因為湍水可以決之東或決之西，如同情可以往善與不善處走。故船山對於「情」下定義，則「喜怒哀樂」是也。然而如明儒蕺山、韓儒李退溪等人，[39]有四端與七情不同的講法，四端者，喜怒哀樂；而七情者，喜怒哀懼愛惡欲，而船山的情指的是四端還是七情呢？其實船山對於四端七情分別的講法並不明顯，在船山而言四、七之情都是情，[40]情則有善有惡。雖其有善有

月），頁 32。

38 杞柳可以作為桮棬，亦可不作桮棬；同理，情可以為善，亦可以不為善。

39 此可參見《四端與七情──關於道德情感的比較哲學探討》一書中，第五、六、七章。李明輝：《四端與七情──關於道德情感的比較哲學探討》（上海：華東師範大學出版社，2008 年），頁 126-236。

40 船山似有四、七之別，其實不然，船山言：「義之發有羞、惡兩端：『無欲穿窬』，羞也；『無受爾汝』，惡也。羞則固羞諸己，即此用之而義已在。惡則於物見惡，於物見惡而無其實，不反求之己，而但以加物，將有如為郡守則傲刺史，為刺史則陵郡守，一酷吏而已矣。故孟子於惡必言其『實』。無實之惡，七情中之惡，非四端中之惡也。」清‧王夫之：《船山全書》第 6 冊，頁，1141。表面看來，船山有七情之惡與四端之惡之

惡，然亦不可因其為惡，而排斥之，若排斥之則類於佛學之摒情。[41]在此船山有言：

> 若不會此，則情既可以為不善，何不去情以塞其不善之原，而異端之說繇此生矣。乃不知人苟無情，則不能為惡，亦且不能為善。便只管堆塌去，如何盡得才，更如何盡得性！[42]

情既為喜怒哀樂，人也不可能沒有喜怒哀樂，故要節情，而不是去情。去了情，則惡也許沒有，善也因以亡。故船山認為，若不能於此有所理會，即理會「不善雖情之罪，而為善則非情不為功。」[43] 情固然有變合，有為惡的可能，然而吾人因此以去情，則淪為異端佛學的見解了；因為無情雖可免於惡，但因此善也沒有了，若不為善，怎能說是盡性之學呢？性與情是不同的，性總是善，而情可善可惡，性情雖有不同，然性離於情，亦不能有所表現，去情則性善將只是潛能而發揮不出來。故情不可去之，只可導引之，以大體引小體，而使之為善。

　　故船山於此做個總結認為：

別，然四端者，羞惡之心也，是性，不是情，故不是兩種情感之比較。當然若把船山的四端視為道德情感，此情中有性又有情，則與七情之惡是有別的。

41　情在船山的眼中地位，不高不低，不高，故以性導情；不低，乃情雖可為不善，然無情亦為不得善，故亦不可廢情。

42　清·王夫之：《船山全書》第 6 冊，頁 1069-1070。

43　清·王夫之：《船山全書》第 6 冊，頁 1069。

> 愚於此盡破先儒之說，不賤氣以孤性，而使性托於虛；不寵
> 情以配性，而使性失其節。竊自意可不倍于聖賢，雖或加以
> 好異之罪，不敢辭也。[44]

在此船山批評先儒之說，一方面指的是朱子後學，一方面指的是漢代之後的儒者，[45]如韓愈、朱子等，因為這些人的詮釋，有淪為異端的可能。因為若如朱子的詮釋，以情為善，則不善又歸之於何呢？船山歸不善於情，而朱子詮釋「乃若其情則可以為善」，視情為善，都是善，何有不善？[46]朱子的詮釋是「人之為不善，乃物欲陷溺而然，非其才之罪也」。[47]船山認為這是推卸責任，其言：

44　清・王夫之：《船山全書》第 6 冊，頁 1068。

45　「學者切忌將惻隱之心屬之於愛，則與告子將愛弟之心與食色同為性一例，在兒女之情上言仁。『漢以來儒者不識仁字』，只在此處差謬。惻隱是仁，愛只是愛，情自情，性自性也。」清・王夫之：《船山全書》第 6 冊，頁 1066。漢以來之儒者不識仁，只因以愛為仁，如韓愈認為「博愛之謂仁」，然船山認為惻隱之心是性，而愛是情，兒女之情如何是仁呢？愛是情，只是喜怒哀樂之情，不是性。

46　朱子並非視情都是善，而是就此章中的惻隱是善情。又船山批評朱子的賤氣之說，乃因為朱子認為：「告子不知性之為理，而以所謂氣者當之。」宋・朱熹：《四書章句集註》，頁 326。而船山認為：「若貴性賤氣，以歸不善於氣，則亦樂用其虛而棄其實，其弊亦將與告子等。夫告子之不知性也，則亦不知氣而已矣。」清・王夫之：《船山全書》第 6 冊，頁 1055。此明顯批評朱子對於告子的詮釋不恰，而且亦批評朱子的賤氣之說。

47　宋・朱熹：《四書章句集註》，頁 328。

「《集註》云『乃物欲陷溺而然』，[48]而物之可欲者，亦天地之產也。不責之當人，而以咎天地自然之產，是猶舍盜罪而以罪主人之多藏矣」。[49]船山認為，惡的責任在於情感的變合不正，故不該歸罪於物上，若歸罪於物，則乃類於異端之說，如老子的「五色令人目盲」之說，[50]不歸罪於自己，而怪罪於外物。故船山的解法與先儒之說有所不同，船山視氣不低，[51]因為是一陰一陽之實，也可謂是本體的意思，以氣為本體，理只是氣的條理；而情不高，因為情有善有惡，在此不怪罪於天地之物，而責成於人的自覺與否，能否控情以自制。故氣與情在船山而言，不可低看，也不用高看，因為要以性為本。

48　朱子視惡的原因在於物欲陷溺而然，其看法，本亦來自於孟子，《孟子‧富歲子弟多賴章》中認為「非天之降才爾殊也，其所以陷溺其心者然也。」朱子於「陷溺」之前，加了「物欲」兩字，讓船山認為歸咎於對象，而主體反而不負責任。

49　船山的原文，此段中，認為罪在情，實則才亦有份。清‧王夫之：《船山全書》第 6 冊，頁 1066。

50　「乃以歸之於物欲，則亦老氏『五色令人目盲，五音令人耳聾』之緒談。抑以歸之於氣，則誣一陰一陽之道以為不善之具，是將賤二殊，厭五實。」清‧王夫之：《船山全書》第 6 冊，頁 1068。

51　船山論氣，其實範圍很大，如陰陽是氣，氣之變化，一陰一陽之變化也是氣，朱子視之為形下的氣，而船山不敢貶低之，故於孟子詮釋中，小體亦不可去之、利、巧、貨色、霸、欲、情等，都與氣有關，而船山不至於貶低。

四、船山論「才」[52]

　　孟子言「乃若其情，則可以為善矣，乃所謂善也。若夫為不善，非才之罪也。」[53]其實這句話，本是回答告子與兩位「或曰」的議論，即公都子之問，「孟子講性善，難道其他的人的講法全錯嗎？」孟子的回答是，先對自己的性善義做定義，乃是他的性善義是就可以為善不為惡的自我決擇而言性善，若不善，則不是本有之才能負責，是後天習染負責。故「才」字也是隱指性善。「非才之罪」指的是，並非天降本有之才能所要負責，而本有之才能是隱指性善。而朱子的詮釋是「人有是性，則有是才，性既善則才亦善」[54]。又曰：「蓋孟子專指其發於性者言之，故以為才無不善」[55]。朱子對此，知道孟子與程子論才[56]是不同的，而孟子之所

52　唐先生認為船山視才的定義是：「思此理，行此理，以顯此理之能，為才。」唐君毅：《中國哲學原論·原教篇》（臺北：臺灣學生書局，2004年），頁 564。

53　這句話的詮釋，亦可參見牟先生的講法，其言：「此一正說是先就人之為人之實情，……而言其可以為善，意即實有其足可為善之能力（良能之才）以為善，猶如烘雲托月，虛籠地把性善之義烘托出來，然後再落實於仁義禮智之心，由之以明人之為善之能之發源，並藉以直明人性之定善。」牟宗三：《圓善論》（臺北：臺灣學生書局，1985 年），頁 22-23。

54　宋·朱熹：《四書章句集註》，頁 328。

55　宋·朱熹：《四書章句集註》，頁 329。

56　程子論「才」是可為惡的。伊川言：「才有美惡者，是舉天下之言也。若說一人之才，如因富歲而賴，因凶歲而暴，豈才質之本然邪？」宋·程顥、程頤：《二程集》第 1 冊（臺北：漢京文化事業有限公司，1983

以視才為善，乃因其發於性而言，故才善，乃因於性善，朱子詮釋
「才」字，其實很能合於孟子。而船山視才不是全善，如同於情，
情可以為惡，才亦可以為惡。因此船山言：「言『不善非才之
罪』，而不言『善非才之功』，此因性一直順下，從好處說。……
言『不善非才之罪』，則為善非其功也亦可見矣」。[57]在孟子而
言，性與才是同義語；在船山而言，為善非之功，則可見船山視
才與性不同，如同船山視性與情是不同的，在此吾人可以先看船山
對才的定義，其言：

> 蓋惻隱、羞惡、恭敬、是非之心，其體微而其力亦微，故必
> 乘之於喜怒哀樂以導其所發，然後能鼓舞其才以成大用。喜
> 怒哀樂之情雖無自質，而其幾甚速亦甚盛。故非性授以節，
> 則才本形而下之器，蠢不敵靈，靜不勝動，且聽命于情以為
> 作為輒，為攻為取，而大爽乎其受型於性之良能。[58]

這意思是說，性體微，故要乘於情才以發用。喜怒哀樂之情雖無必
善之本質，然其氣力盛大而甚速，如同水般，能載舟，也能覆舟，
為了避免情之為惡，故要有性體於背後以節之，此節之者，性也，
不是才；才是形下之器，既是形下，則不同於性，性是理氣合，至

年），頁 207。伊川認為本然之才是善，但表現出來的一般通人之才，則
有美惡。

57　清・王夫之：《船山全書》第 6 冊，頁 1064。

58　清・王夫之：《船山全書》第 6 冊，頁 1067。

少有形上之理；又性必善，才不一定皆善，故可見性與才不同。又
為善主要是性之功，而不是才之功，故可知性、才之不同。才者，
天生之材質，有聰明、不聰明，好靜或好動之別，其聽命於情，而
為攻取，故不同於性之良能。

在此船山對才的定義，其實同於晚年《張子正蒙注》的意思，
船山視氣質之性為耳目口鼻之欲，亦無有不善；不善者，才也，非
性也，才也者，可善可不善。船山言：

> 性藉才以成用，才有不善，遂累其性，而不知者遂咎性之
> 惡，此古今言性者皆不知才性各有從來，而以才為性爾。商
> 臣之蠭目豺聲，才也，象之傲而見舜則忸怩，性也；舜能養
> 象，楚頵不能養商臣爾。居移氣，養移體，氣體移則才化，
> 若性則不待移者也。才之美者未必可以作聖，才之偏者不迷
> 其性，雖不遽合於聖，而固舜之徒矣。程子謂天命之性與氣
> 質之性為二，其所謂氣質之性，才也，非性也。張子以耳目
> 口體之必資物而安者為氣質之性，合於孟子，而別剛柔緩急
> 之殊質者為才，性之為性乃獨立而不為人為所亂。蓋命於天
> 之謂性，成於人之謂才。[59]

此船山有名的論點，把「性」與「才」分別開來論述，認為程子視
氣質之性有惡，其實是才有惡，非氣質之性有惡，因為氣質之性在
船山而言，還是性，性則為善，才則有善有不善。此乃語意定義的

59　清·王夫之：《船山全書》第 12 冊，頁 129-130。

問題。性要藉形下之才以成用，然有不善，不知者以為是性所造成，其實才也。才者，材質是也，如天生而有豺狼哭聲者，天生之才也。而舜之弟象，見舜而忸怩，乃性之羞惡，非才也。才者，後天可以感化，感於善則善，感於惡則惡，而性不待感化，總是善。才美者，是為聰明人，可能只是有才華，而不見得於德行上表現為必聖之人，而才偏者，不失其性，雖為魯參，可以為禹也。可見才與德性上的成聖之間無必然的關係；成聖之必然關連者在性。故船山定義氣質之性，乃耳目口鼻之欲，亦善，惡者不歸於物欲，而責成於人；而才者，剛柔緩急的個性是也。天命之性，獲之於天；而才者，成之於人，故雖愚可明，雖柔可強。以上之所言，可謂船山對於性與才之不同的定義，於中年與晚年，並無不同。[60]

　　在此看出船山對才的看法，有其自己的定見，而不同於朱子、[61]孟子。然船山為何如此視之，其理由於結語處討論之。接下來，吾人談惡的問題。

五、惡如何可能

　　善惡一直是倫理學的大問題，儒家談論道德也不能例外，孟子也不例外。而孟子此章，所論者，性善不善的問題，又說「乃若其

60　吾人所謂的中年，乃指船山四十七歲，寫作《讀四書大全說》前後為中年，六十七歲作《張子正蒙注》前後為晚年。

61　朱子對才的見解不見得全合於孟子，但就此章對才的詮釋而言，是合於孟子的。

情可以為善，若夫為不善，非才之罪」，故為不善者，在心、性、情、才中誰要負責，乃成為本章的重點之一了。在孟子而言，於此〈公都子問性章〉中，誰該為惡[62]負責呢？孟子並未明言之，因為孟子的心、性、情、才都在談性善，故此章中，孟子的回答，只有正面言善，而未談及不善（頂多只說不善非才之罪），而於下一章，〈富歲子弟多賴章〉中，認是陷溺其心所造成惡。[63]而朱子的詮釋，於情、於才處順著孟子的脈絡而視之為善，然朱子的情是情感，是善的情感，故無惡，但非謂朱子視情感全善，而是朱子於此章中的情是善情，於他處則並非都如此。情既為善情，惡誰負責呢？朱子說是「物欲陷溺而然」，此為船山所批評，認為是找無罪者以頂罪，然而我們可以為朱子辯解，朱子雖說惡是物欲造成，然而並非怪罪於物，而人不用負責的意思。

然而船山的詮釋，異於朱子，也異於孟子，其視惡當該是誰負責呢？上文中，吾人討論了船山的性情才的見解，性者必善，不為惡負責；又惻隱之心是性，也是善；又船山反對朱子把罪歸咎於物欲，故只剩下情與才與惡有關。船山認為情雖可為善，亦會為惡，故船山把惡歸於情者，這是明顯的，反倒是船山視「才」，似乎反

---

62 若不光只是以船山此章論惡之說，而放在船山的整個體系上來看不善之來源，則可以有如下的可能，此亦可參見曾昭旭之言：「1、物來之幾與吾之往幾不相應以正；2、情之離性緣物而動；3、心之不盡其才。」曾昭旭：《王船山哲學》（臺北：遠景出版社，1983年），頁483-503。

63 孟子曰：「富歲，子弟多賴；凶歲，子弟多暴。非天之降才爾殊也，其所以陷溺其心者然也。」《孟子·告子上》。

覆，[64]有時說其有罪，有時說其無罪，較難確定其說，先看船山視情之可以為惡之說，船山言：

> 孟子曰：「若夫為不善，非才之罪也。」不善非才罪，罪將安歸耶？《集註》云「乃物欲陷溺而然」，而物之可欲者，亦天地之產也。不責之當人，而以咎天地自然之產，是猶舍盜罪而以罪主人之多藏矣。毛嬙、西施，魚見之而深藏，鳥見之而高飛，如何陷溺魚鳥不得？牛甘細草，豕嗜糟糠，細草、糟糠如何陷溺人不得？然則才不任罪，性尤不任罪，物欲亦不任罪。其能使為不善者，罪不在情而何在哉！[65]

船山此段中，順著孟子發言，不善不是才所造成，於是用消去法，試圖於才之外，找出不善的來源，而朱子認為不善是「物欲陷溺而然」，其實朱子的詮釋是順著孟子〈公都子問性〉的下一章〈富歲子弟多賴章〉中云：「其所以陷溺其心者然也。」故可見朱子以孟子解孟子，應該不至於有太大的缺失；而吾人發現船山對於〈富歲章〉，於《讀孟子大全說》中，並未有文詮釋之。然而朱子與孟子的講法還是稍有差別，因為孟子只講「陷溺」，而朱子卻說是「物欲陷溺」，於是引起船山的反感。船山認為物之可欲者，亦天地之

64　船山於晚年《張子正蒙注》時，視才有為惡的可能，然此孟子此章的詮釋中，似乎詮釋的不清楚。似乎可以為惡，又不可為惡。理由在於才是形下之資具，可以為惡；然又要照顧孟子的「非才之罪」，故不可罪才，此章詮釋中，船山講的渾淪。

65　清·王夫之：《船山全書》第 6 冊，頁 1066。

產，不當認罪，[66]亦是說罪在人而責之物，這是不當的。依於此，才不認罪，物欲不認罪，則只剩性與情可能有罪，而且罪是在人身上，不在外物。然而性一定是善，故性亦不認罪，則罪在情，是明顯的了。這是船山的推論，其實不是孟子的原意，因為孟子的情，是實情，也是指性，故性善則情亦善，而非船山的解法。至於朱子，雖不見得視情皆善，然於此章，朱子認為孟子所講的情，是善情，如惻隱、羞惡等情，故於形下的情善以推形上的性善。故以朱子而言，至少此章的「情」是「不認罪」的，而改歸罪於「物欲陷溺」。而船山不認物欲有罪，轉而回到情、才處找惡的根源，而孟子言「非才之罪」，於是只剩下情可能有罪。船山正是歸罪於情，然也不是說情一定為罪，而是情有善有惡，情於「變合」之時而產

66　船山言：「沍陰沍寒，刑殺萬物，而在地中者，水泉不改其流，艸木之根不替其生，蟄蟲不傷其性，亦可以驗地之不成乎殺矣。天心仁愛，陽德施生，則將必於此有重拂其性情者。乃遯於空霄之上，潛於重淵之下，舉其所以潤洽百昌者聽命於陰，而惟其所制，為霜為冰，以戕品彙，則陽反代陰而尸刑害之怨。使非假之冰以益其威，則開闔之艸木，雖至今存可也。治亂相尋，雖曰氣數之自然，亦孰非有以致之哉！故陰非有罪而陽則以怨，聖人所以專其責於陽也。」清·王夫之：《船山全書》第 1 冊（長沙：嶽麓書社，1996 年），頁 834。船山這意思是坤不為惡負責，同樣地，人欲比配於坤卦，故人欲、物欲亦不為惡。以大體導小體，則人欲不為惡。人欲何以能比配於坤卦呢？同書，王夫之云：「夫〈坤〉之為美，利導之而已矣。利導之而不糅雜乎陽以自飾，至於履位已正，而遂成乎章也，則蚑者、頓者、芽者、荂者，五味具，五色鮮，五音發，殊文辨采，陸離焆爛，以成萬物之美。」清·王夫之：《船山全書》第 1 冊，頁 835。

生了惡；[67]又情只是「喜怒哀樂」，在此船山言：

> 惟于其喜樂以仁禮為則，則雖喜樂而不淫；於其怒哀以義智相裁，則雖怒哀而不傷。故知陰陽之撰，唯仁義禮智之德而為性；變合之幾，成喜怒哀樂之發而為情。性一於善，而情可以為善，可以為不善也。[68]

情不皆惡，情可以為善情，可以為惡情，情若能依於性之指導，則情為善情；然情若不依於性，而於變合之幾，而成喜怒哀樂，然其發不一定中節，則情就有為惡可能。故在此船山詮釋孟子「乃若其情，則可以為善」的講法，視之為正面之說，而有正面必函反面，其所謂的反面則是「情亦可以為不善」。故可見船山視惡就在情之變合而不得其正者為惡。

若如此，我們於船山處可以說已找到了不善的根源，在於情，在於情之變合而不依善性。然而前面我們看到了，船山視「才」無惡。[69]然而船山有時又似乎反覆，有時認為「才」亦為惡，在此我

---

67 用唐先生的話是「察此船山之唯在情才之流之交上，說惡之地位之說。」唐君毅：《中國哲學原論・原性篇》（臺北：臺灣學生書局。2006年），頁 509。此變合之惡，唐先生以情才之流之交時始有惡。又船山言：「乃耳目之小，亦其定分，而誰令小人從之？故曰小不害大，罪在從之者也。」清・王夫之：《船山全書》第 6 冊，頁 1089。此意思是罪不在小體，而在「從」小體，亦是說情之流而為惡。

68 清・王夫之：《船山全書》第 6 冊，頁 1069。

69 「乃雖其違禽獸不遠，而性自有幾希之別，才自有靈蠢之分，到底除卻者情之妄動者，不同於禽獸。則性無不善而才非有罪者自見矣。故愚決以罪

們可以先從推論處著手，船山於前文言：「曰『若夫為不善，非才之罪』，即告子『性無不善』之說也。」[70]船山認為若夫為不善，非才之罪，這是孟子在回辯告子之言，告子之言為「性無善無不善也」。因為不善非才之罪，同樣地，善亦非才之功，因為功在性，不在才。而告子言性，其實只言及才，所以與孟子不同，因孟子言性一定善，而告子言性則無善、無不善也。船山認為，其實告子言的是才不是性，故告子的「性無善無不善」[71]之說法，其實是「才無善無不善」，因為不善非才之罪，善也非才之功，故才無善無不善。若依於此處推論下手，發現才是無善無不善，故歸之其有惡不可，歸之其有功亦不可。故船山的惡，只在「情之變合」，而不在「才」了。因為船山對於孟子論才的看法，於此章中，除了言「非才之罪」外，孟子又言：「或相倍蓰而無算者，不能盡其才者

歸情，異于程子之罪才也。」清・王夫之：《船山全書》第 6 冊，頁 1072。又船山言：「程子全以不善歸之於才，愚於《論語說》中有笛身之喻，亦大略相似。然笛之為身，縱不好，亦自與蕭管殊，而與枯枝草莖尤有天淵之隔。故孔子言其『相近』，孟子亦言『非才之罪』，此處須活看。既是人之才，饒煞差異，亦未定可使為惡。《春秋傳》記商臣蠭目豺聲，王充便據以為口實，不知使商臣而得慈仁之父、方正之傳，亦豈遂成其惡哉！舜之格瞽瞍及免象於惡，其究能不格奸者，亦瞍、象之才為之也，又豈舜之於瞍、象能革其耳目，易其口體，而使別成一底豫之才哉！」清・王夫之：《船山全書》第 6 冊，頁 1071-1072。以上二段所舉的意思認為，程子罪才，而船山不罪才。若只依於此二段之言看來，船山似不認為罪在才。

70 清・王夫之：《船山全書》第 6 冊，頁 1064。

71 告子的性無善無不善，其實等同於其自己另一段的話，「人性之無分於善不善也，猶水之無分於東西也。」見《孟子・告子上》第六章及第二章。

也。」船山亦順此句以詮釋之，船山言：

> 鑠之不善，則不善矣，率才以趨溺物之為，而可以為不善者
> 其罪矣。故曰「或相倍蓰而無算者，不能盡其才者也」，而
> 不可云「不能盡其情」。若盡其情，則喜怒哀樂愛惡欲之熾
> 然充塞也，其害又安可言哉！[72]

船山認鑠之善則善矣，鑠之不善則不善矣，然而性不是外鑠，則
情、才為可外鑠矣。不善者是為情，而才也者，只是智愚、蠢靈形
下之才質義，無關乎道德。有智者不見得有德，參之魯也不見得無
德，故才只是中性義，然而性之發用，須借助於情才，為善要有情
才，為惡也要有情才。才只是奴僕義，若依於本有性善，則才可以
為善，若依於惡情之變合，則才亦為惡。若如此可以解釋，一方面
船山又認為才不認罪；另一方面才又要認罪。理由是才也者，無關
於道德，而為中性義，才也者，無善、無不善之謂也。既然才無關
於善惡，則才不任罪；然而才之表現端視其從於大體，或是小體，
若依於大體而為善，依小體就為惡，故「才」只是執行的才幹、功
能，可上可下，可善可不善。若知此則船山一方面說「才」無罪，
又說才有罪，[73]則得以澄清了，在此可以解釋何以船山有時視才有

72　清‧王夫之：《船山全書》第 6 冊，頁 1067。

73　在此可以說才無善無不善，因為才只是中性義；原文說「非才之罪」，故
　　才不為罪負責，然才是從於主人，主人為惡，才亦惡，才亦難脫身。故因
　　為船山有時說才有罪，有時說無罪。

罪,其言:

> 人之為惡,非才為之,而誰為之哉!唯其為才為之,故須分
> 別,說非其罪。若本不與罪,更不須言非罪矣。如剌人而殺
> 之,固不可歸罪於兵,然豈可云兵但可以殺盜賊,而不可以
> 殺無辜耶?[74]

人會為惡,是才為之,才有其「材質」義,又有其「能力」義,所
謂的才幹、才能,故惡是才之所為,然而真實言之,「才」只是一
個「聽命之能」,故真正為惡是在人不自覺而從情,因著「情之變
合」而不依於性之正時,情便為惡。然情之為惡,亦要依靠於
「才」不可,單依於主人而無僕人之助,為惡有限;單依於情變,
為惡亦有限,故說才有罪、才無罪,都是對的,理由在於,真惡在
於主人,而不是才,這時可說才無罪;然而既然為惡,才亦參與
之,不得脫罪。若知此,則船山詮釋「若夫為不善,非才之罪」的
意思是,說其非罪時,其實是包括著有罪而並言,若本無罪,則不
用談非罪,故可見才有罪亦可,才無罪亦可,它本是無善、無不
善,才無罪,乃因罪在依從於情流,罪在主人;才有罪,乃因其亦
接受吩咐而參與犯罪。故船山舉例以言之,如同殺人,罪不在兵,
而在於上位者之吩咐所造成,故才無罪。然而上位者之吩咐,豈都
下了正確之命令嗎?有時不正,則兵亦殺無辜,則上位犯罪,兵亦
參與之。

---

[74] 清·王夫之:《船山全書》第6冊,頁1070-1071。

　　故可見船山順孟子之言，不能盡其才者，表示不能把天生之才能發揮到最好，若天生的聰明才智用於善，則是盡才；用於不善，則不能盡才。船山言：

　　　　才之所可盡者，盡之於性也。能盡其才者，情之正也；不能
　　　　盡其才者，受命於情而之於蕩也。惟情可以盡才，故耳之所
　　　　聽，目之所視，口之所言，體之所動，情苟正而皆可使復於
　　　　禮。亦惟性情能屈其才而不使盡，則耳目之官本無不聰、不
　　　　明、耽淫聲、嗜美色之咎，而情移於彼，則才以舍所應效而
　　　　奔命焉。[75]

　　盡才者，乃依於性善，而且把天賜之才能發揮到極致。能盡才乃依著性善，而喜怒哀樂得正者，才亦得以盡；不能盡才者，乃因著情之變合、蕩越於性，而不得其正。亦是說才聽命於情，情正則才正，情惡則屈才而為惡，情移於物欲而不能自已，則才亦捨其所應效於性善之正，而為惡情疲於奔命，而為惡。

　　在此船山清楚的認為造成惡的原因，乃「情之蕩」、「喜怒之不得正」者；而才者，可以說無與於惡，也可以說其助長於惡。此說法到了晚年的《張子正蒙注》中，亦不相違背，只是《張子正蒙注》情處談的少，其重在區分氣質之性與才之不同，性者必善，無論本然之性或是氣質之性都是善；而才者，天所賦予，且為後天人為所致，無善、無不善，可以為善亦可為不善，故惡不在性，而在

75　清·王夫之：《船山全書》第 6 冊，頁 1067。

於才。晚年視才可以有惡，而中年時已發此端倪了。

六、結語與反思

　　吾人於結語處，試著對於船山此章為何對於性情才如此詮釋做一背後的義理說明，首先船山視惻隱之心為性，不同於朱子的惻隱是情，因為船山視情不一定必善，然船山不是重情嗎？船山的確不貶低情，然船山的兩端一致之見解，性情並建的看法，使得情若只有偏孤，而不依從於性，則情有流蕩之危險，故船山視情為喜怒哀樂，不必為善；然惻隱等必為善，主要理由在於性上，不在情上，這也是依於孟子的性善之說所致。又，船山認為心性常是必需連讀，船山曾反對龜山的「正人心」一語，[76]可見心不見得都是待正的，而是心中有本其性，性正心亦正。離性而言心，船山視為頓悟之學，明心而見性空，是為佛學。亦是說船山之所以視惻隱之心為性，其擔心的是若只有心而無性，則將淪為明心見性的禪說；然惻隱若只是情的話，則無必善之說，故如此的背後義理，使得船山視惻隱之心為性，乃其不得不然的結論。

　　又，船山視情，只有喜怒哀樂，而不像惻隱之心皆善，其理由，吾人認為可用船山的話以說明之，船山言：「慕天地之大而以

76　「龜山云『孟子一書，只是要正人心』，此語亦該括不下。向聖賢言語中尋一句作紐子，便遮蔽卻無窮之理。以此為學，博約之序已迷；將此釋經，紕戾不少。到不可通處，又勉強挽回搭合去，則雖[與]古人之精義顯相乖背，亦不惜矣」清·王夫之：《船山全書》第 6 冊，頁 892。

變合之無害也，視情皆善，則人極不立矣。」[77]以天地之大而陰陽之化的變合皆為善，而落於人上，則視情皆善，則人道廢，因為情皆善則人不用節制，五倫上的抉擇即是人道的努力，於此努力上，人的抉擇是堅苦的，人要節文之以防其情的過於不及，而面對萬事萬物，以恰當中節。這裡都要有人道的努力，而不可流於自然，[78]恃其天生之才，而忘其不容已的憤發。故船山不依於朱子的情善的講法，而視惻隱為性，喜怒等處始是情，而情者則要節文之，不足者文飾之，過之則刪節，此人道的禮義，正在此用心。故可見船山的擔心，擔心流為放縱之學，而人道廢，可見船山的重德、重人極的用心。

　　又於才處，船山視之為形下之聰愚、賢不肖等之資質，一方面不貶低才，乃於「乾坤並建」義理中，形下之才亦不可廢。另一方面才之為中性，需要性善的領導，若依於不善之情的領導，則流於惡，故才高者不必為聖人，才低者也不必不能為聖人；可見船山不重其天生處，因為天生者才也，雖有才已成定局，然才的聰明、愚濁等不能決定人的一輩子，[79]因為「性日降，命日成」，而日降日成者，不是天生之才所能決定之，而是後天的人成之努力、修德之努力，更較其才為重要。故可見重在人成，而不決定於天。也因為

77　清・王夫之：《船山全書》第 6 冊，頁 1072。

78　「唯恃其自然，忘其不容已，則乾不絕小人而小人絕乾。」清・王夫之：《船山全書》第 1 冊，頁 822。

79　船山言：「天命之理，而愚者可使明，……柔者可使彊。」清・王夫之：《船山全書》第 6 冊，頁 728。

船山的儒學思想重德,故才無與於德,[80]而才高才低,事業大或
小,都不是最重要者;重要在於有德與否。

故可見船山的心、性、情、才之詮釋,其於此章的心性情才之
說與其他章孟學詮釋中的心性情才相一致,故吾人可以由小見大,
可知者是其性必是善,比配於天道之誠,故船山以思誠為工夫之
極,以人道法天道;而情才者乃善惡之幾,不可不慎;於心,其實
是本有善性之心,故惻隱等心便是善性。而船山之所以如此詮釋、
有其關心,此關心發端於《周易外傳》,如性日成,命日降,重人
的日新其德,也不要有佛老的詮釋加入於儒學思想中;以及船山重
乾坤並建,[81]情之不偏孤等,都決定了船山的孟子詮釋,故也看出
船山的義理用以領導訓詁,而其義理乃是一種方向健康、光明正大
之學,而為成德之教,指引人入於儒而別於佛,而開出人文化成的
教義。

---

80 船山把才比配於陰陽,而陰陽未分之時,無善惡可言,所謂的才無善無不
善。但與天道之必善,人道的性善還是不同,船山言:「六陰六陽,才
也。陽健、陰順,性也。」清・王夫之:《船山全書》第 6 冊,1072。天
道的誠、氣要比配於陰陽及陰陽之健順,而不是只有才。

81 船山的乾坤並建之說出於《周易外傳》,如船山言:「方建乾而即建
坤。」清・王夫之:《船山全書》第 1 冊,頁 1097。

第七章　王船山對於
〈孟子序說〉的反省
──心性之分與合

一、前　言

　　朱子的《四書》詮釋相當知名，若沒有程朱學派的推廣的話，則《四書》作為合併的教材，也不成立，程朱對於《四書》的推廣相當有貢獻。[1]朱子的《四書章句集註》在詮釋《四書》之前，都有一個〈序說〉，此四個〈序說〉都很重要，〈中庸章句序〉特別知名；[2]然《孟子章句集註》裡，前導為〈孟子序說〉，先引《史記》對於孟子生平的記載，之後加上了一些儒者讀孟子的心得，包

1　程朱之前乃重《五經》之學，而到了宋學，程朱之後，《四書》的研究變的重要了。

2　〈中庸章句序〉的重點在於談人心道心之間的關係。從十六字真傳的「人心惟危」等字，進而對人心、道心做一詮釋。

括揚雄、韓愈、程子與楊龜山等人。[3]此〈序說〉裡引了一句楊龜山的話語，這一句話為船山所見，覺得其中有語病，於是對它作出了評論，船山的評論大約短短二頁的話語，吾人將此二頁依湖南長沙嶽麓版的《船山全書》之斷句，分為七段，吾人以此七段文字，作為此文研究的主要參考資料。雖然只是短短的幾段文字，卻能把船山心目中對於心性的問題重點勾勒出來。

因為在義理方面，船山此書之作，乃其四十七歲的作品，雖然早年三十七歲於《周易外傳》中有一些自己獨創的見解，然於此時，反對心學，對於程朱的理氣心性之架構，卻是承繼的，雖架構承繼，內容卻不承繼，亦常對於朱子後學予以嚴正批評，對於朱子學亦有修正。[4]朱子學的「心統性情」[5]這個架構，船山其實是繼承

3　可參見宋·朱熹：《四書章句集註》（臺北：鵝湖出版社，1984 年），頁 197-200。一般而言，朱子引其他儒者之語以解孟子，大致而言，可視為朱子對於此詮釋語是同意的。

4　船山的思想便是乾坤並建，此乾坤用以比配知行，而朱子是《大學》的先知後行架構，而船山則是知行並重，乾坤並重。故於《大學》之詮釋，不同於朱子；於孟子「知言養氣」處，朱子的詮釋是以知行比配知言養氣，故先知言，後養氣，而船山卻認為知言養氣同時並進。

5　可參見朱熹、呂祖謙編選：《近思錄》，收於朱傑人、嚴佐之、劉永翔主編：《朱子全書》第 13 冊（上海：上海古籍出版社，2010 年），卷 1，第 50 條，頁 175。此條談心統性情，且是橫渠語。亦是說朱子喜歡心統性情之架構，然卻是以自己的架構詮釋之，不見得是渠原意，因為橫渠也不是程朱的理氣論這種看法，又程朱對於橫渠的《正蒙》視之為輪迴之說，程朱又反對張子以清虛一大形容太虛，這些都足以說朱子採心統性情之說，只是架構上的採用，內容上與張子不甚相同。

了，並未對此做出質疑，最多只能有其自己進一步的詮釋。[6]船山
在尚未進入孟子的原文時，即在閱讀〈梁惠王上篇〉之前，先讀到
了〈孟子序說〉，於〈孟子序說〉其他處皆未有質疑，獨對於楊龜
山的講法，有不滿意處，在此吾人先舉楊龜山之語以做為討論之依
據。

二、楊龜山見解

朱子的〈孟子序說〉，先引《史記》，記錄了孟子的生平，隨
後引了一些先儒對孟子的評語，其中楊龜山[7]的話，只引了一句，

6　「『心統性情』，『統』字只作『兼』字看。其不言兼而言統者，性情有
　　先後之序而非並立者也。實則所云『統』者，自其函受而言。若說個
　　『主』字，則是性情顯而心藏矣，此又不成義理。性自是心之主，心但為
　　情之主，心不能主性也。」清・王夫之：《船山全書》第6冊（長沙：嶽
　　麓書社，1996年），頁945-946。

7　楊龜山乃程門四大弟子之一，以道南派而聞名，也曾與小程子書信往來，
　　論到〈西銘〉是否為兼愛，還是有理一分殊的精神。所謂道南派，乃伊川
　　認為楊龜山家鄉在南方，回鄉後必能傳伊川之學，故有「吾道南矣」之
　　說，楊龜山後又傳了羅從彥，羅從彥傳李延平，李延平的學生是朱子。故
　　朱子引其同門派系的前輩，論孟子之言，不亦宜乎！楊時認為〈西銘〉有
　　流為墨氏的疑慮，而小程子回信告訴他，〈西銘〉乃理一分殊，其言：
　　「〈西銘〉明理一而分殊，墨氏則二本而無分。（程頤注：老幼及人，理
　　一也；愛無差等，本二也。）分殊之蔽，私勝而失仁；無分之罪，兼愛而
　　無義。分立而推理一，以止私勝之流，仁之方也。無別而迷兼愛，至於無
　　父之極，義之賊也。子比而同之，過矣！」宋・程顥、程頤：〈答楊時論
　　西銘書〉，《二程集》第1冊（臺北：漢京文化事業有限公司，1983

作為壓軸。文字如下：

> 楊氏曰：「孟子一書，只是要正人心，教人存心養性，收其
> 放心。至論仁、義、禮、智，則以惻隱、羞惡、辭讓、是非
> 之心為之端。論邪說之害，則曰：『生於其心，害於其
> 政。』論事君，則曰：『格君心之非』，『一正君而國
> 定』。千變萬化，只說從心上來。人能正心，則事無足為者
> 矣。《大學》之修身、齊家、治國、平天下，其本只是正
> 心、誠意而已。心得其正，然後知性之善。故孟子遇人便道
> 性善。歐陽永叔卻言『聖人之教人，性非所先』，可謂誤
> 矣。人性上不可添一物，堯舜所以為萬世法，亦是率性而
> 已。所謂率性，循天理是也。外邊用計、用數，假饒立得功
> 業，只是人欲之私。與聖賢作處，天地懸隔。」[8]

在此吾人引出楊龜山之語，可以想像，當時船山讀到了些什麼，然
而又不滿些什麼，其中的「正人心」一語，是主要關鍵點。然依著
船山的七段文字（下文引之），吾人可以大略知道，第一，認為用
「正人心」一語以總括孟子，似有以偏蓋全之誤；第二，龜山歧
心、性為二，而船山認為，孟子言心時常能含性，故心性不皆為

年），頁 609。此亦可參考沈享民：〈青年朱熹的哲學探索——以《延平
答問》對「理一分殊」的討論為中心〉，《哲學與文化》32 卷 7 期
（2005 年 7 月），頁 81-92。

8　宋・朱熹：《四書章句集註》，頁 197-200。

二。其實，不只船山不滿龜山，朱子對此段文字亦有批評。

依上所言，楊龜山認為《孟子》一書乃是要正人心、息邪說。[9]此是依於《孟子》原文照抄，大致而言，本不該有問題，然船山認為縱是《孟子》原文，也不是以這句話為中心概念去統攝整本《孟子》，故船山批評之，詳見後文。龜山認為《孟子》一書除了要正人心，還要人存心，還有收其放心，似乎重點都在談心。[10]而楊龜山屬道南派者，其思想應接近程朱，包括大程、小程。龜山又認為，孟子談仁義禮智時，以惻隱等心為四端。此是接近朱子的講法，而卻又不完全相同，因為朱子認為惻隱等是情，不是心，[11]而孟子為何說惻隱是心呢？程朱的解釋是，因為心統性情。於是龜山直接回到孟子，視惻隱是心。又說孟子談邪說時認為，「生於其心，害於其政。」[12]又龜山認為孟子談事君時，認為要格君心之非，即是要正君心，故龜山簡單的小結認為，《孟子》一書都在談心，千變萬化，只說從心上來。而這些講法似乎歸納了一件事，即

9　「我亦欲正人心、息邪說、距詖行、放淫辭，以承三聖者。豈好辯哉？予不得已也。能言距楊墨者，聖人之徒也。」《孟子・滕文公下》。

10　龜山這種講法其實很平正，船山本不該批之，因為船山批之的理由在於，人心不是皆待正，因為人心函性時，人心為善，不用被正；然龜山此段語也用了「存心、收放心」，心不都是被正的對象。

11　朱子詮釋孟子的「惻隱之心，仁之端也；羞惡之心，義之端也；辭讓之心，禮之端也；是非之心，智之端也。」認為「惻隱、羞惡、辭讓、是非，情也。仁義禮智，性也，心，統性情者也。」見宋・朱熹：《四書章句集註》，頁238。

12　此乃出自〈公孫丑上篇〉，孟子談知言處的原文。

孟子的重點在於心。[13]然龜山亦不是心學（如陸王般），但在此他認為孟子重心。照理講，程朱是性理學，此〈孟子序說〉也是朱子編寫的，若在朱子而言，看到以心學義理來解孟子，朱子本不該抄此段來詮釋孟子，（朱子對此段亦小有批評，後文見之）理由在於朱子是理學而不是心學。程朱視心不是重點，重點在性，故有小程子的講法，所謂的「釋氏本心，聖人本天」之說，即聖人不本心，所本者，性理、天理是也。朱子詮釋孟子學還是以心性論詮釋之，然心性之中，誰尊誰貴呢？性理為尊。[14]然朱子對於龜山此語，並未太多加批評，不只批評不多，還引之以詮釋孟子。可能理由在於，朱子認為龜山雖說孟子重心，然其所認定孟子之重心，乃心中有性，心不離性，故重心亦重性，故朱子對於龜山此語並未太嚴格的批評。

13　吾人認為龜山的重心義，與其師小程子的意思接近，船山曾批評伊川的重心，其言「伊川重言盡心而輕言知性，則其說有如此。」清·王夫之：《船山全書》第 6 冊，頁 1112。而伊心的重言盡心的原文是「何必如此數，只是盡心便了，纔數著，便不盡。如數一百，少卻一便為不盡也。大抵槃於天曰性，而所主在心。纔盡心即是知性，知性即是知天矣。」宋·程顥、程頤：《二程集》第 1 冊，頁 208。龜山的道南派，於重心處，承繼於伊川。然伊川言心，不同於釋氏言心。但吾人也不意味伊川屬心學。

14　「艮齋之『心本性』、『性師心弟』之法門，是實對抗於當時主心論派而創之，此可以謂主性論，而以心性一致，為修養之極致。」李丙燾：《韓國儒學史略》（漢城：亞細亞文化社，1986 年），頁 318。韓儒田艮齋發揮朱子學的精神，認為程朱的重點在性，而不是心。此是很合於朱子的。而如今龜山把孟子詮釋的像心學，而船山不滿，因為船山此時四十七歲，歸宗張子，若是面對心學與理學，還是較接近朱子學，而反對心學。

　　然而在船山眼中，就沒有如此客氣了，因為船山至始至終，從少到老，都不喜歡心學，而且此時船山四十七歲，雖與朱子學有不同，然架構上卻從朱子學著手，故船山看到龜山以心學來詮釋孟子，非常反對，大加批評，吾人詳於後文。

　　龜山續云：「人能正心，則事無足為矣。」在此我們可以把龜山的意思詮釋成「為政以德」，心正則德正，則能「譬如北辰，眾星拱之」，風行草偃。然船山卻不是如此看待，因為船山認為孟子學除了談仁心外，還要有仁術等，[15]徒善不足以為政，[16]正心之外，還有很多事，正心做為開始而已。然龜山認為正心之外則無餘事，其面對《大學》的八條目，又如何詮釋呢？龜山云：「《大學》之脩身、齊家、治國、平天下，其本只是正心、誠意而已。」故結穴還是在正心處。然龜山又言：「心得其正，然後知性之善。」可見龜山言心是包括性的，而船山還是覺得龜山的講法太偏重心了，而性義不顯。之後龜山批評歐陽修的講法，歐陽氏的看法認為聖人教人，性不是第一要務。[17]此龜山反對，可見龜山講心是

15　「諸儒不審，乃謂但不忍一觳觫之心，便足保民而王，而齊王自忘其心，須令自認。此釋氏之所謂『纔發菩提，即成正覺』，更不容生後念，而孤守其忽然一悟之得，保任終身者。乃不見鳶飛魚躍，察乎上下之誠理。一指之隔，邈若萬重山矣！」清·王夫之：《船山全書》第6冊，頁902。船山認為孟子不只是講心，還要講仁術，還要講性善，還要有方法，若只講心便足以行王道，這種講法類似為佛教的「才發菩提，即成正覺」，此非孟子原意。

16　孟子曰：「徒善不足以為政，徒法不能以自行。」《孟子·離婁上》。除了善心外，還要有方法。此方法在孟子而言是先王之道。

17　「永叔曰：『以人性為善，道不可廢。以人性為惡，道不可廢。以人性為

第一要務，性也是第一要務，故可見龜山的見解裡，心中含性，重點在於心，也是在於性，心性不可分言。故龜山認為，人性不可添一物，而且聖人之為聖，也是率性而已，此率性者，循著天命之性，上天所賦予我性善之性，此性在於人心之中。而且此性便是天理也，故可見，龜山依循著小程子的「性即理」之說。[18]就此而言，我們可以知道為何朱子要抄入龜山之語，因為龜山此語，前半部雖說心是第一要務，然而後半段卻說性很重要，因為他認為心中有性，心重要，等於是說心中的性重要，心統性情，心性不分，故朱子沒有太多批評龜山，而且還抄入龜山的詮釋以解孟子。龜山依於小程子的「性即理」之說，[19]如同朱子認為「性即理」是不可顛

善惡混，道不可廢。以人性為上者善，下者惡，中者善惡混，道不可廢。然則學者雖毋言性可也。』」《宋元學案·卷四廬陵學案》。見清·黃宗羲著，沈善洪主編，吳光執行主編：《黃宗羲全集》第 3 冊（杭州：浙江古籍出版社，2005 年），頁 266-267。歐陽氏認為，因為性之說有爭議，有性善、有性惡說，有性善惡混之說，有性三品之說等等的爭議，故學者不需從性下手，因為無論性是如何，都要實踐道，故依於道，則性之爭可廢，也可包容諸儒之說，故重道不重性。

18　龜山的思想，是否是小程子的系統，目前學界，似乎還有爭議，有些人認為他是大程子的系統。然吾人在此不去討論這個爭議，因為牽涉很多複雜問題。吾人在此的意思是，龜山此段話，例如率性，解為循天理，就這此面向而言，是較合於小程子的，因為小程子是「性即理」之學，而大程子說「善即性，惡亦不可不謂之性」。故只就性這一點，龜山較類於小程子。

19　「性即理」之說，是否是孟子原意，吾人認為大可疑，性即理之說是程子所發明出來，後來程朱學者尊奉，當然也影響了一些後學。戴震就不接受這種看法。性若是天理，則孟子的「形色天性」不知該如何解，程朱學派可能又要補一個氣質之說。

撲之語，且認為是大有功於聖學之語。

船山與朱子同樣面對此龜山之語，然而卻有不同的態度，因為朱子看到心中有性，性又是理，合於程朱理學，故朱子引之以詮釋孟子；而船山因為對於心學之不滿，又看到龜山之語，似有「正心則無餘事」的說法，似於釋氏，於此對於此語大加批評，於《讀孟子大全說》中，放在〈梁惠王上篇〉的第一段，分為七個小段，前後一氣呵成，主要針對龜山講法之不滿。然而說穿了，還是對於心性之分合的問題，作一討論，於下一節處，吾人引船山文以解說。

三、船山對楊龜山的批評

船山原文，首尾呼應，一氣呵成。吾人依嶽麓書社之全集版的分段，分為七段，於下文一一解釋，第一小段言：

> 龜山云「《孟子》一書，只是要正人心」，此語亦該括不下。向聖賢言語中尋一句作紐子，便遮蔽卻無窮之理。以此為學，博約之序已迷；將此釋經，紕戾不少。到不可通處，又勉強挽回搭合去，則雖〔與〕古人之精義顯相乖背，亦不惜矣。[20]

船山認為，雖然龜山概括孟子之言「正人心」一語來自於《孟子》原文，然《孟子》原文話語那麼的多，此句話是否最有代表性，真

20　清·王夫之：《船山全書》第 6 冊，頁 892。

能一言以蔽之,用以形容孟子呢?船山認為不能。因為船山認為
《孟子》一書,亦不只有正人心之重點,仁心之外還要開出仁術,
徒善不足以為政,故孟子的精神不是一句「正人心」可概括。而且
船山認為龜山如此言之,博約之序已迷,此乃船山所遵守朱子學的
下學上達之說,博者,「博我以文」;約者,「約我以禮」。[21]船
山認為龜山既然是道南派,所守者程子之學,亦當以程朱學為正,
而程朱學的博約是有先後順序的,先博文,乃先格物窮理,後約
禮,對照於誠意正心之說。而船山此時四十七歲,雖歸宗於張子,
但還保有朱子學的架構,故船山以朱子的義理批評龜山,認為其為
學的次第已錯亂顛倒。[22]也因著學問的錯亂顛倒,以此為學來詮釋

---

21 「夫子循循然善誘人,博我以文,約我以禮。欲罷不能。」《論語·子罕
篇》。朱子的詮釋是「循循,有次序貌。誘,引進也。博文約禮,教之序
也。言夫子道雖高妙,而教人有序也。侯氏曰:『博我以文,致知格物
也。約我以禮,克己復禮也。』程子曰:『此顏子稱聖人最切當處,聖人
教人,惟此二事而已。』」宋·朱熹:《四書章句集註》,頁 111-112。
朱子把「循循」解為有次序貌,依此認為孔子教人的工夫次第,乃先博我
以文,再約之以禮。又引侯師聖的講法,認為博文是致知格物之事,約禮
是克己復禮之事,此乃與朱子的工夫先格物致知,後誠意正心是相合的。
而程子認為聖人教人只此二事,此乃小程子之說,小程子認為二事,乃
「涵養用敬,進學在致知」之事。

22 依朱子學而言,先博後約,先下學然後上達,故此為漸教,若不依此,先
上達,先悟,先約而為一事者,在朱子認為是禪,是心學,船山也是以此
認為龜山此說已流而為心學、流為禪。因為朱子的〈格致補傳〉是如此
言:「是以《大學》始教,必使學者即凡天下之物,莫不因其已知之理而
益窮之,以求至乎其極。至於用力之久,而一旦豁然貫通焉,則眾物之表
裏精粗無不到,而吾心之全體大用無不明矣。此謂物格,此謂知之至

孟子，故孟子之詮釋有誤，而把「正人心」一語括之，約括不下的。故船山認為這種期以先悟者，先以一種義理領導訓詁者，將有做學問的危險，為了要一言以蔽之以形容孟子學，然所形容的孟子學又不能做為孟子學的核心（因不從博學而來），最後的下場，將是削足以適履，如同削孟子之足以合於龜山之履。此乃船山對於孟學詮釋中，方法學的反省。[23]而龜山之歸約，約錯了，以「正人心」為約。若龜山之一言以蔽之，講中了孟子學，似可不必批評之，然船山認為「正人心」之語做為孟學的樞紐是不足的。因為會把孟學詮釋成心學。[24]然用「正人心」以形容孟學，船山認為錯誤在哪裡

也。」宋・朱熹：《四書章句集註》，頁 7。朱子認為先於凡天下物處，慢慢窮格，慢慢累積，直到豁然貫通，故可見朱子心目中，是先博後約。

[23] 船山認為方法學上而言，要先歸納才能得到一個演繹的原則，不先歸納，而先有一個演繹原則，此原則錯誤的機會很大。因為此原則、原理不從博文而來，則有可能是錯的，再以此錯誤原則做為綱領，則整個孟學詮釋，都將出現問題。

[24] 陳祺助教授言：「船山存養本心之理的工夫，在證體以立本方面，可說同於陽明者。」見陳祺助：〈王船山論存養本心的工夫——心意／性情貫通之道〉，《中央大學人文學報》第 52 期（2012 年 10 月），頁 80。吾人認為這種講法是錯的，理由在於船山是最厭惡陽明學，而陳先生卻把船山說成是陽明學。陳先生為了把船山放在牟先生的三系說的五峰蕺山系，而五峰蕺山是心可以通於天理，於是船山也成了心即理的系統。然牟先生的宋明三系就只到蕺山，船山已不屬之了，陳先生的做法，違反船山與牟宗三；且船山是氣學，不是如陳教授所形容者。而一旦要讓船山成為心即理的系統，於是說船山同於陽明，然船山明顯反對心即理之說：「理以生心，故不可謂即心即理，諉人而獨任之天。心以具理，尤不可謂即心而即理。」清・王夫之：《船山全書》第 6 冊，頁 1112。陳先生以實理心形容船山學，其實亦無誤，只是吾人可問，實理心是心具理，還是心即理

呢？船山言：

> 如將「正人心」三字看得闊，則盡古今有德者之言，誰非以
> 正人心者，而何獨孟子？如以孟子之自言「我亦欲正人心」
> 者以為據，則彼所云者，以人心之陷於楊、墨之邪而不正
> 也，故以距楊、墨者正之。七篇之大義微言，豈一一與楊、
> 墨為對壘哉？孟子說心處極詳，學者正須于此求見吾心之全
> 體、大用，奈何以「正人心」「心」字蓋過去？所云欲正之
> 人心，則是仁義充塞後，邪說之生心者爾。若《大學》言
> 「正心」，自是天淵。《大學》之所謂心，豈有邪說害之？
> 其云正，亦豈矯不正以使正耶？[25]

船山認為如果以正人心為總結來蓋括孟子學，然而古今道德之書，
諸子百家，都希望能正人心，孟子學也是正人心，則特色不顯。而
且船山認為，雖「我亦欲正人心」之言語出孟子本人，然整篇大
義，是面對楊墨之徒而發聲，[26]是有所對治者，卻非《孟子》全書

呢？船山明顯是心具理的系統。其實朱子也是。陳先生卻認為船山是牟宗
三學說下的三系說的正統，屬五峰蕺山系，而朱子是存有不活動者。牟先
生的存有不活動義，其實指的是理不能下貫而為心。船山、朱子都是心具
理，而不是心即理，理是不能下貫而為心的。就此而言，為何如陳教授所
判斷，船山可以下貫而為一，而朱子是不可以的呢？吾人認為陳教授判斷
有誤。其言：「唯伊川朱子言性即理，理只是靜態的存有，喪失活動
義。」同上，頁40-41。

25　清·王夫之：《船山全書》第6冊，頁892-893。

26　「吾為此懼，閑先聖之道，距楊墨、放淫辭，邪者不得作。作於其心，

都在對治楊、墨，故若以「正人心」為核心，將總括《孟子》一書不下。

而且船山認為孟子說心處非常詳細，學者可以把孟子言心處找出，其中有「求放心」、「是心足以王」、「盡其心」等等，而非只有正人心，因為正人心者，心乃不正者也，而孟子所言之心，豈皆為不正而待正者乎？之前所言的求放心、盡心、本心等，其心不待正，其心自為正，因為孟子言心，有時是談吾心之全體大用，[27]故此心關連著性理，心能顯體，則心能呈顯性理，而性無不善，故此時之心豈是待正之人心乎？故可見船山認為以正人心來統括孟子，統括不下，其實船山認為龜山用來統括孟子的心義，就已有問題了，不似儒者言心，倒似釋氏言心。

船山認為不如以《大學》的正心的心義來形容孟子的心還貼切

害於其事；作於其事，害於其政。聖人復起，不易吾言矣。……無父無君，是周公所膺也。我亦欲正人心、息邪說、距詖行、放淫辭，以承三聖者。豈好辯哉？予不得已也。能言距楊墨者，聖人之徒也。」《孟子・滕文公下》。

27 「全體大用」是朱子的〈格致補傳〉之言，而朱子認為人心之靈莫不有知，而能知性理，不論是物上之理，或是本心之理（已知之理而益窮之），能窮格至豁然貫通，則為心之全體大用，其心統情性的架構乃是就發而為用、為情、為心，其體為性理。此乃全體大用，而船山此時四十七歲，還有很多朱子學的痕跡。此可參考劉榮賢：「船山在六十七歲成《周易內傳》之前，其思想始終不離朱子的途徹，雖與朱子有一些差異，然船山早、中期著作及其思想皆針對朱子考索。」見劉榮賢：《王船山《張子正蒙注》研究》（臺北：花木蘭文化出版社，2008 年），頁 2。

一些[28]（但還是不完全一樣），因為《大學》所言之心，豈有邪說之害？《大學》釋「正心脩身」處言：「所謂脩身在正其心者，身（心）有所忿懥，則不得其正。」[29]此心先預設忿懥、恐懼等，故不得其正，船山認為此之不正，非邪說害之。而對此不正之心，當該如何因應呢？《大學》原文認為：「心不在焉，視而不見，聽而不聞，食而不知其味。此謂脩身在正其心。」[30]心若不在，則求回便可，則為求放心，而不是待正之人心。《大學》言心之忿懥，乃是不可預有「偏見」存於心的意思，否則將不得其正，故不是矯不正以使之正。依此而言，船山認為，龜山的一言以蔽之，難以統括孟子。

又船山言：

> 《大學》夾身與意而言。心者，身之所自修，而未介於動，尚無其意者也。唯學者向明德上做工夫，而後此心之體立，而此心之用現。若夫未知為學者，除卻身便是意，更不復能有其心矣。乃惟如是，則其為心也，分主於靜，而見功于欲修之身，較孟子所言統乎性情之心且不侔矣。[31]

---

28 吾人認為用《大學》的心義與孟子的心義比配並不恰當，因為是一種外在的詮釋；船山如此比配，乃順朱子《四書》順序而來的結果。朱子以《大學》為綱領，之後讀《論語》、《孟子》，然而在詮釋過程中，《大學》的骨架已進入《孟子》之中了。

29 宋·朱熹：《四書章句集註》，頁8。

30 宋·朱熹：《四書章句集註》，頁8。

31 清·王夫之：《船山全書》第6冊，頁893。

這一段是在談《大學》的「正心」與孟子的「心統性情」之心之同異，由於文字難懂，吾人先舉船山於《大學》處的說法，才容易解準。船山言：「夫曰正其心，則正其所不正也，有不正而正始為功。統性情之心，虛靈不昧，何有不正，而初不受正。」[32]這裡的意思是，「正心」之「心」與「心統性情」之「心」是不同的，因為正心者，面對不正之心；而心統性情之心則無不正。由此與上文的比較可推出，船山區分了三種心，一者，待正之人心，此龜山所提出者，二者，《大學》正心之心，三者，孟子的心，船山特別把孟子言心處，歸結為心統性情之心。此三種心都不一樣。而孟子之心，若依於船山的詮釋，應是統性情之心，或是《大學》所謂的「明明德」之心。而龜山卻用「正人心」以統括之，船山認為天差地別，若不得已的話，《大學》的正心義還較接近孟子的統性情之心，但還是有些不同。此小段正是在解這個意思。

此段認為，《大學》言心，介於身意之間，因為八條目中，正心前是誠意，正心後是脩身。「心者，身之所自脩者」，乃因所謂脩身在正心，脩身依於心；且心未形之動，因為順朱子而言，心發為意，一旦發動則為意，故言心時未介於動，尚無意念。學者於明德上做工夫，則能立此心之體用，因為明德者，言心又言性，[33]可謂心統性情，其中有性為體；有心、有情之發，為用。若不知心之

32　清·王夫之：《船山全書》第6冊，頁400。

33　朱子言：「明德者，人之所得乎天，而虛靈不昧，以具眾理而應萬事者也。」宋·朱熹：《四書章句集註》，頁3。此虛靈是指心的功能，而具眾理者，所具者是理，故有心含性的意思。

有體用者，其大致只能了解到身與意，而談不上心，只能懂脩身或是誠意；或者表現在身上，或者表現在意之誠否上，而對於心的了解總是有限。若知正心之學者，其為心，乃主於靜，不主於動，因心一旦發動則為意了；心介於意、身之間，心主靜，而收功於脩身處。且嚴格而言，「正心」與孟子所言的心統性情之心不同，因為孟子的心統性情是合於《大學》的明明德，明德之心，心中有性，性為善，故明德之心為體為用，且無有不善；而正心者，心不得其正。故有不同。

依於此，船山續云：

> 孟子云「存其心」，又云「求其放心」，則亦「道性善」之旨。其既言性而又言心，或言心而不言性，則以性繼善而無為，天之德也；心含性而效動，人之德也。乃其云「存」，云「養」，（「苟得其養」。）云「求」，則以心之所有即性之善，而為仁義之心也。[34]

其實龜山的意思，也是心中有性的意思。故船山似不需如此大肆批評，主要因為船山認為龜山言「正心則無餘事」之講法有誤，還有以「正人心」來蓋括孟子，亦誤，船山認為都有語病。孟子所言之心，豈都待正之呢？孟子有存心之說，既然心要存，則此心為正，心何以能正？因為其體之性為善；而且若心是不良而待正，則求其放心，求回來還是不正的，故當孟子言「求放心」，表示把放失之

心求回即可，而求回之心亦是善才要求回，故船山認為孟子言心處，反而大都是善的，而不似龜山之詮釋，乃待正之心，故當孟子言心時，其實性善之義已包涵於此心之中了。而孟子有時心性並言，如「盡心知性知天」、「存心養性事天」，有時只言心，不言性，如「求放心」，如「是心足以王」，[35]則只言心不言性，理由在哪呢？船山認為：「性繼善而無為，天德也。」此船山依於《易傳》之言「一陰一陽之謂道，繼之者善也，成之者性也。」[36]而來，性乃從天道繼善而來，「天命之謂性」，而性也者，天生而有之也，故其無為，是所謂的順任本有的意思；性雖無為，而心不可曰無為，[37]心者，含性而效動，[38]心有主宰統治之功能，是為心官，性是體，故靜，而心掌管之，故心能效動。船山此義是說，有時《孟子》一書言心不言性的原因在於，心有能動性，心能統領，具掌控性，故雖孟子只言心，但性已在其中矣。孟子言心，主要是重人成的意思，人能弘道，非道弘人；心能盡性，性不知檢其心。

　　故船山認為，可見孟子言心時，言存心，言苟得其養以養心，言求放心時，其心含有性，而性中有仁義禮智，[39]故心含仁義，是

35　見〈梁惠王上篇〉，第 7 章。

36　見《周易・繫辭上傳》，第 5 章。

37　船山詮釋張子《正蒙》「人能盡性，人能弘道也，性不知檢其心，非道弘人也」言：「性者天道，心者人道，天道隱而人道顯，故充惻隱之心而仁盡，推羞惡之心而義盡。弘道者，資心以效其能，性則與天同其無為，不知制其心也。」清・王夫之：《船山全書》第 12 冊，頁 124。其中言的心性與孟子此處的詮釋接近，性是天道而無為；心是人道。

38　心面對意時，則心為靜，心面對性時，則心為動。

39　「謂行仁自孝弟始，孝弟是仁之一事。謂之行仁之本則可，謂是仁之本則

仁義之心。

　　船山續云：

> 仁義，善者也，性之德也。心含性而效動，故曰仁義之心
> 也。仁義者，心之實也，若天之有陰陽也。知覺運動，心之
> 幾也，若陰陽之有變合也。若舍其實而但言其幾，則此知覺
> 運動之惓惓者，放之而固為放辟邪侈，即求之而亦但盡乎好
> 惡攻取之用；浸令存之，亦不過如釋氏之三喚主人而已。[40]

船山認為，仁義，性也，性善，而性含於心內，故曰仁義之心。[41]
船山引《孟子》原文的仁義之心為證，用以說明，心中有性理、有
仁義，船山的這種說法明顯是用朱子學的架構，雖不全同意朱子。
仁者，乃心之實，心之本體，就好像天之有陰陽。船山在此何以把
仁義比配陰陽呢？因為「立天之道，曰陰與陽；立地之道，曰柔與
剛；立人之道，曰仁與義。」[42]然若依於朱子，仁義是性理，形而
上者；陰陽是氣，形而下者，不該比配在一起。其實船山在此與朱
子學不完全一樣，因為船山的陰陽不只有氣，氣中有理，同樣的性

　　不可。蓋仁是性也，孝弟是用也，性中只有箇仁、義、禮、智四者而已，
　　曷嘗有孝弟來。」此程子之言，而朱子引之以註《論語》。見宋・朱熹：
　　《四書章句集註》，頁48。

40　清・王夫之：《船山全書》第6冊，頁893。

41　「雖存乎人者，豈無仁義之心哉？其所以放其良心者，亦猶斧斤之於木
　　也。」《孟子・告子上》。

42　《易傳・說卦》，第2章。

不只是形上，亦含形下。仁義之性理可以比配於陰陽，卻不能比配於知覺運動，因為若孤言知覺運動，而不言其背後所以然之理，則是只言心而不言性；若只言心而不言性者，如同伊川之言：「釋氏本心，聖人本天」，[43]則龜山之言，如同釋氏。故若偏孤而只言心，心無仁義，則此心放了，固然邪淫；然而若求之亦沒太多好處，因為心只有知覺，知痛癢、知計較，只盡乎好惡攻取之用，與孟子之求放心不同。故船山認為只言知覺運動，如同只言心，而不言性，此乃佛學，乃告子之學，乃陸王之學，船山這些判定都近於程朱學。朱子認為佛教言虛，而聖人是至虛而實實，因為佛學只言心之虛靈，而儒家言心之虛靈外，心中還有實事實理的性理。故船山認為龜山對於孟子的詮釋有偏，只偏於心，而心者又待正，不是心統性情之本正之心，此講法似於佛學，故船山認為這種講法與釋氏之三喚主人相似。[44]因為求其放心，而心中無實，沒有性理，如同禪學明心見性，性者空性也，如同佛氏之喚己之心，喚己之主人翁，然其中無實。在此船山的看法大致是近於朱子的，不同之處不在此顯現。

　　又船山言：

　　　　學者切須認得「心」字，勿被他伶俐精明的物事佔據了，卻

43　宋·程顥、程頤：《二程集》第 1 冊，頁 274。

44　無門慧開：「瑞巖彥和尚，每日自喚主人公，復自應諾。乃云，惺惺著，諾。他時異日，莫受人瞞，諾諾。」宋·無門慧開撰：《禪宗無門關·十二巖喚主人》，T.2005, vol.48, p.294b。

忘其所含之實。邪說之生於其心,與君心之非而待格謂之心者,乃「名從主人」之義。以彼本心既失,而但以變動無恒,見役於小體而效靈者為心也。若夫言「存」,言「養」,言「求」,言「盡」,則皆赫然有仁義在其中,故抑直顯之曰「仁,人心也」。而性為心之所統,心為性之所生,則心與性直不得分為二,故孟子言心與言性善無別。「盡其心者知其性」,唯一故也。[45]

船山順朱子義,認為心固然為虛靈明覺、虛靈知覺,[46]然朱子談心時,是就整個脈絡,包括儒、道、釋,包括告子等人之學時,如此言之,相似於朱子批評釋氏本心之說、告子只有知覺之說、上蔡言覺不是仁之說;船山認為朱子言心時,不只如此,即不只是虛靈而已,特別若是專就儒家所言心時,如談孟子學時,在朱子的詮釋下,也許有時是以虛靈知覺定義之,有時指的是待正之人心,然船山認為孟子大部分言心,都不只是如此,其心中有性,心統性情,如存心、養心、求放心等,都是心性不分、體用不分的。而龜山卻只談心的知覺、昭昭靈靈處,而忘卻了心中之實,所謂性理也。船山舉出孟子至少有兩處,談及心時,是有所不正之心,而不是明德之心、已正之心。如「邪說生於其心,害於其政」,又如「格君心

---

45 清・王夫之:《船山全書》第6冊,頁893-894。
46 「心之虛靈知覺,一而已矣,而以為有人心、道心之異者,則以其或生於形氣之私,或原於性命之正,而所以為知覺者不同。」宋・朱熹:《四書章句集註》,頁14。在此看出朱子以「虛靈知覺」定義「心」。

之非」等，但這是什麼原因呢？船山視為所謂的「名從主人」，即此心跟從於主人為何，則心亦為何，此心不能以仁義做主而以外在主人為主，且此主人常為不善之主；當主人是國君之非時，則心亦非，主人是邪說時，心亦為邪。可見此心不是主人，而只有跟從的份，故心所依隨者很重要，依錯主人則為非，只有自做主，以性為歸才是正心。主人為主要的，從人為次要的，故當言「非心」時，乃因心效從於小體，而非大體、非性體，故失其本心。本心者，固有之心，仁義內在，而非效從於邪說者。船山認為，孟子更大多數的時間所言之心，乃存心、養心、求心、盡心，這些都是固有之本心善性，性含於其中，心效靈、知覺於性理。固船山引孟子之文曰：「仁，人心也。」[47]朱子對此的詮釋是「仁者心之德，程子所謂心如穀種，仁則其生之性，是也。然但謂之仁，則人不知其切於己，故反而名之曰人心，則可以見其為此身酬酢萬變之主，而不可須臾失矣。」[48]朱子的詮釋認為仁是心中的性理。然而吾人可問：「仁若是性，何以孟子說仁是心，又說仁是性，到底有何分別而要一下言心一下言性呢？」原因在於：「若言性，人不知切於己，因為性無為；言心，則知切於己而可主宰之。」這種講法與船山的詮釋是一致的，因為前文，船山認為心含性而效動，性者，心之德，故言心，乃切於人身而切實可行。

47　「仁，人心也。義，人路也。舍其路而弗由，放其心而不知求，哀哉！人
　　有雞犬放，則知求之，有放心，而不知求。學問之道無他，求其放心而已
　　矣。」《孟子·告子上》。
48　宋·朱熹：《四書章句集註》，頁333。

　　可見船山認為心性不得分而為二，[49]是心具理的意思，分而二之者，龜山是也。第一，龜山言正心則無餘事，像是心學；第二，又以「正人心」總括孟子，則此心待正，而不是心統性情之心。故船山認為龜山孤言心，有流於禪之憂慮。且船山認為龜山之孤言心，是不合於孟子的，孟子言心時，性常具於其中，言心即是言性善。盡心便能知性，[50]因心性一致。

　　最後船山做了一個總結，言：

> 是則龜山之語病，誠有如朱子所譏者。龜山於此言心、言性，以辟歐陽永叔無本之學，亦誠有功斯道。然其歧心與性為二，而以邪說者蔽、陷、離、窮之心，人君一暴十寒之心，同乎君子所存之心，又浸入於異端覺了能知之說，則甚矣，言道者之難也。[51]

49　船山認為心性不得為二的義理是接近朱子的心具理的意思，然船山還是有人心道心之說，道心者，心以仁義之實為本，故為道心；人心者，忘其實而只有知覺，知覺於小體者是也。既然船山認為心性不全同，則可分為本心，此為道心，道心中有性；亦有人心，心失其仁義之知覺。知覺於形氣之私。

50　朱子認為盡心知性的順序是先知性理，然後心之全體大用得以盡。船山覺得朱子的先知性後盡心的講法有點奇怪，然而卻未批評，主要原因是因為，朱子以格物解知性，而格物者，船山理解為不離於物，故可以與佛教有別，故船山並未批評。

51　清·王夫之：《船山全書》第 6 冊，頁 894。此段話有三個重點，第一，船山認為朱子亦批龜山。第二，龜山歧心性為二。第三，龜山浸入了異端之說。

船山認為龜山之語的確有語病，他認為朱子也看到了，然而其實船山所認為龜山語病與朱子認定的不同，船山認為龜山歧「心性為二」，而朱子所反對者不是如此，朱子言：「心得其正，然後知性之善，語若有病。蓋知性之善，然後能正其心。」[52]朱子的質疑是，套在《大學》的系統下，必先格物致知（知性善），才能正心；而龜山倒說了。主要原因是朱子嚴格依於《大學》的八條目之順序，此義理在程子、龜山時似乎還未成熟，故龜山與朱子的見解不同。而船山又說，龜山此段中言心、言性，至少比歐陽永叔的「無本之學」還好。然吾人認為歐陽氏不一定是「無本之學」，因為他認為先儒若於性上有所爭議，我們可以先擱置不論，但無論性是如何，是善、是不善、是善惡混者，都要實踐道。故其實歐陽氏認為性還是本，只是性是善、是不善，在此先存而不論，而先實踐；然歐陽脩的看法，在龜山眼中反而會認為，連性都判斷不下，則為善的根據從何而來就講不清楚，故斷為「無本之學」。

　　而龜山的話語裡，分前後部分，前面講心，後面講性，其實亦是心性相連的意思，只是船山所讀出的意思，認為似乎沒有心性合一的感覺，反而覺得龜山的講法歧「心性為二」，因為龜山舉孟子言心處，舉不出孟子言心的重點，船山認為孟子言心之重點在於盡心、存心，心中有性，心性不離；而龜山卻只以「正人心」一語蓋括《孟子》一書。而正人心者，如果心待正，心則無性善做根據，故有歧「心性為二」之嫌。此待正之人心、一暴十寒之心、邪說下

52　見明・胡廣編：《四書大全》（臺北：臺灣商務印書館，1983-1986 年影印文淵閣《四庫全書》第 205 冊），頁 533。

之心，豈能等同於君子以仁義所存之心呢？前者的心沒有性善，或
是性善被遮蔽了；而後者的君子仁義之心，心中有性，心不離性。
若如龜山之離性言心者，適同於佛家之心，佛家言心言性，明心見
性，然所見性者，空性也，故釋氏本心，其心中不有性善。心只有
虛靈知覺，而無知覺之對象——善性也。

四、結　語

　　船山詮釋孟子的心義，也可以說是從朱子而轉向張子，然朱子
心具性的意思，船山還是保留之。而朱子言心到底是氣心，還是有
本心義？[53]此問題也是目前近人研究朱子學的爭論，吾人舉唐君毅
與牟宗三先生為例，牟宗三先生認為朱子學的心是氣之靈，心是
氣，其舉朱子批評五峰以心觀心的說法，故朱子只有以形觀心，故
牟先生言：「而朱子卻正是落在氣化上以形氣視心者。（心是氣之
靈）」[54]牟先生這種說法並無誤，但非全部，亦是說牟先生見到朱
子為了區別儒、佛之不同，故視釋氏本心，心只是氣，但朱子學的

---

[53] 氣心者，心之虛靈明覺，知覺義，心是氣之靈，氣之精爽。而本心者出於
　　《孟子》原文，故朱子亦能言本心，然其本心的意思是心具理，而不同於
　　陽明的心即理。朱子於《論語》，三年之喪之註言：「又言君子所以不忍
　　於親而喪必三年之故，使之聞之，或能反求而終得其本心也。」宋·朱
　　熹：《四書章句集註》，頁 181。本心的意思，依《孟子》原文而來，朱
　　子論釋為心包涵著性理。故可見朱子言心，不只有氣心的意思，亦有本心
　　的意思。

[54] 牟宗三：《心體與性體》第 3 冊（臺北：正中書局，1969 年），頁 237。

心除了氣心之外，還有另一面，此唐先生言之；唐先生認為心有本心義，唐先生言：「朱子在心性論上，確立此心體之自存自在，而依此心體之虛靈明覺，以言其內具萬理，以主乎性，外應萬事，以主乎情。」[55]這意思認為朱子言心，心具性理。吾人認為牟先生的講法，比配於此文章裡，較似於楊龜山的說法，而唐先生的講法，較似於船山的講法。二人合看較能合於朱子的原意。因為朱子言心，氣心也有，本心也有。心若依於性，則為善；心若依於君心之惡，則為惡；心若分析地言，而不及性時，則為氣之靈，中性義。但綜合而言，心亦本具性。

　　吾人認為船山要強調者，則為心性之分與合，心本具性，亦無所謂分離，但心又不是性，心所知覺者為性則為道心，只有知覺本身則為人心。故船山認為孟子言心，不只是待正之人心，亦有本心，若只認為孟子只有待正之人心，則為氣，則為禪學，因為孟子講心，有人心，有道心；道心之處，龜山並未明舉，若如此的話，則容易把孟子詮釋為佛老之學，視孟子學為，只要正心，便無餘事，發菩提心，便成正覺。故若偏孤言心，則心是氣，心是知覺運動，是告子之心、心學之心、禪學之心，而不是孟子的本心；孟子的本心，心中有性，心含及性。故可見船山所爭者，孟學的詮釋之主導權，不該流為佛氏，因為釋氏只有心而不能有實性，而龜山詮釋正像釋氏。雖然吾人不必順著船山把龜山判低，但畢竟還是看出船山所要表示的意思，儒家的心（其實只是朱子學下的心），心中有

55　唐君毅：《中國哲學原論·原教篇》（臺北：臺灣學生書局，2004 年），頁 204。

性，禪宗雖亦言明心見性，然其性空，性不是實性，是虛的。

　　主要也是因為，船山認為若龜山言心中有性，心若合性，則此心不用正，而龜山又說孟子重點在於要正人心，則有衝突矛盾。此是龜山的小小語病，其實龜山義與船山義相去不大。

　　然吾人認為，船山亦小有缺失，理由在於以《大學》等書來解《孟子》，此乃順著朱子的方法而來，而船山卻不自覺，也沒有意識到，亦未對此方法（四書互訓的方法）有反省。然而吾人認為《大學》自是《大學》，《孟子》自是《孟子》，不見得要互訓。但船山對於朱子學還是有反省，有進一步之處，下開乾嘉學派，[56]而正式與朱子學劃界線，連架構上都不一樣了。

56　蒙培元：「戴震是宋明理學演變中的最後一位影響巨大的哲學家。他的思想，是王夫之思想的繼承和發展。他並沒有全面結束理學，但是他完成了王夫之所未能完成的任務。特別是在人性論的問題上。」見蒙培元：《理學的演變——從朱熹到王夫之戴震》（福州：福建人民出版社，1998年），頁494。

第八章　王船山對朱子《孟子·浩然章》詮釋之批評

一、前　言

　　本文，吾人談《孟子·浩然章》，[1]主要以朱子與船山的詮釋為主，吾人也先預設讀者對於〈浩然章〉已閱讀而有一基本印象。浩然者，浩然之氣之謂也，孟子善長於知言與養浩然之氣。此章與孟子的〈告子篇〉，屬於全書中，最難的部分，而這一篇其實也是辯告子之非，故常與〈告子篇〉有其線索上的關連。也因為此篇章之難解，故有很多不同的詮釋系統產生，例如朱子的詮釋。朱子的《四書》詮釋是出名的，若無程朱，亦不會有四本書相關連的訓解的產生。[2]而程子與朱子的貢獻不同，程子是提出創新的架構想

1　孟子此章之章名，吾人乃參考黃宗羲的《孟子師說》。見清·黃宗羲著，沈善洪主編，吳光執行主編：《黃宗羲全集》第 1 冊（杭州：浙江古籍出版社，2005 年），卷 2，頁 60。此章的章名也有「知言養氣章」，也有「問夫子加齊之卿相章」。

2　丁為祥言：「直到中唐，韓愈受佛教代代相傳之『衣鉢』的影響，才在其

法，而完成工作者是朱子，朱子把《四書》結合起來，一貫的詮釋，而其詮釋的方式，背後有一個理氣論，做為理論架構，《四書》皆以此方向詮釋之；故《四書》的讀法，依朱子規定，需先唸《大學》，而後填充《論語》、《孟子》，最後是《中庸》。而《大學》中的八條目之首，格物是也，朱子詮釋「格物」是「窮理」的意思，[3]以此窮理，則定出了《四書》的基源方向，乃「格物窮理」，於《孟子·浩然章》的詮釋亦不外於此。然而船山亦對於此章有所詮釋，吾人於此談船山的《四書》學，[4]資料主要鎖定

所發起的排佛古文運動中率先引用到《大學》的文字，并將其與儒家的『道統』意識相聯繫。」丁為祥：《學術性格與思想譜系──朱子的哲學視野及其歷史影響的發生學考察》（北京：人民出版社，2012 年），頁285。這意思是四書中的《大學》，在韓愈已述及之了，然真把此四本書聯合而詮釋之，則是程朱的工作。至於中庸一書，在歷史脈絡上可參見陳贇：「《中庸》進入《禮記》似乎有一個過程。《漢書·藝文志》列有『《中庸說》二篇』，顏師古注曰：『今《禮記》有《中庸》一篇，亦非本禮經，蓋此之流。』《四庫全書總目提要·中庸輯略》云：『蓋子思之作是書，本以闡天人之奧，漢儒以無所附麗，編之《禮記》，實於五禮無所屬。故劉向謂之「通論」，師古以為「非本禮經也」。』即使《中庸》被編入《禮記》，在前宋明時代，依然存在著對《中庸》的單獨處理，例如梁武帝的《中庸講疏》、戴顒的《禮記中庸傳》等。」陳贇：《中庸的思想》（北京：三聯書店，2007 年），頁 25。

3 「格，至也。物，猶事也。窮至事物之理，欲其極處無不到也。」宋·朱熹：《四書章句集註》（臺北：鵝湖出版社，1984 年），頁4。

4 船山《四書》學，有《四書稗疏》、《四書考異》、《四書箋解》、《讀四書大全說》等。「《四書訓義》、《四書箋解》當作於《讀四書大全說》之後，二書皆為授徒而作。」可參見施盈佑：《船山莊子學研究──論神的意義》（臺中：靜宜大學中文研究所碩士論文，2006 年），頁 130。

在《讀四書大全說》上，理由是因為船山唸《四書大全》，而《四書大全》是明代編成，用以發揚程朱學的精神，而為科舉考試之定本，[5]而船山讀了此書後，常有不同的見解與看法，有時批評朱子弟子，有時甚至反對朱子本人。故吾人認為從《讀孟子大全說》可以看出二派不同的孟學詮釋。[6]雖然船山反對心學，然面對朱子學，亦不完全接受，可謂修正之，[7]然而修正過多了，也不再屬於程朱學。船山的思想主要是建立在易學，[8]早年[9]以《周易外傳》為

5　「《四書》自朱子章句集註以後，……明成祖永樂中詔儒臣胡廣、楊榮等，編集諸家傳註之說，彙成一編，賜名《四書大全》。御製序文，頒行天下學校，於是明代士子為制義以應科目者，無不誦習《大全》，而諸家之說盡廢。」見明·胡廣編：〈題要〉，《四書大全》（臺北：臺灣商務印書館，1983-1986 年影印文淵閣《四庫全書》第 205 冊），頁 1。

6　甚至吾人可以說，《讀四書大全說》一書之作，乃是船山讀了《四書大全》，而有不同於程朱的想法，雖然可以延續朱子的概念架構，而內容是在說明自己的氣論，用以發揚張子的氣論思想，而修正程朱的理氣論。

7　嵇文甫認為船山學「宗師橫渠，修正程朱，反對陸王。」見嵇文甫：《王船山學術論叢》（臺北：谷風出版社，1987 年），頁 2。

8　可參考杜保瑞：「船山的易學理論，在中國易學史上堪稱規模龐大，……因此以船山易學哲學為船山形上學的研究進路，從其《易經》思想中勾勒出他的重要形上學觀念，毋寧是最恰當的研究進路。」杜保瑞：《論王船山易學與氣學並重的形上學進路》，收於林慶彰主編，《中國學術思想研究輯刊》（臺北：花木蘭文化出版社，2010 年），頁 51-52。

9　亦有對船山學思分為五期者，可參見戴景賢：「大致區分為五期：即以撰作《周易外傳》之時為第一期，撰作《尚書引義》之時為第二期，撰作《讀四書大全說》之時為第三期，撰作《周易內傳》之時為第四期，撰作《張子正蒙注》之時為第五期。」見戴景賢：〈論王船山哲學之系統性及其基本預設〉，《文與哲》第 18 期（2011 年 6 月），頁 429。吾人大致

主，當時三十七歲，此書以「乾坤並建」、「兩端一致」[10]為主要思想，此思想不同於程朱學的進路，程朱主要以《大學》為架構之始，談格物窮理，其中核心便是理氣論。[11]依此而言，雖然船山常依於程朱學的架構，但骨子裡的思想內容卻不見得完全同意程朱。例如在朱子學而言，依於《大學》的綱領與為學順序，一定是先格物致知，而後誠意正心。然船山學的架構並不是如此，因為格致相因，[12]此格物致知比配於乾與坤，故乾坤並建，而格致也並建，除了格致外，誠正與格致也並建，故可見船山依於自己的架構，不同於朱子學，甚至《大學》原文的次序亦不嚴格遵守。[13]

明瞭於此，則將進到對於船山與朱子二人所詮釋孟子的〈浩然章〉所做的比較，以比較出其二人的不同。《四書》的詮釋有漢宋之爭，代表著孟子學也有漢宋之爭。對於孟學的詮釋，漢學與宋學

分為三期，早中晚三期，五期是更細。

10 乾坤並建中，乾坤只是形式意義，用以類比一切對待概念，如理氣、格致、誠正等等。

11 程朱理學的特徵者，理也，如理氣論、理一分殊、格物窮理、心統性情、性即理等。

12 「是故孝者不學而知，不慮而能，慈者不學養子而後嫁，意不因知而知不因物，固矣。唯夫事親之道，有在經為宜，在變為權者，其或私意自用，則且如申生、匡章之陷於不孝，乃藉格物以推致其理，使無纖毫之疑似，而後可用其誠。此則格致相因，而致知在格物者，但謂此也。」清·王夫之：《船山全書》第 6 冊（長沙：嶽麓書社，1996 年），頁 403。

13 船山言：「意居心身之介，此不可泥經文為次。」清·王夫之：《船山全書》第 6 冊，頁 416。經文的次序是意、心、身，而船山的次序是心、意、身，次序不同。

的詮釋是不同的，[14]其中漢學家，清儒乾嘉學派的鉅子戴震，認為要論辯聖學之源流，要以《孟子》一書為主要研究之經典，故寫了《孟子字義疏證》一書。[15]然而從朱子到戴震是如何轉變而來的呢？其中的明末清初的一些學者做為中介份子，也是一個轉換的重要關鍵，故船山孟子學也是研究的不可或缺之一環。又吾人再把題目聚焦於〈浩然章〉，這一章，一方面屬於孟子學中難懂之篇章，另一方面於文字上也是龐大。《朱子語類》中，花了不少篇幅探討之，船山於《讀四書大全說》中，也是用了不少篇幅以申論之。[16]而吾人主要的研究依據資料，於朱子處，以《孟子集註》為主，於船山處，以《讀孟子大全說》為主，也因為船山讀了朱子的體系與架構，其中的批判不少，故於其中，正可以從一篇《孟子·浩然章》中，研究出二人的不同的詮釋方式。在此吾人舉出了其中不之不同處，主要有六處，以此做為分節之依據。故吾人進到第二節，談「知言」與「養氣」之先後關係。

14　例如孟子的性善之性，性只是理呢？還是性是理氣合？還是性是血氣心知，這些詮釋孟子都不盡相同。

15　「韓退之氏曰：『道於楊、墨、老、莊、佛之學而欲之聖人之道，猶航斷港絕潢以望至於海也，故求觀聖人之道，必自孟子始。』嗚呼，不可易矣。」清·戴震：《戴震集》（上海：上海古籍出版社，1980 年），頁264。戴震引韓愈之言，認為要談聖人之道，必自孟子開始，而孟子的詮釋也變得重要。

16　船山於《讀孟子大全說》中，〈公孫丑上〉，花了十七段談論〈浩然章〉，相對於其他孟子之章節，甚至略而不談，或只用一段談論之，亦可看出船山對於此章之重視。

二、知言、養氣之先後

　　「知言」與「養氣」在孟學本身，本無先後的問題，孟子本人亦不爭其先後，公孫丑與孟子有如此的對答：「『敢問夫子惡乎長？』曰：『我知言，我善養吾浩然之氣。』『敢問何謂浩然之氣？』……『何謂知言？』」[17]孟子於回答其長處時，先答知言，後答養氣；然於談及內容時，先談養氣，後談知言。在孟子與公孫丑二人，都未有爭論誰先誰後的意思，然而到了朱子，其孟學詮釋依於《大學》的架構，《大學》的為學次序是先格物、致知，而後誠意、正心，而朱子又把它比配為前者是知言，後者是養氣。[18]朱子引胡文定言：「胡文定說：『知言，知至也；養氣，誠意也。』亦自說得好。」[19]在此看到朱子以知言為致知之事，養氣為誠意之事。然孟子的知言是否為格物窮理之事？而養氣是否為誠意之事？這是詮釋的問題，若無《大學》系統加入《孟子》，則人們不會把此二者互為比配，此乃朱子的理論架構，若非程朱學派者，不一定要贊成。朱子的系統乃其套在《大學》架構下的理氣論，故先知言，後養氣。然，船山的架構，雖然有時亦能接受朱子學的表面架構，然而真正代表船山學的是其早年三十七歲時的《周易外傳》這

17　《孟子·公孫丑上》。參見宋·朱熹：《四書章句集註》，頁 231。

18　「知言，然後能養氣。」參見宋·黎靖德編，王星賢點校：《朱子語類》第 4 冊（臺北：文津出版社，1986 年），頁 1241。

19　宋·黎靖德編，王星賢點校：《朱子語類》第 4 冊，頁 1241。亦可參見蔡家和：〈朱子的孟子學——以「知言養氣」章為例〉，《東海大學文學院學報》第 46 卷（2005 年 7 月），頁 259-292。

一作品，《周易外傳》重點在於「乾坤並建」、「兩端而一致」；
[20]而船山面對知言、養氣時，視之為格物與誠意，這一點同於朱
子；然而格物與誠意之先後，在船山認為「格致相因」，甚至格致
與誠正亦相因，[21]相因者，互為因果的意思。如此，就難以說誰先
誰後了，船山有點違反《大學》的次序，甚至也不接受朱子的先知
言、後養氣之說，因為知言養氣同於格物與誠意，而格、誠相因，
故知言、養氣也相因，若如此，則不能說先知言後養氣，而是兩者
同時並行。在此船山認為：

> 陵陽李氏因《集註》「道明德立」語生先後見，謂道明而後
> 德立，必先知言而後養氣。此種語，說得似有逕路，而於聖
> 學之津涘，則杳未有見。今且看知言是如何用功，養氣是如
> 何用功。若人將集義事且置下不料理，且一味求為知言之
> 學，有不流而為小人儒者哉？知言是孟子極頂處，唯灼然見
> 義於內而精義入神，方得知言。苟不集義，如何見得義在
> 內？既不灼然精義之在吾心，而以求知天下是非得失之論，
> 非屑屑然但從事於記誦詞章，則逆詐、億不信，為揣摩鉤距

20　「船山學被研究學者公認是以《老子衍》所述及『兩端而一致』的思惟型
　　態去詮釋並批判補充過去儒家學者理論的不足。」見賈承恩：《存在的張
　　力──王船山哲學辯證性之詮釋》（臺北：國立臺灣師範大學國文系博士
　　論文，2010 年），頁 8。兩端一致語雖出於《老子衍》，然義理與《周易
　　外傳》的乾坤並建是一致的。

21　格致與誠正，如同乾與坤，或知言與養氣，故並建、並進，而非先後。

之術而已矣。[22]

船山反對李陵陽的見解，李陵陽因著朱子《孟子集註》中有言：
「四十強仕，君子道明德立之時。」[23]於是認為「明則不疑，立則
不懼，然未有不明而能立者，故知言養氣雖二事並進，而其序必以
知言為先。」[24]李陵陽因為朱子的「道明德立」一語，又依於朱子
的《大學》次序架構認為，一定先知言，因為「道明」者，講明道
理，知言是也。然而朱子在此是詮釋「四十不動心」，雖然朱子亦
不反對先知言的意思，然只從「道明德立」一句就推出必先知言後
養氣，朱子學亦會覺得推論太快。船山認為知言、養氣若不並進，
則只知言，而無義，為小人儒，則為會唸書、會訓詁之人，[25]而
無道義。這種講法有點似於陽明對於朱子的批評，陽明認為若只是
知道儀節，而未做到，則似於戲子一般。[26]

　　於是，船山對於知言與養氣所達至之境界，做一詮釋，認為知

22　清·王夫之：《船山全書》第 6 冊，頁 919。

23　宋·朱熹：《四書章句集註》，頁 229。

24　明·胡廣編：《四書大全》（臺北：臺灣商務印書館，1983-1986 年影印
　　文淵閣《四庫全書》第 205 冊），頁 580。

25　朱子言：「自是以來，俗儒記誦詞章之習，其功倍於小學而無用。」宋·
　　朱熹：《四書章句集註》，頁 2。此朱子對於俗儒的批評，只會訓詁，而
　　達不到天理，亦無誠意正心之學以輔之。朱子亦反對只會訓詁之學。

26　陽明言：「若只是那些儀節求得是當，便謂至善，即如今扮戲子扮得許多
　　溫清奉養的儀節是當，亦可謂之至善矣。」陳榮捷編：《王陽明傳習錄詳
　　註集評》（臺北：臺灣學生書局，1998 年），第 4 條，頁 32。

言是孟子的最高境界，認為知言已到了「大而化之」之境，[27]亦是說知言已達「至聖」的地步；[28]而集義、養氣只到「大」的地步。故若不集義，豈能達到聖的地步呢？集義在船山而言，只達到充實有光輝之處，[29]亦是說只達到大的境界，故依著下學上達的為學次序，是先達到大，才能化之而成聖，故是先養氣，後知言，與朱子的次序顛倒。然，船山反對先知言，後養氣，但也並非認為先養氣，後知言。因為，他認為「若以為學之序言之，養氣以徙義為初功，知言以窮理為始事，內外、主輔雖並進」，[30]依此，吾人看到

27　「知言至處，是『大而化之』之境；養氣至處，只得『充實而有光輝』。若以為學之序言之，養氣以徙義為初功，知言以窮理為始事，內外、主輔雖並進，而自有別。此與大學格、致、誠、正之序同。知不至，固意不能皆誠，然抑非待物之盡格，知之已至，而後始有事於誠正也。故曰『壹是皆以修身為本』。後其內而先其外，豈知本之學哉！」清·王夫之：《船山全書》第 6 冊，頁 919。知言何以到聖的地步呢？吾人認為理由在於孟子談知言處，最後舉孔子聖人以明之，故是大而化之；而養氣乃至大之氣，大而未化，故只有大的層次。

28　「養氣者，夷、尹、孔子之所同也；知言者，孔子之所以異也。」清·王夫之：《船山全書》第 6 冊，頁 938。此是說孔子知言，到得聖的地位；而夷、尹與孔子同於養氣之境，故已到大的境界。

29　「養氣至處，只得『充實而有光輝』。」清·王夫之：《船山全書》第 6 冊，頁 919。

30　清·王夫之：《船山全書》第 6 冊，頁 919。賴文遠認為：「船山取消朱子知言先於養氣之次序，而以集義養氣為先知言為後。」賴文遠：〈船山對朱子論「知言養氣」的理解與批判〉，《當代儒學研究》第 10 期（2011 年 6 月），頁 143。吾人不完全同意其看法，船山固然反對朱子的先知言、後養氣的次序，然而也不是因此便為先養氣後知言，而是知言養氣並進，格致與誠正相因。因為船山言：「此與《大學》格、致、誠、正

船山對於朱子的為學之序的批評，船山認為知言養氣，互為內外，互為主輔，交相並進，[31]此知言與養氣，比配於船山的架構，便是乾與坤，乾坤是要並建的，不可分先後。而且從這一段看出，船山雖然是批評李陵陽，其實也是反對朱子的見解。最後船山認為，若只是知言，而不養氣（集義）的話，則淪為訓詁之學，結果將是模仿、機謀等弊病。故整節的結論是，船山認為知言養氣並進，反對朱子的先知言，後養氣。

三、對於告子的評定

〈浩然章〉裡，主要是比較孟子的不動心不同於告子之處，而告子之言為「不得於言，勿求於心，不得於心，勿求於氣。」[32]孟子又說「告子未嘗知義，以其外之也。」[33]然而從這短短幾句話，便能對於告子的義理做一評定了嗎？其實告子的話語真的很少，若光只是從〈浩然章〉上判定，要判定告子流派的歸屬是有困難的，於是必須與孟子的〈告子篇〉中的孟、告之辯，做一比較，才容易

之序同。知不至，固意不能皆誠，然抑非待物之盡格，知之已至，而後始有事於誠正也。」清·王夫之：《船山全書》第 6 冊，頁 919。此意思是，船山認為，在格致時已有誠正了，故二者相因，同時並進。

31　船山以乾坤並進，知言養氣並進，反對了朱子的先知言後養氣。知言比配格致，養氣比配誠正，格致與誠正相因，故知言與養氣並進。

32　宋·朱熹：《四書章句集註》，頁 230。

33　宋·朱熹：《四書章句集註》，頁 232。

判定出告子學術地位的歸屬。[34]朱子對於告子的判定，亦比配到〈告子篇〉處，朱子對於〈告子篇上〉的前四章，做出一解釋，前四章者都論性，告子於第一章認為「性，猶杞柳也；義，猶桮棬也。」[35]第二章認為「性猶湍水」，[36]故無分於善不善。第三章告子認為「生之謂性」，[37]第四章認為「食色，性也。」、「仁內義外」。[38]告子於前四章中，對於性有四種認定，然而告子主張中的四種認定是否有一貫的精神於其中呢？亦是說對性的四種講法，其實是一種講法呢？還是四種呢？朱子有時把告子的四種講法，一以貫之，故認為告子的「生之謂性」，與禪學的「作用見性」、「知覺之性」等同起來，[39]故朱子認為告子的義理還是一以貫之；但是朱子於《四書章句集註》處，〈告子篇上〉的前四章結束之處，為了與〈浩然章〉可有一比配，於是對於此四章下了一個結論，其言：「自篇首至此四章，告子之辯屢屈，而屢變其說以求勝，卒不

34　船山與戴震都把告子視為道家，如戴震云：「告子以自然為性使之然，以義為非自然，轉制其自然，使之強而相從，故言『仁，內也，非外也；義，外也，非內也』，立說之指歸，保其生而已矣。陸子靜云：『惡能害心，善亦能害心』，此言實老、莊、告子、釋氏之宗指，貴其自然以保其生。」清・戴震：《戴震集》，頁293。此視告子為佛老之學。

35　宋・朱熹：《四書章句集註》，頁325。

36　宋・朱熹：《四書章句集註》，頁325。

37　宋・朱熹：《四書章句集註》，頁326。

38　宋・朱熹：《四書章句集註》，頁326。

39　「生，指人物之所以知覺運動者而言。告子論性，前後四章，語雖不同，然其大指不外乎此，與近世佛氏所謂作用是性者略相似。」宋・朱熹：《四書章句集註》，頁326。

聞其能自反而有所疑也。此正其所謂不得於言勿求於心者，所以卒
於鹵莽而不得其正也。」[40]朱子認為，告子對性有所定義，然而面
對孟子的論辯，總是為孟子所折服，為了求勝，只好不斷的改變講
法，於是對於性的見解，有四種不同的說法，用以求勝，然一次次
的提出，一次次的失敗，所謂的屢敗屢戰，而於新的挑戰中又換了
新的學說以求勝，目的是求勝，至於是否為真理，是否自己的見解
一貫，則不是告子所考慮的。朱子以此，與〈浩然章〉的告子之言
「不得於言，勿求於心」（孟子評為不可）做比配，亦是說朱子所解
釋的「言」，指的是告子自己之言，即自己的學說，無法獲得他人
（例如孟子）認可，其己心也不在乎，於是馬上改變學說以求勝。
自己學說（言）與心之間，沒有一定要關連在一起，但是求勝卻是
不可免的。此乃告子的不動心的方式，學說屈於人，不重要，不因
此而氣餒而撼動其心。

　　然而，朱子評定告子「屢易其說」這種看法，船山並不同意，
船山言：

> 若云告子於己言之有失，不反而求之以期其必是，則亦孟浪
> 狂躁之妄人耳，何以能先孟子而不動心耶？抑謂「杞柳」
> 「湍水」，屢易其說，為「勿求於心」之證。乃不知論性三
> 說，立喻不同而指歸則一，非有不得于「杞柳」之說，遂順
> 唇舌之波而改為「湍水」之喻也。說見後篇。[41]

40　宋·朱熹：《四書章句集註》，頁 327。
41　清·王夫之：《船山全書》第 6 冊，頁 921-922。

船山認為告子的義理其實都一以貫之，如此認定告子的人很多，如船山、戴震、牟宗三先生[42]等人都是如此視之。其實朱子亦以「知覺作用之性」一以貫之的詮釋告子之學，然而，朱子還是有另一種講法，即「屢易其說以求勝」的這種講法，這是船山所反對的。船山的理由是：「不得於言」若如朱子之說，詮釋為「失於言」，而且是「失於自己之言」，船山認為若如朱子之詮釋，告子於己言有失，還不求改進，這也是狂人罷了，孟子本不該提及他。既然孟子提到告子先於自己不動心，告子的地位不該太低下才是，若是太低下而為狂躁之人，孟子根本就不會視他為對手。故可見船山面對告子，雖然評價不如孟子，但也不會評得太低下；至於朱子的「屢易其說」的講法，則把告子評為狂莽之人，故船山亦不取朱子之說。船山直接面對《孟子·告子上篇》的前四章，朱子認為是「屢易其說」的證據，然而船山的詮釋是：此論性三說，[43]立喻不同，而指歸乃一，其歸於一者，所謂的「生之謂性」；湍水、食色、杞柳等喻，其實都是意謂著「生之謂性」。故在船山認為，〈告子上篇〉的前四章，其實是一貫的。依於此，則船山面對「不得於言」的見

42　「這是『生之謂性』一語之諦解。我們可說這是吾人所依以了解性的一個原則。我們通過這原則可以把一個體所本具之『自然之質』（種種自然特性）呈現出來。」牟宗三：《圓善論》（臺北：臺灣學生書局，1985年），頁 5。牟先生對於告子學說視之為一貫的，船山也視之是一貫的，然二人的看法還是不同。

43　告子論性，有三說、有四說。三說者，湍水、杞柳、食色；四說者，加入生之謂性。

解，就不同於朱子，朱子視為「失於己言」，[44]而船山卻認為此言，不只是自己之言，船山認為：

> 「不得於言」一「言」字，所該者甚大。凡天下事物之理，
> 可名之為言者，皆言也。孟子向後說詖、淫、邪、遁之辭，
> 卻但從言之差謬者一邊說，則以當其世而為齊之卿相，則異
> 端說士雜沓進前，自勢所必有，須與之距其邪說爾。[45]

也因為孟子評定告子的「不得於言，勿求於心」為「不可」，故「言」的意思也變得重要，船山視「言」的意思為「理」，這與朱子把「知言」與「格物窮理」相比配是一樣的。[46]然而，船山與朱

44　《朱子語類》云：「今按：『聞他人言』之說，與《集註》異。」宋·黎
　　靖德編，王星賢點校：〈問夫子加齊之卿章〉，《朱子語類》第 4 冊，頁
　　1242。這意思是，若以《集註》為定見，則在此朱子的推論只是過程，而
　　不是定見，因為此過程視告子的「不得於言」，亦包括「不得於他人之
　　言」。於是記錄者認為這與集注的見解不同，《集註》言：「告子謂於言
　　有所不達，則當舍置其言，而不必反求其理於心。」宋·朱熹：《四書章
　　句集註》，頁 230。這裡的意思似是指於己言之不達，而不求其心之理。
　　亦是說朱子所謂的不得於言，是己言還是他人之言，並不明顯，於《朱子
　　語類》之中，不斷的改變，未成定案。然於此處，亦不明顯。但若依於朱
　　子的《集註》，詮釋〈食色性也篇〉，最後言：「告子之辯屢屈，而屢變
　　其說以求勝，卒不聞其能自反而有所疑也。此正所謂不得於言勿求心
　　者。」宋·朱熹：《四書章句集註》，頁 327。指的是告子自己之言。
45　清·王夫之：《船山全書》第 6 冊，頁 921。
46　「知言，知理也。」宋·黎靖德編，王星賢點校：《朱子語類》第 4 冊，
　　頁 1708。

子不同處在於，朱子把告子的「不得於言」視之為告子自己之言；而船山認定「不得於言」者，不只是告子自己之言，凡天下事物，自己之言，他人之言等，都是言。如船山舉例，孟子之所專長者，知言，所知者是辯士之言，因為孟子言：「生於其心，害於其政」；[47]故一旦孟子加齊之卿相，則要面對甚多的說客，若無知言之本領，此言又本之於心，生此心，則害政。故孟子知言，而所知者，不只自己之言，也知對方辯士之言，故船山與朱子之不同處，朱子於《孟子·告子上》處，[48]認為告子之「不得於言」是自己之言有失，即辯論有失而輸於孟子。同樣地，在面對「詖、淫、邪、遁」之辭時，朱子與船山也有不同的詮釋，船山認為是「辯士的話」；而朱子認為是「告子之流者」的話。[49]

　　若知船山對「言」的定義，則船山對於告子的「不得於言，勿求於心」一語是如何理解便可知曉，船山言：

　　　　知此，則告子之「不得於言，勿求於心」也，亦謂：天下之
　　　　理，本非吾心之所有而不可勝窮。即是非得失之不能解了
　　　　者，姑且是與為是，非與為非，因應乎天下，聽物論之不齊

47　宋·朱熹：《四書章句集註》，頁233。

48　朱子的話很多，然而以《集註》較為正式，是深思後下的定論，故朱子死前還在修正其《大學集註》之注釋。至於《語類》，則為上課的學生筆記，屬於朱子還在發展中的過程。雖然上課時，《集註》已大致完成，但上課完若有心得，還是會去修正《集註》。

49　「彼告子者，不得於言而不肯求之於心；至為義外之說，則自不免於四者（詖、淫、邪、遁）之病。」宋·朱熹：《四書章句集註》，頁233。

> 50而無庸其察。若求於心者，役心於學問思辨以有得，而與天下爭，則疑信相參，其疑愈積。不如聽其自得自失於天地之閒，可以全吾心之虛白，而繇虛生白、白以無疑之可不動其心也。51

船山視告子為道家之流，若再仔細分判，則告子通於莊子一派。然，這是船山的認定，其實不見得有太多證據以證之，只是船山如此詮釋，似乎也很能解通告子的意思。後人戴震亦視告子為道家，二人（船山、戴震）有其相通處。船山認為告子「不得於心，勿求於心」一語的意思是：「言」與「心」無關。「言者，理也」，52故天下之理，與吾人無關，理有是非得失，不得撓動吾心。故，是者讓它是；非者讓它非。這與《莊子·齊物論》的精神很像，如「可乎可，不可乎不可；然於然，不然於不然。」53即是順任對方，而不立絕對標準以糾正對方。故言與心無關，理與心亦無關，是非對錯，順任對方，而不以之干預而擾動吾心。因為若面對對方、面對理，而求之於心則動心，心要依於此是非得失之理，而與天下爭是

---

50 船山在此以〈齊物論〉之說來等同於告子之學，而船山解〈齊物論〉者，物論二字連讀，是為學說的意思。平齊學說的意思。船山言：「當時之為論者黟矣，而尤盛者儒墨也……則勿論其當於道與否，而要為物論。」清·王夫之：《船山全書》第 13 冊（長沙：嶽麓書社，1996 年），頁 93。

51 清·王夫之：《船山全書》第 6 冊，頁 921。

52 清·王夫之：《船山全書》第 6 冊，頁 921。

53 晉·郭象注、唐·成玄英疏：《南華真經注疏》上冊（北京：中華書局，1998 年），頁 36。

非。若能不爭，如此則能全吾心虛室之白。[54]虛室之白者，無為而成，無為者，順任自然，順任萬物，而不勞心於是非對錯。這也是船山對於告子學的斷定，亦可說對於告子的「不動心」的話語，所做出的詮釋。然可見，其有同於朱子之處，亦有異於朱子之處。

四、「無暴其氣」的不同詮釋

孟子在回答公孫丑之問「夫子之不動心與告子之不動心，可得聞與？」[55]時，談到了「持其志，無暴其氣。」[56]之後公孫丑對於此語又重述了一遍，而產生疑惑。公孫丑的疑惑是既然孟子認為「志至焉，氣次焉」，[57]即立其志，則氣亦跟上來。那麼只要持志就可了，何以還要「勿暴其氣」呢？然孟子的意思乃，專壹其志，可影響氣；然有時氣也影響志，故志要優先，然氣亦不可不顧。故志動氣，氣動志，內外交相影響，故要內外交相養。然而，「無暴其氣者」之「暴」字於朱子的《孟子集註》中，並未詳解，對此船山有意見，船山言：

54　「瞻彼闋者，虛室生白，吉祥止止。」《莊子‧人間世》參見晉‧郭象注、唐‧成玄英疏：《南華真經注疏》上冊，頁 83-84。虛室者，則為用心如鏡，鏡照不留，不執於善，亦不執於惡，故心中無一定的定理與是非標準。

55　宋‧朱熹：《四書章句集註》，頁 230。

56　宋‧朱熹：《四書章句集註》，頁 230。

57　宋‧朱熹：《四書章句集註》，頁 230。

《集註》不詳「暴」字之義，但云「致養其氣」。讀《孟子集註》，須於其所略者，循本文以求之，不可胡亂成悖。致養之功，雖有「有事勿忘」、「勿正勿助」兩段，然其所云「勿正勿助」者，亦非以防夫太過也。凡人做工夫而有期待之心，只是畏難而望其止息。其助長者，則如宋人之揠苗，不耐得薅鋤培壅，索性拚一番勞苦，便歇下也。暴者，虐而害之之謂。故不芸苗而任其草滿者，暴其苗也；助之長而揠死之者，亦暴其苗也。陵壓其氣，教他一向屈而不伸者，暴其氣也；執著一段假名理，便要使氣，求勝於人，到頭來卻討個沒趣，向後便摧殘不復振起者，亦暴其氣也。[58]

船山認為朱子似乎無法了解「暴」字於孟子此章中的真意，朱子於是大略渾淪解之，「無暴其氣」解為「致養其氣」，[59]雖然不見得有明顯的錯誤，但船山還是不滿。朱子不解釋「暴」字，而船山卻解釋之，其認為「暴」者，「虐害」的意思。然，船山為何如此詮釋之呢？船山到底是如何關連的呢？船山並未明言，吾人認為，船山把「直養而無害」，關連於「助之長者，揠苗者也。非徒無益，而又害之。」此二「害」字，關連於一起，故「養浩然之氣」一段與「勿忘勿助」相連。而直養則為浩然之氣，養了浩然之氣，則不暴氣；不直養氣，即暴其氣，則有害。故暴則害矣，暴乃虐害之的意思。於此段中，船山並未明顯批評朱子，只是說朱子對於「暴」

58　清・王夫之：《船山全書》第 6 冊，頁 924-925。
59　宋・朱熹：《四書章句集註》，頁 230。

字解不清楚。然，於下一段處，則明顯批朱子了，船山言：「無干說得和鸞、[60]佩玉去，直向黃瓜蔓上求瓠子，一倍可笑！和鸞、佩玉，養心於靜者也。此之無暴，養氣於動者也，故曰『浩然』，曰『至大至剛』；而其不養也，則曰『餒』，曰『害』。」[61]談「佩玉」處明顯是批朱子，因為朱子與學生的問答，正是談論及此：「問：在車聞鸞和行鳴佩玉皆所以無暴其氣，今既無此，不知如何而為無暴？曰：……如只行得五十里，卻硬要行百里，皆是暴其氣。」[62]朱子順著學生的講法，認為於車行中聞鸞和佩玉可以養氣，以此無暴其氣，朱子並未否定其學生的看法，表示朱子同意。然船山認為朱子對於無暴的「暴」字，沒有正解，於是朱子把「無暴其氣」詮釋為「致養其氣」，導致有於車上佩玉可以養氣的說法，如此就是無暴其氣。船山認為整個是錯的，理由在於對「暴」字無正解，於是全盤皆錯。船山認為車閒佩玉等行為是「靜中養氣」，而浩然之氣，是「養於動」也，此二者不相干。若能懂得暴是虐害的意思，將無此弊。[63]以上亦看出船山與朱子於「暴」字的詮釋上，沒有共識。

60　古代車上的鈴鐺。掛在車前橫木上稱「和」，掛在軶首或車架上稱「鸞」。

61　清·王夫之：《船山全書》第 6 冊，頁 925。

62　明·胡廣編：《四書大全》，頁 585。

63　船山批評朱子後學，也是因為「暴」字不懂所造成，其言：「潛室不察，倒著本文，將『暴其氣』作氣暴說。不知此所謂氣，乃以擔當霸王之業而無懼者，非但聲音笑貌之節，則亦何有發得暴之憂邪？一字之顛倒，滿盤皆錯。」清·王夫之《船山全書》第 6 冊，頁 925。船山認為無暴其氣，乃為無害其直養之氣，而潛室視為暴氣為氣爆開來，故為船山批評。

五、「反動其心」的不同詮釋

《孟子·浩然章》原文裡談到「志壹則動氣，氣壹則動志也。今夫蹶者趨者，是氣也，而反動其心。」[64]朱子的詮釋，為了照顧前文的「不動心」，於「氣壹動志」詮釋為「然氣之所在專一，則志亦反為之動。」[65]此一詮釋，似乎很中性，亦難以批評。朱子詮釋「反動其心」，照顧到了「不動心」，又照應到了「蹶者之氣會動其心」、「氣壹動志」等，光談這一句，亦可謂「以孟子詮釋孟子」的內在建構。然而，船山對此有異解，其認為「不動心」與「反動其心」，此二「動」字的詮釋不同，船山言：

> 「志壹則動氣」一段三「動」字，只是感動意，即其相為感動者以見其俱不可「勿求」，[66]元與「不動心」「動」字不同。「不動心」者，無恐懼疑惑也。但以氣之壹而動其志，豈遂至於恐懼疑惑！且志壹動氣，氣其知恐懼而生疑惑者哉！[67]

船山認為「志壹動氣」、「氣壹動志」、「反動其心」三個動字，都是「感動」的意思，而「不動心」之「動」字的意思，是「恐懼

64　宋·朱熹：《四書章句集註》，頁 231。

65　宋·朱熹：《四書章句集註》，頁 231。

66　船山此處的論證是，氣會動志，志也會動氣，故志、氣都要求之，不可如告子的「勿求」。

67　清·王夫之：《船山全書》第 6 冊，頁 926。

疑惑」，故有不同；而朱子視此四個動字相同，故船山反對朱子見解。船山的理由是：「若把此四個動字等同，則氣壹動志，難道是氣之專壹而導致志的恐懼嗎？同樣的，志之專壹也導致氣的恐懼嗎？」若如此，則解釋不通。然而，朱子於《孟子集註》中的注解不甚清楚，渾淪帶過，也難說朱子有誤，於是船山轉向於《四書大全》中找證據以批朱子，船山言：

> 《集註》中一「從」字，極下得活。小注謂「喜怒過度，志反為動」，則誤。喜怒過度時，直把志喪了，而豈但動乎？……氣壹動志，乃是氣之既充，必將專壹以有為，則先未有此志，亦便動著教生長者志來。如子路只緣他氣之兼人，故「未之能行，唯恐有聞」，動得志上如此上緊。與志之專者，弱可使強一理。說個「壹」，便是好底。[68]

船山認為《集註》中的「志之所向專一，則氣固從之」[69]中的「從」字下的好，然志壹則氣從，氣壹時，何以朱子不言志從呢？朱子的詮釋是「氣之所在專一，則志亦反為之動」。[70]似乎於志氣之間沒有對等，吾人認為，乃因為朱子為了照顧「蹶者反動其心」，故「氣動志」處，此時動字，不釋為感動，而是「擾動而不純」的意思。於是船山找出《四書大全》中朱子的話語，朱子言：

68　清·王夫之：《船山全書》第 6 冊，頁 926。
69　宋·朱熹：《四書章句集註》，頁 231。
70　宋·朱熹：《四書章句集註》，頁 231。

「若喜得過分一向喜，怒得過分一向怒，則氣便暴了，志卻反為所動。」[71] 在《集註》中講得模糊之處，在此說得較為清楚。朱子認為「氣動志」乃因氣暴了，因喜怒過度，而影響心志。船山認為喜怒過度，則喪志了，豈還能動志呢？船山認為說「壹」則是好的意思，如子路之氣強，故感染了心志，而「未之能行，唯恐有聞」。[72] 同樣地，立志若強，亦能影響其氣。可謂氣專一，則志從之；志專一，氣亦從之，故要內外志氣交相養。

然而，船山如此詮釋時，似乎要面對一個難題，即《孟子》原文「今夫蹶者、趨者，是氣也，而反動其心。」此跌倒之人，是氣餒了，而搖動了其心志。這也是平常吾人所經驗到的事。若船山把志壹動氣，氣壹動志，都解釋為好的一面，那麼又如何面對此跌倒所造成的不好之事呢？於是船山在此以詁訓的方法，與朱子的詮釋區別開來，船山言：

> 「蹶」之為義，自當從《說文》正訓云「跳也」。促步曰趨，高步曰蹶。若作顛躓解，則既害文而抑害義。顛者非氣也，形也，形動氣而非氣動心也。[73] 蹶、趨亦不是不好事。古人于朝廷宗廟必趨，臨戎登車則蹶。孟子之言此，只是借

---

71 明·胡廣編：《四書大全》，頁 585。

72 「子路有聞，未之能行，唯恐有聞。」《論語·公冶長》。參見宋·朱熹：《四書章句集註》，頁 79。

73 船山認為朱子詮釋「蹶」者為「顛躓」的意思不好，理由是顛躓是形而不是氣，然而吾人認為船山如此言之，有點牽強。因為，若顛躓是形，則船山所詮釋的跳，亦是形，不是氣。

喻意，故加以「今夫」二字，非謂蹶者趨者之暴其氣也。[74]

朱子訓「蹶」為「顛躓」，[75]倒仆、下跌的意思。船山不從，因為船山要照顧到他自己詮釋的一致性，故不同於朱子。船山視「蹶」字義為「跳」，不採朱子「跌」的意思。既然蹶是跳，則反動其心，也不是不好的；乃是一旦跳動，聚氣以跳，則氣聚而影響志，心志亦跟上來而心志充滿，所以不會搖散其志，反而聚斂其志。而朱子卻視為氣的過度，因氣的暴露而影響心志。故看出船山與朱子的不同詮釋，船山視「反動其心」的動字是「感動」，而「不動心」的動字是「恐懼而致動」意，二「動」字有不同，而朱子視此二「動」字是一致的。而船山為了把志壹動氣，氣壹動志，其中的「壹」視為專一，而為勝義，不是劣義，故於「蹶」者，亦是以勝義視之，而不採朱子的顛躓意。也顯示出其二人的不同詮釋。

六、「義襲」的不同詮釋

　　孟子談到「浩然之氣」時言：「是集義所生也，非義襲而取之也。」[76]此「義襲」的意思如何詮釋呢？朱子於《孟子集註》言：「襲，掩取也，如齊侯襲莒之襲。……非由只行一事偶合於義，便

74　清·王夫之：《船山全書》第 6 冊，頁 927。
75　宋·朱熹：《四書章句集註》，頁 231。
76　宋·朱熹：《四書章句集註》，頁 232。

可襲於外而得之也。」[77]朱子詮釋的襲字,有「出其不意而進攻」
的意思。然而,船山認為如此詮釋「襲」字有誤,船山言:

> 孟子唯在羞惡之心上見義,故云「義內」。呼蹴之食,至死
> 不屑,豈在外哉?唯此羞惡之心,人皆有而各自有,彼此不
> 能相襲,襲如「襲裘」之襲,表蒙裏也,猶今俗言「套」。
> 《集註》引齊侯襲莒,非是。故宋、薛不受則為不恭,受齊
> 之饋則為貨取;有伊尹之志則忠,無伊尹之志則篡:唯不可
> 襲,襲而取之必餒也。[78]

集義所由生者,義內也;義襲者,義外也。船山發揮孟子言義內的
精神,孟子言「仁義禮智,非由外鑠我也,我固有之也」[79]此義內
也,而不是義外,也不是外鑠之也。義也者,羞惡之心也。[80]羞惡
之心為義,則此固有之義,不待外鑠。故不是相承襲,船山對於
「襲」的定義,視有「承襲」的意思,也有表面的意思,故船山以
「套」字釋之,而認為朱子視之為偷襲之義是有誤的。朱子與船山
在此中的差異算是小問題,而不是大原則的問題。然是否可說朱子
或船山的義理必會影響其訓詁呢?朱子的理氣論影響訓詁是常有的
事,然在此似乎看不出其間的必然關連性,也看不出船山的義理,

77　宋·朱熹:《四書章句集註》,頁232。

78　清·王夫之:《船山全書》第6冊,頁930。

79　《孟子·告子上》。

80　「惻隱之心,仁之端也;羞惡之心,義之端也;辭讓之心,禮之端也;是
　　非之心,智之端也。」《孟子·公孫丑上》。

需把襲訓為「套」的必要性，這裡只是爭誰的訓解較合於原意，而與自家的背後義理相關不大。但有一可能性，乃朱子視告子的義外，是「推於外而不顧」[81]的意思，故不認為告子有一外在標準，於是四改其說，詖、淫、邪、遁都來；而船山認為告子有其一貫標準（莊子齊物論之標準），故視「襲」有「套」的意思。

七、告子之學是否助長

孟子談「養浩然之氣」時，原文裡談到：

> 我故曰：告子未嘗知義，以其外之也。必有事焉而勿正，心勿忘，勿助長也。無若宋人然：宋人有閔其苗之不長而揠之者，芒芒然歸。謂其人曰：「今日病矣，予助苗長矣。」其子趨而往視之，苗則槁矣。天下之不助苗長者寡矣。以為無益而舍之者，不耘苗者也；助之長者，揠苗者也。非徒無益，而又害之。[82]

告子之學若比配到「勿忘、勿助、勿正」等等毛病時，告子犯了哪個毛病呢？是助苗，還是無益而舍之呢？[83]因為孟子認為，第一種

81　「《集註》云：『告子外義，蓋外之而不求，非欲求之於外也。』」宋・黎靖德編，王星賢點校：《朱子語類》第 4 冊，頁 1736。

82　《孟子・公孫丑上》。

83　《孟子》原文：「以為無益而舍之者，不耘苗者也；助之長者，揠苗者也。非徒無益，而又害之。」在此孟子提到了兩個缺點，前者是不耘苗

毛病是助長，天下不助長的人少，又說另一種毛病是不耘苗，共有
二種毛病。在此朱子與船山有不同的看法。朱子於《孟子集註》處
有云：「如告子不能集義，而欲強制其心，則必不能免於正、助之
病。其於所謂浩然者，蓋不惟不善養，而又反害之矣。」[84]孟子用
種田做為比喻，而說出了一般人的兩種毛病，一種是無益而舍之；
另一種是揠苗。前者毛病輕，後者毛病重，因為就後者而言，孟子
認為「非徒無益，而又害之。」而朱子把告子視之為後者──揠苗
者，而非捨之者。此與船山不同，船山視告子為不耘苗而捨之者。
然而，到底誰對誰錯呢？其關鍵在哪裡呢？吾人認為關鍵在於對於
告子定位的評價問題、告子該屬於何種流派的問題。我們可以先看
船山如何認定告子之學，其云：

> 「勿助長」原不與告子對治，《集註》語自未審。告子只是
> 不芸苗，以氣為無益而舍之，故「勿求於氣」。緣他錯認苗
> 為稂莠，謂其不可以充食，故遂不芸。且不芸矣，又何助長
> 之有？[85]

船山認為孟子言的「勿助長」並非針對告子，因為告子是不芸苗，
非揠苗者；不耘苗者，以為無益而捨之，此捨棄之，則與「勿求」

者，後者是揠苗，揠苗之病較重。而現在船山所要爭者，孟子到底視告子
是不耘苗還是揠苗。
84 宋·朱熹：《四書章句集註》，頁232。
85 清·王夫之：《船山全書》第6冊，頁935。

的動作是一致。若是助長之，則必需求之，船山乃是以「舍」字與「勿求」等同之，故視告子為不芸者，而非助長者。然而其背後，乃是對告子的評定之看法不同所致。告子不助長，則孟子暗指誰助長呢？船山云：

> 集義、養氣，卻不是拚一日之病，須終歲勤勤，方得有力田之秋。若如齊桓之定王世子，晉文之伐原示信，陳仲子之與之齊國而不受，[86]以一日之勞表一日之義，遂鼓其氣以陵天下，而不顧本根之拔，此則助長者也。告子卻不喫者[87]茶飯，方且疑孟子之為助長，而彼豈其然？[88]

船山認為，集義、養氣則不會助長，助長者，拚一日之病，求一步登天，如陳仲子、齊桓公等人，鼓氣拔根，此則為助長；然告子是不吃茶飯者，以為無益而捨之者，以告子的心思而言，反而覺得孟子的終歲辛苦之耘苗為助長者。

故在此可見，船山與朱子的詮釋不同，關鍵在於，告子是要強制其心，還是都不管呢？告子是助長之，還是不耘苗呢？朱子認為「外之」，乃視之為外而不理的意思，故「義外」的意思，在朱子而言是，視之為外在的事物不管之，[89]於是只空守其心，制之於不

86　可參見《孟子·滕文公下》的最後一章。

87　船山言「者」字，常是「這」的意思。

88　清·王夫之：《船山全書》第 6 冊，頁 936。

89　問：「《集註》云：『告子外義，蓋外之而不求，非欲求之於外也。』」曰：「告子直是將義屏除去，只就心上理會。」因說：「陸子靜云：『讀

動，即不管其義與否，則心制之於不動，故有強制其心的意思。[90]
而船山則認為告子沒有強制其心的意思，因為船山視告子為莊子
〈齊物論〉之學，其「不得於言，勿求於心」，即天下的道理，順
任它自生自滅，心無與焉。朱子與船山之不同就在於，朱子認為，
告子的不動心，乃是強制其不動，因為告子為了求勝，而強制其
心，不管他人論辯之勝吾，而求於必勝，告子如同北宮黝；而船山
認為告子乃不管言、不管氣，心與言、氣無關，閒而無事，清靜無
為，心自不動。

　　然而，這裡的是非對錯，朱子與船山誰人較得原意呢？似難斷
定，理由在於，要判定告子之學似不容易。告子的文獻亦難完全找
到，而光從《孟子》的記載，亦不算多，難以得出一個定論。而船
山視告子為莊子之學，似乎也是詮釋，也不見得一定是告子的本
意，只能說詮釋得前後相通，而不矛盾；而朱子視告子的屢易其說
以求勝，似乎又把告子貶低不少。故對告子之評價而言，吾人視船
山與朱子都是詮釋，若要求原意，則待未來出土之證據來檢視；若
說是孟學詮釋的生命之開展，則一個是理學的開展，一個是氣學的
開展。

書講求義理，正是告子義外工夫。』某以為不然。如子靜不讀書，不求義
理，只靜坐澄心，卻似告子外義。」（德明。《集註》非定本。）宋·黎
靖德編，王星賢點校：《朱子語類》第4冊，頁1736。
[90] 朱子認為告子同於陸子靜，陸子靜為心學，守一顆心，讀書不是最重要
的。而告子要如同心學，守一顆心時，則心與氣無關，心與言無關，死守
一顆心不動。故朱子認為告子是強制其心不動。

八、結語與反思

　　船山與朱子的孟學詮釋是不同的，如朱子的理氣論中，有「存天理，去人欲」[91]之說，而與船山不盡相同，相對而言，船山重氣、重人倫、不貶欲求，故可謂船山是氣論，氣自合理，理在氣中。[92]亦是說朱子的孟學詮釋中，以「性即理」來詮釋孟子學，而船山的性是「理氣合」，性即理即氣，也看出船山對於氣化的重視，因為氣可比配於〈坤〉卦，乾坤並建，〈坤〉卦也不能忽視，故氣化也不能忽視。於是船山的詮釋更重氣化之面向，這當然也影響了船山對〈浩然章〉的詮釋，如於養氣之中，氣塞於天地之間而可配義與道，此氣不離於道。然而，於〈浩然章〉中，船山與朱子的不同甚多，乾坤並建也許可以說明何以知言、養氣並重，但是不是全部都是因為背後的義理架構不同所致。有些原因是，孟子的原意若如此詮釋，則前後較為一致，且問題較少。也因為朱子的架構是放在其理氣論的詮釋底下所造成的，然若不接受朱子的理氣論者，則詮釋亦會跟著不同。因為朱子以《大學》詮釋《孟子》，這本來就不見得合法，只能說是創造；既然是創造詮釋的話，則與原

91　「循理而公於天下者，聖賢之所以盡其性也；縱欲而私於一己者，眾人之所以滅其天也。二者之間，不能以髮，而其是非得失之歸，相去遠矣。故孟子因時君之問，而剖析於幾微之際，皆所以遏人欲而存天理。」宋·朱熹：《四書章句集註》，頁 219。

92　「理即是氣之理，氣當得如此便是理，理不先而氣不後。」清·王夫之：《船山全書》第 6 冊，頁 1052。雖然船山與朱子都談理氣，然朱子的理一分殊之說，更重超越義，而船山的理是即於氣中之理。

意有距離，一旦標準定在孟子原意時，朱子的孟子詮釋就與孟子原意有距離，這時縱使船山自己的乾坤並建綱領不用上，還是能檢測的出朱子的詮釋之不同於孟子之處。

吾人在此試著把船山與朱子對於〈浩然章〉理論上之分歧的背後理由找出來。例如知言養氣之先後，乃是朱子的《大學》順序，與船山的乾坤合撰之義理不同所致。第三節中，船山與朱子對於告子的評價，有同有異，同者，二人都視告子是作用見性、知覺為性者；不同者，船山視告子是〈齊物論〉之學，而朱子視告子為求勝算，而屢易其說，為子夏、北宮黝之學。此之不同，乃因為朱子面對當時的心學，而把陸子靜等同於告子之學，因為朱子與陸子，雙方都視對方為求勝不求益者；而至於船山的話，則是找到一個施力點，即把莊子的〈齊物論〉之學等同於告子之學，似乎亦能前後一貫，又既然告子是莊子之學，莊子的齊物亦有兩端一致的意味，所以船山並未判告子甚低。因此船山與朱子詮釋告子有不同。第四節處，船山認為無暴其氣乃「無害於氣」的意思，船山以孟子詮釋孟子，而朱子認為無暴其氣乃「致養其氣」，朱子似乎套在小程子的「涵養用敬，進學在致知」的系統下詮釋《孟子》。

第五節，「反動其心」的不同詮釋，船山把「反動其心」與「不動心」的「動」字視為不同，而朱子視為相同。理由在於船山視氣壹動志為勝義，而朱子視為貶義，可能原因在於二人對於「氣」的見解之不同，船山不貶氣，而朱子視氣只是形而下。第六節於「義襲」的不同詮釋上，朱子視「襲」為「掩襲」，而船山視「襲」為「套用沿襲」，原因在於對於告子的評定不同所致；船山視告子有一貫的意思，而朱子視告子屢變，故「襲」字的詮釋，二

人也跟著不同。第七節，船山視告子是「不耘苗」，而朱子視告子「助長」。乃因朱子視告子為了求勝，而不擇手段，此已助長了，又似於陸子之學；而船山以告子的「勿求」，配於不耘苗而捨之的「舍」字。這也是對於告子的理解之不同所致。一個視其為莊子學，一個視其為類於北宮黝之求勝者（屢變其說以求勝）。

　　故依上而言，船山於〈浩然章〉有多處詮釋不同於朱子，但亦難以說誰的詮釋一定最好，因為二人都以自己義理背景以主導字義的訓詁，在朱子是理氣論，在船山則是乾坤並建，然船山生於朱子之後，可以看到朱子學的缺失，似乎可以更接近孟學一些，其針砭朱子學中的佛老成分是有功的。但船山學亦是一種詮釋，不能稱之為孟子原意。理由是船山並未反省朱子的概念框架而沿用之（內容而言，王船山是乾坤並建，與朱子不同），例如以《大學》為首的框架。此架構到了漢學家──乾嘉學派者，則不輕易接受。儘管船山解孟是一種詮釋，然而卻已在漢宋之間的過渡中，成就了一項承先啟後的工作。

第九章　王船山對於
《孟子·明堂章》的詮釋

一、前　言

　　船山「兩端一致」、「乾坤並建」的用法非常廣泛，早在三十七歲寫《老子衍》就如此詮釋之了。而後《周易外傳》正式提及之，此亦是早年三十七歲的見解，之後船山學的發展，大都以此為藍圖，以「乾坤並建」為藍圖，作為義理的詮釋架構，不只於《易經》如此詮釋之，甚至《四書》也是如此。例如其詮釋《大學》的「格致相因」，[1] 用以比配乾坤，故不可言先知後行，而是「知行

1　「是故孝者不學而知，不慮而能，慈者不學養子而後嫁，意不因知而知不因物，固矣。唯夫事親之道，有在經為宜，在變為權者，其或私意自用，則且如申生、匡章之陷於不孝，乃藉格物以推致其理，使無纖毫之疑似，而後可用其誠。此則格致相因，而致知在格物者，但謂此也。」清·王夫之：《船山全書》第 6 冊（長沙：嶽麓書社，1996 年），頁 403。船山認為有些知從格物而來，有些先知後格，故格致相因。船山於此大學八條目中，常用「相因」以形容之，故不只是格致相因，甚至八條目都相因。相

並進」，此雖與陽明相似，但不是從陽明學而來，因為船山一直反對心學。[2]除此之外，船山詮釋孟子的「知言養氣」的講法，亦是如此，朱子認定先知言，後養氣，[3]船山則否定之。[4]故可見船山以「乾坤並建」之說[5]的形式，作為一個架構，而用來詮釋各個經書。本文亦不例外，談船山的孟子學；船山的「乾坤並建」[6]的講

因者，互為因果性的意思。此還是船山的乾坤並建、陰中有陽、陽中有陰之精神的發揮。

2　「但陽明心學在面對歷史文化之部分畢竟終有所不足，此船山之所以終亦不滿於陸王。了解了船山自己的言論後，接著我們便針對船山之反對陸王的兩個理由：(1)雜於佛老；(2)不足以貞定安立歷史文化。作進一步的分析和討論。」賴文遠：《論船山氣論思想在天人、歷史之學上的開展與特色》（中壢：中央大學哲學研究所博士論文，2008 年），頁 47。

3　「孟子說養氣，先說知言。先知得許多說話，是非邪正都無疑後，方能養此氣也。」宋·黎靖德編，王星賢點校：〈問夫子加齊之卿章〉，《朱子語類》第 4 冊（臺北：文津出版社，1986 年），卷 52，頁 1241。

4　「若人將集義事且置下不料理，且一味求為知言之學，有不流而為小人儒者哉？知言是孟子極頂處，唯灼然見義於內而精義入神，方得知言。苟不集義，如何見得義在內？既不灼然精義之在吾心，而以求知天下是非得失之論，非屑屑然但從事於記誦詞章，則逆詐、億不信，為揣摩鉤距之術而已矣。」清·王夫之：《船山全書》第 6 冊，頁 919。此船山認為不是先知言後養氣，而是「知養並重」。

5　「大哉《周易》乎！乾坤並建，以為大始，以為永成。」清·王夫之：《船山全書》第 1 冊（長沙：嶽麓書社，1996 年），頁 989。又，「《周易》并建乾坤以為首，立天地陰陽之全體也。」清·王夫之：《船山全書》第 1 冊，頁 92。

6　船山於《孟子·明堂章》的詮釋，除了有其「乾坤並建」的義理外，「性日生日成」，也不可或缺。因為性日生日成之說，是理欲並存而為一連續性之存在，即於克己、即於復禮，而欲能正。

法，其詮釋孟子，與朱子的詮釋不同，因為朱子認為「性是理」，[7]而船山視「性」是「理氣合」、[8]「理欲合」，[9]故可謂「理欲並建」，故其詮釋的方式與朱子言「存天理，去人欲」的講法不太相同。然船山既能肯定欲，[10]則其欲的意思，就不是劣義，與朱子的定義則不全相同。[11]

---

[7]　「熹按：程子曰：『仁，性也；愛，情也。豈可便以愛為仁？』此正謂不可認情為性耳，非謂仁之性不發於愛之情，而愛之情不本於仁之性也。熹前說以『愛之發』對『愛之理』而言，正分別性、情之異處，其意最為精密。」宋・朱熹：〈答張欽夫論仁說〉，收於陳俊民校訂：《朱子文集》第 3 冊（臺北：財團法人德富文教基金會，2000 年），頁 1262。

[8]　「蓋性者，生之理也。均是人也，則此與生俱有之理，未嘗或異；故仁義禮智之理，下愚所不能滅，而聲色臭味之欲，上智所不能廢，俱可謂之性。」清・王夫之：《船山全書》第 12 冊（長沙：嶽麓書社，1996 年），頁 128。又，船山言：「性只是理。『合理與氣，有性之名』，則不離於氣而為氣之理也。為氣之理，動者氣也，非理也。」清・王夫之：《船山全書》第 6 冊，頁 1108。船山此義是，性是理，是即於氣的理，非離氣而獨為但理。

[9]　陳贇教授以理欲合一形容船山學，其言：「因為在人道的意義上，真實的存在是感性存在與理性存在的統一，感性與理性同樣構成了人之為人的本體論的規定。」見陳贇：《回歸真實的存在——王船山哲學的闡釋》（上海：復旦大學出版社，2007 年），頁 350。

[10]　「理唯公，故不待推；欲到大公處，亦不待推；而所與給萬物之欲者，仍聖人所固有之情。」清・王夫之：《船山全書》第 1 冊，頁 637。船山指的欲是天下之公欲。

[11]　「嗜殺人，自在人欲之外。蓋謂之曰『人欲』，則猶為人之所欲也，如口嗜芻豢，自異於鳥獸之嗜薦草。『愛之欲其生，惡之欲其死』，猶人欲也；若興兵構怨之君，非人所惡而亦欲殺之，直是虎狼之欲、蛇蠍之欲。此唯亂世多有之，好戰樂殺以快其凶性，乃天地不祥之氣，不可以人理

　　《孟子·明堂章》，其內文齊宣王有云：「寡人有疾，寡人好色。」孟子對曰：「王如好色，與百姓同之，於王何有？」對於此章，至少可有三種的詮釋方式。第一個，如程朱理學，存天理去人欲之說，朱子與其弟子常以二元分解來發揮天理與人欲之說，如以董仲舒的「正其誼，不謀其利」的講法，詮釋孟子。第二種，戴震的詮釋，戴震視人性為人的特殊血氣心知，人性中有仁義禮智，故有絜矩之道，可有同理心，以情絜情。戴震云：「孟子告齊梁之君，曰『與民同樂』，曰『省刑罰，薄稅斂』，曰『必使仰足以事父母，俯足以畜妻子』，曰『居者有積倉，行者有裹糧』，曰：『內無怨女，外無曠夫』，仁政如是，王道如是而已矣。」[12]此戴震即於貨、色而言王道，故不是絕貨、色。第三種，即是船山的詮釋，船山正是從朱子學過渡到戴震的一個重要轉捩點。船山的詮釋也是重貨、色，重氣，不離貨、色而言天理、言王道。然船山的義理在於「乾坤並建」、「理欲並建」。船山於〈明堂章〉的詮釋，便是一種「重氣」的詮釋，不同於天理人欲之兩分的詮釋。在此必須一談的是朱子於《孟子章句集註》中，對於此章的詮釋亦相當謹慎，四平八穩，似有存天理，去人欲之說，亦有不廢貨、色的意思。可說與船山亦有相似之處。

　　然而吾人可以問，何以說船山的「理欲合一」之說，是一種「兩端一致」的意思、是「乾坤並建」的意思呢？吾人先舉一些例

　　論。」清·王夫之：《船山全書》第6冊，頁898。船山的虎狼之欲為貶義，而人欲還算中性；而朱子所去的人欲，則是貶義的人欲。
12　清·戴震：《戴震集》（上海：上海古籍出版社，1980年），頁275。

子以證之。船山於《周易外傳》裡言：「夫〈坤〉之為美，利導之而已矣。利導之而不糅雜乎陽以自飾，至於履位已正，而遂成乎章也，則蚑者、蠕者、芽者、荂者，五味具，五色鮮，五音發，殊文辨采，陸離煸爛，以成萬物之美。」[13] 在此船山以五味，五色等欲求，用以詮釋六個陰爻、詮釋〈坤〉卦，而面對老子「無欲」之言：「五味令人口爽，五音令人耳聾」等，視為是佛老之說，因為離欲以求理；而船山認為儒家並不排斥欲求，而是要以理導之，並非絕之。[14] 船山這種講法，於明末清初流行之，早在羅整菴、羅近溪、[15] 陳乾初到顏元等人都有類似的看法。除了以上證明船山比配理欲為乾坤外，下文亦會再討論。

船山以理欲比配乾坤，朱子義理並不如此，因為朱子的理欲是形上、形下之別，故朱子言陰陽都是形下，可見朱子的系統與船山不都一樣。船山於《讀孟子大全說‧孟子序說》處，亦是用仁義比

---

13 清‧王夫之：《船山全書》第 1 冊，頁 835。又於同書言「夫陽主性，陰主形。理自性生，欲以形開。其或冀夫欲盡而理乃孤行、亦似矣。然而天理人欲同行異情。異情者異以變化之幾，同行者同（行）於形色之實，則非彼所能知也。在天為理，而理之未麗于實則為神，理之已返于虛則為鬼。陽无時而不在，陰有時而消。居陽以致陰，則鬼神而已矣，既已為人而得乎哉？故〈屯〉者人道也，二氏之說鬼道也。以〈屯〉紹〈乾〉〈坤〉之生，《易》之以立人道也。」參見同書，頁 837。可見船山以〈乾〉比配理，以〈坤〉比配欲，而不廢人欲，廢人欲者，佛老是也，老子要人無欲，莊子認為嗜欲深，天機淺，佛教要人出家，貶低男女之欲。

14 如孔子的唯酒無量不及亂之說，如孟子的飢者甘食之說，都是認為欲不可絕，故孟子最多言及寡欲。

15 近溪反對朱子學式的制欲，而以體仁替代之，體仁則欲正，欲不必廢。

配陰陽,其言:「仁義者,心之實也,若天之有陰陽也。知覺運動,心之幾也,若陰陽之有變合也。」[16]仁義何以比配陰陽呢?因為「立天之道,曰陰與陽;立地之道,曰柔與剛;立人之道,曰仁與義。」[17]然若依於朱子,仁義是性理,形而上者,陰陽是氣,形而下者,不該比配在一起。其實船山在此與朱子學不完全一樣,因為船山的陰陽不只有氣,氣中有理,同樣的性不只是形上,亦包括形下。

以下吾人舉《讀孟子大全說》中的〈明堂章〉,作一解析,主要義理,乃面對孟子學,予以重新詮釋。到底是要以「理欲合一」以詮釋《孟子》呢?還是以「存天理,去人欲」之說詮釋《孟子》?若以去欲之說以詮釋《孟子》,是否有淪於佛老的無欲、莊子的「嗜欲深,天機淺」之說、或淪於佛學的出家絕男女之欲的講法?吾人下文舉原文以詮釋之。

二、朱子對於〈明堂章〉的詮釋

吾人談船山的詮釋,主要依於嶽麓書社出版的《船山全書》之句逗,此章中,其開為八段以詮釋之;也因為船山於此詮釋中,用到朱子對於《孟子》此章的詮釋,朱子對《孟子》此章詮釋中,談到「克己復禮」之說。在此看到朱子以《論語》來詮釋《孟子》,[18]

---

16 清·王夫之:《船山全書》第6冊,頁893。

17 《易傳·說卦》,第2章。

18 用《論語》以詮釋《孟子》,此是朱子的策略,也許義理相差不大。但朱

這也是朱子的《四書》的閱讀順序，《論語》在前，而《孟子》在後。然《論語》的「克己復禮」之說，是否朱子的詮釋就一定對呢？亦不盡然，因為朱子的說法，「克己者，克去己私也」，勝過自己私欲，[19]然《論語》此章又云「為仁由己」，此「己」字就不能以「己私」視之，故朱子詮釋的小缺點在於，「己」的解釋，前後不同。羅近溪[20]及清儒漢學家等[21]便不同意朱子的詮釋。

子以《大學》詮釋《論》、《孟》，此策略就有待商榷了。

19　《爾雅》裡，「克」與「勝」互訓。故可見朱子的解法有傳統的脈絡可尋。見程樹德撰，程俊英、蔣見元點校：《論語集釋》第 3 冊（北京：中華書局，1990 年），頁 820，

20　「師〔指近溪〕嘗曰：人能體仁，則欲自制。傳曰：太陽一照，魑魅潛消是矣。若云克去己私，是原憲宗旨，不是孔顏宗旨。蓋孔氏求仁，其直指名仁，惟曰：『仁者人也』，夫己非所謂仁耶？劉獅泉說顏子博約，重二我字，夫我獨非己耶？今有將克己『己』字必欲守定舊解，殊不知認己字一錯，則遍地荊榛，令人何處安身而立命也？」明・羅近溪：《盱壇直詮》（臺北：廣文書局，1996 年），頁 187。此亦可參見蔡家和：〈從羅近溪分別「體仁」與「制欲」之工夫進路見心學與理學之不同〉，《華梵人文學報》創刊號（2003 年 7 月），頁 69-106。羅近溪反對把己釋為私欲。

21　漢儒裡，馬融認為，「克己」是「約身」，即修身的意思，且是統傳的主要看法，與朱子認為的克己是「勝過己私」之說法不同。把「己」釋為「己私」只有程朱之學，或是宗朱之學者，這是受了朱子的影響。故朱子之註「克己」之意思不同於傳統馬融的看法，亦引起所謂的漢、宋之爭，而清儒大多回到漢儒，而不守朱子之說。可參見程樹德撰，程俊英、蔣見元點校：《論語集釋》第 3 冊，頁 818-820、948。吾人認為朱子之缺失在於一個「己」字之同一段文前後之訓解不同，而漢儒之缺失在於「克己」之克字，與「克伐怨欲不行」的克前後解釋不同。馬融「克己」的

　　然而，吾人可以先檢視朱子於《論語章句集註》中，對於此段的詮釋，朱子的詮釋是：

> 仁者，本心之全德。克，勝也。己，謂身之私欲也。復，反
> 也。禮者，天理之節文也。為仁者，所以全其心之德也。蓋
> 心之全德，莫非天理，而亦不能不壞於人欲。故為仁者必有
> 以勝私欲而復於禮，則事皆天理，而本心之德復全於我矣。
> 歸，猶與也。又言一日克己復禮，則天下之人皆與其仁，極
> 言其效之甚速而至大也。又言為仁由己而非他人所能預，又
> 見其機之在我而無難也。日日克之，不以為難，則私欲淨
> 盡，天理流行，而仁不可勝用矣。程子曰：「非禮處便是私
> 意。既是私意，如何得仁？須是克盡己私，皆歸於禮，方始
> 是仁。」又曰：「克己復禮，則事事皆仁，故曰天下歸
> 仁。」[22]

朱子以其一貫的「性即理」、「心統性情」、「理氣論」之義理，對於《論語》此章做一詮釋。仁者，心之德，愛之理，也是心之所以然之理，是為性理，性中只有仁、義、禮、智，[23]界為四破，統

　　「克」解為「約」，「克伐怨欲」的克字解為「好勝人」。不過，劉寶楠
　　認為「克」本訓為「勝」，引申而為「約」。參見清·劉寶楠：《論語正
　　義》（北京：中華書局，1998年），頁484。故，漢儒之訓較少缺失。

22　宋·朱熹：《四書章句集註》（臺北：鵝湖出版社，1984年），頁131-
　　132。

23　「蓋仁是性也，孝弟是用也，性中只有箇仁、義、禮、智四者而已，曷嘗

而言之者，仁也。克者，勝也，此是在朱子的「存天理，去人欲」下的詮釋方式，即戰勝私欲，[24]朱子反對者，「私欲」也，不是反對「欲」。復者，反也，即是回復到本有之禮的意思，朱子的「學以復其初」[25]的意思很明顯，即回到本有的禮的狀態。然，此禮的狀態是本有，不是後天的學習，因為天性中，仁、義、禮、智都是本有的。禮即是天理之一，天理之節文者。[26]為仁者，即是把本心之全德實踐出來。然為何有人實踐不出來，而反為惡呢？理由在於人欲之污壞。[27]故吾人要克去此私欲，以回復本有之德性。然朱子的這種「存天理，去人欲」的講法是從伊川而來，伊川認為有私欲

有孝弟來。」宋·朱熹：《四書章句集註》，頁 48。此朱子依於程子的見解。

24　故朱子是嚴格主義，不是禁欲主義。因為朱子言：「好勇、好貨、好色之心，皆天理之所有，而人情之所不能無者。」宋·朱熹：《四書章句集註》，頁 219。李明輝教授言：「他〔朱子〕在倫理學上採取嚴格主義的觀點並非意謂他否定自然欲望之合理性，因而不等於禁欲主義的觀點。」見李明輝：〈朱子對道心、人心的詮釋〉（下），《鵝湖月刊》第 388 期（2007 年 10 月），頁 11-16。

25　朱子於《大學》三綱領中的詮釋是：「故學者當因其所發而遂明之，以復其初也。」宋·朱熹：《四書章句集註》，頁 3。於《論語》的「學而時習章」，朱子亦是詮釋為學以復其初。

26　「節文」語出《孟子》，孟子曰：「仁之實，事親是也；義之實，從兄是也；智之實，知斯二者弗去是也；禮之實，節文斯二者是也。」《孟子·離婁上》。之後朱子總以「天理之節文」詮釋「禮」；而船山對於「節」與「文」的詮釋是，節者，刪除一些，文者，增補一些，以合於文質彬彬。

27　朱子言：「人之為不善，乃物欲陷溺而然，非其才之罪也。」宋·朱熹：《四書章句集註》，頁 328。

之蔽，則蔽其仁，故要克盡己私，故可見程子亦是訓克為勝、為克去的意思。

依於對朱子〈克己復禮章〉詮釋之了解後，吾人再進到朱子對於〈明堂章〉的詮釋，《孟子章句集註》言：

> 蓋鐘鼓、苑囿、遊觀之樂，與夫好勇、好貨、好色之心，皆天理之所有，而人情之所不能無者。然天理人欲，同行異情。循理而公於天下者，聖賢之所以盡其性也；縱欲而私於一己者，眾人之所以滅其天也。二者之間，不能以髮，而其是非得失之歸，相去遠矣。故孟子因時君之問，而剖析於幾微之際，皆所以遏人欲而存天理。其法似疏而實密，其事似易而實難。學者以身體之，則有以識其非曲學阿世之言，而知所以克己復禮之端矣。[28]

朱子對於此章的詮釋，四平八穩，看不出，朱子有否定欲望的意思，蓋因為朱子所否定者，人之私欲也，而不是一般之欲。故朱子認為，好勇、好貨之心等，都是天理之所有，意即理上所當該肯認的，而不可去掉；若去之，則為佛老之學。故可見朱子還是有心別於佛老之學。既然是天理所有，則不當隨意去之，所當該去之者，是去其好貨而自私，不能推己及人之心。故朱子言「天理人欲，同行異情。」此是朱子順者五峰之言，而做出的結語。然五峰原文

---

28 宋·朱熹：《四書章句集註》，頁219。

「天理人欲，同體異用，同行異情」，[29]在朱子而言，「同體異用」不能言之，故朱子只言「同行異情」。[30]由此可見朱子乃認為即於好色、好貨之心，可為天理，亦可為人欲，好色之心能達到「內無怨女，外無曠夫」，與民同樂，則為天理；若好色之心淪為自私自利，則為人欲。故可見朱子是去私欲，不是去欲；然而，去欲、無欲者，佛老是也。（嚴格言之，佛老亦不都去欲。）故「天理人欲，同行異情」的解釋，乃是天理與人欲雖為冰炭之不同，但都表現在色、貨之中，一念心依於公理，與民同樂，則為天理；一念心自私，則淪為人欲。然既是天理人欲，實情相差甚多，因為一個是為公義，一個是自私自利。而兩者之間，不能以髮，相當細微，端看心是否能依於性理來行。故朱子又聲明了一次，用以遏人欲而存天理，故可見朱子的「存天理，去人欲」的意思還在，他認為我們當該去者，去私欲，但不是去飲食、色貨之合理欲求。知存天理，去人欲之說，則知「克己復禮」之端矣，乃是朱子對於克己復禮之說，認定為勝過己私，克去己私，但不是滅絕吃喝。可見朱子是

29　《知言》：「天理人欲同體異用，同行異情。進修君子宜深別焉。」宋·胡宏：《胡宏集》（北京：中華書局，1987年），頁329。

30　「熹再詳此論，胡子之言，蓋欲人於天理中揀別得人欲，又於人欲中便見得天理。其意甚切，然不免有病者，蓋既謂之同體，則上面便著『人欲』兩字不得，此是義理本原極精微處，不可少差。試更子細玩索，當見本體實然只一天理，更無人欲，故聖人只說『克己復禮』，教人實下工夫，去卻人欲，便是天理，未嘗教人求識天理，於人欲汩沒之中也，若不能實下工夫，去卻人欲，則雖就此識得，未嘗離之天理，亦安所用乎。」宋·胡宏：《胡宏集》，頁330。以上是朱子的〈知言疑義〉，對於胡宏的「天理人欲，同體異用」的質疑。

「嚴格主義」的性格，而不是「禁欲主義」的性格。

三、船山此章的詮釋

船山讀完了朱子及朱子後學的詮釋後，於《讀孟子大全說》中對此章亦有一些想法，吾人一一詮釋之，船山言：

> 於「好貨、好色，與百姓同之」上體認出「『克己復禮』之端」，朱子於此，指示學者入處，甚為深切著明。慶源乃云「體察於所謂毫髮之際，然後力求所以循天理」，則仍未得其端也。夫云「『克己復禮』之端」，則克己之端在是，復禮之端亦在是矣。緣學者求克己之端則易，求復禮之端則難，故朱子於此顯夫禮之所麗，令人有所致力。奈何慶源之當前不省而猶外索之？[31]

「好色、好貨與百姓同之」，此乃朱子詮釋〈明堂章〉的話語，可見朱子不反對合理的好色、好貨，故船山肯定朱子此見解，因為船山的詮釋是理欲合一之說，然船山的欲不是負面的，故船山雖知朱子談「存天理，去人欲」之說，並不否定朱子，因為朱子所要去者，私欲，而船山所要存者，公欲。[32] 故船山認為不必去貨、色，

---

31 清·王夫之：《船山全書》第 6 冊，頁 910。

32 船山云：「嗜殺人，自在人欲之外。蓋謂之曰『人欲』，則猶為人之所欲也，如口嗜芻豢，自異於鳥獸之嗜薦草。『愛之欲其生，惡之欲其死』，

而於貨、色上體會出克己復禮之端——即「存天理，去私欲」，而不是去貨、色。船山雖不批評朱子，然對於朱子後學則有批評，船山批評慶源的講法，因為慶源云：「體察於所謂毫髮之際，然後力求所以循天理而克其欲耳。」[33]船山所引慶源之言並未全引，少了最後「而克其欲耳」五個字，但相差不大。船山反對者，乃是依慶源的詮釋，則先是克己，然後復禮。是指人欲去盡而後天理存，在做工夫的同時，天理未顯，工夫完成後，人欲盡去了，天理才顯。[34]此乃船山所反對者。船山認為在克去己私之同時，則天理已顯，不是去盡了私欲後，天理才顯，因為去盡人欲才有天理，這是慶源之說，這時的天理人欲，形同冰炭之相反，勢不兩立。船山的理欲

<hr>

猶人欲也；若興兵構怨之君，非所惡而亦欲殺之，直是虎狼之欲、蛇蠍之欲。此唯亂世多有之，好戰樂殺以快其凶性，乃天地不祥之氣，不可以人理論。此種人便聲色貨利上不深，也是獸心用事。」清·王夫之：《船山全書》第 6 冊，頁 898。從這一段可見船山對於人欲的定義不同於朱子，朱子的人欲是不好的，貶義的；而船山的人欲者，人之所欲，與獸欲不同，獸欲才是貶義。故，船山對於朱子的「去人欲」之說，並未批評，因為他知道朱子所要去者，去掉不好的欲望。

33　見明·胡廣編：《四書大全》（臺北：臺灣商務印書館，1983-1986 年影印文淵閣《四庫全書》第 205 冊），頁 566。

34　船山於《俟解》中有類似的話，其言：「博文約禮，復禮之實功也。以禮治非禮，猶謀國者固本自強而外患自輯，治病者調養元氣而客邪自散。若獨思禦患，則禦之之術即患所生，專攻客邪則府臟先傷而邪傳不已。禮已復而己未盡克，其以省察克治自易。克己而不復禮，其害終身不瘳。玄家有煉己之術，釋氏為空諸所有之說，皆不知復禮而欲克己者也。」見清·王夫之：《俟解》（北京：中華書局，2009 年），頁 79。若不復禮而先克己，則如佛老一般。

並存之說，與其詮釋《孟子》的「知言養氣」是一致的，朱子認為先知言後養氣，而船山則認為知言同時，已同時集義，故同時養氣。故船山在此引朱子之權威為證，用以證明慶源是錯的，而船山自己是對的，然從朱子的兩篇注文，〈克己復禮章〉及〈明堂章〉的注文，不見得能得到船山的意思，故可見船山的意思還是自說自話，也是一套自己的「乾坤並建」的詮釋，朱子並不見得有這意思。船山認為慶源錯在哪裡呢？理欲不並存，滅欲而後才理顯，則此理從外而來，非本有之，此是船山批評慶源的意思。

　　船山又言：

> 孔子曰「非禮勿視，非禮勿聽，非禮勿言，非禮勿動」，此從乎天理已得現前者而言也。天理現前，而後其為非禮者，不待擇而有自然之則以為之對照，但致力於勿視聽之，勿言動焉，而己無不克，禮無不復矣。若夫天理之節文未能實有諸心，則將待視聽言動之發，且擇而且禁焉。天下之聲色相引者沓至，而吾之為言動也，亦發不及待之幾。以不給之心力，接無窮之因應，非謬入於非禮之禮，則抑將盡絀吾耳目口體之用，為槁木死灰以免於咎矣。此必能審夫復禮之端而後己可克。而慶源「然後力求所以循天理」之說，其妄明矣。[35]

此段船山試圖回到孔子的原文，以辯慶源之失。然而吾人認為，船

35　清·王夫之：《船山全書》第6冊，頁910。

山與慶源的說法都是詮釋的一支，若以孔子為標準，將流於各說各話，理由在於，孔子講禮，是否已提升到了天理的境界，這是很可疑的；[36]而把它提升到天理者，是程朱之學，而慶源也是朱子學，船山此時也依著朱子學的架構。然，船山除了有朱子學的架構外，還依於張子，還有一套自己的詮釋，即「乾坤並建」，而乾坤於此，比配於理氣，氣者，欲也，故「理欲並建」，而不是去欲後而理顯。若去欲而理顯，則理欲勢不兩立，乾坤勢不兩立，而不能並建矣。

　　船山的論辯認為，若做克己工夫之同時，而沒有禮之呈現以做為標準，將有流弊產生，[37]因為沒有一個標準，則視、聽、言、動將有禁忌，而不敢發，則流為禁欲主義，朱子都不是禁欲主義者；而船山「理欲合一」之說，更不取禁欲主義。船山認為，若無禮做為標準，則天下之事萬應而來，面對此無窮之因應，只有兩個可能，一者，回應錯誤，以非禮應之，而誤以為自己依於禮；二者，就是怕出錯，而禁欲，流為槁木死灰以免錯。當然以上這些都是船山的論辯，然而是套在自己的系統上而發言，故難以說是誰對誰

36　「宋儒理學為儒、釋、道混合之一種哲學，本可成一家言，但必以為直接
　　孔孟心傳道統，則余未敢信。一部《論語》中，何嘗有一個理字？而集注
　　釋天為理也。」程樹德撰，程俊英、蔣見元點校：〈凡例〉，《論語集
　　釋》第 1 冊（北京：中華書局，1990 年），頁 7。

37　「過欲有兩層，都未到存理分上：其一，事境當前，卻立著個取捨之分，
　　一力壓住，則雖有欲富貴、惡貧賤之心，也按捺不發。其於取捨之分，也
　　是大綱曉得，硬地執認，此釋氏所謂『折服現行煩惱』也。」清·王夫
　　之：《船山全書》第 6 冊，頁 628。船山認為若不以存天理為主，而只是
　　過欲，則如釋氏一般，有流弊。

錯，最多只能問誰較合於孔孟。而船山有自己一套系統，故與朱子亦不全合。船山亦不取朱子以為準則。

接下來，船山又言：

> 乃復禮之端，將於何而體認之？夫克復之道，〈復〉道也。〈復〉之「見天地之心」，〈復〉之動而見天地之心也。〈震〉下一陽。動則見天地之心，則天理之節文隨動而現也。人性之有禮也，二殊五常之實也。二殊之為五常，則陰變、陽合而生者也。故陽一也，合於陰之變而有仁禮；仁少陽，禮老陽。陰一也，變以之陽合而有義知。義少陰，知老陰。仁所以為少陽，義所以為少陰者，仁本陰而變陽，義本陽而合陰。陽合於陰而有仁禮，則禮雖為純陽而寓於陰。夏至則一陰生。是禮雖純為天理之節文，而必寓於人欲以見；飲食，貨。男女，色。雖居靜而為感通之則，然因乎變合以章其用。飲食變之用，男女合之用。唯然，故終不離人而別有天，禮，天道也，故《中庸》曰「不可以不知天」。終不離欲而別有理也。[38]

船山於是把孔子的「復禮」之說，比配於《易經》的「復道」。這種比配，其實宋明儒者，常常如此比配之，從程朱開始，就把《四書》相互訓解，然而若要依此而說孔子的精神便是如此，則是過度詮釋，屬創造性詮釋。甚至船山所做者，比朱子還多，因為朱子把

---

38 清·王夫之：《船山全書》第 6 冊，頁 910-911。

《四書》互訓，[39]而船山除了《四書》互訓外，還引《周易》以解
《論語》。然而若以《論語》原意做為標準，則《論語》與《周
易》不當互訓；若以哲學家的創造性詮釋為標準，則船山自有其創
造性，慶源與朱子亦可有其創造性，既然都是創造性，就難分高下
了。船山學的精神來自於《易經》，[40]特別是《周易外傳》，其中
的靈感者，為「兩端一致」、「乾坤並建」，船山以此做為主軸，
《四書》的詮釋，也是依此主軸。

　　船山以《論語》的「復禮」之說，比配《易》學的〈復〉卦。
〈復〉卦《象》曰：「復其見天地之心」。一般解為靜見天地之
心，因為《大象》曰：「先王以至日閉關，商旅不行，后不省
方。」[41]這時是冬至至寒之時，萬物靜寂。然而伊川認為是動而見
天地之心，因為一陽來復，[42]陽主動，而陰主靜。而船山在此亦順
著伊川的意思而發揮。〈復〉卦是動見天地之心，則復禮亦是於動
上顯現，禮也者，天理之節文者也，此乃朱子的定義；朱子於其理
一分殊之脈絡處，認為禮是性理、是天理。人性之中有仁義禮智，
如同陰陽五行之實；在船山而言，禮是性理，然性是理氣合，故禮

39　朱子詮釋《論語》吾道一以貫之章時，把忠視為天道，這本是孔子所未言
　　者，而程朱言之，可見這是把《中庸》與《論語》互訓的結果。見宋·朱
　　熹：《四書章句集註》，頁72。

40　杜保瑞教授言：「從其易經思想中勾勒出他的重要形上學觀念，毋寧是最
　　恰當的進路之一。」杜保瑞：《論王船山易學與氣論並重的形上學進路》
　　（臺北：花木蘭文化出版社，2010年），頁51-52。

41　朱熹：《易本義》（臺北：世界書局，1972年），頁24。

42　〈復〉卦，震下坤上，故震下有一陽爻。又，震者，動也。

與陰陽一滾而出。船山在此以仁義禮智，比配元亨利貞，比配春夏秋冬，春夏秋冬又可比配少陽、老陽、少陰、老陰。且陰中有陽，陽中有陰，這是船山的「乾坤並建」之說，故仁是少陽，禮是老陽，仁是春，禮是夏；同樣地，義與知，則為少陰與老陰，雖說為陰，然陰中有陽，陽中有陰。[43]

　　船山認為仁為少陽，乃是因為仁是春，是陰極而成，故為「本陰而變陽」；義剛好相反。故禮雖為老陽，非無陰，只是陰隱了，而且物極必反，必反於陰。故船山認為禮為純陽而寓於陰。又以夏至之一陰生比配之，說穿了，船山的意思是禮雖為陽，而寓於陰，其實不只是禮如此，仁義禮智皆如此，此乃船山認為性是理氣合，而不同於朱子的性只是理。故禮雖為性理、天理，禮雖為純陽，但必在陰中見，雖為性理，必在人欲中見，船山的人欲不是貶義，只能說是中性義。故可見船山在此以「乾坤」比配「理氣」，人欲者，坤也，陰也，陰不即是惡。[44]

43　「陰陽各六，具足於〈乾〉〈坤〉，而往來以盡變。」清・王夫之：《船山全書》第 1 冊，頁 1093。亦是說船山認為乾不都為陽剛，而是有陰處其中，然此時陰為隱，陽為顯。

44　船山言：「涸陰沍寒，刑殺萬物，而在地中者，水泉不改其流，艸木之根不替其生，蟄蟲不傷其性，亦可以驗地之不成乎殺矣。天心仁愛，陽德施生，則將必於此有重拂其性情者。乃遜於空霄之上，潛於重淵之下，舉其所以潤洽百昌者聽命於陰，而惟其所制，為霜為冰，以戕品彙，則陽反代陰而尸刑害之怨。使非假之冰以益其威，則開闢之艸木，雖至今存可也。治亂相尋，雖曰氣數之自然，亦孰非有以致之哉！故陰非有罪而陽則以怨，聖人所以專其責於陽也。」清・王夫之：《船山全書》第 1 冊，頁834。船山這意思只是坤不為惡負責，同樣地，人欲比配於〈坤〉卦，故

　　船山本只想談孟子的〈明堂章〉之詮釋，其認為朱子的詮釋還
不錯，而朱子以「克己復禮」詮釋之，然禮者是天理，這是朱子的
詮釋，然天理中是否有人欲呢？船山認為有，故強以「陰中有陽，
陽中有陰」的意思解之，故禮雖為天理，亦在欲中顯，若如此，雖
言復禮，亦在人欲中復禮，如此則理不離氣，理不離欲，這種詮釋
可別於佛老斥欲的詮釋，亦不完全同於朱子的詮釋，而船山如此詮
釋《孟子・明堂章》，亦有合於孟子之處，因為孟子亦是就貨、色
而勸齊宣王為王道，而不是離貨、色要宣王為政。故船山認為飲食
是貨，男女是色，亦是說不離飲食男女而為王道，與張子的講法皆
合，張子認為「飲食男女皆性也，是烏可滅！」[45]以此反對佛老，
而船山亦反對陽儒陰釋的詮釋。故非離人而為天，天道就在人道中
顯，[46]理就在欲中顯。

　　船山續言：

　　　離欲而別為理，其唯釋氏為然。蓋厭棄物則，而廢人之大倫
　　　矣。今云「然後力求所以循天理」，則是離欲而別有所循之

　　人欲亦不為惡。如果能以大體引導小體，則人欲不為惡。
45　宋・張載：《張載集》（臺北：里仁書局，1981 年），頁 63。
46　船山認為道不在陰陽之外，其言：「道者天地精粹之用，與天地並行而未
　　有先後者也。使先天地以生，則有有道而无天地之日矣，彼何寓哉？而誰
　　得字之曰道？天地之成男女者，日行於人之中而以良能起變化，非碧霄黃
　　壚，取給而來覛之，奚況於道之與天地，且先立而旋造之乎？」又曰：
　　「陰陽與道為體，道建陰陽以居。相融相結而象生，相參相耦而數立。」
　　清・王夫之：《船山全書》第 1 冊，頁 823、992。

> 理也，非釋氏之詖辭哉！五峰曰「天理人欲，同行異情」，
> 韙哉！能合顏、孟之學而一原者，其斯言也夫！[47]

船山認為離欲而為理，乃是佛學的詮釋才如此，如今先儒者（朱子後學），似有援佛入儒的傾向；船山寫《讀四書大全說》時，四十七歲，已有歸宗於張子氣論的傾向，到晚年寫《張子正蒙注》，正式歸宗於張子，張子以易學反對佛學，同樣地，船山亦以「乾坤並建」、「理欲同功」，用以別於佛學。若厭棄欲求，則為棄物則，然天生秉彝，此物則豈可廢，船山的重氣思想，廢世間則形同棄人倫，五倫的實踐也是在世間中實踐，而不是離群索居，離棄倫物；故欲求亦不可廢，因為是天性本有，有物有則，有欲亦有其理。而慶源認為「然後力求所以循天理」，則為棄欲才有理，否定世間，才有天理，天理與欲相為排斥，則學道求理之人，滅絕人倫，絕夫婦色貨之欲，而始有天理可見。船山認為如此之理，是佛教的境地，而不是儒家的人倫實事之理。故船山欣賞朱子所言「天理人欲，同行異情」之說，而且知道其本之於五峰。[48]最後，船山認為，能把顏、孟之學合一者，就是五峰的這句話，亦可說是五峰是

47　清·王夫之：《船山全書》第 6 冊，頁 911。

48　五峰言：「夫婦之道，人醜之者，以淫慾為事也；聖人安之者，以保合為義也。接而知有禮焉，交而知有道焉，惟敬者為能守而勿失也，《語》曰：『樂而不淫』，則得性命之正矣。謂之淫慾者，非陋庸人而何。」宋·胡宏：《胡宏集》，頁 7。此五峰的天理人欲，同體異用之說，較能合於船山思想，即於人倫欲望之中，而實踐天理，而不是滅人欲以行天理。故相對而言，船山思想較合於五峰，而不合於朱子弟子慶源。

真能得儒家真傳，即不廢欲而行天理，與佛家的義理不同，亦與陽儒陰釋之儒者（如慶源）不同。顏氏之學，所謂的克復之道；克者，克去私欲，但是夫婦色貨者，不都是私欲，有其公欲之處，這是天理之所當然處，以理導欲，以大體導小體，則欲為公欲，不用去絕。而孟子的思想，在船山眼中，便是指〈明堂章〉談好色好貨處，不用絕貨、色而為天理，其實船山詮釋孟子之處，都是理欲合一的詮釋，而不只於〈明堂章〉。[49]此乃船山苦口婆心，而扭轉一些對於儒家詮釋中，雜之以佛老之絕欲者，此乃船山所要批評之處。

又船山言：

即此好貨、好色之心，而天之以陰騭萬物，人之以載天地之大德者，皆其以是為所藏之用；故《易》曰：「天地之大德曰生，聖人之大寶曰位。何以守位曰仁，何以聚人曰財。」於此聲色臭味，廓然見萬物之公欲，而即為萬物之公理；大

49　船山面對義利之辨，不是絕利，而是「以義導利」，可見船山言：「覺軒以『而已矣』與『何必』之辭為斬釘截鐵，大不解孟子語意。人君之當行仁義，自是體上天命我作君師之心，而盡君道以為民父母，是切身第一當修之天職，如何說得『亦有』？（當云『唯有』。）利，則世主嗜殺人而胥及溺之病根，生死關頭，切須痛戒，如何但云『何必』？（當云『不可』。）」清・王夫之：《船山全書》第 6 冊，頁 895-896。船山認為孟子的語勢，不是絕利，若絕利，應云「不可曰利」而不是「何必曰利」；若絕利，應云「唯有仁義」，而不是「亦有仁義」。又可參見船山於《讀論語大全說》中對於《論語・富與貴是人之所欲章》的詮釋，亦是不廢欲的講法。

公廓然，物來順應，則視之聽之，以言以動，率循斯而無待
外求。非如老子所云「五色令人目盲，五聲令人耳聾」，與
釋氏之賤以為塵、惡以為賊也。[50]

船山認為不管是就「天地生物之心」或是就「人能弘道」等而言，
都是不離色貨之心，人一定有欲求，好色、好貨之心，人人有之，
節制之可也，不是滅絕之。於是船山引《易傳》作為權威，證成色
貨之心是不可滅絕的，因為「聖人大寶曰位」，聖人高居國君之
位，而如何能常保不失呢？要實踐仁德，才能聚眾擁護。又，如何
能踐德以聚眾呢？所謂的合理的分配財也，《大學》言「財聚則民
散，財散則民聚」，即於財色等的合理分配，能保民富民者為王
道，故王道不離財；義利之辨而言，船山也不是去利而孤存義。而
是要以義導利，故同樣面對貨、色亦不是棄絕之，而是能有同理
心，推己及人，與民同樂。船山除了以《易傳》證成己意之外，還
引了明道之言，明道回答張子之問的〈定性書〉中認為「夫天地之
常，以其心普萬物而無心，聖人之常，以其情順萬事而無情。故君
子之學，莫若廓然而大公，物來而順應。」[51]張子的困惑在於「性
累於外物」，而明道的回答是「物來順應」，故明道言：「苟規規
於外誘之除，將見滅於東而生於西也。」[52]故可見明道認為面對外

50　清・王夫之：《船山全書》第 6 冊，頁 911。

51　宋・程顥、程頤：《二程集》第 1 冊（臺北：漢京文化事業公司，1983
　　年），頁 460。

52　宋・程顥、程頤：《二程集》第 1 冊，頁 460。

物之誘，不是滅絕外物，而是順任萬物，而不執著於萬物，依理導欲便可。依此，船山亦是相同的看法，其認為明道的見解，的確能承繼於儒學之正統；而宋明儒者所要批評者，佛老之學。老氏認為「五色令人目盲」，似乎要人絕五色、五音等，然我們也許可以對《道德經》有個較為公正的詮釋，其可能認為過份縱欲於五色、五音等，是對人不利的。王陽明亦有類似的見解，[53]然陽明晚年的論學教法較高，能不廢色貨而證良知。但無論如何，船山認為，老子要人無欲，又要絕去色、貨、味等，這種詮釋，不該成為儒學的詮釋，孟子最多也只談清心寡欲，而不是絕欲。佛老才言絕欲，如出家，則無男女之欲。此乃佛老之詮釋，非正統儒家之詮釋。

　　接下來，船山言：

> 因是而節文章焉，則其有淫泆而太過、鄙儉而不及者，固已如衾中蚤蝨，克去之而後寢得安焉。當幾但加警察，則已淨盡而無餘。是故「克己」「復禮」，互待為功，不得云克己先而復禮後，業已克己然後力求復禮也。[54]

船山於是以朱子對於「禮」的定義來做解說，「禮也者，天理之節

53　「惠曰：『正是為此，目便要色，耳便要聲，口便要味，四肢便要逸樂，所以不能克。』先生曰：『美色令人目盲，美聲令人耳聾，美味令人口爽，馳騁田獵令人發狂，這都是害汝耳目口鼻四肢的，豈得是為汝耳目口鼻四肢？』」陳榮捷編著：《王陽明傳習錄詳註集評》（臺北：臺灣學生書局，1998 年），第 122 條，頁 146。

54　清·王夫之：《船山全書》第 6 冊，頁 911。

文也」，此朱子的詮釋，這是朱子的「超越內在」之系統所做的詮釋，先秦談禮，未必視之為天理，但說是「節文」則為接近，「節文」語出《孟子》，[55]節者，節制也，淫洪太過，則要節制；禮之不足，則要補充，要文飾，故禮者，因時制宜，因時損益。若能復禮，則能發而中節，故此時的天理已現，而能以此為標準，克去私欲，如同克去了蚤蟲一般。靜時已涵養夠了，再能加以動時省察，則為完備矣。故克、復者，互待為功，這種說法同於船山所認為的「格致相因」，八條目相因而一致，簡而言之，便是「乾坤並建」、「乾坤相因」的變形。若如此則「克」與「復」不得云先後。然而，船山與慶源之講法，誰是誰非呢？吾人認為，難以判斷，因為在《論語》中，並未有這個問題，且《論語》的詮釋也未必以朱子學的詮釋為正。而船山也是以一套自己的《易經》之「乾坤並建」的講法解《論語》。故可云，兩者都是創造性的詮釋，標準不容易建立出來，誰是誰非也難斷定，在此吾人只能做一描述性的解析。但若說朱子的孟學詮釋，雜有佛老，則的確有此成份在。[56]

接下來船山言：

> 使無禮以為則，則己亦何以克？使不於人欲之與天理同行者，即是以察夫天理，則雖若有理之可為依據，（老之重

55　「仁之實，事親是也。義之實，從兄是也。智之實，知斯二者弗去是也。禮之實，節文斯二者是也。」《孟子·離婁上》。

56　精準的講法是，朱子此章的詮釋，並無雜有佛老，但於其他章的詮釋，則甚多，船山於《讀四書大全說》中，一一指出。

玄，釋之見性。）而總於吾視聽言動之感通而有其貞者，不相
交涉。乃斷棄生人之大用，芟薙無餘，日中一食而後不與貨
為緣，樹下一宿而後不與色相取，絕天地之大德，蔑聖人之
大寶，毀裂典禮，虧替節文，己私熾然，而人道以滅，正如
雷龍之火，愈克而愈無已也。[57]

船山認為要克己，則要有天理為則，故此以禮為則，而不是人欲去
盡後，才有天理。而且天理就在人倫中體現，離卻人欲亦無天理可
見，離人欲之理，是佛老詮釋才如此。老子之理，為玄理，老子雖
有「合光同塵」之說，然亦有絕欲之嫌疑，道家的捨棄人倫，[58]以
無欲為本，嗜欲深天機淺，[59]以船山看來都有滅人倫之危險。除此
之外，船山認為佛學之見性亦是如此，然此見性之說，若用以批惠
能禪宗也許不恰，因惠能也是即事而言悟；[60]但若用以批原始佛

57　清・王夫之：《船山全書》第 6 冊，頁 911-912。

58　孔子面對荷蓧丈人，類似道家的隱士，以子路之口吻，告知父子、君臣等
　　人倫之不可廢。子路曰：「不仕無義。長幼之節，不可廢也；君臣之義，
　　如之何其廢之？欲潔其身，而亂大倫。君子之仕也，行其義也。道之不
　　行，已知之矣。」《論語・微子》。

59　莊子雖有「與人為徒」之說，人間世、應帝王者都不見得離群，然莊子
　　〈逍遙遊〉之尊許由，尊藐姑射山之神人，都有離人群、人倫之可能。莊
　　子又有方外之人的見解。然船山視道家為離人倫、絕欲之說是否正確，尚
　　可討論，有些人認為道家不離人群，道家視欲是自然之欲而無人偽，不一
　　定是絕欲。

60　此可參見六祖惠能之說：「惠能沒伎倆，不斷百思想，對境心數起，菩提
　　作麼長？」元・宗寶編：《六祖大師法寶壇經・機緣品》，T.2008, vol.48,

學，則有一些相應，雖佛學即物言空理，但原始佛教認為世間是五濁惡世，離世而求涅槃，故其有離人倫、人欲而為理。故船山批評這種出家、出離的講法，以絕天地之大德之生；不有好色之心，則無以傳宗接代；離欲而言理，理高欲低，將是一種禁欲主義的講法。如此人道將有滅絕之危險，而船山苦口婆心就是不要這種詮釋，這種把佛老精神加入儒學而為陽儒陰釋者，而船山在此正是批評慶源之說，正有此意。在此船山並不直批朱子，因為朱子對於此章詮釋四平八穩，也說「天理人欲，同行異情」，尚未偏差，到慶源始偏差。[61]因為愈是禁欲，將產生愈大的反彈。[62]

　　最後船山作個小結，云：

> 孟子承孔子之學，隨處見人欲，即隨處見天理。學者循此以求之，所謂「不遠之復」者，又豈遠哉？不然，則非以純陰之靜為無極之妙，則以〈夬〉之「厲」、〈大壯〉之「往」

---

p.358a。又，可參見牟宗三：「惠能那些粗略的漫畫式的語句，除以天台圓教規範之，那不可能對之有恰當相應的了解。」牟宗三：《佛性與般若》下冊（臺北：臺灣學生書局，1997 年），頁 1061。若如此可知惠能不離法而證菩提。

61　吾人的看法是，船山只於此明堂章不批評朱子，但在《讀孟子大全說》的其他章節，常批評朱子，這是顯而易見的。

62　「飢者甘食，渴者甘飲，是未得飲食之正也，飢渴害之也。豈惟口腹有飢渴之害？人心亦皆有害。人能無以飢渴之害為心害，則不及人不為憂矣。」《孟子·盡心上》。孟子認為飢食、渴者之禁欲，而得到大反彈，由此推斷，孟子不像禁欲之主張。孔子認為「惟酒無量，不及亂」，亦不是禁欲者。

為見心之功，仁義充塞，而無父無君之言盈天下，悲夫！[63]

船山認為，孟子言「願學孔子」，此乃〈知言養氣章〉的話，然孔子之學是什麼呢？船山認為孟子所要學孔子之處，正是此章的重點，即於人欲而見天理，孔子於克、復之處，也是這個意思（船山如此認為），而孟子的貨、色之說亦是這個意思，以此方向來思考，才不會淪為佛學的絕欲之詮釋。此即是復禮的精神，而此所復之天理，與〈復〉卦的「復見天地之心」的精神是一致的，都是於人欲中，顯天理，顯仁義禮智。人欲與天理不是排斥的關係。又，〈復〉卦裡談到「不遠復」，而船山以此來發揮，其詮釋「不遠」的意思，則是指即於氣化之當下處，即於欲求之色、貨處，而不是離色、貨而復。若不是如船山上文的「即人欲見天理」的說法，將淪為二種弊病：第一，或以純陰之靜為無極之妙，乃是說無極者，離群索居，絕欲者為無極，則最高之天理法則，乃在色貨之外；然，船山前面所詮釋的復見天地之心，是動見天地之心，天理之節文隨動而現也，此動則為一舉一動而表現在事為上，於事為上便有欲求，但即於欲求而合理，而不是躲避欲求，面壁思過處而為合理，此船山的詮釋更能圓融的肯定世間的合理欲求，非禁欲主義者。[64]第二弊病是，以〈夬〉之「厲」、〈大壯〉之「往」，來證

63　清·王夫之：《船山全書》第 6 冊，頁 912。

64　「他〔朱子〕在倫理學上採取嚴格主義的觀點並非意謂他否定自然欲望之合理性，因而不等於禁欲主義的觀點。」李明輝：〈朱子對道心、人心的詮釋〉（下），《鵝湖月刊》第 388 期（2007 年 10 月），頁 11-16。

心、證天理，〈夬〉卦的卦辭言：「孚號有厲。」《象》曰：「柔
乘五剛，孚號有厲，其乃光也。」朱子的詮釋是：「以五陽決去一
陰，決之而已。」[65]此意思船山取之為：「以理去欲，以陽去
陰。」然，「陰也者，人欲也」，人欲不可廢。即於去人欲以求天
理，此淪為禁欲主義；而〈大壯〉之「往」者，〈大壯〉之往是於
九四的《小象》之言，《小象》言：「藩決不羸，尚往也。」朱子
的詮釋是：「四前二陰，則藩決矣。」[66]故可見此「決」，亦是
「往而決去」也，若以下四陽以決去上二陰，《易經》常以此為君
子決去小人之說。然，乾坤之並建，乾坤比配的不只是君子小人，
而且有理欲之比配，欲之不可去，如同面對小人，除病不除法，面
對欲，除去私欲之心，而保有公欲，故不是棄絕欲，此船山的精
神。船山認為若以絕欲為說，則是邪說，在孟子面對的是楊、墨的
邪說，而船山的時代是面對佛老興盛、陽儒陰釋之說。決去欲求，
也將與世隔絕，氣化人倫將不保，有滅絕之危險。

四、結語與反省

　　朱子學的天理人欲二分，而有絕欲之傾向，雖然朱子於詮釋
時，不至於成為禁欲主義者，但到了朱子後學，則視天理與人欲，
勢不兩立，有天理就無人欲，有人欲就無天理。如此的詮釋儒家的
經典，以船山的見解衡定之，船山有憂，擔憂儒家的經典成了陽儒

65　宋・朱熹：《易本義》，頁38。
66　宋・朱熹：《易本義》，頁31-32。

陰釋。羅近溪年輕時也是以「制欲」與「體仁」的方式，而體會到朱子學這種缺失，於是「克己復禮」之說，不再取程朱的「克去己私」的見解。而在此船山與近溪似有相同的體會。

　　然而，吾人談《孟子·明堂章》，關於〈明堂章〉的詮釋，誰人為正呢？朱子於〈明堂章〉中的詮釋，以色、貨是天理之本有，不可去之，可以說詮釋的準確；然朱子於詮釋中，採克己復禮之說，而「克己」又是指「克去己私」，這就有背後的義理以指導之了，在宋學家也許能同意，然到了漢學家，則不一定能接受。但，在船山的詮釋中，既不批評朱子的色、貨說的詮釋，也不批評朱子的克己復禮說的詮釋，原因在於雖然船山定義的人欲之說，人欲是為中性，但船山深知朱子定義的人欲是貶義，去掉貶義的人欲是可接受的，故船山接受朱子的詮釋。然而，到了朱子的學生，則有天理人欲，不共載天的講法，如同義與利是為冰炭的相反，為天理則要絕人欲，為義則不要利，這種滅絕人性的講法，不是真實的存在者所能體會的，存在者是一個活生生，有情感、有血肉的存在，其亦不能離飲食而存在，若依於理而貶欲，依於義以絕利，則淪為以理殺人的學說，也將不是先秦儒者所樂見。

　　而船山以易學的「兩端一致」的見解，用以詮釋《孟子》，而反對一刀兩斷的詮釋方式，然而是否一定是孟子本意呢？吾人認為也未必是孟子原意，其中的理由在於：船山把易學的意思帶進《孟子》，就有創造性的詮釋之意味了。然船山的《孟子》詮釋雖說未必一定是原意，然而其檢視朱子後學的詮釋方式雜了佛老的講法，於此點上而言，船山學亦是有功，對於陽儒陰釋的詮釋是能達到針砭的效果。

第十章　王船山對朱子「學以復其初」教育觀的省察

一、前　言

　　教育當該如何設計，端視對於人性的看法，人性是天生而成，或是後天教育而成，或者兩者皆有，各種學派有各種主張。有人視人性從遺傳而來，有人認為人生而為白板，故後天的教育重要；也有後天心理學的潛意識之說，也有佛教式輪迴的潛意識之說，各種講法不一而足，吾人所學有限，亦無法一一介紹各家見解，此文只放在孟子性善論的教育觀下，做二種不同詮釋者的比較。既然是性善的教育觀，就不同於荀子之說了，荀子重後天之學，因為先天有性惡之傾向，故後天的教育重要，以禮義綁之，首篇便是〈勸學篇〉；然荀子之說，於宋明理學時不受重視，幾乎一面倒向孟子的性善觀，然宋明理學的性善觀至少有二派，都宣稱自己是得孟子真傳。在此吾人比較此二派的性善觀，分別是朱子的見解與船山的見解。

　　程朱學說在宋明理學扮演著重要關鍵，可謂開創且有決定性的

影響力，朱子的《四書章句集註》，則可謂取孟子路線，而不是荀子路線。亦是說朱子取孟子的見解，認為人性是善而不是惡。然性善的教育觀的詮釋，又有不同，因為宋明理學的各派系大部分都取孟子的性善觀，但在詮釋上卻有不同，主要的分別點在於，朱子有「學以復其初」的見解，[1]後天的修為，其實是去除染污，回到先天的性善，若無染污，則亦不費修為，但常人總是早有染污了，故需作後天的學習工夫，工夫用以對治「習氣污染」為主，以回到先天本有的性善。然除了朱子對性善觀的詮釋外，船山的性善觀之詮釋，亦與朱子不同，主要分別點在於：孟子有「知皆擴而充之」[2]的話語，此擴充[3]是回到起始點，還是與原點不同了呢？朱子認為

---

[1] 朱子的《四書章句集註》處至少有三處言及「學以復其初」。第一，是《大學》中，對於「明明德」的詮釋。第二，是《論語》中對於「學而時習」的詮釋，此二者，吾人於下文中提出。第三者，是詮釋《孟子》的「知言養氣」時提出，其言：「氣，即所謂體之充者。本自浩然，失養故餒，惟孟子為善養之以復其初也。」宋·朱熹：《四書章句集註》（臺北：鵝湖出版社，1984 年），頁 231。

[2] 「四端在我，隨處發見。知皆即此推廣，而充滿其本然之量，則其日新又新，將有不能自已者矣。能由此而遂充之，則四海雖遠，亦吾度內，無難保者；不能充之，則雖事之至近而不能矣。此章所論人之性情，心之體用，本然全具，而各有條理如此。學者於此，反求默識而擴充之，則天之所以與我者，可以無不盡矣。」宋·朱熹：《四書章句集註》，頁 238。朱子詮釋孟子的「知皆擴而充之」，其擴充，卻是擴充其本然之量。朱子云：「心之體用，本然全具。」擴充者，即回此本然全具之心的體用。故盡心者，盡其天之與我者本然之量，亦可說是朱子的學以復其初之義理於此章的運用。

[3] 「人皆有不忍人之心。先王有不忍人之心，斯有不忍人之政矣。以不忍人

是前者，船山認為是後者。[4]亦是說船山不同意後天之學是用以回復先天本有，而是在先天的基礎上，更加深化擴充，更上一層樓。故可謂兩種不同的工夫修養論，也是教育觀的不同見解。雖都立基在孟子的性善思想上，而卻於詮釋上分道揚鑣。然船山認為朱子的詮釋不純，不是孟子本來意思，認為其有陽儒陰釋之嫌。

之心，行不忍人之政，治天下可運之掌上。……凡有四端於我者，知皆擴而充之矣，若火之始然、泉之始達。苟能充之，足以保四海；苟不充之，不足以事父母。」《孟子·公孫丑上》。擴充之意，也許本意是指從不忍人之心擴充到不忍人之政。若如此則復其初與擴充不見得衝突，前者指人的性善之初，後者指性善之心用在政治上。但朱子的詮釋是「充滿其本然之量」。宋·朱熹：《四書章句集註》，頁 238。故朱子是就教育學習觀而言，一方面學習是復其初，擴充也是學習，而回到本然之量。依著朱子的詮釋，都就學習觀而言，於是引發了船山的質疑，認為擴充與復其初，是有衝突。然朱子復其初的見解，是否真的是孟子的原意呢？這又是另一個問題。認為朱子的教育觀的復其初是孟子原意者，要面對船山的二個問題，即吾人本文所提的第二節、第三節的船山質疑。又有一種講法認為朱子的復其初與擴充，並無衝突，理由是復其初是復其德行，擴充是擴充知識。然這與朱子的注解不合，朱子的天理即是知識，也是德行。

4　「《集注》云『必效先覺之所為，乃可以明善而複其初』，此豈暫一嘗試於學之謂乎？『時習』兼『溫故知新』在內，非但溫理其舊聞而已。學有對問、對思、對修而言者，講習討論是也。此『學』字與『大學之道』『學』字同，該括廣大，故上蔡以『坐如尸、立如齊』言之。昨日之坐尸、立齊者，自昨日之事；今日之坐立，又今日事。事無窮，道自無窮。豈今日之坐立，以溫理昨日之如尸、如齊者乎？」清·王夫之：《船山全書》第 6 冊（長沙：嶽麓書社，1996 年），頁 586。這裡的意思是反對朱子的學以復其初之說，其認為今日之如尸如齊，已比昨日者擴充了；若是復其初者，則今日之立齊、如尸，還是回到昨日或是更根源的立齊、如尸。

　　朱子的「學以復其初」的意思相當明顯，亦甚知名，於陽明、甚至陽明弟子亦有相似的見解，如龍溪亦曾引陽明的話，認為「減的盡便是聖人」，[5] 此乃減盡人欲，減盡所有污壞，便是聖人，與朱子的「復其初」之講法相近。而於戴震亦曾對於此予以批評，認為這是佛老的詮釋。[6] 朱子的「學以復其初」的意思，於《大學集

5　「或叩顏子屢空之旨。先生曰：『此是減擔法。人心無一物，原是空空之體。形生以後，被種種世情牽引填塞，始不能空。吾人欲復此空空之體，更無巧法，只在一念知處用力。……先師云：『吾人只求日減，不求日增，減得盡便是聖人。』……」明·王畿：《王畿集》（南京：鳳凰出版社，2007 年），頁 57。王龍溪引陽明之語，可見其二人都有「學以復其初」的意思。

6　「因以此為『完全自足』，（程子云：『聖賢論天德，蓋自家元是天然完全自足之物，若無所污壞，即當直而行之；若少有污壞，即敬以治之，使復如舊』）如是，則無待於學。然見於古聖賢之論學，與老、莊、釋氏之廢學，截然殊致，因謂『理為形氣所污壞，故學焉以復其初』。（朱子於《論語》首章，於《大學》在明明德，皆以『復其初』為言）復其初之云，見莊周書。（《莊子·繕性篇》云：『繕性於俗學以求復其初，滑欲於俗知以求致其明，謂之蔽蒙之民。』又云：『文滅質，博溺心，然後民始惑亂，無以返其性情而復其初』）蓋其所謂理，即如釋氏所謂『本來面目』，而其所謂『存理』，亦即釋氏所謂『常惺惺』（釋氏書云：『不思善，不思惡，時認本來面目。』上蔡謝氏曰：『敬是常惺惺法。』王文成解《大學》『格物致知』，主扞禦外物之說，其言曰：『本來面目，即吾聖門所謂良知，隨物而格，是致知之功。』）豈宋以來儒者，其說盡援儒入釋歟？」清·戴震：《戴震集》（上海：上海古籍出版社，1980 年），頁 279。此戴震以一問一答的方式，反對朱子甚至陽明以來的復其初的學習觀。其認為這是受了莊子甚至禪學的影響所致，有陽儒陰釋的意味。然戴震如此的看法，其實船山已先言之。

註》中，對於「明明德」與「新民」的詮釋有如是之言：

> 明德者，人之所得乎天，而虛靈不昧，以具眾理而應萬事者
> 也。但為氣稟所拘，人欲所蔽，則有時而昏；然其本體之
> 明，則有未嘗息者。故學者當因其所發而遂明之，以復其初
> 也。新者，革其舊之謂也，言既自明其明德，又當推以及
> 人，使之亦有以去其舊染之污也。[7]

明德者，人之受於天而本有，本然全具，心本具性的意思，因其人
欲之污壞而有所蒙蔽，故學者明其本然之德，以回到原初。而新民
者，亦是去人民之舊染之習，以復其性善之初，此人所受之於天的
性善，人人本具，去其污壞以還其天生全具。除了《大學》之外，
朱子於《中庸》的「伐柯章」的詮釋中言：「故君子之治人也，即
以其人之道，還治其人之身。」[8]朱子認為君子如何治人呢？即以
其人自身所本有者，讓此人能回到自己原初的性善，故亦可謂是學
復其初的見解。而於《論語》詮釋中，詮釋「學而時習之」言：
「學之為言效也。人性皆善，而覺有先後，後覺者必效先覺之所
為，乃可以明善而復其初也。」[9]學是後天的學習，後天學習什麼
呢？學習傚效先聖前輩的工夫方法，而先聖之學亦只是讓先天本有
的心體回復，所謂的「明善而復其初」，即：一方面窮理致知以去

7　宋·朱熹：《四書章句集註》，頁3。
8　宋·朱熹：《四書章句集註》，頁23。
9　宋·朱熹：《四書章句集註》，頁47。

蔽；另一方面則去掉氣稟之污染與渣滓，讓氣稟清明，而氣清且能明理，便容易見理。配合《大學》的格物、誠意之說，誠明兩進等，無非都是為了回到原初的心體，其心體中本具有性理，[10]若能讓氣稟無所污壞，則能見性理。亦是說後天的學習，還是學前人先聖的精神，先聖之心性也是本有，如今學者也是心本具善性，故學以覺為主，覺者，覺悟到本有善性之心。[11]

以上是朱子的「學以復其初」的教育見解，也影響了陽明的看法，就「復其初」而言，陽明、朱子是相同的，到了戴震卻不同，然在戴震反對朱子之前，已有人先反對之，此乃船山，而吾人本文便是談船山反對把孟子學詮釋成「學以復其初」的見解，甚至在他來說，可謂《四書》都不該視之為「復其初」之學。

吾人所談的《讀孟子大全說》，主要以二章為主，第一，乃「大人者不失其赤子之心章」，主要談大人與赤子之間的關係，所謂的大人是回到赤子呢？還是大人已就赤子之心再擴充而超越赤子，若是前者，則是類於朱子的「學以復其初」的見解；若是後者，則是船山的見解。第二，吾人談的是「堯舜性之章」的詮釋，堯舜之為聖是生而有之嗎？若聖人之無所污壞，則可不假修為嗎？

10　「心者，人之神明，所以具眾理而應萬事者也。性則心之所具之理，而天又理之所從出者也。人有是心，莫非全體，然不窮理，則有所蔽而無以盡乎此心之量。」宋·朱熹：《四書章句集註》，頁 349。此朱子對「盡其心者章」的注解，看出心本具理，也看出朱子的明明德正是指心本具理。

11　此戴震批評朱子、陽明之說，認為朱子陽明的講法類於惠能所言的回到本來面目。

在朱子而言，學者之所以要學，乃因有污壞，故學以復其初。至於
聖人生知安行，無所污壞時，還要學嗎？朱子認為聖人是天縱其將
聖，無所污壞，故不假修為，[12]而船山認為聖人亦要靠學習而成，
而且學習不是復其初，此二人看法不同。

　　至於文章的分節依據，亦以此二章為主軸而分為二節，第二節
談赤子與大人內涵之等同與否。若等同，大人之為大，亦只是復其
赤子之本有；若不是，則近於船山的見解。第三節，就堯舜之為聖
人，是要假於修為與否，朱子認為不用，而船山認為要修為，且船
山所謂的「修為」是擴充之，而不是復其初。[13]故吾人進到第二
節。

二、船山反對以「復其初」
　　詮釋「大人者不失章」

　　船山的「性日生日成」之說，為了要講明德性的奮進不已，日
新又新，而德性的長進在他看來卻不是復其初，故船山於「大人不

12　朱子注：「堯舜天性渾全，不假修習。」宋・朱熹：《四書章句集註》，
　　頁 358。

13　「擴充」與「恢復」像是一對矛盾的概念，一旦說「復其初」，則是恢復
　　原本的樣子，一旦言擴充，則於原本的樣子再增添些東西，故兩者是有所
　　不同的，而朱子的學以復其初的講法，面對孟子論擴充時，又如此把此二
　　者融合為一呢？朱子於詮釋《孟子》的「知皆擴而充之」時言：「四端在
　　我，隨處發見。知皆即此推廣，而充滿其本然之量，則其日新又新，將有
　　不能自已者矣。」宋・朱熹：《四書章句集註》，頁 238。朱子巧妙的把
　　擴充與復其初結合在一起，故擴充是擴回本然之量。

失章」[14]的詮釋開頭便說：「朱子說『著個〔不失字〕，便是不同處』，極須向不同處分曉。若認大人、赤子了無不同，則已早侵入異端界也。」[15]船山在此雖未批評朱子，甚至為了證成己說，引朱子的話語以證成自己是對的。此句船山只引其部分，吾人貼回原文，朱子言：「赤子之心固無巧偽，但理義未能知覺，……大人則有知覺擴充之功而無巧偽安排之鑿，……著箇不失字便是不同處。」[16]朱子並未認為「大人」全等同於「赤子」，其認為二者相同處在於「無偽」；不同處在於大人有「知覺擴充」[17]之功，而赤子於義理未能知覺。以朱子之言，表面看似其學習教育觀非「復其初」之義，然實際而言，是不能如此理解朱子，理由在於朱子於《大學》首章、《論語》首章，都以「復其初」做為其義理方向，甚至《孟子》的「知言養氣章」亦如此；又於《孟子》的「堯舜性之章」，視聖人不假修為。吾人認為朱子的見解當該如此視之，即大人與赤子是不同的，但其不同在於知覺之發展有不同，赤子無知，[18]故有

14　《孟子》原文：「大人者，不失其赤子之心者也。」《孟子·離婁下》。

15　清·王夫之：《船山全書》第 6 冊，頁 1016。

16　明·胡廣編：《四書大全》（臺北：臺灣商務印書館，1983-1986 年影印文淵閣《四庫全書》第 205 冊），頁 702。

17　朱子的「擴充」是「擴充回本然之量」。

18　「孟子曰：『夫夷子，信以為人之親其兄之子為若親其鄰之赤子乎？彼有取爾也。赤子匍匐將入井，非赤子之罪也。』」朱子對此章的詮釋是「《書》之取譬，本為小民無知而犯法，如赤子無知而入井耳。」宋·朱熹：《四書章句集註》，頁 262。朱子視大人與赤子不同，乃大人有知覺，不會往井裡走，赤子無知，則有可能往井裡走，此依據乃從《孟子》原文而來。

匍匐將入井之情事，而大人不至於如此；但就成就人文的教育目標
而言，儒家孟子的精神要人成聖，而赤子之良知、良能未失，雖知
覺發展未成熟，若未為污染，亦是保有性善之整全，故大人就「性
善」而言，亦是復其赤子之心、孩提之愛。當然這是程朱詮釋下的
《孟子》。

　　回到船山的文獻，船山雖引朱子學以證成己意，然其重點是己
意才是對的，即大人不等於赤子，大人亦不是學以復回赤子。朱子
對於孟子的性善之學，可以有「復其初」的詮釋；然船山的「性日
生日成」，日進不已，擴充不已，後天的擴充，已不止於原初的性
善，雖然擴充前與後都是性善，但性善義的潛存與性善義的完成，
在船山而言是不同的。船山認為若把赤子等同於大人，大人學以復
其赤子、復其初，則是異端的講法，故表面雖未批評朱子，然而實
地裡還是反對朱子的「學以復其初」的見解。其認為這種見解是受
到了異端的見解影響所致，在此的異端，船山主要認為是佛教。[19]
船山言：

> 孟子亦止道「性善」，卻不得以篤實、光輝、化、不可知全
> 攝入初生之性中。《中庸》說「昭昭」之天，「無窮」之
> 天，雖無閒別，然亦須分作兩層說。此處漫無節奏，則釋氏
> 「須彌入芥子」、「現成佛性」之邪見，皆緣此而生。愚每
> 云「性日生，命日受」，正於此處分別。在天之天「不

19　戴震也認為若把孟子學解為學以復其初是異端，此異端是佛、老，不只是
　　佛教。

貳」，在人之天「不測」也。[20]

船山認為孟子道性善，所謂性善者，生而為善，即赤子、孩提之善，然此善，若以孟子的成聖的六個進程檢視之，[21]則赤子之善，大致只到了善人的層度，若以充實之美、充實有光輝之謂大、大而化之之聖、不可知之神來形容赤子，則是不恰當，理由在於生而有之的赤子之善，是善的潛存，然此潛存要擴充，要開發之，故德性日生不已，不可停留在赤子層次，故從善人要持續努力以期進到信人，進到大人、聖人，故大人與赤子是德性開發的不同層次，大人也不是「復其初」而回到原初的赤子之善。依於此，可見船山之反對「復其初」的見解。

又，《中庸》談「昭昭之天」[22]與「廣大無窮之天」，[23]船山

20　清·王夫之：《船山全書》第6冊，頁1017-1018。

21　「可欲之謂善。有諸己之謂信。充實之謂美，充實而有光輝之謂大，大而化之之謂聖，聖而不可知之之謂神。樂正子，二之中，四之下也。」《孟子·盡心下》。

22　「昭昭」者，「小明也」。宋·朱熹：《四書章句集註》，頁35。

23　《中庸》：「今夫天，斯昭昭之多，及其無窮也，日月星辰繫焉，萬物覆焉。」《中庸》以天地山水做為比喻，乃從小到大的比喻，要說少，一點就夠，要說多，無窮無盡。而朱子的詮釋有一處值得注意，其言：「此四條，皆以發明由其不貳不息以致盛大而能生物之意。然天、地、山、川，實非由積累而後大，讀者不以辭害意可也。」宋·朱熹：《四書章句集註》，頁35。朱子的「下學上達」精神認定學要積累，然積累到豁然通貫者，還是悟其原來的性善之初。故朱子於此章的詮釋，一方面認為「為物不貳」之積累以致廣大，然朱子又說，山水等不由積累而致，吾人認為可能是指縱使達到天地之大，可稱之為擴充之，然還是指復其初的意思。

認為兩者還是有別，理由如同上文的赤子之性善與大人的充實有光輝是不同的，故學習是要擴充不已，從「昭昭之天」擴充而為「無窮之天」。然此「昭昭之天」與「無窮之天」之所以要屑屑分別，其實所面對的是陽明學，[24]而船山認為陽明學是為異端所染，不是儒家之正宗，若依於陽明學的看法，將有躐等之弊，亦將有廢工夫之奮進、廢德行之日進的弊病。因為若「昭昭之天」同於「無窮之天」，意思是指：部分之悟，則是全部。然船山認為從部分到全部，從善人到聖人、神人，要積累，要擴充，[25]不是一悟全悟，悟後問題全部解決，頓入聖域。亦是說若如心學、禪學之說，則人將

24　「黃以方問：『先生格致之說，隨時格物以致其知，則知是一節之知，非全體之知也，何以到得溥博如天，淵泉如淵地位？』先生曰：『人心是天淵，心之本體，無所不該，原是一箇天，只為私欲障礙，則天之本體失了。心之理無窮盡，原是一箇淵，只為私欲窒塞，則淵之本體失了。如今念念致良知，將此障礙窒塞，一齊去盡，則本體已復，便是天淵了。』乃指天以示之曰：『比如面前見天，是昭昭之天，四外見天，也是昭昭之天，只為許多房子牆壁遮蔽，便不見天之全體，若撤去房子牆壁，總是一箇天矣。不可道眼前天是昭昭之天，外面又不是昭昭之天也，於此便見一節之知，即全體之知。全體之知，即一節之知，總是一箇本體。』」陳榮捷編著：《王陽明傳習錄詳註集評》（臺北：臺灣學生書局，1998年），第 222 條，頁 300。又，龍溪記陽明語：「曾謂『昭昭之天與廣大之天，有差別否？』」明・王畿：〈松原晤語〉，《王畿集》，頁 42。以上可見陽明與龍溪都有「昭昭之天」即「廣大之天」的看法，此看法為船山所反對。

25　象山言：「涓流滴到滄溟水，拳石崇成泰華岑。」宋・陸象山：〈語錄上〉，《陸九淵集》（北京：中華書局，2010 年），卷 34，頁 427-428。在此象山的工夫尚不同於陽明，是一種「積累」的工夫。

「期悟」，而不作工夫，縱使做工夫亦為了復本體，然若能有一次給足的悟本體的工夫，將期於求快，而不切實。

　　故船山認為會有「昭昭之天」同於「無窮之天」、大人同於赤子之說，其根源來自於佛學，而如今，陽明學有如此之弊，而朱子的「學以復其初」，亦有如此之弊。佛學之說有「須彌入芥子」，[26]則芥子之中，須彌之一切已全有之，一即一切。部分即全部。[27]故工夫在悟，於芥子即是全部，於赤子亦即是全部，只要不失，則不需求復得。船山認為這種講法將有躐等求快之弊；又船山認為佛學中有「現成佛性」之說，心學的龍溪，有「良知見在」的講法；然，若悟只做為修的開始，也許船山可以同意，但如龍溪有「萬握絲頭，一起斬斷」[28]之說；又有「一了百當」[29]之說。龍溪的講法

---

[26] 禪宗多以「須彌入芥子」一語來表示超越大小、高低、迷悟、生佛等差別見解，而達於大徹大悟、融通無礙之境界。《維摩詰經》：「唯應度者，乃見須彌入芥子中，是名住不思議解脫法門。」見《維摩詰經·不思議品》。故須彌入芥子的意思，可指不由積累而頓悟，芥子就可以是須彌，如同華嚴十玄門，相容相入、相涵相攝。

[27] 「問：何者是總相？答：舍是。問：此但椽等諸緣，何者是舍耶？答：椽即是舍。何以故？為椽全自獨能作舍故。若離於椽，舍即不成。若得椽時即得舍矣。問：若椽全自獨作舍者，未有瓦等，亦應作舍。答：未有瓦等時，不是椽，故不作。非謂是椽而不能舍。今言能作者，但論椽能作，不說非椽作。何以故？椽是因緣，由未成舍時無因緣故，非是椽也。若是椽者，其畢成。若不全成，不名為椽。」唐·法藏述：《華嚴一乘教義分齊章》，T.1866, vol.45, p.507c。「部分之椽」即是「全體之舍」，由因緣網所成。吾人只舉六相的總相為例。

[28] 「萬握絲頭，一齊斬斷，此頓法也。」明·王畿：〈留都會紀〉，《王畿集》，頁89。

似於禪，如惠能之不思善惡之本來面目，常以悟為主，甚至棄工夫修為，而認定「修」是二法。[30]如惠能言：「住心觀淨，是病非禪」；[31]又惠能言：「譬如一燈，能除千年暗；一智，能滅萬年愚。」[32]這些都容易造成躐等，而以如來藏之本原為主，或者頓悟，或者回到原初，容易有棄學之毛病，如此則船山不敢苟同。若儒家有此講法，則此種儒學有陽儒陰釋之嫌，如心學與朱子的復其初之說。

船山於是認為「學」不是「復其初」，而是「性日生，命日受」，天天日新不已，奮進不已，則後天的學習擴充亦是相當重要，然已不是「復其初」。人從天之處，效法天道陰陽之誠，如同

29　明・王畿：〈天泉證道記〉，《王畿集》，頁2。

30　「宗復問曰：『黃梅付囑？如何指授？』惠能曰：『指授即無，惟論見性，不論禪定解脫。』宗曰：『何不論禪定解脫？』惠曰：『為是二法，不是佛法，佛法是不二之法。』宗又問：『如何是佛法不二之法？』惠能曰：『法師講涅槃經，明佛性是佛法不二之法。如高貴德王菩薩白佛言：『犯四重禁、作五逆罪、及一闡提等，當斷善根佛性否？』佛言：『善根有二：一者常，二者無常。佛性非常非無常，是故不斷，名為不二。』一者善，二者不善；佛性非善非不善，是名不二。蘊之與界，凡夫見二，智者了達其性無二；無二之性，即是佛性。』元・宗寶編：《六祖大師法寶壇經・行由品》，T.2008, vol.48, p.349c。故工夫只在見性以期悟，且悟是頓，而不做修為工夫。

31　「師曰：『汝師若為示眾？』對曰：『常指誨大眾，住心觀淨，長坐不臥。』師曰：『住心觀淨，是病非禪；長坐拘身，於理何益？聽吾偈曰：生來坐不臥，死去臥不坐，元是臭骨頭，何為立功課。』」元・宗寶編：《六祖大師法寶壇經・頓漸品》，T.2008, vol.48, p.358b。

32　元・宗寶編：《六祖大師法寶壇經・懺悔品》，T.2008, vol.48, p.354c。

《中庸》所言：「其為物不貳，則其生物不測」，皆以「誠」為主，天道才能神妙生物不已。船山於此傚效《中庸》的說法，以「不貳之天」，視之為「天之天」；而以「人法天」，視之為「人之天」，因為人之性是從天命受之而來。然一旦受之，則掌控權在人而不在天，[33] 學者可從善人、信人努力學習以進到聖人、神人，法效天道的於穆不已；於人道處，如同文王的純亦不已。故人進到聖人、神人，而為神妙不測。此不測亦是指德行努力的不可測、無命定義。但，能神妙不測都是「積累學習」而來，而非是「復其初」。[34]

在此看出船山以「性日生，命日受」的講法，反對「學以復其初」的見解，認定其受有佛學的影響下所做出的詮釋，不是孟子本義。然於此「大人者不失章」，船山特別指出，以分別大人與赤子之不同，而不是要大人復其赤子之初，故船山論證認為：

> 凡看古人文字，有顛倒讀皆順理者，有只如此順直說倒不得者。如「大人者正己而物正者也」，則倒說「正己而物正者

33　船山言：「若夫健順、五常之理，則天所以生人者，率此道以生；而健順、五常非有質也，即此二氣之正、五行之均者是也。人得此無不正而不均者，既以自成其體，而不復聽予奪於天矣。則雖天之氣化不齊，人所遇者不能必承其正且均者於天，而業已自成其體，則於己取之而足。」清·王夫之：《船山全書》第 6 冊，頁 1138。此乃言性之稟受於天，業已賦人而成體，則掌權於人而不在天。故德性之努力要自我負責。

34　船山認為聖人高於善人，而孩童之性善，只到善人層次；船山認為若如朱子之說是復其初，則是從聖人回到善人，層次下降，船山反對之。

大人也」亦可；若此章，則倒說「不失其赤子之心者大人
也」不可。「不失其赤子之心」，未便即是大人，特謂大人
者雖其篤實光輝，而要不失其赤子之心也。在「有諸己之謂
信」者，已能不失其赤子之心矣。此數章書，自相連說下，
反覆見意。大人者言雖不必信，行雖不必果，而赤子之心則
必不失。無不誠之明，無無本之道也。[35]

船山在此以語意的方式，用以證明他的見解是正確的。他認為有些
文句可以正看，一旦倒裝亦不失原意，如「大人者正己而物正
也。」可以倒裝為「正己而物正者大人也。」因為能做到正己而為
下位者傚效，風行草偃，乃充實有光輝之外用，此乃充盡大人之能
事，大人該有的本事，已充盡完成。大人與正己正物互為「充要條
件」。但有些句子可不能倒裝，如「大人者不失其赤子之心」，若
倒為「不失赤子之心者為大人」，則不可，乃因為要達到大人，則
不失赤子心只是其「必要條件」之一，而不是「充足條件」。[36]成
就大人，除了不失赤子心（誠之明，本立道生之性善），還有其他能
事之必要條件，所有必要之情事聚在一起才成就大人。「赤子之
心」是「性善之心」，是善人的層次，故除了赤子之善的條件外，
還要加上「有諸己之信」、「充實之美」、「充實有光輝之謂大」

35　清·王夫之：《船山全書》第6冊，頁1016。
36　「所謂充足者，『有之即然』之謂。」牟宗三：《理則學》，收於《牟宗
　　三全集》第12冊（臺北：聯經出版公司，2003年），頁77。如天下雨是
　　地溼的充足條件。大人則必有赤子之心。

等條件，才可視之為大人。以上是船山用以證成大人與赤子是不同的，也是用以說明，學問乃是日進不已，不是復其初。此乃船山「以孟解孟」，但還是有其背後的「性日生日成」之背景，用以反對朱子的「復其初」之講法，其認為「復其初」的講法不是「以孟解孟」，而是「以佛學解孟」。

三、船山反對聖人之不假修為

朱子學問的設計，其理由之一是為了對付禪學，面對禪學的頓悟之說，故朱子學的立教，以漸教為主，總是下學而上達，要格物涵養等，其為學者立法而非為聖人立法，為學者立漸教之修為，故不可廢學習，然學習還是「復其初」，乃因為有污壞習染，故要去污以見理。然而聖人無所污壞，朱子面對聖人與面對學者立教是不同的。朱子於詮釋《孟子》「舜之居深山之中章」時言：「蓋聖人之心，至虛至明，渾然之中，萬理畢具。一有感觸，則其應甚速，而無所不通，非孟子造道之深，不能形容至此也。」[37]朱子認為，孟子是因為造道之深，做工夫之熟，故能左右逢源，[38]孟子是從學者工夫而至熟。孟子因著工夫之熟而能深知舜。而舜之能若決江河之速成，是工夫積累所致嗎？朱子在此所言，聖人之心，至虛至

---

37 宋·朱熹：《四書章句集註》，頁353。

38 「君子深造之以道，欲其自得之也。自得之，則居之安；居之安，則資之深；資之深，則取之左右逢其原。故君子欲其自得之也。」《孟子·離婁下》。

明,故能感觸甚速,朱子並未明顯的說舜之神感、神應,是做了工夫所致或否。然而朱子於《孟子‧盡心上》「堯舜性之章」中解「堯舜性之,湯武身之」言:「堯舜天性渾全,不假修習。湯武修身體道,以復其性。」[39]孟子於〈盡心下〉又講了一次類似的話:「堯舜,性者也;湯武,反之也。」孟子此二段的原文相似,而朱子的詮釋也相似,都釋為「堯舜無所污壞,故不假修為」;而湯武則低一點,故要做工夫以復性。堯舜是不假修習,湯武假於修習,然修習還是復其初。此與船山的見解是不同的。聖人沒有污壞,故在朱子而言,因著沒有污壞,故可不假修為;然船山的「日生日成」之說認為,聖人乃後天修為而成,其修為亦不是「復其初」,這是兩種不同的教育學習觀,雖都在孟子的性善系統下發言,卻還是有分別。依此,我們可以對於船山對於此章的見解,及其如何反對朱子之說,做一討論,其言:

> 曰「中禮」,曰「不回」,曰「必信」,亦有閑邪存誠之意。但他發念時便在好路上走,則謂之「性」。湯、武之「反」,則其起念時有未必恰中者,卻向動時折轉來,方得有善無惡。[40]

孟子的原文是「堯舜,性者也;湯武,反之也。動容周旋中禮者,盛德之至也;哭死而哀,非為生者也;經德不回,非以干祿也;言

39　宋‧朱熹:《四書章句集註》,頁358。
40　清‧王夫之:《船山全書》第6冊,頁1142。

語必信，非以正行也。君子行法，以俟命而已矣。」[41]而船山反對
朱子對於「堯舜性者」詮釋為「不假修為」，故船山引孟子原文為
證，原文中的「中禮」、[42]「不回」、「必信」者，[43]乃德性之奮
鬥也。豈能說堯舜性之，則不用奮鬥、不假修為呢？船山認為堯舜
亦是修為而成聖的。[44]然而船山又要如何詮釋「性之」呢？其認為
「性之」不就「生而有之」言，而是就「發心動念」上，就能依於
正道而行；而相對於「性之」的「身之」或「反之」，則是於起念
之有偏，要干預才能足以回返，回返於正路上，做到有善無惡。在
此船山先以「中禮」、「不回」、「必信」的工夫做為反對朱子的
「聖人不假修為」之說。然而朱子有能力遍注《孟子》，《孟子》
全部原文朱子都能解，船山所認定為工夫者，朱子豈不能解，朱子
又如何解詮釋此「中禮」、「不回」、「必信」之說呢？又如何與

41　宋·朱熹：《四書章句集註》，頁 373。

42　船山當該會有如此的認定，即仁義禮智之禮是固有的，但中禮卻是要有學
　　習工夫義；縱使只談及禮，而不是中禮，在船山而言，本有之禮與擴充後
　　之禮亦是不同。

43　船山對於人能弘道是很重視的，故常舉經典原文裡的工夫義以證成己義，
　　如其言：「此章統萬物於一源，溯其始而言之，固合人物而言之；而曰
　　立，曰成，則專乎人之辭爾。」此乃船山詮釋張子《正蒙·誠明篇》中
　　「立必俱立，知必周知，愛必兼愛，成不獨成。」以上參見清·王夫之：
　　《船山全書》第 12 冊，頁 116。故船山常舉原文以證成，經書的重點重
　　在談人性，而不是物性，人才有工夫，人才能弘道。

44　《荀子·大略》：「然而亦所以成聖也，不學不成。堯學於君疇，舜學於
　　務成昭，禹學於西王國。」荀子也認為聖人是學成的，然這意思不代表船
　　山是荀子學，因為孔子也是學不厭而成聖的。

其「聖人不假修為」配合呢？朱子言：「細微曲折，無不中禮，乃其盛德之至。自然而中，而非有意於中也。」[45]朱子認為聖人有其盛德，故能「自然而中」，然此盛德，卻可以是生而有之，不待修為者。船山面對朱子的「自然」之說，並不同意，船山言：

> 《大易》、《論語》說堯、舜，說聖人，一皆有實，不作自然之詞。謂聖人無脩為而自聖，乃漢儒誇誕之論爾。程、朱諸先生力破漢儒議論，而於此不無因仍，則以生當佛、老猖狂之日，若不如此稱頌聖人之德，推之於天授，則老氏之徒且將以敝其口耳譏聖賢之徒勞，釋氏之徒且將以無學無脩者夷周、孔于聲聞之列。故諸先生不得已，亦須就本色風光上略加點染。乃知道者，當得其意而善通之，以求合孔、孟之旨，亦所謂「無以辭害意」也。[46]

船山認為《論語》言及聖人，[47]都就學不厭、誨人不倦處談，學不厭者，豈是自然而成？豈是不假修為呢？《易經》中的聖人，乃是

45　宋・朱熹：《四書章句集註》，頁 373。

46　清・王夫之：《船山全書》第 6 冊，頁 1143。

47　「堯曰：『咨！爾舜！天之曆數在爾躬。允執其中。四海困窮，天祿永終。』舜亦以命禹。曰：『予小子履，敢用玄牡，敢昭告于皇皇后帝：有罪不敢赦。帝臣不蔽，簡在帝心。朕躬有罪，無以萬方；萬方有罪，罪在朕躬。』」《論語・堯曰》。《論語》中談的聖人，堯傳舜，舜傳禹，是要努力用工夫以學習，似乎無自然義。

「崇德廣業」，[48]「洗心退藏」[49]等，豈是自然不假修為呢？其認為會以聖人為天生自然者，乃出於漢儒之失，而朱子學以力退漢儒[50]為業，卻於此又同於漢儒之失，可謂不察。其認為為何有如此之差錯？乃因程朱學派為了比較儒聖不低於道家之真人、釋氏之佛所做成的詮釋，因為儒家的聖人若不是自然無為、不假修為的話，反而被道家聖人比了下來，道家亦笑儒者之徒勞無功，事倍功半；而佛教將把周、孔等儒家聖人視為聲聞乘，而聲聞乘者是有待學習、熏習而成，低於獨覺（緣覺）一等；獨覺乃自悟而成，高於聲聞乘，船山認為程朱可能是因著這些考慮，而使他們對於儒家的聖人的見解做出一些調整，調整其具有佛老的特色，以期儒聖面對佛老時，可以相抗衡而不致於有愧，至少能平起平坐。於是程朱於詮釋儒聖時，總要加點顏色，把聖人講得亦可不學而致，頓悟而成，與佛老之聖能平起平坐，船山認為這些其實是沒有必要的，而且反而以這種詮釋教導學者是有害的，故「盡信書不如無書」，此特指面對程朱學的經書詮釋時，學者要能分辨，無以辭害意，才是善學。

　　於上文船山認為《論語》、《易經》中的聖人，都是實下學習工夫的，甚至《四書》、《五經》中言及的聖人也都如此，其少數例外者，乃有特殊原因，船山認為：

48　《繫辭上・第 7 章》。

49　《繫辭上・第 11 章》。

50　「俗儒記誦詞章之習，其功倍於小學而無用。」宋・朱熹：《四書章句集註》，頁 2。這裡的「俗儒」，常指的是「漢儒」的「記誦之學」。

謂堯、舜之所以能爾者，因其天資之為上哲，則固然矣。然
云「無所汙壞」則得，云「不假修為」則不得。《六經》、
《四書》，唯《詩》、《書》間有說得張大處，誇美生質。
乃讀書者亦須具眼。《詩》以歌之廟中者，固子孫揚詡先
人，不嫌溢美；《尚書》贊德處，抑史臣之辭耳。孟子故曰
「盡信書則不如無書」也。乃《詩》、《書》說聖功處，抑
何嘗不著實！周公之稱文王，曰「不顯亦臨，無射亦保」；
舜之所授禹，曰「人心惟危，道心惟微；惟精惟一，允執厥
中」。〈三謨〉中所往復交儆者，皆一倍乾惕。何嘗以堯、
舜為不假脩為哉！[51]

船山認為，若說堯舜等人，生而資質美好，生而賢、無不肖，這種
贊頌，大致是可以的。但若如程朱之詮釋為「不假修為」，則有誇
大之意了。船山以「性日生、命日受」的講法，德性是日進不已，
聖人亦是日進不已始成為聖，若說聖人可以不用努力，這種教法，
容易誤人於狂禪之中，所有人都期望自己剛好是天縱之將聖，可以
不假修為，無為自然而成，則誤人子弟矣。船山認為《四書》、
《五經》中，只有《詩》、《書》中談及古聖人時稍有誇大之處，
誇其生美，然讀者要能分辨使可，否則盡信書不如無書。例如
《詩》六義，其中的雅與頌，常是朝會之歌與廟堂祭祀之樂，既然
是子孫之歌頌先人，總是隱惡揚善，甚至誇大，也是人之常情，無
可厚非；但不可實看。《尚書》對於先聖先賢的贊譽，也是史臣之

51　清·王夫之：《船山全書》第 6 冊，頁 1142-1143。

筆，可能的確有溢美之辭，人們若實看，則真以為堯舜等人是先天
資質之美，史臣可以誇大，但讀者不可不辨，若不辨以為真是天生
美好，不假修為，則是否人們願意努力以致聖呢？有些人以為聖人
天成而成，故自己無份而放棄，或許有人自認有此資質而不用努
力。這種講法，為害不小，船山極力駁之。船山甚至認為，縱使是
《詩》、《書》處，談及聖人，其大多處還是以實事實理形容之，
亦是說聖人生資美好保有性善之外，聖人亦是努力而成，不是坐享
資質之美而成，聖人是如此，眾人也當該如此學習。船山引詩以證
之，《詩經》云：「不顯亦臨，無射亦保。」[52]此意思是，文王即
使身處幽隱之處，亦是小心翼翼，而不為所欲為，因為他覺得幽隱
之處，亦如同有人、有靈之眷顧，故總是戒慎恐懼。而且是孜孜不
倦地保持美好的節操。故船山引此以證，文王之為聖，豈不做工
夫！他是不斷的學習做工夫以保任住，此豈可以「不假修為」形容
之呢？又《書經》中的「人心惟危，道心惟微。惟精惟一，允執厥
中。」[53]此「精一」之旨，亦是要「執中以守」，豈是不做工夫、不
待學習呢？船山認為《尚書》不只〈大禹謨〉中的聖人要做工夫，
三〈謨〉[54]都如此。以此言之，縱是《詩》、《書》，經船山的詮
釋後，其中所言的聖人都要做工夫，如此詮釋《四書》、《五經》
的方向才是正確的，若以「聖人不假修為」言之，將有誤人之嫌。

52　《詩經・大雅・思齊》。

53　《尚書・大禹謨》。清人有視此為偽《尚書》之言，在此船山並不談這問
　　題。

54　三〈謨〉指〈大禹謨〉、〈皋陶謨〉和〈益稷〉。

　　若如船山之說，「堯舜性之」不可視之為「聖人不假修為」，
那麼「堯舜性之」又當該如此詮釋之較為恰當呢？船山言：

> 此一「性」字，但周子引用分明，曰「性焉、安焉之謂
> 聖」。性下著個「焉」字，與孟子言「性之」、「性者」合
> 轍。但奉性以正情，則謂之「性焉」。《中庸》云「能盡其
> 性」，有「能」有「盡」，豈不假脩為之謂哉！既云「堯、
> 舜性者也」，又云「人皆可以為堯、舜」，此二處若何折
> 合？堯、舜之德自不可企及，何易言「人皆可為」？所以可
> 為者，正在此一「性」字上。若云天使之然，則成例不易，
> 其將戕賊人而為之乎？[55]

船山認為「堯舜性之」的性義，以周濂溪《通書》的詮釋為恰當，
周子以「性焉、安焉之謂聖」，[56]「性」與「安」字合釋。[57]船山
以性者、性之、性焉視之為相同的見解，故孟子的堯舜「性」之可
以「安」字詮釋之，然性之以安字形容，就能證成船山的意思嗎？

55　清・王夫之：《船山全書》第 6 冊，頁 1143。

56　「性焉、安焉之謂聖；復焉、執焉之謂賢。」《通書・誠幾德第三》。見
　　宋・周敦頤：《周敦頤全書》（南昌：江西教育出版社，1993 年），頁
　　104。

57　船山於詮釋張子《正蒙》之句「故氣質之性，君子有弗性者焉」，言「弗
　　性，不據為己性而安之也」清・王夫之：《船山全書》第 12 冊，頁 128-
　　129。可見船山把性字與安字合釋。

即「性」字有「德性奮鬥」於其中，是如此嗎？[58]船山認為性字之安，乃「安於性以正情」的意思，性善之本有，亦要努力以正情，故「性」字不可只釋之為「天生本有」、「不假修為」之意。其又舉了《中庸》「性」字之說，《中庸》言：「能盡其性」，其中的「盡」字、「能」字都有「修為」之意，「盡」者相對於「不盡」，要盡之則要努力；「能」者相對於「不能」，不能者，自暴自棄也。故船山以《中庸》證成他自己的「性」義是要努力的，而不可視之為「不假修為」。當然船山之如此詮釋，也是配合著自己的體系。

又船山認為，若堯舜是性之者，而又孟子云：「人皆可以為堯舜」，此二者何以都從孟子口中所說出，又能夠不相互矛盾呢？[59]其認為整個重點即在此「性」字之理解上。若如程朱之云，聖人是天縱之將聖，生而本聖，一般人沒有，亦企及不到，其又如何可以成聖呢？船山認為此二句可以不矛盾的基礎在於：「性」字是「本有之善性」，也要「德性努力的擴充」。故，堯舜之性，也是努力而成，眾人能為堯舜，也是需要修為，故兩者可融貫在一起而不矛盾；因著「性」是要「日生日成」，要努力以成性，聖人、凡人都

58　「聖賢之學，其必盡者性爾；於命，則知之而無所事也。非不事也，欲有事焉而不得也。其曰『天命之謂性』者，推性道之所自出，亦專以有事於性也。」清·王夫之：《船山全書》第 6 冊，頁 1140。船山認為孟子言性，都就德性上，人可掌握，可以奮鬥處言，恰與天、命為一對待概念。

59　其實「堯舜性之」，「人皆可為堯舜」，就朱子體系，亦解的通，理由在於堯舜是本有性善且不失，一般人亦是本有，雖有失，但可學以復其初。聖人，凡人，都本有性善。

是努力而成聖的。船山最後認為，若依著程朱之說，聖人之聖，是天生本有不假修為，亦不待修為，如此才是自然，則人之修為，豈成了戕賊人性，而以不自然的方式成之，後天的學習，已不是先天的性了，此會不會有戕賊人性以成就聖人之可能呢？在此看出船山的詮釋，便是以「性日生，德日成」、「日進不已」，以詮釋「堯舜性之」之說，必不使之為堯舜不假修為，而誤後學。

　　於是船山把這種弊病之形成，始於把佛老之說用以詮釋儒家，[60]其結果的弊病，將有很多缺點與危險，船山言：

> 聖賢之教，下以別人於物，而上不欲人之躐等於天。天則自然矣，物則自然矣。蜂蟻之義，相鼠之禮，不假脩為矣，任天故也。過持自然之說，欲以合天，恐名天而實物也，危矣哉！[61]

船山認為過度言及自然，將會有弊。[62]其認為聖賢之教，整個重點

60　船山認為朱子的教育觀中，受佛老之影響，除了此學以復其初外，尚有以因病施藥詮釋儒家之不恰。其言：「《論語》一書，先儒每有藥病之說，愚盡謂不然。……如必區區畫其病而施之藥，有所攻，必有所損矣。釋氏唯欲為醫王，故藥人之貪，則欲令割血肉以施；藥人之淫，則絕父子之倫。」清·王夫之：《船山全書》第 6 冊，頁 604。此亦是船山的教育觀與朱子不同之處，船山總認為朱子的教育觀有佛、老之傾向。

61　清·王夫之：《船山全書》第 6 冊，頁 1144。

62　船山云：「乃《集注》既云『自然』，又云『得之於己』，則兼采南軒之說以盡其義，亦不可定謂南軒之弊有如莊子也。」清·王夫之：《船山全書》第 6 冊，頁 1018。此乃船山對於孟子「君子深造之以道章」的詮

在於人道的闡發；而人道者，人不能躐等於天，天是自然，而人要努力，不能夠馬上達到如天一般的最高境界之自然無為。人道而言，往上相比，不同於天，往下相比，亦不同於物。天與物都是自然，天道的雲行雨施，品物流形，亦是自然而成；而犬牛之性者，亦是順性而為，沒有虛偽。然人道上卻要努力，不可太強調自然。因為太強調自然者，原本之用意是要人以合於天道之無心而成化，但過持人以合於自然之天，恐怕「名天而實物」也，即自認是合天，然其實所合者，是物，則人同於犬牛，是禽獸也。[63]故船山認為自然之說、聖人不假修為的弊病有至於此。人道上幾乎都要努力，都要日生日成，若在人道上強調不努力、自然而成者，可能成了禽獸而不自知。

　　故可見船山之學，第一，強調人道上的學習努力，不可說聖人不假修為；於現實上，若真有聖人，聖人也是修為出來的，在此不可引佛老以釋儒學。第二，縱使是修為也不是「復其初」，亦是說從赤子到大人，其中的努力學習以擴充，已使大人不同於赤子了，赤子之善只是發端，發端到大人的有光輝要不斷的擴充，大人之光輝

釋，其認為章中的自得，用自然以釋之是可以的，不用因為道家云自然，而儒家就一定不可言自然。船山所反對的是過度的談自然，而不是一言「自然」都不可。

63　船山認為《中庸》的「率性」，若釋為率牛馬之性，則為自然之說，人同於物也，不可如此釋之。船山言：「至程子所云馬率馬性，牛率牛性者，其言性為已賤。彼不可云非性，而已殊言之為馬之性、牛之性矣，可謂命於天者有同原，而可謂性於己者無異理乎？程子於是顯用告子『生之謂性』之說，而以知覺運動為性，以馬牛皆為有道。」清·王夫之：《船山全書》第6冊，頁456。

亦不是回到赤子，此可謂船山學對於朱子的「學以復其初」之說法的反對，視其受佛老影響下所做出的詮釋，而不該是儒家的原初見解。

四、結語與反思

依著上文的分析，從船山對孟子上述二章的詮釋，都看出船山反對朱子的學以復其初。然朱子認為氣「本自浩然，失養故餒，惟孟子為善養之以復其初也。」解法亦順，與孟子的「牛山之木」的喻意相近，牛山本是茂密的，因失其養，故如今是「復其初」，返回到牛山的茂密樣。朱子的「氣本浩然」之詮釋，似也很合於孟子的「牛山之喻」。船山將如何面對之呢？吾人認為，首先，牛山只是一種比喻，不用太著實的看，它其實只是喻人之性善本有，此朱子與船山都能接受。第二，牛山回到茂密的樣子，是否不可超越其本來的茂密樣呢？若不可，則是朱子的「復其初」之詮釋，若可以超越，則是船山的詮釋，超過之處，便是擴充，若如此二人對於「牛山之喻」，都能有自己的詮釋，而且合於自己的體系。

又，吾人於前言處認為，教育到底是什麼，各家的主張都不一，甚至若以儒家為體系，儒家發展到宋明儒，又有各派的主張，吾人本文，大致只能說是站在孟子性善論的角度，看朱子或是船山的教育觀誰人能得孟子的意思。一種是復其初之說，另一種是擴充不再回到原點的講法。又教育觀的誰是誰非，也許無法比較，因為人性是什麼，難有一致結論，但朱子與船山的詮釋卻可比較，理由在於，雙方其實可以在孟子的經典詮釋下，進行誰合於孟子的詮釋

之比較。至於孟子的教育觀是否是真理，也許在其他家的見解下，又不認為如此。這也不是吾人此文所能探究者。因為孟子的性善觀也不一定準確，若以荀子的性惡為準，一旦以朱子的復其初詮釋之，則回到性惡而已，故在此可比較的基準是以孟子性善教育觀的體系下做出的比較。

　　而船山對於朱子學的批評，其實也顯示了船山的憂慮，船山的「性」是「日生日成」，天天要奮進、擴充不已，然朱子的聖人無污壞則不用擴充學習，船山擔憂，容易導致人有棄學的弊病；一旦棄學，則如同孔子的「德之不修，學之不講」的擔憂，但吾人亦可為朱子說些正面的話，因為在朱子而言，亦難找到天縱之將聖者，故船山此憂，可以稍緩。但船山還是認為朱子之說，還是有陽儒陰釋之嫌，即把儒學詮釋的像佛學，像佛學的本來面目、佛學的如來藏之說。故依此而言，吾人認為船山的詮釋較能近於孟子，理由在於「復其初」與「擴充」似乎本是不易並存的概念，朱子卻能生硬的詮釋在一起；但若寬鬆看待，亦是一種創造性的儒學建構。

第十一章　王船山對於《孟子·萬物皆備章》之詮釋

一、前　言

　　吾人談船山孟子學時，若不舉朱子之義理以比較之，總有不入味的感覺，如同吾人談陽明學，若不與朱子做一對比，也不易看出陽明的學說是針對朱子而起；船山的重氣義理不同於陽明的重心，然而就修正朱子的理學這一點而言，兩人有異曲同工之妙。故在《讀孟子大全說》中，船山其實已經歸宗於張子，而反對程朱的講法，特別於此「萬物皆備章」中，對於朱子尚無太大反感，至於面對朱子後學，如程復心，則有很多處之不同意。主要理由在於船山的孟學詮釋，便是要建立一套以氣學為主的詮釋方式，而不同於理學。若是如此，則張子是一個好的學習榜樣，當然船山思想下所詮釋之的張子，自然不是程朱學派詮釋下的張子，而是一個氣論的張子；而至於程朱理學，如《四書大全》所記載者，包括二程、二程高弟、以至於朱子、朱子後學等，都是程朱理學的代表人物。大程、小程都是理學，縱使大程子與小程子的義理不全相同，但就大

程子、小程子之重理處，卻是相同，如大程子談及「服牛乘馬」處，[1]又二程有「目畏尖物，要以理勝之」[2]之講法，是為重理；而小程子的性只是理，而天地之性只有理，不言氣，乃重理的超越性。於此可見從二程到朱子後學都以理做為根據，而建立起理學。

　　然船山以氣學的見解修正理學，於《讀孟子大全說》中《孟子·盡其心者章》，對於程子「天依於理」的講法已經予以反駁與批評。[3]而視天為氣，反而是理要依於天。而在此章亦是認為理要依於天，而對於朱子後學——程復心[4]的講法有所反對；甚至認為程復心之說有佛教的成分，以此詮釋儒家，將有陽儒陰釋之可能。

1　「服牛乘馬，皆因其性而為之，胡不乘牛而服馬乎？理之所不可。」宋·程顥、程頤：《二程集》第 1 冊（臺北：漢京文化事業公司，1983年），頁 127。此出處為卷 11，為大程子明道所言。

2　「目畏尖物，此事不得放過，便與克下，室中率置尖物，須以理勝佗，尖必不刺人也，何畏之有。」宋·程顥、程頤：《二程集》第 1 冊，頁 50。此為二先生語，暫時不判斷是誰人之語。

3　清·王夫之：《船山全書》第 6 冊（長沙：嶽麓書社，1996 年），頁 1109-1113。

4　「程復心（1256-1340）：字子見，號林隱，學者稱林隱先生。江西婺源人。早年以道學為志，私淑朱熹。後師從朱熹從孫洪範，又與新安學派另一重要人物胡炳文（雲峰）為學友，由此登『朱子之學』堂奧。」引自《新安篁墩程氏論壇》。又韓儒李退溪上聖學十圖，其中的第六圖，心統性情圖，便是倣程復心的圖而畫出。退溪於〈進聖學十圖箚〉中，第六圖，圖中又分為三圖，上圖為程復心（林隱）所作，中下二圖為退溪所作，下圖於四端有理發氣隨，七情是氣發理乘之說。可參見裴宗鎬編：《韓國儒學資料集成》上冊（漢城：延世大學校出版部，1980 年），頁 98。

故船山於《讀孟子大全說》中，一方面強調以氣學詮釋孟子的主
張，一方面用以反對程朱及其後學的詮釋。在此我們可以看此章的
原文，《孟子》原文是：「萬物皆備於我矣，反身而誠，樂莫大
焉。強恕而行，求仁莫近焉。」此章中，朱子的詮釋大致分為三
段，第一段是「萬物皆備於我」。第二段是「反身而誠，樂莫大
焉」。第三段是「強恕而行，求仁莫近焉」。至於朱子的詮釋，其
站在理學的立場，視萬物皆備於我，乃是因為萬物之理也是我之
理，此乃理一分殊的見解下的詮釋。[5]朱子對於此章的詮釋是：
「此言理之本然也。大則君臣父子，小則事物細微，其當然之理，
無一不具於性分之內也。」[6]而船山對於此，卻不盡否定之，雖朱
子是理學詮釋，然船山並未反對的原因是，朱子所言的萬物之理皆
備於我，然此萬物之理是事物之理，故朱子以君臣、事物等言之。
而船山認為朱子所解者，其所謂的理是事物之理，是待人處事如何
相處之理，故船山未非之。船山反對的是把「物」解為「動物」，
而視人、物同一理，於是我備於萬物，萬物備於我；因為船山認為
人性不是物性，[7]豈能如程朱的理一分殊之說，混人性、物性而為

5　「萬物皆備於我，不獨人爾，物皆然，都自這裡出去，只是物不能推，人
　　則能推之，雖能推之，幾時添得一分？不能推之，幾時減得一分？百理俱
　　在，平鋪放著。」宋・程顥、程頤：《二程集》第 1 冊，頁 34。孟子未
　　說我備於萬物，這是程子自己的理學系統用以詮釋孟子。

6　宋・朱熹：《四書章句集註》（臺北：鵝湖出版社，1984 年），頁 350。

7　「孟子明白決斷說一個『異』字，西山卻將一『均』字換了。『犬之性猶
　　牛之性，牛之性猶人之性』，告子猶能知其不然，而西山卻滅裂此心，教
　　同牛犬蛇蠍去，悲哉！」清・王夫之：《船山全書》第 6 冊，頁 1021。

一呢？船山於《中庸·首章》的「率性之謂道」詮釋中，反對視《中庸》之性為物性，他認為《中庸》談性只是人性，而不及物性，因為動物能率性，豈能修道呢？除此之外，船山還認為若人物能率其性則謂之道，哪一個動物不率其性呢？牛耕狗吠，自率其性，則《中庸》何以要說「道之不行」、「道之難行」呢？這些都是程朱詮釋的困難點。船山解釋「能盡物之性」，是指人面對事物盡其理，而不是動物亦能率性的意思。而如今，朱子又說「萬物皆備」是就理上來說，船山的氣學主張，本亦會反對朱子，然於此處，卻未批評，理由便是，船山視朱子的理是處事之理（處物為事），而不是動物之理；既然是事理，是人處事的回應之理，故是談人，而不談動物。[8]然而朱子於章末又言：「此章言萬物之理具於吾身。」[9]這若理解為人與動物之理互具，則船山會反對。

以上，吾人把《孟子》原文抄出以討論，並論及朱子的詮釋；而船山亦有自己的一套見解，其於見解中，特別挑戰程復心之說法，因為程復心是朱子學生，故屬程朱學，也因為程朱的理學建構，故有一套自己的講法，異於孟子，[10]如以理一分殊的講法，視

---

8 「孟子曰『萬物皆備於我矣』，此孟子知性之驗也。若不從此做去，則性更無從知。其或舍此而別求知焉，則只是胡亂推測卜度得去。到水窮山盡時，更沒下落，則只得以此神明為性。」清·王夫之：《船山全書》第 6 冊，頁 1105。船山於「盡其心者章」亦論及萬物皆備之說，乃認為知性不離於物，乃吾人處物曰義的講法，且不離於物，把物視為事。

9 宋·朱熹：《四書章句集註》，頁 350。

10 朱子以設計一個道統觀，以通貫《四書》、《五經》，其中包括《易傳》、《中庸》的天道論。而孟子的天道論弱，而程朱以理一分殊視人、物性本皆同，只是在氣質上不同罷了。但孟子的原意卻不會認為物性是性善。

人性、物性同有一性理，故萬物備於我，我備於萬物，[11]此乃船山所要檢討程朱之處。故吾人於章節之區分處，除了前言、結語之外，分為兩節，第二節談的是，人性、物性之同異。孔子、孟子面對人禽時，總以差異為主。[12]而到了程朱學，因著有理一分殊之說，人物都分受此理，於是能說人禽之同，亦能說人禽之別，韓國朝鮮朝儒者繼著程朱說法，繼續論辯，韓國儒學的湖洛論爭亦討論這個問題，[13]然韓國儒學的討論是以朱子學為標準的論辯與討論，至於船山與程朱之不同，已是派系之不同了，不可再以朱子學為標準了，這時可能要回到孟子，才能有一個是非之定見。另外，第三節，吾人談程復心的見解，及船山的評論，因為程復心認為「萬物之生同乎一本」，[14]此乃套在程朱的理一分殊系統下、人物同一性理的角度下的詮釋，但是船山不以為然，視之為蹈生物之平等，乃

---

11 「萬物皆備於我，不獨人爾，物皆然，都自這裡出去。」宋·程顥、程頤：《二程集》第 1 冊，頁 34。

12 《論語·為政篇》孔子認為「至於犬馬皆能有養，不敬何以別乎？」孔子談人禽之別；孟子亦講人禽之辨，如於〈告子上〉言：「然則犬之性猶牛之性，牛之性猶人之性與？」人性不同於犬性；而到了真西山繼程朱的義理講人禽之同，船山不能接受。

13 「湖洛論爭的起因是 1707 年秋，韓元震以韓弘祚的觀點為契機，發表了題為『本然之性、氣質之性』的文章。崔徵厚看了韓元震的文章後發表了反駁韓元震的文章。于是，1708 年 8 月，韓元震寫了一封批駁崔徵厚的信，在這封信中，韓元震第一次提出了性三層說。韓弘祚將自己的信件、崔徵厚的信件，及韓元震的信件，一起拿去見李柬。于是，李柬寫了反駁韓元震的信給崔徵厚。這樣韓元震與李柬的論辯便開始了。」李甦平：《韓國儒學史》（北京：人民出版社，2009 年），頁 688。

14 清·王夫之：《船山全書》第 6 冊，頁 1117。

受到佛教之影響。依此，吾人進到第二節。

二、人性、物性之同異

　　人性、物性之同異的問題，若以孟子學為標準，孟子於「生之謂性章」質疑告子：「然則犬之性猶牛之性，牛之性猶人之性與？」既然是質疑，表示孟子並不認同人性同於牛性，也不認同犬性同於牛性。然而在程朱的理一分殊的系統建構下，於是出現了萬物本同一理的意思，因為都從「那裡」[15]來。此乃程子之語，程子認為：「所以謂萬物一體者，皆有此理，只為從那裡來。『生生之謂易』，生則一時生，皆完此理。人則能推，物則氣昏，推不得，不可道他物不與有也。」[16]程子認為萬物之所以一體，乃在於同一理，亦是說人從天理而來，物亦從天理而來，就其天理而言，人物相同，故人性與物性本相同。人物之生，皆完全同具此理，然而人與物相同，豈無差異乎？程子認為其間的差異在於人能推，物不能推，所謂「推」者，第一個意思，乃表現推擴出來的意思。第二個意思，乃推己及人是也。人能有同理心，推己及人；物則氣昏，推不得。然雖推不得，不可謂物與人不同具此理；人物之差別，若依於程朱的發展看來，乃因氣的昏明與否造成，然就理而言，都是同一天理；[17]又依於程子的「性即理」之說，則人性也是源於此天

15　程子所謂的「那裡」、「這裡」，指的是「天理」。

16　宋·程顥、程頤：《二程集》第 1 冊，頁 33。

17　朱子詮釋孟子「人之所以異章」言：「人物之生，同得天地之理以為性，

理，物性也是一樣，都是同具仁義禮智之理，然禽獸的氣較難彰顯此理，人的氣則為清明，為萬物之靈，其氣清，故能彰顯仁義禮智，以程子的話語便是可以推擴出仁義禮智。

朱子亦是依此理一分殊的架構，而建構其理氣論，面對人性、物性之異同時，認定人性與物性都根源於同一天性、天理；至於其不同處，是氣稟不同所造成的差異，然不害其根源之理的同一。故曰人性與物性，就理一分殊、月印萬川的道理而言，人、物同一性。即是說，因著有程朱學的提倡，故有理一分殊之說，故有人性、物性同一的講法，而其同一，是就天地之根源之性上是同一的，至於氣的昏與不昏，則人物可有不同。故於韓國儒學有湖洛論爭，爭論人性、物性之同與否。然其中還是站在朱子學角度下的爭論。在此吾人略過，理由是，現在吾人所要談的是船山視人性、物性同一與否的看法。而至於船山，其《讀四書大全說》中的詮釋，正是要以重氣的詮釋方式來解讀孟子，與程朱的重理方式之解讀不同，甚至可以說是派系之不同了，這時就必須回到孟子以判定之。

與船山同時期的黃百家，站在其父黃宗羲的立場，及蕺山學的立場，亦對於程朱的人性、物性之相同者，予以批評，船山與黃百家之相同處，在於兩者都重氣；[18]至於依氣論而建立的人性、物性

同得天地之氣以為形；其不同者，獨人於其間得形氣之正，而能有以全其性，為少異耳。雖曰少異，然人物之所以分，實在於此。」宋·朱熹：《四書章句集註》，頁 293-294。人禽之辨的真正差異，在朱子看來，乃人能表現以全性，物則氣昏，不能全性。

18　黃百家乃以心學方式切入的氣論，而船山是以理學切入的氣論，又船山以

之說，則黃百家與船山相似，都反對程朱的人性、物性相同之說，在此可先看黃百家之說。百家詮釋明道「萬物皆備于我，不獨人耳，物皆然。都自這裡出去，只是物不能推，人則能推之。」[19]之語時批評之：「此則未免說得太高。人與物自有差等，何必更進一層，翻孟子案，以蹈生物平等？撞破乾坤，只一家禪詮。」[20]黃百家的意思是：若先講一個超越之理，則超越之理優於陰陽氣化，此為乾坤毀無以見易，而為禪學風格。因為禪詩云：「有物先天地，無形本寂寥，能為萬象主，不逐四時凋。」[21]如此則為撞破乾坤，則為氣外有道，道在乾坤之外。然此重點是黃百家反對生物平等，反對人物無差等，反對於理一之處，人物同一理。與船山見解有異曲同工之妙。

張載為宗，故吾人稱之為氣論，而不稱之為理學。

19　宋·程顥、程頤：《二程集》第 1 冊，頁 34。黃百家面對程子詮釋孟子的萬物皆備章有所不滿；同樣地，船山面對程朱學派詮釋孟子的萬物皆備章，亦有不滿。

20　明道學案(上)，《宋元學案·卷十三》。見清·黃宗羲著，沈善洪主編，吳光執行主編：《黃宗羲全集》第 3 冊（杭州：浙江古籍出版社，2005 年），頁 682。又可參見牟宗三先生之言，其於論明道先生時，談了明道的「萬物皆備於我，不獨人爾，物皆然」的講法後，他也引了黃百家的批評之言，然牟先生站在明道立場，為明道說法，反批黃百家，可參見牟宗三：《心體與性體》第 2 冊（臺北：正中書局，1968 年），頁 57-61。在此可見牟先生的義理亦是不同於船山、黃百家。

21　此禪家語。黃宗羲、戴山以此比配朱子的理生氣，故認定朱子雜有禪學。清·黃宗羲著，沈善洪主編，吳光執行主編：《黃宗羲全集》第 8 冊（杭州：浙江古籍出版社，2005 年），頁 891。批評禪學的「有物先天地」之講法，羅整菴《困知記》已先言之。

　　戴震對於人性、物性之同異否亦有主張，其視人性不同於物性，人性是人的特殊血氣心知，只有人這一類擁有，動物無與之，其血氣心知足以知仁義禮智，而能推己及人，而動物之血氣則無有仁義禮智。戴震言：

> 然性雖不同，大致以類為之區別，故《論語》曰「性相近也」，此就人人相近言之也。孟子曰：「凡同類者舉相似也，何獨至人而疑之！聖人與我同類者」，言同類之相似，則異類之不相似明矣；故詰告子「生之謂性」曰：「然則犬之性猶牛之性，牛之性猶人之性與」，明乎其必不可混同言之也。[22]

　　戴震認為「性」大致而言等同於「類」的概念，人性就是人這一類的血氣心知。故其舉孟子的「凡同類者舉相似也」之語，即是指人這一類則相似，犬這一類則相似。至於人與犬則不同類、不相似。依此，戴氏認為孟子之所以必反告子，乃在於其混同生之謂性，凡言生，只要是生物，則都有性，都相似，都有知覺運動，如同凡白者都相似。然孟子的意思是牛性不同於犬性，也不同於人性，豈可因其都是生物而具等同的性呢？在此可以看到這些反對程朱學派的人，其面對人性、物性之相同的論點是予以反駁，人性、物性在根源上沒有同源於一理的講法，程朱的主張只能說是自己的創造性詮

22　清・戴震：《戴震集》（上海：上海古籍出版社，1980 年），頁 292。

釋，不能說是孟子的意思。23

　　然而於戴震之前，船山已有此主張，船山的時代約同於黃百家，24只是船山隱居著述，而未與外人互動，但卻有著與百家相似的結論，即都不滿意程朱的詮釋。在此我們可以先看船山對於人性、物性的主張，其認為人性不同於物性，故不會取程朱的見解，船山言：

> 天之所以生此一物者，則命是已，夫命也而同乎哉？此一物之所以生之理者，則性也，性也而同乎哉？異端之說曰「天地與我同根，萬物與我共命」，故狗子皆有佛性，而異類中可行也。使命而同矣，則天之命草木也，胡不命之為禽獸；其命禽獸也，胡不一命之為人哉？使性而同矣，則犬之性猶牛之性，牛之性猶人之性矣！25

船山順著朱子，把《四書》一貫地詮釋之，然《四書》之中，《中庸》的天命之性與孟子的人性、物性之說，可相互詮釋嗎？如在朱子，天命之性，人與物相同，一旦落在氣性中，人與物始殊；若以戴震的解法認為「生而限於天，是曰天命。凡分形氣於父母，即為

23　「虎狼之父子亦似仁，蜂蟻之君臣亦近義也。」此講法是程朱發展出來，孟子對於禽獸的觀察不如此。孟子特重人禽之別，而不是人禽之同。

24　「船山幼於梨洲九年，幼於戴山四十一年。」勞思光：《新編中國哲學史》卷 3 下（臺北：三民書局，1995 年），頁 681。而黃百家是黃宗羲的兒子，故可見船山約年長於黃百家一些，可說屬同一時代。

25　清·王夫之：《船山全書》第 6 冊，頁 1117。

之物，其性亦不同，如犬性、人性、牛性都不同，然其都共有活潑之生氣，卻有著不同的理，乃因氣殊而理亦殊。[33]故性不同，雖都是生氣，則生氣亦有別。同樣的有氣必有其理，如物有物之理，犬牛有犬牛之理，因其理之不同，其氣性亦不同，牛耕、犬吠，其理、其氣皆不同。而程復心[34]卻認為一物之中莫不有萬物之理，所謂的根源之理是同一的，不同的萬川之月，卻於本源之月是同一的。人的理與犬之理，於其性生之初，其理相同。此乃程朱的理一分殊的意思，卻不是船山的理一分殊之義。船山認為這種講法是把同類、異類，一以貫之，如佛學之共以空義貫穿於六道，都有佛性、都有空性，如此同異互攝。[35]船山視之為人性、物性互攝，乃因從佛學的互攝而來。在華嚴宗的確有六相圓融互攝的精神。六相包括總、別、同、異、成、壞，吾人略舉總相以詮釋船山認定的佛學同異互攝之旨。「總相」云：

　　問：何者是總相？答：舍是。

33　「人有其氣，斯有其性；犬牛既有其氣，亦有其性。人之凝氣也善，故其成性也善；犬牛之凝氣也不善，故其成性也不善。」清‧王夫之：《船山全書》第 6 冊，頁 1054。

34　表面上船山所批評的是程復心，然程復心是朱子弟子，其實批評的是程朱學。因為程復心的見解其實大致都以程朱為本。

35　船山把「見相非相」，視之為同異互攝，吾人認為船山對於佛學的意思，有點解偏了，所謂的見相非相，乃是如同《金剛經》的：「般若非般若，是名般若」。般若與非般若不是同異互攝的關係，雖然華嚴宗的六相圓融有同異互攝之說，然見相非相，是般若精神，亦是說相沒有一本質不變之相性，只是假名施設，故不要執著。

問：此但椽等諸緣，何者是舍耶？答：椽即是舍。何以故？
為椽全自獨能作舍故。若離於椽，舍即不成。若得椽時即得
舍矣。

問：若椽全自獨作舍者，未有瓦等，亦應作舍。答：未有瓦
等時，不是椽，故不作。非謂是椽而不能作舍。今言能作
者，但論椽能作，不說非椽作。何以故？椽是因緣，由未成
舍時無因緣故，非是椽也。若是椽者，其畢全成。若不全
成，不名為椽。[36]

賢首以房舍舉為總相。然而舍是因緣所生，其因緣，包括窗、椽、
門等為緣。然於總相中，賢首認為椽即是舍，椽是部分，何以能稱
為全體的舍呢？華嚴宗的思惟是套在法界緣起、因陀羅網中，舉其
一部分，則從其部分因緣關連到整體因緣，故曰：「部分就是全
部。」因為一談房子時，便離不開部分結構，如門，如椽等，同樣
的，一談到門或椽時之部分時，其他的部分也離不開，而因緣所
涉，關連全體。故此稱為總相。椽即是舍，其自獨能作舍，若無椽
之因緣關連，則舍不成，故有椽，則舍始有，故可曰部分即全體，
沒有部分的因緣，就沒有全體。

而問者認為若椽獨自成舍，未有瓦時，亦應為舍。而賢首的回
答是，未有瓦時，這時不稱為房子，同樣地，這時的椽，也只是木
頭，尚未用來作房。一旦說是椽時，或說椽能作舍時，這時的關係
因緣網絡已經開啟了，所以椽作為因緣起，而能結合所有因緣，如

---

36 唐·法藏述：《華嚴一乘教義分齊章》，T.1866, vol.45, p.507c。

瓦、門等，而共而為舍。故若未成舍，則無因緣，這時的椽只能稱為木頭，因為尚未做舍，一旦作舍才稱椽，而稱椽時，則因緣已結合了而共為舍了。這便是所謂的同異互攝的講法，這種講法中，同異互攝，椽攝有瓦之理，門攝有椽之理。而船山便是指，程子的講法，受了佛學的影響所致，而同異互攝，把總別同異等相，視為同一，而且把門、窗、瓦、椽等，異類互攝而為一總相。若佛學套在因陀羅網的緣起說時尚可，而如今程子把人性與物性同異互攝，而成了人性與犬性，於性理上是同一的，人性具有犬性，犬性具有人性。船山認為最多只能說於天處同，一旦言命時已不同了，甚至落於人性、物性上時亦已不同，故船山謹守孟子的人、禽之辨，[37] 而不遵守程朱的人性、物性於其天理處有同一仁義禮智之說。華嚴宗可以說椽具瓦，瓦具椽，這是其因緣的脈絡如此，而於儒家卻不可如此說，豈可認為附子有大黃之理呢？附子只有附子之理，若視附子有大黃之理，則為異端。在此船山對於程子之說，所作出的批評，並認定其說乃受佛學影響所致。而船山主張，人性不同於物性，此乃孟子的見解。

37　「西山云：『人物均有一心，人能存，物不能存。』此語鹵莽，害道不小。自古聖賢，吃緊在此處分別。孟子明白決斷說一個『異』字，西山卻將一『均』字換了。」清・王夫之：《船山全書》第 6 冊，頁 1021。船山認為孔孟談人與物，都談其異，而到了程朱學，反談其同，怪哉。

三、批評程復心「一物備萬物之理」[38]

之所以有人性、物性同之講法，乃因程朱學的理氣論系統中的理一分殊主張，萬物同源於天理，此為根源，是為仁義禮智，人、物都同。有不同者，乃因氣質之殊所造成，終不妨天理之同一。理一分殊的理論結果，除了造成人性、物性之相同外，程子解「萬物皆備章」時，認為「萬物皆備于我，不獨人耳，物皆然。都自這裡出去，只是物不能推，人則能推之。」[39]這裡的詮釋是，萬物備於我，我備於萬物，因為天理之同一，都是仁義禮智之理。然於孟子此章中，並未明說，我備於萬物，這裡可以視之為程子的創造性詮釋。但船山已不滿意了，船山言：

> 甚矣，程氏復心之不思而叛道也！其曰「萬物之生同乎一本」，此固然矣。乃其為之一本者何也？天也。此則張子〈西銘〉之旨也。然同之於天者，自其未有萬物者言也；抑自夫萬物之各為一物，而理之一能為分之殊者言也。非同之於天，則一而不能殊也。夫天，未有命而固有天矣。理者天之所自出，命者天之所與。天有命，而非命即天矣。故萬物之同乎一本者，以天言也。天則「不貳」以為「不測」，可

38　程復心是朱子的學生，其主張一物備萬物之理，其實是程朱學的主張，如程子認為「萬物皆備於我，不獨人爾，物皆然。」意思是指，我備於萬物，萬物備於我，故二程的主張，與程復心的主張是一致的。

39　宋・程顥、程頤：《二程集》第 1 冊，頁 34。

·342·

云同也。而程氏乃曰「其所以生此一物者，即其所以生萬物之理」，則甚矣其舛也！[40]

船山認為程復心又錯了，[41]程復心言「萬物之生同乎一本」，這句話在船山看來無誤，然而其爭論者，所謂的一本，是以何為本？船山也言「理一分殊」，但其實與朱子的理一分殊不甚相同，其不重視超越的理一，其所謂的同乎一本者，天也、氣也；這也是船山解張載的「由太虛有天之名」處，以天為本，[42]而天者不能離氣而獨為天，天乃是氣化未形之前，所謂陰陽是也；故氣之未化者為天，天者氣也。船山認為除了根源者是天，而不是程子的根源者是理的講法外，船山認為這是〈西銘〉的精神。〈西銘〉[43]談孝順父母的

40　清·王夫之：《船山全書》第 6 冊，頁 1117。

41　因為船山於《讀四書大全說》中，常批評程復心的講法，如今，看到程復心又錯了，故以「甚矣」形容之。

42　「然則其云『繇太虛，有天之名』者，即以氣之不倚於化者言也。氣不倚於化，元只氣，故天即以氣言。」清·王夫之：《船山全書》第 6 冊，頁 1109。

43　楊時認為〈西銘〉有流為墨氏的疑慮，而小程子回信告訴他，〈西銘〉乃理一分殊，其言：「〈西銘〉明理一而分殊，墨氏則二本而無分。（程頤注：老幼及人，理一也；愛無差等，本二也。）分殊之蔽，私勝而失仁；無分之罪，兼愛而無義。分立而推理一，以止私勝之流，仁之方也。無別而迷兼愛，至於無父之極，義之賊也。子比而同之，過矣！」宋·程顥、程頤：〈答楊時論西銘書〉，《二程集》第 1 冊，頁 609。此亦可參考沈享民：〈青年朱熹的哲學探索——以《延平答問》對「理一分殊」的討論為中心〉，《哲學與文化》32 卷 7 期（2005 年 7 月），頁 81-92。

故事有六，[44]談到天地父母與本真父母的天人合一，以人法天的意思談之，而之所以視民胞物與，乃因為大家都是天之所生，而天子者，上天之長子，故為天子。依此，大家同出於一個根源父母，故當相親相愛。

於是船山對於此根源之天，做個界說，以與理學做區別，理學的天是理，船山的天是氣；其認為自未有萬物言也則為天，此乃天之為氣，就氣尚未生化萬物上而言天。船山質疑理學的觀點，乃程朱理學以天理為根源，程子的「理一分殊」理論認為，萬物雖殊，然根源於一理，乃如同月印萬川之說，是故為同一理的不同處之表現，故萬物同源一理，就此都相同，只是氣之殊的不同以致萬物之不同。然船山認為若不是從天之根源而來，則不能殊，依於程子的「都從那裡來」的講法，乃都從天理而來，船山認定此乃不從氣化之天而來，故不能殊。且船山認為，天與命是不同的，萬物於「天」處可說相同，但在「天命」處已有不同了，乃因受命不同，故性有不同。然朱子的「天命之謂性」的詮釋是「於是人物之生，因各得其所賦之理，以為健順五常之德，所謂性也。……原其所自，無一不本於天而備於我。」[45]朱子義理追隨程子，故其談天命之性，是就人物性上之同一而言，同一者，天理也，與船山所謂的天，又不同。船山的意思是，天者，人物相同，都是陰陽，一旦到

---

44 「惡旨酒，崇伯子之顧養；育英才，穎封人之錫類。不弛勞而底豫，舜其功也；無所逃而待烹，申生其恭也。體其受而歸全者，參乎！勇於從而順令者，伯奇也。」宋・張載：《張載集》（臺北：里仁書局，1981年），頁 62-63。

45 宋・朱熹：《四書章句集註》，頁 17。

天之命處則有不同，人受之命與物受之命不同，則成性處，則人性不同於物性。而且船山認為《中庸》只談人性，不是談物性，與程朱認為《中庸》談人物共有之性亦是不同的。天與天命兩者，船山分開視之，乃天之為天，可命亦可不命，不命之時，還是不失其為天，故天與天命必須分開來詮釋，不可視為相同。故先有天，才有命，命與理者，都出自天，而其序不該顛倒，乃因為船山看到程子之以理為根源、以理為根本，故有疑，然在船山認為，理是天之所出，是後出的，而不是根源。此乃船山的氣論詮釋之不同於程子的理學詮釋。天之所以能言其同，則可用《中庸》的話語詮釋之，「其為物不貳，則其生物不測」。天是氣、是誠，是萬物之本，這時尚未生化，一旦生化則為道、理、命。[46]其為物不貳，故其本為誠而為一，以氣為一本。依於此，船山堅決地反對程復心之主張，因為他說「其所以生此一物者，即其所以生萬物之理。」一物何以同於他物，人性何以同於物性呢？又何以萬物備我，我備萬物呢？這些都是船山質疑之處。依於程子，乃因所謂的理一分殊，都根源於同一理，而此同一理的理學詮釋，船山反對。

　　船山續云：

　　　　孟子言「萬物皆備」，備於我也。程氏乃云「所謂萬物皆備

46　「張子云：『繇氣化，有道之名。』而朱子釋之曰：『一陰一陽之謂道，氣之化也。』《周易》『陰』『陽』二字是說氣，著兩『一』字，方是說化。故朱子曰：『一陰而又一陽，一陽而又一陰者，氣之化也。』繇氣之化，則有道之名。」清・王夫之：《船山全書》第6冊，頁1109。

者，（遺本文「於我」字）亦曰有其理而已矣」，則非我之備
萬物，而萬物之備我也。二氣之精，五行之粹，得其秀而最
靈者，唯人耳。唯君子知性以盡性，存其卓然異於禽獸者以
相治而相統，乃廓然知禽獸草木之不能有我，而唯我能備
物。即以行於人倫之內，君不能以禮使我而我自忠，則君不
備臣而我備君；父不欲以慈養我而我自孝，則父不備子而我
備父。至誠之動，且不恤他人之能備我與否，而一盡於己，
況就彼悠悠無知、駁雜駤戾之物，求其互相為備以減等殺而
喪人極也哉！故程氏之說，徒務籠罩以浸淫於釋氏，而窒塞
乖刺，則莫有甚焉者矣。[47]

船山批評程復心的「萬物備我，我備萬物」之說，船山舉孟子的原
文以證之，「萬物皆備」者備於我也，孟子並未言「我備於萬
物」，依此亦可見程朱學的創造性詮釋。此創造性的詮釋，不一定
孟子的原意。若如船山所言，則程子之所以會視之為我備於萬物，
乃是因為人物之根源的天命之性，都是同一天理。若程朱學的「我
備於萬物之說」是創造出來的；同樣的，理學家的萬物一理的講
法，亦是創造詮釋。船山又辯，人惟萬物之靈，可以說是萬物備於
我，但又如何反說得我備於萬物呢？人能知性、盡性，裁成天地之
化，而為萬物之靈，以統萬物，又如何能說我備於萬物呢？動物豈
有此靈、此能耐呢？

　　於是船山申論曰，君不以禮使我而我自忠，至誠之動，不管他

47　清·王夫之：《船山全書》第 6 冊，頁 1118。

人之備我與否，只管盡性，盡自己素位，盡自己本分。自己都無暇去體恤別人之備我與否，豈還有時間去管我備於萬物之說呢？船山以「萬物之備於我」這一點的論辯是成功的；以人為萬物之靈來談萬物備於我，而非我備於萬物，這一點也是成功的；至於船山以不恤他人之備我與否，更何況豈能去體恤動物備我與否呢？吾人認為只是引申發揮，似乎要表達的是，仁義內在；此論證稍弱，理由在於，吾人管不管他人、他物，是自己主觀意願的事，但若以仁義內在本有論之，似乎還是可以合於孟子，仁義若本有，則為客觀之事；而至於物是否備我，其間的道理是否相同，這不是意願的事，而是客觀事實與否的事。縱使我不恤他人、他物，不代表沒有真實關係。[48] 只能說船山於此點是借機引申，若以萬物皆備的客觀事實，與仁義內在的事實相比，則此論辯是可以說得通的。

而最後船山評程子之說將造成「滅等差」之弊，如同孟子批墨子無父，是為禽獸；而且人禽之辨保不住了，理由在於程子之說乃受佛學刺激所造成，如佛學所言，六道都是空性所貫徹，萬物平等。然這義理卻不當用在儒學上，否則將有陽儒陰釋之嫌。

故最後船山云：

> 夫孟子所云於我皆備之物，而號之曰萬，亦自其相接之不可

48　船山之所以如此論辯的原因在於，萬物皆備，其視之為對君子言，君子至誠之感，則能感通於他人、他事，於是其他物事則能備於我。而不用去體恤萬物之理是否與我相同，動物的長相如何，是黑是白，都不是君子人者所當用心之處。

預擬者大言之，而實非盡物之詞也。物為君子之所當知者，而後知之必明；待君子之所處者，而後處之必當。故咸之九四「朋從爾思」，而夫子贊之曰「精義入神，窮神知化」，極乎備之辭也。極乎備，則為之坊曰「過此以往，未之或知也」。吾所必知而必處，若其性而達其情，則所接之物無不備矣。無人欲以為之闋，有天理以為之則，則險可易而阻可簡，易簡而天下之理得矣。若烏黑鵠白，鶴長鳬短，蟬之化復育，楓之生菌耳，其生其死，其然其否，一一而備之，是徒為荒幻而無實。為人臣而思備湯、武放伐之理，為人子而思備大舜號泣之理，則亦裂天理之則而積疑成乖矣。故《集註》之言物，必以君臣父子為之紀，而括其旨於事物之細微，終不侈言飛潛動植之繁蕪，如程氏之誇誕以淪於異端，其旨嚴矣。[49]

船山認為，孟子之所以談萬物，並非指盡天下所有物的意思，[50]而是就人之未來之預接之事，大略以萬言之；故不是所有物的意思，也不會是程復心的人物於理一處相通的意思。而且船山認為這裡所

49　清·王夫之：《船山全書》第 6 冊，頁 1118-1119。

50　彭國翔有言：「萬物則在惻隱關懷的浸潤中超越了時空、因果的拘圍彰顯出獨特的意義結構。」見彭國翔：〈儒家的萬物一體觀——孟子「萬物皆備于我章」釋義〉，《儒家傳統的詮釋與思辨——從先秦儒學、宋明理學到現代新儒學》（武昌：武漢大學出版社，2012 年），頁 30。他認為萬物是在我的惻隱心感通下的萬物。此種說法近似於唐君毅先生對仁的詮釋。

謂的物，指的是「事」，而不是動物、植物等等。[51]既然談的是事，則為人君子所該應事接物者。若如此，只能人備萬物，而萬物不能備我。故船山取〈咸卦〉的九四之言：「朋從爾思」為證明，因為《易傳》曾對此發揮引申其義理。[52]而船山所取的意思是，依

---

[51] 船山在此的意思是同於《讀中庸大全說》，朱子的《中庸章句集注》詮釋，認為天命之性是人物共有之性，而船山反對之，故船山以朱子《大學或問》的講法攻朱子的《章句》講法，其言：「《章句》於性、道，俱兼人物說，《或問》則具為分疏：於命則兼言『賦於萬物』，於性則曰『吾之得乎是命以生』；於命則曰『庶物萬化繇是以出』，於性則曰『萬物萬事之理』。與事類言而曰理，則固以人所知而所處者言之也。其於道也，則雖旁及鳥獸草木、虎狼蜂蟻之類，而終之曰：『可以見天命之本然，而道亦未嘗不在是』，則顯以類通而證吾所應之事物，其理本一，而非概統人物而一之也。」清・王夫之：《船山全書》第 6 冊，頁 455。這意思指的是《或問》的講法較為正確，理由在於《或問》於性處，主詞是「吾」，故是指人對於事物的處事態度；又曰，「萬物萬事之理」，則重點在於事，人才能處事，物不能，故船山以朱子的《或問》，攻朱子的《章句集注》，無論如何，船山視《中庸》的天命之性，還有孟子的「萬物皆備章」中，都是就人為主宰而言，而不取人物同一天性的意思。

[52] 「《易》曰：『憧憧往來，朋從爾思。』子曰：『天下何思何慮？天下同歸而殊塗，一致而百慮，天下何思何慮？日往則月來，月往則日來，日月相推而明生焉。寒往則暑來，暑往則寒來，寒暑相推而歲成焉。往者屈也，來者信也，屈信相感而利生焉。尺蠖之屈，以求信也；龍蛇之蟄，以存身也；精義入神，以致用也；利用安身，以崇德也。過此以往，未之或知也。窮神知化，德之盛也。』」《繫辭下傳・第 5 章》。其實於此爻辭，其本來是不得正的，因為九四，陽爻得陰位，而小象曰：「未光大也」。而《繫辭》引此，然後加入孔子之言，孔子的話指的是若以感通的方式，以爾思而後朋從，則尚不神妙。但在船山，視之為朋之能從爾思，乃因窮神知化所造成。

著君子之處事，而精義入神，於是萬事萬物之咸備於我。但船山於此之後，加上了一句話，說「過此以往，未之或知也」，此從《易傳》而來，即是指於事物上用心則神，則能感化，則萬物備於我；然未來如何，便不可得而知了，所能知者，即當下用心以感，則萬物備。未來不知，而且甚至萬物之生化如何，這不是君子需備之事，楓之生菌與否，君子不知，亦不必要需知之，亦非其所必知而為當知。君子亦不備此，故不僅萬物不能備我，而且君子處事，所備之物者，只是用心則能感，至於萬物之長壽、短壽，君子不備，亦沒打算備之，其用心之神處，不用心於此，亦不需用心於此。若以一毛孔，而備極大千世界，是佛學華嚴世界裡的講法，不是儒家君子所該學的。況且，君子素位而行，素位之外，亦非其當用心處，不越位以思，如此才順當。豈人臣而思放伐之理乎？人臣的事永遠有做不盡者，豈還有閒暇越位而思呢？於是最後，船山雖然於前文一直批評程復心，然其實所批評者程朱學也，在此可謂表面批程復心，而其實批評的是程子與朱子。在《讀四書大全說》的其他處，並不避諱朱子，何以此處避之，理由在於，朱子於此章對於「萬物」的詮釋，都解為事物，[53]而不就動、植物來談，故程復心有淪於異端之可能，而朱子卻不至於如此。

　　故依於以上的分析看出，船山所堅持而反對者，乃程復心之學，甚至歸結而言，還是程朱理學。此派的理一分殊見解，認定萬

53　朱子言：「大則君臣父子，小則事物細微，其當然之理，無一不具於性分之內也。」宋·朱熹：《四書章句集註》，頁 350。此可見朱子對於萬物的詮釋，指的是事物。

物都同一根源，都從天理而來，船山必辯之，理由在於這不是孟子的意思，而是受佛學影響下的陽儒陰釋，此將造成觀念的災害，不可不爭。

四、人、物性同異之省思

船山思想上順張子之學，而張子有言「性者萬物之一源，非有我之得私也。」參照船山於孟子此章的詮釋相比而言，船山認為人性不同於物性，而張子卻認為萬物之源同為一性。理由在於張子與船山所面對的是不同的，張子是把天道論與人道論合而創構一派學問，而船山在此面對孟子此章，目的是回到孟子本意，孟子本意是區分人性不同於物性；然在宋明儒創造學問時，把性善之性，不停留在人性上而為天地萬物之性，甚至是同一性。船山面對此的詮釋是：

> 此章統萬物於一源，溯其始而言之，固合人物而言之；而曰立，曰成，則專乎人之辭爾。知之必有詳略，愛之必有區別，理一分殊，亦存乎其中矣。親疏貴賤之不同，所謂順理也；雖周知博愛而必順其理，蓋自天命以來，秩敘分焉。知其一源，則必知其分流，故窮理盡性，交相為功，異於墨、釋之漫滅天理之節文而謂會萬物於一己也。[54]

54　清·王夫之：《船山全書》第 12 冊，頁 116-117。

船山在此的詮釋剛好介於人物性同、人物性異之間。當然某方面而言，這是張子的話，不是孟子的話，故船山不用避諱，因為船山認定孟子的性善，是就人性善而言，物性不善；但在張子認為的性是萬物之一源，是張子的主張與認定，張子不是在注釋《孟子》，張子也可以有自己的創構與主張。而船山面對張子的講法所做出的詮釋是，一方面尊重張子的萬物同源於一性之說。但也堅持自己的人性、物性不全同的主張，故船山認為，本其始而言，是就萬物之源而言，合人物性而為一。在張子定義的性，不見得全同於孟子定義的性。但船山又曰，其中的立、成等字眼，乃是就張子原文「立必俱立，知必周知，愛必兼愛，成不獨成」而言，船山認為所謂的立與成，必就人性才能立才能成，物性則不能。故船山兼顧到張子的主張，與自己人性、物性有區別之主張以言之。然當船山如此說時，所面對的脈絡是不同的，一個是張子的主張，一個孟子的人物性之原意，故吾人亦不認為船山晚年的態度改變，而是在不同經書詮釋下，其見解亦不同。縱使是他最尊崇的孟子與張子二人意見不同，也只能說，字語的定義語脈不見得相同，這也是船山學的難研究之處。也因為張子的語脈不見得是談孟子性善的語脈，故有如此多的分歧。然吾人此章重點在孟子，故張子不同的主張，就不在此脈絡下言之了。

五、結　語

　　本章主要談，船山依著氣論的思想，辯駁理學的理一分殊的見解，理學家的理一分殊之認定，故有人性、物性同一之說，船山認

為這種講法已受到佛學影響所致。依於此，船山認為程朱系的人禽之辨見解也將不準，因為將有人性同於物性的可能性，並且理學家認為有羔羊跪乳、虎狼之仁、蜂蟻之義等的見解，反得出了人禽之同處，與孔孟所認定的人禽之異，反而有所違背。故船山表面上批評程復心，而實際上所批評之直指者，乃是程朱學，程子有都從天道而來的理學見解，朱子繼之，故程復心所表現者還是程朱的義理。而主要的哲學意涵則是，到底要以理學的見解以詮釋孔孟？還是以氣學的見解？理學家的見解中，有多少程度受到佛學的影響；若依於理學家的見解，人禽之別是否還保的住呢？是否造成眾生平等之說，而有陽儒陰釋的可能，這些都是船山擔心之處。

　　然若不以文本的原意做為唯一標準，即雖然程朱學有人禽於性理處同之說，然依於朱子的《四書章句集註》，其還是能解孟子的「人之所以異章」及「萬物皆備章」，固然程朱談了人禽之同處，然其實最後也是判人禽之別，故鬆泛的看待朱子學的創造性，雖與先秦不大相同，但是還是保有人禽之別的地方，其雖認定人禽有其同處，但就人能把仁義禮智之粹然全部體現，而動物只能表現一點點，人能全性，物無法全其性，故就表現上而言，人禽還是不同的。甚至以朱子自身對動物觀察，反而比孟子對動物的觀察認定更合於現實，而人不如禽獸之處亦多，人當該加以警惕。就此而言，朱子的創造性詮釋，亦可鬆泛的取其正面之處。雖然的確受有佛老的影響，然儒學本身亦是要回應時代的挑戰，面對佛學的挑戰，亦創造一種儒家式的新理論以回應之。亦是說以朱子學的見解看來，有好處亦有缺處，好處是回應時代的要求，缺失是有陽儒陰釋之可能，則人禽之辨將變弱，蹈人物平等，類於釋氏。

　　本文談的是船山《讀孟子大全說》中的「萬物皆備章」的詮釋，主要議題有：一個是人禽之辨；另一個是萬物是否皆以理為本？還是以氣為本？前者船山認為不該如程復心所倡的人禽之同；其實船山於「人之所以異章」處，亦在批評此種人禽之同的講法。至於萬物之根源的天，到底是以理為本，還是以氣為本，此船山的氣學與程朱的理學所爭論處，亦可看出二派的系統之不一，而船山最後終歸於張子的氣論，此一結論，與船山詮釋孟子「盡其心者章」是一致的，即「理以天（氣）為本」。

第十二章　王船山對《孟子·人之所以異章》的詮釋

一、前　言

　　孟子的「人之所以異章」，原文是「人之所以異於禽獸者幾希，庶民去之，君子存之。舜明於庶物，察於人倫；由仁義行，非行仁義也。」[1]然船山於詮釋此章時，把下一章「禹惡旨酒而好善言。湯執中，立賢無方。文王視民如傷，望道而未之見。武王不泄邇，不忘遠。周公思兼三王，以施四事。其有不合者，仰而思之，夜以繼日；幸而得之，坐以待旦。」[2]視之為同一章，[3]而共同詮釋了。當然若以大原則視之，都是以孟解孟，可以寬鬆看待，視前後

1　《孟子·離婁下》。

2　《孟子·離婁下》。

3　此所謂的章句之判定，如朱子的《四書章句集註》，所謂章者，必需分章，如朱子把《中庸》分為三十三章；句乃句逗，因著斷句而作注釋，古未有句逗，然於斷句處加注，視為句逗。而船山對孟子此處的分章，不全同於今本的朱子《四書章句集註》的分章。

一致便可。船山之所以如此的原因，乃因「人之所以異章」的最
後，談到了舜，而下一章「禹惡旨酒章」，則是談到了禹、湯、
文、武、周等聖人，船山認為：

> 雙峰說「做個存的樣子」一語，極好。君子之存，在德業上
> 有樣子可見，如舜、禹所為等，而非有下手工夫秘密法也。
> 只如明倫察物、惡旨酒、好善言等事，便是禽獸斷做不到
> 處。乃一不如此，倫不明，物不察，唯旨是好，善不知好，
> 即便無異於禽獸，故曰「幾希」。[4]

船山盛贊雙峰的講法，乃因合於己意。雙峰認為，何以孟子於「人
之異於禽獸章」處要談舜之明庶物、察人倫呢？船山認為這是孟子
把聖人之能別於禽獸的樣子，表現出來，故聖人、君子能存之，而能
別於禽獸。除了舜存了個樣子外，禹、湯、文、武、周等聖人，亦
是存了個樣子，依於此，船山把此兩章合而視之。用以說明人與禽
獸之不同處於何？其中的六位聖人，[5]便是君子存之的樣子，而不同

4　清・王夫之：《船山全書》第 6 冊（長沙：嶽麓書社，1996 年），頁
　　1024。

5　指孟子此二章中的聖人，包括舜、禹、湯、文王、武王、周公。朱子有道
　　統觀，而船山亦如朱子般，有道統觀之見解，故把這些人一同論之。再早
　　一些，似乎可看出孟子也有道統觀，雖不如朱子的明顯；朱子因著道統
　　觀，把聖人與經書，設計一個理氣論，用以通貫所有義理。如朱子言：
　　「夫堯、舜、禹，天下之大聖也。以天下相傳，天下之大事也。以天下之
　　大聖，行天下之大事，而其授受之際，丁寧告戒，不過如此。則天下之
　　理，豈有以加於此哉？自是以來，聖聖相承：若成湯、文、武之為君，皐

於動物。

　　以上說明了船山對於此章的內文取捨，把「禹惡旨酒章」也編入此一章而等同視之。又吾人本文寫作的資料選取，以孟子的原文為主外，及朱子的《孟子章句集註》，主要是因為船山的《讀孟子大全說》常因於修正程朱而起，故船山唸了朱子的《孟子章句集註》而有不同的見解；又《孟子大全》也是吾人寫作選取的資料，例如船山於此盛贊雙峰的講法，反對西山的講法，都從此書的閱讀而來的心得；最後是船山的《讀孟子大全說》一書亦是吾人的參考資料，此書中發明自己的見解，甚至可說歸宗張載，而修正朱子，故常有不同於朱子或是朱子後學的論調產生。

　　又於章節之分配上，除了前言、結語外，分為三節。第二節，因為西山認定「人、物均有一心」，而為船山所檢討，故第二節乃船山對西山說的檢討。第三節談船山反對尹和靖的存之工夫，其認為尹氏對人、物之辨的認知有誤，以至談工夫處亦誤，故此節可謂對尹和靖於此章所言的工夫之修正。第四節談，船山認為朱子詮釋的錯誤及船山認為此章的正解。船山上述的批評，可謂三破一立，立自己之正說，而破西山、尹氏、朱子的解法，即「人之所以異章」，當該如何詮釋，人與禽獸之同異，其相異之處在哪，船山做一解說，吾人先述及之、解析之；最後於結語處，做一總結與反

陶、伊、傅、周、召之為臣，既皆以此而接夫道統之傳，若吾夫子，則雖不得其位，……自是而又再傳以得孟氏，為能推明是書，以承先聖之統，……以至於老佛之徒出，則彌近理而大亂真矣。然而尚幸此書之不泯，故程夫子兄弟者出，得有所考，以續夫千載不傳之緒。」宋・朱熹：《四書章句集註》（臺北：鵝湖出版社，1984 年），頁 14-15。

省，此乃評論之。依此進到第二節。

二、對於西山「人、物均有一心」的反對

　　在《讀孟子大全說》中，朱子後學真西山，[6]對於孟子此章有
所詮釋，其言：「而孟子以為幾希者，蓋人、物均有一心，然人能
存而物不能存，所不同者惟此而已，人類之中有凡民者亦有是心而
不能存，無異於禽獸矣，惟君子能存之，所以異於物也。」[7]西山
乃朱子後學，宗於朱子，故吾人以朱子的理論詮釋其見解，西山認
為，人、物所不同之幾希處，乃就人能存此心，而物不能存此心；
然於朱子學問中，心不是重點而在於性。[8]故人與動物都有心，此
心之中都有性，乃是因為「理一分殊」所造成。天理如同月印萬川
般的，印在人、物身上，人有此性，物亦有，而以心統之，故曰
「心統性情」。故就人、物而言都有一心，此心中之性，人能存
之，物不能存之，故存有論上二者皆是天生本有，但物之氣稟、心
亦不靈，故物不能存此心、存此性，故性善則人能之，而物只能表

6　西山真氏，真德秀，真景元，建安人。朱子後學，朱子的再傳弟子。明·
　　胡廣編：《四書大全》（臺北：臺灣商務印書館，1983-1986 年影印文淵
　　閣《四庫全書》第 205 冊），頁 7。

7　明·胡廣編：《四書大全》，頁 707。

8　「艮齋之『心本性』、『性師心弟』之法門，是實對抗於當時主心論派而
　　創之，此可以謂主性論，而以心性一致，為修養之極致。」李丙燾：《韓
　　國儒學史略》（漢城：亞細亞文化社，1986 年），頁 318。韓儒田艮齋發
　　揮朱子學的精神，認為程朱學的重點在性，而不是心，故性為師，心是弟
　　子。此是很合於朱子的。

現一點蜂蟻之義、慈烏之孝，可謂不存；本來於存有論上，可與人同，但因著氣稟之濁，而不能表現，故與人異，而凡民亦不能存，於是同於禽獸矣。西山的這種講法，合於朱子學，第一，合於朱子的心本具理的意思，[9] 所以其詮釋「人、物均有一心」，指的是人、物都同受有心中之性理；第二，西山認為人能存、物不能存，乃是程子的「人能推，物不能推」[10] 的另一種說法，這都是程朱的體系，是否為孟子的本意，船山質疑之。

　　船山讀了此言，再與自己心中的義理相比配，認定不妥，於此展開了批評與說明，其言：

> 西山云：「人物均有一心，人能存，物不能存。」此語鹵莽，害道不小。自古聖賢，吃緊在此處分別。孟子明白決斷說一個「異」字，西山卻將一「均」字換了。「犬之性猶牛之性，牛之性猶人之性」，告子猶能知其不然，而西山卻滅裂此心，教同牛犬蛇蠍去，悲哉！[11]

9　朱子言：「心者，人之神明，所以具眾理而應萬事者也。性則心之所具之理。」宋·朱熹：《四書章句集註》，頁 349。這裡清楚地看出朱子言心是本具有「性」的。

10　「『萬物皆備於我』，不獨人爾，物皆然。都自這裡出去，只是物不能推，人則能之，雖能推之，幾時添得一分？不能推之，幾時減得一分？百理俱在，平鋪放著。」宋·程顥、程頤：《二程集》第 1 冊（臺北：漢京文化事業有限公司，1983 年），頁 34。

11　清·王夫之：《船山全書》第 6 冊，頁 1021。

船山因著兩端一致、性日生日成、重氣等等義理，不全同於朱子的理氣論，故與朱子學兩相比較，便有差異，於此船山批評西山的話，等於是反對朱子的見解。西山的話，船山有哪些不能苟同的呢？首先西山的「人、物均有一心」，船山不同意，因為船山認為人心不同於物心，人之氣亦不同於物之氣，物之心只是昏昧之心，縱有精明處，只是精於計較吃喝，故不同於人心；人心乃統性情之心，此心中有善性，故心本亦善，本是惻隱等善心，只因有性善，故心本亦善。[12]而動物之心，因著氣不同，而性亦不同，故不是性善。[13]因為孟子言性善是就人性善，而不言犬性善。[14]故可見以船山的義理衡定之，則人、物均有一心，這種講法就是錯的，船山認為人的心與物的心還是不同，故就此而言，不可言「均」，人心是虛靈明覺，物心是昏昧，縱有精明，亦是甘食悅色之精明，還不是

---

12 船山言心本是性善之心，陳祺助先生稱之為實理心，可參見陳祺助：〈論王船山「實理心」的涵義及其心性論與工夫論的關係〉，《鵝湖學誌》47期（2011 年 12 月），頁 223-230。

13 船山認為人性不同於物性，故人心也不同於物心，與朱子的人、物之性本同於天理的講法不同，船山言：「人有其氣，斯有其性；犬牛既有其氣，亦有其性。人之凝氣也善，故其成性也善；犬牛之凝氣也不善，故其成性也不善。」清·王夫之：《船山全書》第 6 冊，頁 1054。又可參見唐君毅：「故船山之言性，特重人物之性之差別，而嚴辨人禽之異。」唐君毅：《中國哲學原論·原教篇》（臺北：臺灣學生書局，2004 年），頁516。

14 以戴震的講法是：「孟子不曰性無有不善，而曰人無有不善，性者，飛潛動植之通名，性善者，論人之性也。」清·戴震：《戴震集》（上海：上海古籍出版社，1980 年），頁 302。孟子性善說只就人談。

能覺性善之精明，因為動物之心並沒有善性之性理可明覺之。故人心與物心不同，其中所含的人性、物性亦不同。

　　除此之外，西山云「人能存，物不能存」，[15]這意思船山亦不能同意，理由是，存養乃工夫之謂也，人可以做工夫以復本體，不見動物有工夫之努力義，動物只是順性。[16]故動物無所謂存，亦無所謂不存。依以上這些認定，船山認為西山之語，大為害道。因為孟子談人禽之辨，而到了西山，卻不談其異，而就其同上發言。若就同上、均上發言，豈不是回到告子之說了嗎？告子視生之謂性，乃就存在者能活動而言，都有性，都同謂之性，此類於西山的「均」字，船山認為，若如此豈不是回到告子了嗎？告子為孟子所詰，而啞口無言，亦是說告子知其錯，不敢再辯，然到了西山，也是當時代的告子復活，西山甚至是比告子而有過之而無不及。若如此，牛性同於人性，牛性同於犬性嗎？[17]以孟子的文脈，應是三種

15　「『萬物皆備於我』，不獨人爾，物皆然。都自這裏出去，只是物不能推，人則能推之。」宋·程顥、程頤：《二程集》第 1 冊，頁 34。西山的人能存，其實是同於程子的人能推的意思。

16　「至程子所云馬率馬性，牛率牛性者，其言性為已賤。彼不可云非性，而已殊言之為馬之性、牛之性矣，可謂命於天者有同原，而可謂性於己者無異理乎？程子於是顯用告子『生之謂性』之說，而知覺運動為性，以馬牛皆為有道。」清·王夫之：《船山全書》第 6 冊，頁 456。船山認為《中庸》天命之性只是談人性，若是談人、物共有之性，牛馬自是順性，道之豈不明？故可見船山認為牛馬只是順性，不談存或不存的工夫問題。

17　孔子認為「至於犬馬皆能有養，不敬何以別乎？」《論語·為政》又孔子言：「『傷人乎？』不問馬。」孔子談人禽之別，孟子講人禽之辨，人性不同於犬性，而到了西山講人禽之同，船山不能接受。

性都不同。[18]然西山依著朱子的「理一分殊」之說，就其本然之性在心而言，萬物同一性理，都是同一天理落於萬物身上。船山認為這種講法，是陽儒陰釋，不敢恭維。船山續云：

> 心便是統性情底，人之性善，全在此心凝之。只庶民便去，禽獸卻不會去。禽獸只一向蒙蒙昧昧。其或有精明處，則甘食悅色而已，此心存之，又將何用！朱子云「今人自謂能存，只是存其與禽獸同者」，此語如迅雷驚蟄，除朱子外，無人解如此道。必知其異，而後可與言存。若云與禽獸均有之心，但存得即好，其不致「率獸食人，人將相食」者幾何哉！[19]

船山認為「心統性情」，此同於朱子學的架構，而朱子學又是從張載的《性理拾遺》辭語借用，用以陳述自己的架構。雖然船山的「心統性情」概念從朱子而來，但內容卻不全同於朱子。船山認為人有心，物也可曰有心，人心之凝處，即性善是也，人性為善，犬牛之性不為善。故就人心與物心相比而言，人心是虛靈明覺，可知性善之理，而犬牛之心昏昧，縱有精明，亦是為了吃喝，不是以德性、性理為其優先，其性理亦不是人性善之理。心既不同，性亦不同，犬性不同於人性；除此之外，工夫也不同；精確言之，人能有

---

18 「然則犬之性猶牛之性，牛之性猶人之性歟？」《孟子・告子上》。這意思其實是認為犬性不同於牛性，牛性不同於人性，三性都不同。

19 清・王夫之：《船山全書》第 6 冊，頁 1022。

存之的工夫，動物則無，[20]既無存，也無所謂去之。牛既成事實者為牛性，牛難以去其牛性，無所謂的存牛性或去牛性。故船山認為動物不言存養，縱使擬人化觀之，其真能存心，所存動物之心，與人心亦不同，因為其心之所之者，總是甘食悅色，不全同於人。故在此船山引朱子之語，以引證來批評西山，然並非說船山完全能同意朱子，而是引次要敵人以反對主要敵人，在此段不批評朱子，後文則有批評朱子。朱子之說認為，庶民自認能存，「存其與獸同者」，[21]庶民之所以同於禽獸者，乃因為無法分別人禽之異，異於何處，既不知其異，故其所存者，還是同於禽獸。故根源上而言，首要工作，便是要分別出人禽之異於何，若同於西山，說人禽之同，此乃錯誤之根源，永遠分不清何為人禽之辨。

　　船山認為人再如何的存，總是人這一類的存，總不會存成禽獸之類，亦是說人與動物於存有論上有本質的不同，庶民是近於禽獸，而不是指庶民是禽獸。孟子的原文是「庶民去之」，而船山的解釋，庶民總是去之，而縱有存者，亦不從人禽之異上存。庶民若不能先分別出人禽之異於何處，如西山的渾淪一般，則該存些什麼亦不知，縱有存，所存者，率獸食人之心也。

20　因為能做工夫者，則為修道之教，而船山認為動物不可言修道之教。

21　在此船山有句話，與朱子的見解相似，其認為庶民所存者，常與禽獸接近。「學者但取十姓百家之言行而勘之，其異於禽獸者，百不得一也。營營終日，生與死俱者何事？一人倡之，千百人和之，若將不及者何心？芳春晝永，燕飛鶯語，見為佳麗。清秋之夕，猿啼蛩吟，見為孤清。乃其所以然者，求食、求匹偶、求安居，不則相鬪已耳；不則畏死而震攝已耳。」清·王夫之：《俟解》（北京：中華書局，2009 年），頁 80。

　　朱子之所以會認為「今人」存錯了，乃因為認為庶民之重者，乃「口之於味也，目之於色也」，而動物之重視者，亦是甘食悅色，故人還是動物其中的一類，故其亦有動物性，若不能分辨人、物之異，而只在同上言，則食色之性，人是同於動物的。[22]但船山在此雖然贊同朱子，但真正的義理與朱子不全同，其認為縱使人亦有動物性，亦會好食、好色等，但與禽獸之甘食悅色相比，亦不全同，船山等於是先把人禽之異說出，如此之存才有意義。船山等於是先拉朱子以反對西山，然後再談朱子的人禽之區分，亦不全對，以下便是如此，船山認為：

> 若論異，則甘食、悅色處亦全不同；若論其異僅幾希，則仁義之異亦復無幾。虎狼之父子亦似仁，蜂蟻之君臣亦近義也。隨處須立個界限，壁立萬仞，方是「君子存之」。若庶民，便愛親敬君，也只似虎狼蜂蟻來，趁一點靈光做去也。苟知其所以異，則甘食、悅色之中井井分別處，即至仁大義之所在，不可概謂甘食、悅色便與禽獸同也。[23]

船山認為若論異，則人的甘食處亦不全同於禽獸。理由是，若如朱子所說，甘食處人與物同，則仁義之處，人與物也相似。其實船山

22　朱子言：「蓋徒知知覺運動之蠢然者，人與物同；而不知仁義禮智之粹然者，人與物異也。」宋·朱熹：《四書章句集註》，頁 326。朱子認為人的食色同於動物，而船山認為人的食色其實不全同於動物。

23　清·王夫之：《船山全書》第 6 冊，頁 1025。

在此是不完全贊同朱子的見解，朱子以食色則為禽獸，以仁義則為
人，然船山認定，君子也要食色，豈成為禽獸了呢？又禽獸也有
蜂蟻之義等，因此而禽獸則為人了嗎？故朱子的分界亦不清楚，
亦不正確。因為人會做德性之事，虎狼也有仁，蜂蟻也有義，則人
與物將永遠分不清楚了。船山的見解不同於朱子，朱子之認定甘食
悅色處，人與禽獸同也；而於仁義之表現，人與禽獸異。[24]此船山
所不同意，船山認為人的甘食與物之甘食亦不同；[25]因為若說人、
物之食色處同，則仁義處亦同，則不該如朱子所言，「食色同，仁
義異」。因為虎狼之父子亦似仁，蜂蟻之君臣亦近義也。若依此，
則人與禽獸之異處，將找不到，因為若以人的吃喝近於動物的標準
檢視，則人的仁義之表現，動物也總是有，如此則找不到人禽之辨
處。船山對於朱子的二元截斷的理氣區分，不以為然。船山認為就
食色上而言，人與物亦有幾希之異；就仁義上之表現亦是如此。故
船山認為於此要立個界限，所謂「壁立萬仞，止爭一線」，然此
「止爭一線」是什麼，在此並未明言，船山於《俟解》處有言：
「明倫察物，居仁由義，四者禽獸之所不得與。壁立萬仞，止爭一

24　朱子言：「飢食渴飲之類是人與禽獸同者，有親有義之倫，此乃與禽獸異
　　者。」明·胡廣編：《四書大全》，頁 707。於朱子學中，就仁義而言，
　　人與物同，但氣稟之清濁，能表現與否，則人與禽獸異。
25　船山言：「人之自身而心，自內而外，自體而用，自甘食悅色，人甘芻
　　豢，牛甘芻豢；毛嬙、西施，魚見之深藏，鳥見之高飛。即食色亦自迴
　　異。以至於五達道、三達德之用，那一件不異於禽獸，而何但於心？」
　　清·王夫之：《船山全書》第 6 冊，頁 1023。船山認為人的身心以至於
　　仁義等與禽獸都不大相同，舉例莊子〈齊物論〉之語，人的甘食與牛亦不
　　同。

線，可弗懼哉。」[26]此四者，便是「君子存之的樣子」，故其認為孟子於原文處，言「舜明於庶物，察於人倫，由仁義行」，[27]便是君子存之的樣子。君子其與禽獸之異處，於食色、於仁義，都是君子的樣子，此禽獸所做不到。而庶民不存，雖不同於禽獸，卻像禽獸之樣，而不是君子之樣，縱庶民有愛親敬君，也似個狼、蜂之愛敬也，因不存之，則不像君子，雖庶民不是禽獸，但總不就君子存之之處、人禽之辨處立界限，以致於與禽獸相似。故從此段可以看出，船山認為人禽之異處要先講清楚，不是如朱子之認定，於仁義，人與物異；於食色，人與物同，此一刀兩段的截然劃分是不對的。船山之重氣，不反對食色之欲求等，面對朱子的講法，不贊成，其認為人、物之異處，就食色固不全同，就仁義處，亦不全同，此乃孟子的幾希之說。此幾希者，乃四者，所謂明倫、察物、居仁、由義。這四者與朱子以仁義禮智談人禽之辨亦不同，因為船山是就人文化成處論人禽之辨，朱子以心性論論之。

再回到船山的「心便是統情」一段，船山認為必先了解孟子所謂的異於禽獸者幾希的異，指的是什麼，才能存，若不知，或辨別錯了，亦將存錯了。如朱子所言「同者是食色，異者是仁義」，船山認為這種人禽之辨有誤，將導致人存錯。又若如西山所言，「人、物均有一心」，人能存，物不能存，則存此均有之心，人同於物，存了一個物心，其若存的好，人成了動物，而動物者，如孟

26　清·王夫之：《船山全書》第 12 冊，頁 478-479。

27　宋·朱熹：《四書章句集註》，頁 294。

子所言率獸食人，人將相食。[28]故船山認為，存了一個率獸食人之心，又有何益呢？故可見，船山對於西山的「人、物均有一心」，而「存者，存此心」的講法不敢苟同。

　　船山認為西山之以有如此之誤，乃在於受了佛學的影響，其言：

> 鯨魚警夜，鵝鳴夜半，雞鳴將旦，布穀知春，鶗鴂知寒，蟋蟀吟秋，明駝測水，靈巖三喚主人翁，只是此物，此則與禽獸均有之心也。孟、朱兩夫子力爭人以異禽，西山死向釋氏腳跟討個存去，以求佛性於狗子。考亭沒而聖學充塞，西山且然，況其他乎！[29]

西山的認定是，人、物之辨是在能存、不能存上言，至於人、物之心，是本同。此船山認為受了佛學影響。船山認為若如西山所言，人心同於物心，而物性又不能有善性（依船山），則人心之同物心者，所同者何心？人同於物之昭靈之心，此乃釋氏所本之心，此是心而不是性；若只有偏孤此心，則此昭靈之心不保證人性之善，故船山認為這種心如同三喚主人之心，[30]或說此只是動物之心，如動

28　西山的本意當該不是船山所批評的那種意思，其意思當該是，人、物都有心，都有性，然人能存此心中之性善，故為人；動物不能存此心性，氣稟亦不能顯此心性，故為物。船山對於西山的理解稍有偏差，但是船山認為西山主張的人、物均同有一心性，是不能贊同的；以船山而言，在存有上，人、物早已不同。

29　清・王夫之：《船山全書》第 6 冊，頁 1022。

30　無門慧開：「瑞巖彥和尚，每日自喚主人公，復自應諾。乃云，惺惺著，

物界中，布穀鳥知春、明駝有能力測水之心，都是對甘食悅色的預測能力，難道孟子所言仁義之心指的是如此嗎？船山認為必不是，當然船山也不是如朱子所言人、物之異在於仁義禮智之表現上。船山對西山的質疑是，孟子言人禽之異，為何到了西山，反成了人禽之同呢？當然西山亦不只是談人禽之同，其認為異處乃在於人能存、物不能存。此船山所檢討，動物豈有存、不存之工夫呢？故船山做了一個認定，認為西山之說，是為佛學影響下所做的詮釋，不是孟子本義。西山乃因為佛氏的眾生平等、狗子有佛性之說之影響所致。佛教之眾生平等，六道輪迴，人可以成動物，動物可能成佛，故因著三世輪迴的架構下，眾生平等，狗子有佛性，一闡提亦有佛性。然而這種思想卻不可用以詮釋孟子，孟子視人禽是有別的，不可說狗子有良知善性。狗只有狗性，犬性又不同於人性，此孟子不能同意告子生之謂性之說。然而以佛學充塞於聖學之中，用佛學詮釋儒家，此船山力爭者此也。

三、對於尹和靖之批評

朱子於《孟子章句集註》處，引了尹和靖之說，用以詮釋孟子此章，尹和靖言：「存之者，君子也；存者，聖人也。君子所存，

諾。他時異日，莫受人瞞，諾諾。」宋·無門慧開撰：《禪宗無門關·十二嚴喚主人》，T.2005, vol.48, p.294b。船山認為此心無性善，因為佛學以空為性。

存天理也。由仁義行，存者能之。」[31]從表面文字上看，和靖所言、朱子所引都看似無大問題，然船山辨之精微，其言：

> 其曰「幾希」者，則謂其相去之際，出乎此則入乎彼，其界限不遠。乃所以異者既不遠，則凡終身所為，終食所念，有幾希之不能異者，即以無別於禽獸。故「幾希」者嚴詞，亦大詞也。（一指萬重山。）而非有一物焉，孤孤另另，亭亭特特，為人之獨得可執而存之，為君子之所奉持，而彼庶民者取此一寶命而擲棄之也。[32]

船山認為幾希者乃就「人有文化、動物則無」來談；而和靖是就工夫上言，工夫與本體是相對的，工夫是復本體的，則和靖近於朱子的心性論式的人禽之辨，故船山不同意。船山認為，孟子的「人之異於禽獸幾希」，其中的幾希義，乃是指出乎此，則入乎彼。出於人之所為，則入於禽獸，人之所為者，如孔子的「作《春秋》，天道備，人事浹，定王道之權衡而亂臣賊子自懼。」[33]此自別於禽獸，然若做成了亂臣賊子，自入於禽獸，人還是人，但接近於禽獸。故人本異於禽獸，亦能別於禽獸，然人道之不存，則入於禽獸不遠。[34]然此王道之權衡卻不只是如朱子的心性論所能包括，而是

31　宋·朱熹：《四書章句集註》，頁 294。

32　清·王夫之：《船山全書》第 6 冊，頁 1023。

33　清·王夫之：《船山全書》第 6 冊，頁 1022。

34　孟子言：「夜氣不足以存，則其違禽獸不遠矣。人見其禽獸也，而以為未嘗有才焉者，是豈人之情也哉？」《孟子·告子上》。

內聖、外王之相加，都是人別於禽獸之處。故船山認為幾希者，既嚴詞，亦大詞。嚴詞者，嚴分人禽之際，要人能像個人的樣子，而別於禽獸；大詞者，重要之詞，此處之微，存養一失，一旦表現出來，將一指之差，而成萬重之遠。然此希幾者，卻非別有一物，此乃人文化成之精神（人性之善只是文化之一環），人性之善也外延到人道上，而成就人文化成之道；人性乃理氣之合，故就理上而言不同於物處幾希，就氣上而言不同於物亦幾希，但此理與氣合之性，不可視之為別有一物，[35]甚至只說人性別於物性亦不夠，因為從人性之不同於物性所開出的人文亦非動物所能。如今尹和靖再區別舜與君子，舜是已存，而君子是正在做存之工夫者。存之若視之為工夫，則此「之」字為代名詞，視其存之者為一物，視其幾希者為一物。然性與文化不是一物。「存之」在船山而言，不是工夫，「之」做為代名詞也不是一物，船山認為：

> 君子之存，亦非必有物焉為其所據，但綱紀不紊，終遠禽獸而謂之存耳。「存之」，在成德上見天理、民彝，人官、物曲，節節分明。既不使此身此心墜於利欲之中，與麀之淫、虎之暴、狼之貪等，亦必不使此心孤據一空洞昭靈，以握固而守之，與鶴之警、鸚鵡之慧、眠牛飽豕之漠然無求同。乃

35　「告子說『性猶杞柳』，『猶湍水』，只說個『猶』字便差。人之有性，卻將一物比似不得，他生要捉摸推測，說教似此似彼，總緣他不曾見得性是個甚麼；若能知性，則更無可比擬者。」清·王夫之：《船山全書》第6冊，頁1051。

> 以使吾人居天地之間，疆界分明，參天地而盡其才，天下萬
> 世乃以推其德成之效，而曰人之道於是而存也。36

船山認為君子存之的存，不是指工夫，也因為尹和靖以「已存」與
「存之」分就舜與君子而言，舜是已做完工夫，而君子是正在做存
之工夫者。此類於《中庸》之說，《中庸》以「誠」為天道，以
「誠之」者為人道，故以人法天，依此，尹和靖以「存之」比配
《中庸》的「誠之」，人做「存之」與「誠之」的工夫。37此為船
山所反對，因為船山認為孟子言「君子存之」並非在講工夫。船山
詮釋君子之存，不是據一物焉而為儲存的樣貌；而是綱紀不紊，人
於人道上，不於獸道上，則為存，則能遠於禽獸。亦是說存之是就
人於德性上表現出天理，於人能官天地宰萬物上表現其應盡之職，
能居仁由義而行，而不是只同於動物之心的貪婪，如禽獸之甘食悅
色之計較；更不是如釋氏的空守其昭靈之心以固守之，而人同於禽
獸之甘食悅色，如此便是存之，存之既不是工夫，也不是把定一
物，執之以為據守之物。38

36　清・王夫之：《船山全書》第 6 冊，頁 1023。

37　船山言：「和靖說『舜是存，君子便是存之』，把定『存之』作工夫。」
　　清・王夫之：《船山全書》第 6 冊，頁 1024。

38　「把定『存之』作工夫，則硬執『幾希』為一物事，而為君子者戰兢惕
　　厲，掔定者（道）些子不教放下。」清・王夫之：《船山全書》第 6 冊，
　　頁 1024。然吾人認為船山所認定者，存之不是工夫，用此批評和靖，此
　　可說的通。然說和靖的存之，是把定一個物事，則似有稻草人謬誤，理由
　　是和靖只說「存之」兩字，並未說存什麼，也並未說存個物事。

故可見船山的「存之」之詮釋，只是就人禽之疆界分明，人禽之辨能辨明，參天地而盡其人能而言，能不與物同，即是人道上的存，人道之存，既非工夫義，也不是存一物，只是就人本與禽獸就有不同處存著不放失便可。故船山言：「人之自身而心，……以至於五達道、三達德之用，那一件不異於禽獸，而何但於心？件件異，件件所異者幾希。異便是存，不存異便是去。」[39]船山認為人與禽獸很多都不同，然船山這種講法是孟子的意思嗎？孟子認為人與動物相去幾希，而船山的意思是，人從身到心，都與禽獸不同，然不同之處都是一些些而已，若如此解，則可不違孟子。異便是存，也就是說在船山而言，人禽於存有論上便有不同，保此不同便是異、便是存，而朱子體系認為人禽有其同處，在於表現上不同，工夫則是讓人能表現此仁義禮智。故船山批和靖之說，歸結而言，還是船山與朱子的人禽之辨不同。故以船山認為，人與物異乃是在於存有論上本不同，在此存與不存，不需用工夫論來解，只是存便能異，不存便是「庶民去其可異」者。故可見船山在此不以工夫論詮釋之，乃是反對尹和靖的見解。

而和靖之誤到底有哪些呢？船山認為，一，和靖視存之是工夫義。二，和靖把「存之」的「之」字，視為一個對象，就第二點，船山有意見，船山言：

> 乃不知聖賢全不恁地用功，仁義且不把作一物擎著來用，故曰「非行仁義」。在舜固然，禹、文、孔子亦無不然，湯、武、

39　清·王夫之：《船山全書》第 6 冊，頁 1023。

周公亦無不然。且如武王「不泄邇，不忘遠」，自是道理周
匝，流通不竭，豈掌定遠邇作降伏其心之具而持之也乎？故
「君子之澤」一章但言道統，不言心法。聖人、君子到此初
無二致，只件件與立人綱，修人紀，更無安、勉之分。和靖
強與分析，以犯異端之壘，朱子未與折衷，亦疏矣。[40]

前文吾人曾言，船山把「人之異於禽獸章」與「禹惡旨酒章」兩章
合釋，與朱子的《孟子章句集註》分章不同，然縱是兩章，前後有
其相似之脈絡亦可，亦可謂以孟解孟。故船山認為人與禽獸之異
處，孟子舉了六個聖賢的例子，如舜之明庶物，禹之惡旨酒等，便
是把人與物異之處表現出來；若不察人倫，則與動物無異，若好旨
酒，只會吃喝，酒後發狂，則近於禽獸。船山認為孟子舉這些例子
用以把人禽不同處的樣子表現出來。而聖賢之所以能如此，也不是
因著工夫的修養，或是從困知修養到生知等等。船山認為是在談道
統，不是心法。船山認為孟子言「存之」，此「之」字不是代表一
物，雖然孟子談舜「由仁義行」，此仁義亦不可視為一物，若視為
一物，以仁義為一物，把捉到一事，則為「義襲」了，為「行仁
義」了，非「由仁義行」，船山認為尹和靖之所以如此，乃受了佛
學影響所致，《金剛經》言「降伏其心」，[41]故和靖因此把存之，

---

40 清・王夫之：《船山全書》第 6 冊，頁 1024。
41 「而白佛言：『希有！世尊。如來善護念諸菩薩，善付囑諸菩薩。世尊！
善男子、善女人，發阿耨多羅三藐三菩提心，應云何住？云何降伏其
心？』佛言：『善哉，善哉！須菩提！如汝所說：『如來善護念諸菩薩，
善付囑諸菩薩。』汝今諦聽，當為汝說。善男子、善女人，發阿耨多羅三

亦視之為存此一心，才能降伏其心，要存此一心，則要發菩提心以做六波羅蜜工夫，因此把存之亦視為工夫，而「存之」的「之」字，視之為一物事，如仁義之事。[42]船山舉武王的「不泄邇，不忘遠」，認為只是懂一個道理，則近悅遠來，豈是有一事稱為泄邇或忘遠呢？依此，船山又把孟子此章的詮釋，往後引三章以證之，其中的「君子之澤章」[43]來詮釋此章，船山認為孟子在此是言道統如何承繼，人道如何能不廢的問題，不是在談工夫如何修養而能人異於禽，存之不是存一個類於佛教的心法，也不是有什麼秘密藏可言。故他認為，聖人、君子到此初無二致，[44]不像和靖之說，聖人已存，君子正在存。船山認為此是就存有論上，人與禽獸本有不同處，而人願意存之以表現，則人道昌；不存，則人道廢，而類於禽獸之道。故只是立人倫之綱維、人文化成之價值，而不是聖人、君子，生知、困知等之區別。[45]此乃和靖因著異學而來所做的詮釋，不是孟子的本意。

薿三菩提心，應如是住，如是降伏其心。』」《金剛經·善現啟請分第二》。

42　孟子認為由仁義行，而不是行仁義，仁義亦不是一物。

43　「君子之澤，五世而斬；小人之澤，五世而斬。予未得為孔子徒也，予私淑諸人也。」《孟子·離婁下》。

44　船山的意思，乃孟子之言，君子存之，與舜由仁義行，是一致的，把人禽之別處顯示出來，而不是如和靖之認為，君子與舜之聖人尚有別。

45　船山言：「《大易》、《論語》說堯、舜，說聖人，一皆有實，不作自然之詞。謂聖人無修為而自聖，乃漢儒誇誕之論爾。」清·王夫之：《船山全書》第 6 冊，頁 1143。在船山而言，無論是聖人或是君子都要修為，不是如同尹和靖的聖人已存而不必修為或是君子正在存之說法。

在此，吾人對於和靖之說做個反省，和靖只說了：「存之者，君子也；存者，聖人也。」船山視其「已存」與「正在存」，分為本體、工夫，這對於和靖的理解是對的，即船山批評和靖以工夫義釋此章，這種理解，正是和靖的意思，如同「誠者」與「誠之者」之分別。但是和靖並未明說存之是存一個仁義對象，或是把捉一個菩提心等等，故說和靖「硬執幾希為一物事」，[46]此可商量，和靖並未有此意思。即對於和靖以工夫論釋此章是可批評的，但說他是佛老的工夫則未必。

四、破朱子的「人禽之辨」以立己說

朱子認為羔羊有跪乳之孝，動物亦能表現仁義，然這是朱子對動物的觀察，不是孟子的觀察，孟子並未言及羔羊跪乳、虎狼之愛等事，[47]於此可見朱子的人禽之辨是在自己體系下完成，不見得能合於孟子。又，前文吾人談到，船山於此章，反對西山的人、物均有一心的見解，反對和靖以工夫義釋此章，也反對朱子以食色與仁義二分的解法，以「飢食渴飲之類是人與禽獸同者，有親有義之倫，此乃與禽獸異者。」[48]朱子的人禽之辨模擬兩可，就理而言，人與物同，因為都來自於天理之分殊；也可說就理而言，人與物

46　清·王夫之：《船山全書》第 6 冊，頁 1024。

47　船山言：「或且執虎狼之愛、蜂蟻之敬為仁義，而務守其冥合之天明。則正朱子所謂存禽獸之所同者，其害豈小哉！」清·王夫之：《船山全書》第 6 冊，頁 1026。

48　明·胡廣編：《四書大全》，頁 707。

異，因為此理落在不同的氣稟上表現不同。朱子亦可說就氣而言，
人與物同，因為都有蠢然的動物性，也可說就氣而言，人、物不
同，因為氣稟的清濁程度是不同的。那麼朱子認為的人禽之別到底
是什麼呢？乃是人能推，物不能。此是就仁義禮智之表現，人能表
現其整全，動物不能。故以朱子談人禽之異同，同是就吃喝而言，
異是就仁義之表現。其同者，形下是也；其異也，形上是也。船山
反對如此的講法。而船山認為人禽之別處，當該如何詮釋才恰當
呢？船山的兩端一致的系統在此亦起了作用，即反對一刀兩斷的二
元之說，如朱子之所做成的理氣詮釋。

　　船山認為以上諸家的詮釋不正確，如朱子、西山、和靖，那麼
該如何詮釋才是正確，才能把人與禽之差別清楚道出呢？船山言：

> 《集註》說性兼說形，方是徹上徹下、知天知人之語。性之
> 異者，人道也；形之異者，天道也。故曰「形色，天性也，
> 唯聖人然後可以踐形」。《中庸》以至誠為天道，亦是此
> 理。[49]

船山雖然反對朱子的某些詮釋，但並非全反對之，有些地方船山是
可以贊同的，例如，朱子此章之詮釋有言：

> 人物之生，同得天地之理以為性，同得天地之氣以為形；其
> 不同者，獨人於其間得形氣之正，而能有以全其性，為少異

---

[49] 清·王夫之：《船山全書》第 6 冊，頁 1026-1027。

耳。雖曰少異，然人物之所以分，實在於此。眾人不知此而
去之，則名雖為人，而實無以異於禽獸。君子知此而存之，
是以戰兢惕厲，而卒能有以全其所受之理也。[50]

朱子的意思是，人、物之同者，性即理，都受有理一分殊之理，又
其同者，都有氣，此氣做為形體之用，大致而言，形體雖不同，然
都有氣做為形體這是相同的。至於人禽之不同處，人的形氣之正，
氣稟較清，能表現性理，而物之氣稟濁，不易表現性理。此清與濁
之差異不算大，此乃孟子的幾希處，這也是朱子對於孟子「幾希」
的詮釋。

　　然船山在此只是取一些表面看似與自己的義理接近處，以證成
己說，因為船山言「《集註》說性兼說形，方是徹上徹下」，而認
為朱子同於船山，其實其二人的見解還是不同。船山以為，朱子此
段言性時，不離形，故性雖是理，卻不離於氣，故性是理氣合。但
其實朱子的本然之性只是理，不包括氣，一旦說天地之性時，指性
善之天理；一旦說氣質之性時，指性理落於氣稟之中，然真正的性
善之性，在朱子而言，只是理，不包括氣。而船山言性卻是理氣
合，故船山說性，不能離形，方是徹形上形下，貫天人。

　　船山又言，性之異者，人道也。指性善者，日生日成，人可以
掌控，天天擴充不已；而至於形，形色是天性，雖為性，然其實在
天，故天生而為人的形體、物的形體，不可改變，如人的面貌就不
是犬的面貌。依此船山解孟子的「形色天性」之說，其認為形色，

50　宋·朱熹：《四書章句集註》，頁 293-294。

亦是性，故性包括形色，然是天性，屬之於天，而人所不能改，而唯有聖人可以把天性賦予人的形色，表現到至善，即睟面盎背施於四體等，踐形者，才能賤性，性不離形。

之後，船山把人與禽獸之異處說出，除了聖人能踐形外，人之生，與禽獸不同，此存有論處便有不同，人性能日生日成，日進不已，擴充其德性處，亦與禽獸不同，可謂天生處與人成處，與禽獸不同者都有幾希，此船山言：

> 仁義只是性上事，卻未曾到元亨利貞、品物流行中揀出人禽異處。君子守先待後，為天地古今立人極，須隨在體認，乃可以配天而治物，「行仁義」者不足以當之也。孔子作《春秋》，何曾有仁義作影本！只權衡來便是仁義。若論其實，也不過人之異於禽獸者耳。[51]

船山認為「行仁義」不足以用以分別人禽，然「由仁義行」是否可以呢？朱子認為可以，而船山認為亦不足。因為船山此處言仁義之性卻未到天道的人禽異處。亦是說人禽之辨只以仁義分辨是不夠的，還要如同孔子的作《春秋》，然作《春秋》之事，可以用心性論的仁義詮釋之，船山認為不只如此，而是要以人道的立人極詮釋之。

船山談性與命，同於人與天的區分，所謂性者，從天而授於人，落於人，故人可掌控，而日生日成；至於命，則為天生，而人

無所施為。[52] 若能知此，則船山此段的詮釋可以如此釋之，船山認為仁義是性上之事，然仁義可比配立天之陰陽，故仁義也是理氣合，而為性上事，乃指仁義是人道上努力的事。既然是人道上努力的事，而孟子又於此章說舜由仁義行，此仁義是人道上的日生日成之事，卻在天道處省略了人禽之別。船山的意思是，人雖就天性形色而言，生而與禽獸不同，長相不同，本性亦不同，然孟子談此幾希的重點，卻不只從此處切入，此處為天生處，天生要照顧到，人成處也要照顧。孟子的切入處卻從人成之處談，以人合天，即人之與禽獸異者幾希處，乃就人能弘道，人能由仁義行，從性的日生日成，努力不已處來談其差異；依於人道的不同於禽獸，故人有人文化成，人能立人極，於人道處隨處體認，文化的傳承等，此從仁義而發卻不止於仁義，禽獸不能發展出人的文化，立天治極，而與天地參。然若只是行仁義者，乃計較成果之事，非孟子所要取者。至於「由仁義行」所開出的人文化成有哪些呢？船山取孔子的作《春秋》為例，則亂臣賊子懼，要開出人道的正統，何者為王，何者為霸，人道上的是非對錯，都予以評定之，以為天地立心。而且孔子所作成的《春秋》，亦非模倣史官而成，模倣而成者，吾人可稱之為行仁義；而由仁義行者，乃於事上，依心之本有義理以衡定之，衡定為是者，便是仁義；非者，則為不仁不義。船山認為孟子所要舉的人之異於禽獸者，特就此處來發言，而可立人極，建立文化，

52　「聖賢之學，其必盡者性爾；於命，則知之而無所事也。非不事也，欲有事焉而不得也。其曰『天命之謂性』者，推性道之所自出，亦專以有事於性也。」清‧王夫之：《船山全書》第 6 冊，頁 1140。

而不與動物同。

　　至於人之異於禽獸處，乃是人道上的人文化成，然孟子所舉之例，為舜之由仁義行，此仁義二字是否可以賅括人文化成之道呢？船山認為還是不等同，其言：

> 目言「仁義之心」，則以「存之」為工夫，孔子曰「操則存」，孟子曰「存其心」者是也。若人之異於禽獸，則自性而形，自道而器，極乎廣大，盡乎精微，莫非異者，則不可以「仁義」二字括之。故曰「非行仁義」，明夫非守「仁義」二字作把柄，遂可縱橫如意也。特其人紀之修，人極之建，則亦往往依仁義以為用，故曰「繇仁義行」。此自舜至孔子，無不以之盡君子之道者。[53]

船山認為若因著孟子此章後段所言舜「由仁義行」，把捉仁義來區別人禽之辨，其認為還是不對。首先仁義之性，不是一物，不可做為對象把捉，性也不可喻為一物，[54]一旦把捉，則為行仁義，而不是由仁義行。由仁義行所擴充開出的人道之極，亦不止於仁義之本有，仁義之本有要擴充，而擴充後的文化，盛德大業，不是原本復其初的仁義之端而已，文化所包涵者有內聖、有外王。故以仁義區

53　清·王夫之：《船山全書》第 6 冊，頁 1026。

54　「告子說『性猶杞柳』，『猶湍水』，只說個『猶』字便差。人之有性，卻將一物比似不得，他生要捉摸推測，說教似此似彼，總緣他不曾見得性是個甚麼；若能知性，則更無可比擬者。」清·王夫之：《船山全書》第 6 冊，頁 1051。

別人禽，亦是不足的。而船山說以仁義區別人禽者，亦可能是批評朱子，[55]朱子言：「有親有義之倫，此乃與禽獸異者。」[56]

　　船山認為若於「仁義之心」、[57]「惻隱之心」，言存養，則是對的，因為只是心性論，心性論是論工夫以復本體；但若於人禽之辨處，談存之為工夫，則不恰，因為此處不是言工夫。人與禽獸之不同，從性而形，從道而器，都有不同，若如朱子的以仁義分別其兩者之不同是不足的，船山認為真正不同處，乃在於人能弘道處，此乃人文化成之道。[58]孟子言由仁義行的意思，是從仁義擴充而為文化，以仁義為體而開出化成之用。

　　就此而言，船山認為：

55　朱子與象山都以心性論談人禽之辨，而船山以文化論，論人禽之辨，象山有言：「人之所以異於禽獸幾希，庶民去之，君子存之，去之者，去此心也，此之謂失其本心。」宋・陸九淵：《陸九淵集》（北京：中華書局，2010 年），頁 149。

56　明・胡廣編：《四書大全》，頁 707。

57　以《孟子》原文為綱，朱子的詮釋為目，目言：「則仁義已根於心，而所行皆從此出。」宋・朱熹：《四書章句集註》，頁 294。船山認為此處為心性論，心性論者則為工夫復本體，則以存之為工夫則可，但孟子此章不是談心性論，故存之亦不是談工夫；船山認為此章是談人文化成，此人之獨能，而禽獸不能。

58　例如於《論語》，「禮之用，和為貴章」，朱子亦以心性論解之，船山認為此是談文化，談制禮作樂，而不是心性。船山言：「大抵有子在制作上立言，故曰『用』，曰『絲』，曰『行』。」清・王夫之：《船山全書》第 6 冊，頁 593。船山《論語》此章的解法與孟子的「人之異於禽獸章」的解法相似，朱子都以心性論解之，船山以文化觀解之。

> 《中庸》說「誠之者，人之道也」，方是徹底顯出誠仁、誠
> 知、誠勇，以行乎親、義、敬、別、信之中，而徹乎食色之
> 內，經緯皆備，中正不忒，方是人之所以異於禽獸。而明倫
> 察物，惡旨酒，好善言，以至於作《春秋》，明王道，皆從
> 此做去。豈孤保其一念之善，而求助於推廣之才哉！[59]

船山引《中庸》之說，以對照他的見解，《中庸》有言，「誠之
者，人之道也」，然船山引此，用以說明人禽之不同處，乃是人之
道乃人文化成之道，人能弘道也，而重點不是把「誠之者」視為工
夫，重點是在「人之道也」，人道本不同於獸道，能保住則為存，
不保則異。人道的內容，乃真實的智仁勇，表現於五倫之處，並以
四端為出發點，表現於食色之中，即人的食色亦不全同於禽獸，甚
至明倫察物，以至於作歷史之褒貶等；人的文化，便是能別於禽獸
之處，人能有王道之保民、愛民等行動，此皆是人道的內容。故人
道的內容廣大，就看人能存或不能存，此能存者，亦不可依於佛教
的義理而陽儒陰釋，以一念之善，而推闊之。此佛教的一念之善，
船山特別解釋之，其言：

> 聖賢吃緊在美中求惡，惡中求美，人欲中擇天理，天理中辨
> 人欲，細細密密，絲分縷悉，與禽獸立個徹始終、盡內外底
> 界址。若概愛敬以為人，斷甘食、悅色以為禽獸，潦草疏
> 闊，便自矜崖岸，則從古無此苟簡徑截之君子。而充其類，

59　清・王夫之：《船山全書》第 6 冊，頁 1025。

⁶⁰抑必不婚不宦，日中一食，樹下一宿而後可矣。⁶¹

船山認為人禽之辨，不是從天理與人欲之二元而分別開，上智亦要
有人心，欲求人也有、物也有，但欲求亦不全同，人、物之辨不該
以愛敬為人、甘食為獸，如此二元區分是草率的。不可認定吃喝之
欲求則為禽獸，故要與禽獸立個界限處，不從天理人欲區分人禽，
而只能從人道上著手，這也是朱子與船山於此章的分別之不同。船
山認為，若視愛敬則為人，虎狼亦愛子，則虎狼為人嗎？故此區分
不恰當；又若以甘食為獸，則人亦有好色、好貨之欲，這種區分，
太過粗糙，不是孟子的原意，若以絕甘食而為君子，而別於禽獸，
則有道貌岸然之人，以不婚不宦，以別於禽獸；日中一食，樹下一
宿，此豈是孟子的人禽之辨的本意呢？船山認為此乃受了佛學影響
下的儒學詮釋。此種義理若為人所發揚，將有觀念之災害，為害不
小，不可不慎。

60　充其類之說，乃船山倣孟子的語法，孟子認為若充其陳仲子之操，則為蚯
　　蚓一類罷了。孟子言：「是尚為能充其類也乎？若仲子者，蚓而後充其操
　　者也。」《孟子·滕文公下》。船山以此意思認為，若「人之所以異」一
　　章，依朱子的詮釋，則君子存之所做成的，大致也不過是如佛教徒的不
　　婚、過午不食等罷了。因為若如朱子所斷定者，甘食悅色為禽獸，而不甘
　　食悅色者，則淪為佛教的少欲。
61　清·王夫之：《船山全書》第 6 冊，頁 1025。

五、結語與反省

　　以上船山對於程朱學者的批評，吾人做結論與檢討。船山把孟子的「人之所以異章」，與「禹惡旨酒章」合釋，但在孟子書中，兩章處有兩個「孟子曰」，視為同一章似不恰當，然船山可以說是用孟子解孟子，這問題不大。又此章之說，船山必是原意嗎？吾人也不敢說必是，理由在於孟子認的「幾希」指的是一點點，而船山認為人道不同於獸道卻是廣大，但船山能有新的見解，以不同於程朱詮釋，是新穎的，而且效力亦不下於朱子。

　　又船山這講法明顯批評朱子學，朱子的人禽之辨的主張到底是如何呢？人禽之間，可說理、氣相同，也可說理、氣相異，真實而言就在人能推，物不能，即是指人可表現仁義之全，動物不能。而船山亦是緊緊把握住朱子的這種講法，以仁義為人，以甘食為獸，認為這種二元區分以談人禽之辨是不恰當的。因為聖人也要甘食，上智亦不可無人心，故船山認為朱子的這種解法太過簡單，而且無法區別人與禽。朱子是以心性論的「人能否表現性理」，談人禽之辨，而船山卻是認為這裡不只是內聖的問題，於外王的文化之處，[62]也是人禽之別處，人能弘道，人能有文化，動物不能。[63]大致而

62　唐君毅言：「故言道德不必包含其道德之表現于客觀社會。而言文化歷史，則必赴就個人之精神，個人之行事之化成乎天下後世以為言。」唐君毅：《中國哲學原論·原教篇》（臺北：臺灣學生書局，1990 年），頁625。唐先生於此正是談船山的文化觀，認為道德可表現於個人，而文化則要推擴於客觀世界。

言，船山所言較朱子廣大，因為文化的面向大於心性面向，船山認為的文化面向，是從心性開出，但有其外王之面向，而不止於心性論。

又，順此人禽之辨，吾人對於錢穆先生的見解，作一討論，錢先生認為船山學乃屬宋明理學，而不是清代之學。[64]然錢先生視船山之學為宋明之學的話語「壁立萬仞，止爭一線」之語，乃出於《俟解》，其原文是：「明倫察物，居仁由義，四者禽獸之所不得與。壁立萬仞，止爭一線，可弗懼哉。」[65]亦是說船山以人禽之辨談此止爭一線，然「人禽之辨章」船山的見解便是反對朱子的看法，[66]為何錢先生又視其為宋學而近於朱子，而與東原絕異呢？

而依著上文的討論，吾人認為，船山此章之詮釋是否是孟子原意，卻不得而知，但可以判定的是，朱子的詮釋受了佛學的影響，卻是明顯的，此為船山所指出，亦是有功。佛學的眾生平等，到了人禽亦為平等，於是朱子認為動物亦能表現一點仁義，這卻是孟子

63　船山言：「而禽狄之微明，小人之夜氣，仁未嘗不存焉；雖其無禮也，故雖有存焉者而不能顯，雖有顯焉者而無所藏。」清·王夫之：《船山全書》第 4 冊（長沙：嶽麓書社，1996 年），頁 9。此乃船山《禮記章句》之語，約為船山的 57 歲作品。船山此處所言的禮，是就文化上的禮樂而言，不只是就心性論的仁義禮智之禮而言。

64　錢穆言：「則一見而知其仍是宋明儒家矩矱也。……曰：『壁立萬仞，止爭一線』，此船山講學與東原之所以絕異。」見錢穆：《中國近三百年學術史》上冊（臺北：臺灣商務印書館，1995 年），頁 126-127。

65　清·王夫之：《船山全書》第 12 冊，頁 478-479。

66　反對宋學（朱子代表宋學），不代表就同於漢學（戴震為代表）；然船山的人性不同於物性的講法，的確是與戴東原同。

從未有的動物觀察，所以船山認為自古聖賢只說異，到了西山（暗
批朱子）以同字換了，講成了人禽之同。在孟子而言，人性不同於
犬性，這是明顯的，到了朱子，人性與犬性本同，因著氣稟的清或
濁而能表現性理的程度，才有異，此非孟子的意思。又朱子的二元
截割，以愛敬為人，甘食為獸，人要異於禽獸，則人要少吃少喝、
不吃不喝而能成人之道，才能異於禽獸，這反而近於釋氏之說。

　　以上吾人從船山對於西山與和靖的批評談起，船山批西山與和
靖，其實最後都是暗指朱子。西山不從人禽之別處談，而談人禽之
均。以能推與否區別人禽，但就本源，同依於「理一」，這是船山
不承認的，因為船山認為人禽之性生而不同，不是如朱子所言，本
同，而於存處表現出異。又船山反對和靖以君子存之視為工夫，船
山認為這不是心性論，而是文化論，故不存在著工夫的問題，只因
為對於人性之別於物性處不明，則此章的詮釋，常常都是有待商榷
的。船山認為這是文化的問題，故能把人之異於禽獸處表現下去就
是存，而不是把存之視為工夫。此乃船山的見解，也指引出人禽之
辨章的另一種詮釋新貌，甚至就理論效力而言，不下於朱子之詮
釋。

第十三章　總　結

　　王船山《讀孟子大全說》的寫作之關切點，乃在於其對於經典詮釋之方式，不以程朱的理學詮釋方式，而改以張載的重氣方式詮釋，其實不只船山釋孟如此，甚至可以說整本《讀四書大全說》都是如此，吾人在此的心力，只限及於孟子部分。船山此書主要是針對程朱學派的《孟子大全》而來。乃因為船山站在氣論的觀點，歸宗於張子的觀點以反對程朱的孟學詮釋。然程朱的詮釋有何缺點，以至於必需修正與批評呢？乃在於船山認為程朱的詮釋雜了很多佛老，以至於把氣貶低，甚至視人性同於物性等等之說。又船山認為二元的割裂容易重理貶氣而貶世間。船山以重世間、重氣化人倫的詮釋方式，重新詮釋孟子，而不要程朱的陽儒陰釋之詮釋，故船山的重氣、重欲等等的見解，例如視欲、[1]情、利、色、貨、霸業、

1　「嗜殺人，自在人欲之外。蓋謂之曰『人欲』，則猶為人之所欲也，如口嗜芻豢，自異於鳥獸之嗜薦草。『愛之欲其生，惡之欲其死』，猶人欲也；若興兵構怨之君，非所惡而亦欲殺之，直是虎狼之欲、蛇蠍之欲。此唯亂世多有之，好戰樂殺以快其凶性，乃天地不祥之氣，不可以人理論。」清·王夫之：《船山全書》第 6 冊（長沙：嶽麓書社，1996年），頁 898。船山的虎狼之欲為貶義，而人欲還算中性；而朱子所去的人欲卻是貶義的人欲。

巧、[2]富貴、[3]小體、耳目感官等類於形而下者，若以一刀兩斷如程

2　孟子談「巧」，共有三處，其中的二個巧字不見得是貶義，「梓匠輪輿能
　　與人規矩，不能使人巧」。又，「金聲玉振章」也談到巧，也不是貶義。
　　也許道家大智若愚才要拙。然孔子批巧言令色是不依於道德的心機；而其
　　相對者為剛毅木訥，而不是拙；木訥是指樸實素位，慎言實行。船山對巧
　　的看法是：「巧亦未即為害，微而至，不勞而成，懸設而必中之謂也。若
　　但巧者，固於恥不相妨。『父為子隱，子為父隱』，若隱得周密圓好，則
　　直亦在其中，正恥心中之條理也。一部《周禮》，細微曲中，皆以道御
　　巧，而即以巧合道。故孟子言『智譬則巧』，『不能與人巧』，亦甚重乎
　　其巧也。但巧為虛位，可善可惡，（知覺運動之良能，而非性。）唯以道
　　御巧，而後其巧為合道。」清·王夫之：《船山全書》第 6 冊，頁
　　1121。在此船山不反對巧，不是要絕巧，而是以道御巧。船山認為之所以
　　後儒會反對巧之說，乃受到老子之「樸」說所造成，其言：「樸之為說，
　　始於老氏，後世習以為美談。樸者，木之已伐而未裁者也。已伐則生理已
　　絕，未裁則不成於用，終乎樸則終乎無用矣。」見清·王夫之：《俟解》
　　（北京：中華書局，2009 年），頁 89。

3　「『富貴身外之物，得之於身心無分毫之益』，此語說得太褊。尋常老、
　　釋之徒勸人，必如此說。富貴，但求之無益耳，豈以其得為無益哉！若盡
　　其道，則貧賤且有益於身心，而況富貴！《易》曰『崇高莫大於富貴』，
　　又曰『聖人之大寶曰位』，『何以聚人曰財』。若須弘斯道於天下，亦不
　　得不以此為用。」清·王夫之：《船山全書》第 6 冊，頁 1116。於此看
　　出船山不反對富貴，只是認為求之無益，但得之卻不是無益。又例如佛學
　　對於「富貴」的看法，如《大智度論》卷 11，〈序品〉：「富貴雖樂，
　　一切無常，五家所共，令人心散，輕泆不定，譬如獼猴不能暫住；人命逝
　　速，疾於電滅，人身無常，眾苦之藪。」龍樹菩薩造，後秦·鳩摩羅什
　　譯：《大智度論》，T.1509, vol.25, p.142b。儒家亦可說「富貴無常」，
　　乃因求之無益，然非得之無益，有富貴才能成就盛德大業；而佛家亦說富
　　貴無常，不只如此，還視之為眾苦之藪，此則與儒家不全相同。

朱的詮釋方式，[4]如尊形上而貶形下之方式，則船山是不能同意的；尊性貶情、只要義而絕利，船山亦認為不可。船山認為這些被視為形下，只需要引導之，而不是滅絕之。若滅絕之，則不是先秦儒學的本意，而是受佛老影響下的詮釋結果而淪為「禁欲主義」，儒家不當是禁欲主義。[5]當然這種反對朱子的見解也不是船山獨有，這是明末清初重氣學者的共同傾向，如顏元不認為「氣質有惡」，若氣質之性有惡，則有責人絕其欲求、氣稟之傾向，船山亦有相同看法。[6]船山之所以如此詮釋之，亦是想要回到先秦古意，

4　雖然朱子學的二元分解後，會視之為不離（如理氣不離，如敬貫動靜），然是「兩物的合一」，不是「一物之兩名」，此黃宗羲已批之。而朱子的二元分解，陽明已反對，而有意合會之，王龍溪亦如此。王龍溪言：「晦翁既分存養省察，故以不睹不聞，為己所不知，獨為人所不知，而以中和分位育，夫既己所不知矣，戒慎恐懼，孰從而知之，既分中和位育矣，天地萬物，孰從而二之，此不待知者而辨也，先師則以不睹不聞為道體，戒慎恐懼為修道之功，不睹不聞即是隱微，即所謂獨，存省一事，中和一道，位育一原，皆非有二也，晦翁隨處分而為二，先師隨處合而為一，此其大較也。」明・王畿：《王龍溪全集》（臺北：華文書局，1970 年），頁 183-184。

5　「無欲」一語出《老子》，而孟子只言「寡欲」；又莊子言「嗜欲深者，天機淺」，天機與嗜欲似不能並存。又老子言：「五色令人目盲」等語，似乎要人絕五色，而佛學也是儘量減少這些對五官的引誘。又如佛學之絕酒、絕色，有日中一食，樹下一宿之說，而儒家不反對「寡人好色」，亦認為「唯酒無度，不及亂」。

6　「程子謂天命之性與氣質之性為二，其所謂氣質之性，才也，非性也。張子以耳目口體之必資物而安者為氣質之性，合於孟子，而別剛柔緩急之殊質者為才，性之為性乃獨立而不為人為所亂。蓋命於天之謂性，成於人之謂才。」見清・王夫之：《船山全書》第 12 冊，頁 129-130。從這一段

而不要受了佛老影響下的程朱之孟學詮釋，[7]而程朱學又是官方推崇的官學，又是讀書人科舉考試的必讀之書，故船山認為影響甚大，不反對之不可。

　　船山指出程朱所受佛老影響下的詮釋，是有功的，然並非因此，船山就等於回到孟子，而為孟子原意，只能說船山的詮釋較程朱接近原意，而船山的詮釋中，的確也有自己的系統於其中，如性日成命日降之說、兩端一致之說。但船山有些地方亦受到程朱影響，如《四書》是否可以互釋，船山與程朱還是接近，船山依程朱而互釋。到了戴震，特就《孟子》發言，雖然其《四書》亦可互釋，但較不明顯。

　　以上所言，可以看出，船山派與程朱派的爭論，船山除了對於

看出船山認為程子言氣質之性有惡，其實談的是才有惡，而氣質之性是耳目口鼻之欲，是性善，不為惡，若有惡，則為滅絕欲求，淪為雜以佛老之說來詮釋儒家。至於顏元的見解，可參見蔡家和：〈顏習齋論氣質之性〉，《東海哲學研究集刊》第 11 期（2006 年 7 月），頁 75-107。又，船山認為：「使不於人欲之與天理同行者，即是以察夫天理，則雖若有理之可為依據（老之重玄，釋之見性。）而總於吾視聽言動之感通而有其貞者，不相交涉。乃斷棄生人之大用，芟薙無餘，日中一食而後不與貨為緣，樹下一宿而後不與色相取，絕天地之大德，蔑聖人之大寶，毀裂典禮，虧替節文，己私熾然，而人道以滅。」清·王夫之：《船山全書》第 6 冊，頁 911-912。船山反對佛老的禁欲說。其實朱子亦不禁欲，只是有一點禁欲的傾向，到了朱子後學，這傾向才明顯。後儒批之為以理殺人。其實朱子面對孟子的寡人好色好貨之說，都視為天理所有，人情所不可無。

7　當然船山的詮釋除了回到古意外，還有自己的體系，如兩端一致、性日生日成、乾坤並建等說法於其中。

程朱學反對外，也對於孟子當該如何詮釋給出正面宣說。相較於朱子的雜佛老之說，船山的詮釋是往原意邁進一步了；但還是有自己的體系，如性日生日成之說、兩端一致、乾坤並建之說。以下吾人把船山所解的孟子各章，其反對朱子學派的觀點為何，一一指出。於第二章，船山反對以氣稟之說以詮釋孟子的「口之於味章」，其認為氣稟的觀點乃是從程子而來，而無與於孟子。朱子說孟子終是不備，不備氣，何以朱子解孟時，又以氣稟，又以情釋之呢？若如此孟子豈有不備呢？於第三章，船山反對朱子的主張，朱子認為告子「認性為氣」而有誤，然船山是氣學，認為真能「認性為氣」則為正解，不是邪說，告子是只懂氣之用而不知氣之體才有誤，船山於此章以氣學之說，反對朱子的理氣二分，氣是即體即用，而不是分解後的形下。第四章，船山反對朱子的氣命無理，理氣二元割截，也反對宿命論之說，船山的重德思想，性日生日成，必反宿命論，此影響人為努力。第五章，船山反對心、性、天依於理，而是理要依天，故站在張子的氣化論以反對理學的主張，氣是第一義，理是第二義。第六章，船山對於心、性、情、才，在自己的體系下，重新定義，不全同於朱子式的定義，性必善，情與才可善可不善，情只就喜怒哀樂而言，與惻隱等無關。第七章主要是反對楊龜山的見解，楊龜山言孟子的正人心，視心是待正的，船山言心本及於性，心本具性善，故心不都待正，若心無性以為本而待正，此乃禪學之說，船山依此批評楊龜山。第八章，對於朱子解孟子「浩然章」的詮釋，不以為然，船山重新以「乾坤並建，知行並進」的講法，重新詮釋此章，朱子認為先知言後養氣，而船山視「知言」與「養氣」並進，交互為功，相因一致。第九章，船山反對朱子後學

慶源的講法，依於慶源，則天理人欲不能並立，此雖批慶源，其實
是朱子後學容易有的流弊，因為朱子尊理貶氣，容易造成此結果。
船山的兩端一致、理欲合一之說，以理導欲則為正，而不是絕欲。
第十章，船山反對朱子的「學以復其初」的講法，其認為這是佛老
的見解，儒家的學習不是復其初，儒家要不斷的擴充，性善只是開
始，只到善人層次，還要擴充而到信人、大人、聖人、神人。第十
一章，船山詮釋萬物皆備章，反對「我備萬物，萬物備我」之說，
此乃朱子的理一分殊的見解，與佛學的「一攝一切，一切攝一」相
同，不是孟子本意。第十二章，船山認為於「人之所以異章」處，
朱子的詮釋，以心性論解此章，又以仁義則為人，食色則為禽獸，
這種二元性的解法，船山認為不妥，因為上智不能無人心，聖人豈
能不吃喝，難道就淪於禽獸了嗎？又羔羊跪乳，豈從禽獸升而為人
呢？於上面各章可見，船山都是針對程朱學派、程朱後學而起，可
見船山要轉理學的講法，而歸於重氣之學。當然若提到心學，如陽
明、象山、陽明後學等，亦會批評，雖然船山更不喜歡心學，然此
書是閱讀《四書大全》而興起念頭，《四書大全》發揚的是程朱
學。故船山此書主要對手還是程朱。

　　又船山於此《讀孟子大全說》中的詮釋，亦有一些概念，吾人
試著解說，也因為孟子的概念是前後一致，故船山做詮釋時，其所
使用的概念亦是一致的。吾人前文所反對者，是在不同的脈絡下，
不同的經書中的概念用法不一定相同。吾人並不反對概念研究，而
是反對只依於字義概念研究，而不貼回原經典詮釋脈絡而孤立研究
者。但在同樣面對孟子的詮釋而言，大致而言，船山是一致的，這
些概念也常順著朱子而起，因為船山學最早是從朱子的架構開始，

然卻不止於朱子學，而為氣學，故其概念有與朱子相似之處，卻也有不同的地方，例如朱子言氣是形下，而船山言氣是形上、形下兼之，船山所認定的太極是陰氣與陽氣之相加，而朱子的陰氣、陽氣之相加，還是形下，而不是太極，這也是不全同於朱子之處。以下吾人一一試著解說船山於此書中所運用的概念之義涵，這些概念都是就船山詮釋此《讀孟子大全說》中所做出的解釋。若能把這些概念，與孟子的原文共同呈現，對船山的研究將會更精準。

　　一、性是理氣合，仁義禮智與聲色臭味乃所謂的天地之性與氣質之性，這意思到了《張子正蒙注》之處又重新強調。又船山認為，性不可為喻為一物，以杞柳、水之就下等喻之都不恰當。又性必善，且是絕對的善，而性與情才必需分開，不可混同，因為情才不必善，縱有善也不是性善之至善。在船山而言，性之善，無論是氣質之性與本然之性都是善。又性善是就人性才善，人性不同於犬牛之性，犬牛之性非善，乃是指犬牛無法像人一樣有具有仁義禮智。

　　二、命是人力施不上者，指限制義，如窮通、禍福等都是，命是「有奪有予」才可稱之為命，要有前後變化者才是。為何要如此定義？船山對於孟子「莫非命也章」及「性也有命焉章」中命的定義，大致是以運命視之（並非意味孟子言命都就運氣講，而是莫非命也的命，及性也有命焉的命是運氣義），為了避免宿命論的講法，故視有奪有予為命，此命也，乃人力所施予不上，人力亦難回天，若如此則能義、命分立，然縱如此，運命之不佳，此命亦是有理。人在不死，運氣前後未變，未有奪予之時，則不曰命。不涉及命，則是人的努力成德之時，活著之時是要人成德，此時不曰命。又船山反對

理命、氣命二分，反對氣命無理之說，此乃理命合一之說。除此之外，船山尚要人立命，能立命則人雖死而不亡。談性日成，命之降，天命日新不已。又言無定命義，反對宿命之說。

　　三、船山對「氣」的見解是有形上性與形下性，氣必有理，理氣合一，可視為兩端一致。船山定義的氣，與朱子視之為形下者不同。氣是有理之氣，氣是天的層次，氣與氣化不同，氣是根源，衍生後才有氣之變化，而為一之一之者，如一陰一陽，此是氣化，氣是天的層次、誠的層次，氣化卻是理與道的層次，氣是合精神與物質於其中。氣不是只是形下的偏孤之氣。船山的氣是有體有用，有理於其中，與朱子的定義不同。氣包涵各種人倫氣化、世間的肯定等等。重氣，則能肯定世間，肯定人文化成。

　　四、「才」者，無善無惡，而可善可惡，不能如性一般的必善。其做出的善者也是相對的善，不像性之善是絕對的善。才是能力、資具義。才無罪亦無功。才不能必善；如氣稟者為才。不善非才之罪，善亦非才之功，才無善無不善。氣之攻取者、昏明強柔得氣之偏者為才。

　　五、「道」是氣化，道等同於理。然道與理若要做區分，乃道者，一定之理也。於理上加「一定」二字方是道，[8]此乃船山面對孟子「天下有道章」的詮釋，無道是勢所造成，然有勢必有理，則為無道而有理，這時道與理不一樣，故船山認為道等同於一定之理，若不是一定之理則不等同於道。朱子的形上之道與形下之器，可以成為理氣論，而船山亦相近，只是船山的理不是首出的地位，

8　　清・王夫之：《船山全書》第 6 冊，頁 992。

理與道不全等同，故船山認為，一定之理為道。相似而不完全相同。道是氣化的層次，是理的層次，低於太虛之氣、天、誠等首出概念。船山的理較多是條理義，朱子則重超越義。若依於唐君毅先生的講法，朱子重視性理，[9]而船山重視事理，[10]故兩者所言理的層次不同，可以皆肯定而互不否認。

　　六、「心」[11]的定義在船山而言，不同於陽明的心即理之說，

9　唐先生言：「宋明理學家中直將性與理連說，謂『性即理也』，乃始於程子，暢發於朱子。」唐君毅：《中國哲學原論・導論篇》（臺北：臺灣學生書局，2004 年），頁 70。

10　唐先生言：「中國由明末至清之思想家，最能了解事理之所以為事理者，莫如王船山。」唐君毅：《中國哲學原論・導論篇》，頁 80。

11　陳祺助先生以實理心形容船山的心義。固然無誤，然其「實理心」的意思卻往本體宇宙論的講法發展。然本體宇宙論是牟先生形容張子、形容五峰蕺山系之話語，五峰蕺山的本體宇宙論，心與理是天道性命通而為一，是與陽明的心即理可通，而為一個圓圈的兩個來往。然船山最反對心學的講法，也反對即心即理。故陳先生的判法是有誤的。誤的原因在於，把船山的義以牟先生的思想判之，此乃張冠李戴，牟先生認為蕺山是宋明的殿軍，故根本不認為船山是屬之宋明儒者，而陳先生卻可以把甲的東西，移到乙的身上，令人不解，此乃不解牟先生，亦不解船山。可參見陳祺助之言，其言：「船山存養本心之理的工夫，在證體以立本方面，可說同於陽明者，但其廣心學文，……則異於陽明。」見陳祺助：〈王船山論存養本心的工夫——心意／性情貫通之道〉《中央大學人文學報》第 52 期（2012 年 10 月），頁 80。吾人認為陽明證體與船山證體方式還是不同，因陽明是心即理，而船山是心具理。唐先生的講法明顯不合於船山，因為船山不斷的批評陽明，而陳先生卻說二人相同。陳先生認為船山與陽明相通處在於立體，異處在於博文。然船山與陽明的立體處可相通嗎？陽明言心即理，船山反對即心即理，且船山幾乎從來未承認心學的見解是可接受

因為船山在孟子「盡其心者章」處，認為不可言「心，一理也」，也不可言「理，一心也」，此乃反對心即理、理即心之說，相對而言，船山言心較近於朱子的「心本具理」的意思，可謂他是一種「心具理」系統，而不是「心即理」系統。心本具有理，朱子有人心、道心不同的講法，船山亦如是。人心者，心不依從於性，故只是無恒者，恒常而為善者在性；故道心之為道，乃是有性做主；人心如同佛氏虛空三喚主人之說，不能知覺於本有之性。船山同於朱子，以性為首，心是輔。若說心是善也是因為性而為善。

七、「天」則為氣、太虛，誠者天之道。天是氣，氣之未化為天，為陰陽，天為至善，不可以人之情識窺天，亦不可視天有惡，天不能給人德福一致，因為此乃依於人的私心觀點，而無與於天。

八、「情」，指喜怒哀樂，不能必善，惻隱等不是情，在船山而言，惻隱等是心，且其所以善的原因在於性，而不是情。故情之所以能善的原因在於以性善為根據，情始可以善，故船山認為喜怒哀樂未發之謂中，要改為仁義禮智未發之謂中，理由是喜怒之情不必善，要以仁義為本才是善，才可謂之中。船山順孟子的「乃若其情可以為善」之說，推出，則「可以為不善」，情乃可善可不善。氣之動而同異者、攻取者為情為才。又船山有罪情說，情變之流則

的。陳先生之謬在於把船山視為天道性命相通，但這是牟先生的分系，牟先生的三系之殿軍是蕺山，而船山在蕺山之後，故牟先生從不把此三系放在船山身上講，故陳先生的見解，亦隔於船山，亦背於牟先生，而陳先生卻一直要把船山講成五峰系或是陽明的心即理的見解，於是硬認船山的心就是陽明的本心義，生硬比配，令人生疑。一般所認定的船山學是反對心學，在陳先生的見解卻成了船山與心學可以相通。

有惡，故情可善可惡，不高亦不低，情不高，乃因為最重要者為性，而不是情，然無情則事不成，故情亦不可抹殺。

　　以上吾人從研究中得出，船山如此詮釋有其關懷，其背後的關懷，如性日生日成，重氣，重人倫世間，重人成的努力，反對宿命論，對於世間的肯定，與積極參與，對於德性的重視，認為人能弘道，非道弘人，這些都有其正面意義，而為積極健康的一門學問體系。其認為如此詮釋孟子才是原意，才是對的，而不取陽儒陰釋的程朱詮釋方式，因為容易造成否定氣、否定世間的見解。

參考書目

一、古籍、原典

東周·吳毓江撰,孫啟治點校:《墨子·非命下》,《墨子校注》,北京:
　　中華書局,1993 年。

漢·司馬遷著,韓兆琦譯注:《史記·伯夷列傳第一》,北京:中華書局,
　　2010 年。

晉·郭象注,唐·成玄英疏:《南華真經注疏》,北京:中華書局,1998
　　年。

唐·法藏述:《華嚴一乘教義分齊章》,T.1866, vol.45(「大正藏」第 1866
　　經,在「大正藏」第 45 冊)。

宋·周敦頤:《周敦頤全書》,南昌:江西教育出版社,1993 年。

宋·周敦頤、張載撰,明·徐必達編:《周張全書》,臺北:廣文書局,
　　1979 年。

宋·程顥、程頤:《二程集》,臺北:漢京文化事業有限公司,1983 年。

宋·張載:《張載集》,北京:中華書局,1978 年。

宋·張載:《張載集》,臺北:里仁書局,1981 年。

宋·朱熹:《四書章句集註》,臺北:鵝湖出版社,1984 年。

宋·黎靖德編,王星賢點校:《朱子語類》第 1 冊,臺北:文津出版社,
　　1986 年。

宋·黎靖德編,王星賢點校:《朱子語類》第 4 冊,臺北:文津出版社,
　　1986 年。

宋·黎靖德編,王星賢點校:《朱子語類》第 7 冊,臺北:文津出版社,

1986 年。

宋·黎靖德編，王星賢點校：《朱子語類》第 8 冊，臺北：文津出版社，
　　1986 年。

宋·朱熹：《易本義》，臺北：世界書局，1972 年。

宋·朱熹：《朱熹集》，成都：四川教育出版社，1996 年。

宋·朱熹、宋·呂祖謙編選：《近思錄》，收於朱傑人、嚴佐之、劉永翔主
　　編：《朱子全書》第 13 冊，上海：上海古籍出版社，2010 年。

宋·朱熹著，陳俊民校訂：《朱子文集》第 3 冊，臺北：財團法人德富文教
　　基金會，2000 年。

宋·胡宏：《胡宏集》，北京：中華書局，1987 年。

宋·陳淳：《北溪字義》，北京：中華書局，1983 年。

宋·陸九淵：《陸九淵集》，北京：中華書局，2010 年。

宋·無門慧開撰：《禪宗無門關·十二嚴喚主人》，T.2005, vol.48（「大正
　　藏」第 2005 經，在「大正藏」第 48 冊）。

元·宗寶編：《六祖大師法寶壇經》，T.2008, vol.48（「大正藏」第 2008
　　經，在「大正藏」第 48 冊）。

明·胡廣編：《四書大全》，臺北：臺灣商務印書館，1983-1986 年。影印文
　　淵閣《四庫全書》第 205 冊。

明·王畿：《王龍溪全集》，臺北：華文書局，1970 年。

明·王畿：《王畿集》，南京：鳳凰出版社，2007 年。

明·羅整菴：《困知記》，北京：中華書局，1990 年。

明·羅近溪：《盱壇直詮》，臺北：廣文書局，1996 年。

清·王夫之：《船山全書》第 1 冊，長沙：嶽麓書社，1996 年。

清·王夫之：《船山全書》第 4 冊，長沙：嶽麓書社，1996 年。

清·王夫之：《船山全書》第 6 冊，長沙：嶽麓書社，1996 年。

清·王夫之：《船山全書》第 8 冊，長沙：嶽麓書社，1996 年。

清·王夫之：《船山全書》第 12 冊，長沙：嶽麓書社，1996 年。

清·王夫之：《船山全書》第 13 冊，長沙：嶽麓書社，1996 年。

清·王夫之：《船山全書》第 16 冊，長沙：嶽麓書社，1996 年。

清・王夫之：《俟解》，北京：中華書局，2009 年。

清・黃宗羲著，沈善洪主編，吳光執行主編：《黃宗羲全集》第 1 冊，杭州：浙江古籍出版社，2005 年。

清・黃宗羲著，沈善洪主編，吳光執行主編：《黃宗羲全集》第 3 冊，杭州：浙江古籍出版社，2005 年。

清・黃宗羲著，沈善洪主編，吳光執行主編：《黃宗羲全集》第 8 冊，杭州：浙江古籍出版社，2005 年。

清・戴震撰：《戴震集》，上海：上海古籍出版社，1980 年。

清・戴震撰：《中庸補注》，收於張岱年主編：《戴震全書》第 2 冊，合肥：黃山書社，1995 年。

清・戴震：《孟子字義疏證》，北京：中華書局，1982 年。

清・顏元：《習齋四存編》，上海：上海古籍出版社，2000 年。

清・劉寶楠：《論語正義》，北京：中華書局，1998 年。

韓・田愚：《艮齋集》，收於《韓國文集叢刊》第 333 冊，漢城：景仁文化社，1997 年。

韓・李栗谷：《栗谷全書》第 1 冊，收於《韓國文集叢刊》第 44 冊，漢城：景仁文化社，1997 年。

德・康德著，牟宗三譯：《判斷力之批判》下冊，臺北：臺灣學生書局，1993 年。

印・龍樹菩薩造，後秦・鳩摩羅什譯：《大智度論》，T.1509, vol.25（「大正藏」第 1509 經，在「大正藏」第 25 冊）。

二、近人研究

(一)專書

丁為祥：《學術性格與思想譜系——朱子的哲學視野及其歷史影響的發生學考察》，北京：人民出版社，2012 年。

王立新：《天地大儒王船山》，長沙：嶽麓書社，2011 年。

牟宗三：《理則學》，收於《牟宗三全集》第 12 冊，臺北：聯經出版公司，2003 年。

牟宗三著：《心體與性體(一)》，收於《牟宗三先生全集》第 5 冊，臺北：
　　　聯經出版公司，2003 年。

牟宗三：《心體與性體》第 3 冊，臺北：正中書局，1969 年。

牟宗三：《心體與性體》第 2 冊，臺北：正中書局，1968。

牟宗三：《佛性與般若》下冊，臺北：臺灣學生書局，1997 年。

牟宗三：《圓善論》，臺北：臺灣學生書局，1985 年。

林安梧：《王船山人性史哲學之研究》，臺北：東大圖書公司，1991 年。

林月惠：《異曲同調——朱子學與朝鮮性理學》，臺北：國立臺灣大學出版
　　　中心，2010 年。

朱迪光：《王船山研究著作述要》，長沙：湖南大學出版社，2010 年。

周群振：《論語章句分類義釋》上冊，臺北：鵝湖出版社，2003 年。

周兵：《天人之際的理學新詮釋——王夫之《讀四書大全說》思想研究》，
　　　成都：巴蜀書社，2006 年。

杜保瑞：《論王船山易學與氣學並重的形上學進路》，收於林慶彰主編，
　　　《中國學術思想研究輯刊》，臺北：花木蘭文化出版社，2010 年。

李丙燾：《韓國儒學史略》，漢城：亞細亞文化社，1986 年。

李甦平：《韓國儒學史》，北京：人民出版社，2009 年。

李明輝：《四端與七情——關於道德情感的比較哲學探討》，上海：華東師
　　　範大學出版社，2008 年。

徐復觀：《中國人性論史》，上海：華東師範大學出版社，2005 年。

徐世昌等編纂：《清儒學案》第 1 冊，北京：中華書局，2008 年。

程樹德撰，程俊英、蔣見元點校：《論語集釋》第 1 冊，北京：中華書局，
　　　1990 年。

程樹德撰，程俊英、蔣見元點校：《論語集釋》第 3 冊，北京：中華書局，
　　　1990 年。

莊凱雯：《王船山《讀四書大全說》研究——由心性論到知人之學》，臺
　　　北：花木蘭文化出版社，2009 年。

吳雁南等人主編：《中國經學史》，臺北：五南圖書公司，2005 年。

吳龍川：《太極——船山《易學》〈乾〉〈坤〉並建理論新探》，《中國學

術思想研究輯刊》第 5 編，第 6 冊，臺北：花木蘭文化出版社，2009
年。

陳來：《詮釋與重建——王船山的哲學精神》，北京：北京大學出版社，
2004 年。

陳榮捷編著：《王陽明傳習錄詳註集評》，臺北：臺灣學生書局，1998 年

梁啟超：《清代學術概論》，上海：上海古籍出版社，2000 年。

勞思光：《新編中國哲學史》第 3 冊下，臺北：三民書局，2005 年。

蔡龍九：《《朱子晚年定論》與朱陸異同》下冊，臺北：花木蘭文化出版
社，2011 年。

蒙培元：《理學的演變——從朱熹到王夫之戴震》，臺北：文津出版社，
1990 年。

蒙培元：《理學的演變——從朱熹到王夫之戴震》，福州：福建人民出版
社，1998 年。

劉榮賢：《王船山《張子正蒙注》研究》，臺北：花木蘭文化出版社，2008
年。

陳贇：《中庸的思想》，北京：三聯書店，2007 年。

陳贇：《回歸真實的存在——王船山哲學的闡釋》，上海：復旦大學出版
社，2007 年。

謝明陽：《明遺民的莊子定位論題》，臺北：國立臺灣大學出版中心，2001
年。

康和聲：《王船山先生南岳詩文事略》，長沙：湖南人民出版社，2009 年。

唐君毅：《哲學論集》，臺北：臺灣學生書局，1990 年。

唐君毅：《中國哲學原論‧原性篇》，臺北：臺灣學生書局，2006 年。

唐君毅：《中國哲學原論‧原教篇》，臺北：臺灣學生書局，2004 年。

唐君毅：《中國哲學原論‧導論篇》，臺北：臺灣學生書局，2004 年。

唐君毅全集編委會編著：《中國文化之精神價值》，《唐君毅全集》，臺
北：臺灣學生書局，1991 年。

曾昭旭：《王船山哲學》，臺北：遠景出版社，1995 年。

裴宗鎬編：《韓國儒學資料集成》上冊，漢城：延世大學校出版部，1980

年。

錢穆：《中國近三百年學術史》上冊，臺北：臺灣商務印書館，1995。

嵇文甫：《王船山學術論叢》，臺北：谷風出版社，1987 年。

Wing-tsit Chan, *A Source Book in Chinese Philosophy*, Princeton, New Jersey: Princeton University Press, 1969.

(二)專書論文

彭國翔：〈儒家的萬物一體觀──孟子「萬物皆備于我」章釋義〉，《儒家傳統的詮釋與思辨──從先秦儒學、宋明理學到現代新儒學》，武昌：武漢大學出版社，2012 年。

黃彰健：〈釋孟子公都子問性章的「才」字「情」字〉，《經學理學文存》，臺北：臺灣商務印書館，1976 年。

唐君毅等人：〈為中國文化敬告世界人士宣言〉，《中國文化與世界》，中壢：中央大學儒學研究中心，2009 年。

(三)期刊論文

李明輝：〈朱子對道心、人心的詮釋〉(下)，《鵝湖月刊》第 388 期（2007 年 10 月），頁 11-16。

周兵：〈王船山罪情論〉，《衡陽師範學院學報》第 32 卷第 1 期（2011 年 2 月），頁 1-4。

陳祺助：〈王船山論惡的問題──以情、才為中心的分析〉，《鵝湖月刊》第 327 期（2002 年 9 月），頁 25-33。

陳祺助：〈王船山氣論系統中「性體」觀念的涵義及其理論價值〉，《淡江中文學報》第 20 期（2009 年 6 月）頁 93-128。

陳祺助：〈論王船山「實理心」的涵義及其心性論與工夫論的關係〉，《鵝湖學誌》第 47 期（2011 年 12 月），頁 203-249。

陳祺助：〈王船山論存養本心的工夫──心意／性情貫通之道〉，《中央大學人文學報》52 期（2012 年 10 月），頁 37-84。

陳政揚：〈張載致學成聖說析論〉，《揭諦》第 19 期（2010 年 7 月），頁 29-74。

陳弘學：〈戴震氣本論內涵及其思想困境探析〉，《鵝湖學誌》第 41 期
　　（2008 年 12 月），頁 133-162。

沈享民：〈青年朱熹的哲學探索——以《延平答問》對「理一分殊」的討論
　　為中心〉，《哲學與文化》32 卷 7 期（2005 年 7 月），頁 81-92。

戴景賢：〈論王船山性理思想之建構與其內部轉化〉，《文與哲》第 17 期
　　（2010 年 10 月），頁 297-381。

戴景賢：〈論王船山哲學之系統性及其基本預設〉，《文與哲》第 18 期
　　（2011 年 6 月），頁 429-513。

蔡家和：〈從羅近溪分別「體仁」與「制欲」之工夫進路見心學與理學之不
　　同〉，《華梵人文學報》創刊號（2003 年 7 月），頁 69-105。

蔡家和：〈朱子的孟子學——以「知言養氣」章為例〉，《東海大學文學院
　　學報》第 46 卷（2005 年 7 月），頁 259-291。

蔡家和：〈顏習齋論氣質之性〉，《東海哲學研究集刊》第 11 期（2006 年 7
　　月），頁 75-107。

賴文遠：〈船山對朱子論「知言養氣」的理解與批判〉，《當代儒學研究》
　　第 10 期（2011 年 6 月），頁 143。

(四)博士論文

陳啟文：《王船山兩端而一致之思維的辯證性及其開展》，臺北：國立臺灣
　　師範大學國文所博士論文，2006 年。

施盈佑：《王船山莊子學研究——論「神」的意義》，臺中：靜宜大學中文
　　所碩士論文，2006 年。

賈承恩：《存在的張力——王船山哲學辯證性之詮釋》，臺北：國立臺灣師
　　範大學國文系博士論文，2010 年。

賴文遠：《論船山思想在天人歷史之學上的開展與特色》，中壢：中央大學
　　哲學研究所博士論文，2008 年。

戴景賢：《王船山之道器論》，臺北：臺灣大學中文研究所博士論文，1982
　　年。

國家圖書館出版品預行編目資料

王船山《讀孟子大全説》研究

蔡家和著. – 初版. – 臺北市：臺灣學生，2013.09
面；公分

ISBN 978-957-15-1592-2 (平裝)

1.（清）王夫之　2. 孟子　3. 研究考訂

121.267　　　　　　　　　　　　　　102014264

王船山《讀孟子大全説》研究

著　作　者：蔡　　　　　家　　　　　和
出　版　者：臺 灣 學 生 書 局 有 限 公 司
發　行　人：楊　　　　　雲　　　　　龍
發　行　所：臺 灣 學 生 書 局 有 限 公 司
　　　　　　臺北市和平東路一段七十五巷十一號
　　　　　　郵 政 劃 撥 帳 號 ： 00024668
　　　　　　電　話　：（02）23928185
　　　　　　傳　眞　：（02）23928105
　　　　　　E-mail：student.book@msa.hinet.net
　　　　　　http://www.studentbook.com.tw
本 書 局 登
記 證 字 號：行政院新聞局局版北市業字第玖捌壹號
印　刷　所：長 欣 印 刷 企 業 社
　　　　　　新北市中和區中正路九八八巷十七號
　　　　　　電　話　：（02）22268853

定價：新臺幣五四○元

西　元　二　〇　一　三　年　九　月　初　版

12158　　　有著作權・侵害必究
ISBN 978-957-15-1592-2 (平裝)